고린도전서 강해

A COMMENTARY
ON THE FIRST EPISTLE TO THE CORINTHIANS

BY

DR. YONGGI CHO

Printed in Republic of Korea
Seoul Logos Co., Inc.

고린도전서 강해

조용기 목사 지음

서울말씀사

고린도전서 강해

조용기 목사 지음

초판 1쇄 발행 2008년 5월 9일
초판 4쇄 발행 2016년 7월 1일

발행처 서울말씀사
편집인 김호성
등 록 제11-105호

서울 강서구 허준로 217 가양테크노타운 306
Tel. 02-846-9222
Fax. 02-846-9225

머리말
Foreword

오늘날은 과거 어느 시대보다 가치관이 심히 흔들리고 있는 시대입니다. 무엇이 옳고 그른지를 판단하기가 점점 어려워져 가고 있습니다. 이런 시대를 살아가면서 우리 그리스도인들이 올바른 신앙적 선택과 결단을 내린다는 것은 대단히 중요한 일입니다. 우리 그리스도인들은 올바른 신앙 결단을 위한 한 가지 방법으로 성경을 공부하고 설교를 듣습니다. 그런데 고린도전서는 모든 시대를 초월한 하나의 실질적인 행동의 지도서라고 할 수 있습니다. 본 서신은 초대 교회 당시, 교회와 성도들 가운데 있었던 문제들에 대한 바른 해답을 제시할 뿐만 아니라 오늘날 이 시대의 교회와 성도들이 직면하는 문제에도 올바른 해답을 제시해 줍니다.

저는 여러 문제들에 대한 하나님의 해답을 보다 정확히 깨닫기 위해서 기도로 본 서신의 강해를 준비하여 1979년 5월부터 1980년 6월까지 13개월에 걸쳐 수요일마다 강단에서 외쳤습니다. 그 결과 저 자신뿐만 아니라 여러 성도님들이 직면하는 문제들에 대하여 하나님의 놀라운 지혜를 좀더 깊고 넓게 깨달을 수 있었습니다. 그리고 그 강해 내용을 정리하여 고린도전서 강해서를 출간하였습니다. 그 후 저는 그때의 감격을 되새기면서 2001년 8월부터 2002년 10월까지 약 14개월 동안 다시 본 서신을 강해하였습니다. 본 서는 기존의 고린도전서 강해서의 내용을 근간으로 하여 재강해한 내용을 더하여 새롭게 편집한 것입니다.

아무쪼록 이 고린도전서를 잘 공부함으로써 시시때때로 다가오는 신앙문제에 대한 하나님의 올바른 해답을 얻어 여러분의 영혼이 잘됨같이 범사에 잘되고 강건하게 되며 생명을 얻되 더 풍성하게 얻는 역사가 일어나기를 기원합니다.

2008. 5.

여의도순복음교회

당회장 목사 조용기

목 차

Contents

A COMMENTARY ON
THE FIRST EPISTLE TO THE
CORINTHIANS

14 방언과 예언에 관한 권면

15 부활의 영광

16 마지막 권면과 축도

서론

Preface

1. 고린도 교회의 설립

고린도는 그리스 반도의 남부에 자리 잡고 있는 상업 도시로서 옛날부터 도시 국가의 하나로 번영하고 있었습니다. 이곳은 무역이 성행했기 때문에 여러 민족들이 섞여 살고 있었으며 그중에는 유대인들도 상당수가 있었습니다. 또한 부유층의 주민들이 많이 있는 반면에 가난한 백성들과 노예들도 많이 있었습니다. 고린도 시는 다른 그리스 도시들처럼 다신교가 유행하였고 우상(아프로디테)의 신전의 여 사제들이 지역 주민들뿐만 아니라 그곳을 방문한 외국인들을 상대로 종교적 매춘 행위를 하여 당시에 대표적인 향락 도시로 알려져 있었습니다. 따라서 이곳은 성도덕이 문란하고 음란한 생활이 만연했습니다. 이러한 곳에 하나님의 교회가 세워졌으니 여러 가지 문제가 생길 수밖에 없었습니다.

물론 고린도 교회의 설립자는 사도 바울입니다(4:15). 고린도에서의 전도 상황은 사도행전 18장 1절부터 17절에 상세히 기록되어 있습니다. 그가 2차 전도여행 때 고린도에 간 시기는 주후 50년경이었습니다. 그는 어려운 조건 속에서도 십자가의 도(道)만을 전했습니다(2:2). 처음에는 유대인 회당에서, 나중에는 독립적으로 전도하여 교회를 설립하고 그 도시의 주위에서도 설교를 했습니다. 그에게는 실라와 디모데 이외에 브리스길라와 아굴라 등의 동역자들이 있었습니다.

교인의 다수는 이방인이었고 일부 부유층도 있었으나 대부분 사회적 지위가 낮은 소시민이나 노예들로 구성되어 있었습니다. 그들은 예수 그리스도를 믿는다고 하면서도 복음과는 거리가 먼 생활을 했으며 생활 수준에 따른 분쟁도 있었습니다. 사도 바울은 1년 6개월가량 고린도에 체류하는 동안 교회 부흥을 위해 노력하면서 교회를 굳건히 해 나갔으나 유대인들의 방해로 고린도를 떠났습니다(행 18:12-17). 사도 바울이 떠나간 후에 아볼로가 후임자로 와서 목회를 했고 그것이 고린도 교회에 바울파, 아볼로파가 생긴 원인이 되었습니다(행 18:24-19:1).

2. 고린도전서의 기록 연대와 장소

이 편지가 기록된 장소는 에베소입니다(16:8). 사도 바울이 주후 52년부터 55년까지의 약 2년 반 동안 에베소에 체류하면서 주후 55년경에 본서를 기록한 것으로 추측됩니다.

3. 고린도전서의 특징

본 서는 로마서나 갈라디아서처럼 교리적인 것도 아니고 빌립보서나 빌레몬서처럼 개인적인 것도 아닙니다. 뿐만 아니라 디모데전·후서나 디도서와 같은 목회서신도 아닙니다. 하지만 이러한 요소들을 기반으로 하여 폭넓게 문제를 다루고 있습니다.

본 서의 특징으로는 첫째로, 실제적인 문제를 다루었다는 것입니다. 독신 생활과 결혼에 대하여, 우상의 제물에 대하여, 성령의 은사와 헌금 등에 관하여 구체적으로 대답해 주고 있습니다. 그러므로 본 서는 오늘날의 교회가 당면한 문제들에 대해서도 해결책을 제시해 줍니다.

둘째로, 본 서는 사도행전과 더불어 초대 교회사에 확실한 자료를 제공해 주고 있습니다. 사도행전을 통하여 초대 교회의 외적인 발전사를 알 수 있다면 본 서를 통해서는 교회의 내적인 문제와 실정을 알 수 있습니다.

셋째로, 본 서는 문학적인 면에서도 뛰어난 자료가 됩니다. 사랑의 찬가(13장)와 부활론(15장)은 시와 음률의 형태를 취하여 기록되었기 때문에 종교 문학적으로도 뛰어난 것으로 알려져 있습니다.

4. 내용 분석

본 서가 취급하는 실제적인 문제는 크게 여섯 가지로 나눌 수가 있습니다. 즉, 분쟁 문제(1-4장), 도덕 문제(5-7장), 우상의 제물에 관한 문제(8-10장), 공중 예배에 관한 문제(11-14장)와 부활 문제(15장)와 예배의 실천(16장)에 관한 문제입니다.

제 1 장

인사와 감사, 분쟁과 당파의 문제

A COMMENTARY ON
THE FIRST EPISTLE TO
THE CORINTHIANS

본 장에서는 바울과 소스데네가 주 예수 그리스도의 이름을 부르는 모든 자들에게 문안을 드리고, 고린도 교회 성도들에게 주신 하나님의 은혜에 감사하며 주 예수 그리스도께서 다시 오실 것을 말하고 있습니다. 그리고 고린도 교회 가운데 일어난 분쟁과 당파는 하나님의 지혜를 떠나 인간의 지혜를 따름으로 비롯된 것임을 지적하고, 하나님께서는 인간의 그릇된 지혜를 멸하신다고 언급하고 있습니다.

1. 사도 바울의 인사(1:1-3)

1. 하나님의 뜻을 따라 그리스도 예수의 사도로 부르심을 받은 바울과 형제 소스데네는 2. 고린도에 있는 하나님의 교회 곧 그리스도 예수 안에서 거룩하여지고 성도라 부르심을 받은 자들과 또 각처에서 우리의 주 곧 그들과 우리의 주 되신 예수 그리스도의 이름을 부르는 모든 자들에게 3. 하나님 우리 아버지와 주 예수 그리스도로부터 은혜와 평강이 있기를 원하노라

1절 하나님의 뜻을 따라 그리스도 예수의 사도로 부르심을 받은 바울과 형제 소스데네는

본 서는 사도 바울이 3차 전도 여행 중 에베소에 있을 때, 고린도 교회에 여러 가지 문제가 있다는 말을 듣고 보낸 편지입니다. 사도 바울은 그 당시 서신의 일반적 형식에 따라 발신인(1절), 수신인(2절), 축복의 기도

(3절)의 순서로 기록해 나갑니다.

먼저 사도 바울 자신에 대한 소개와 주 안에서의 형제인 소스데네와 함께 고린도 교회에 문안한다고 인사합니다. 본 절에 나오는 '소스데네'는 회당 관리인 소스데네를 가리킵니다(행 18:17). 그런데 사도 바울이 사도가 된 것은 자신의 자격이나 다른 사람의 권유로 된 것이 아니라고 말합니다. 그가 사도가 된 것은 예수 그리스도께서 직접 부르셔서 된 것입니다. 이러한 하나님의 부르심에 대한 확신은 그의 일생을 통한 확신이요, 그의 모든 사역의 기본이 되었습니다(롬 1:1; 갈 1:1; 엡 3:2). 바울은 진실로 하나님께서 그 영원하신 뜻을 따라 자신을 선택하시고 예정하셔서 사도로 부르셨다고 확실히 믿었습니다.

하나님이 교회를 세우실 때 첫째는 사도요, 둘째는 선지자요, 셋째는 복음 전하는 자요, 넷째는 목사요, 다섯째는 교사로 그 교회를 섬기는 일꾼들도 하나님이 택하십니다. 먼저 사도는 우리 마음대로 정할 수 있는 것이 아닙니다. 그리고 아무나 사도가 되지 않습니다. 당시 사도라는 것은 하나님의 종들 중에 가장 으뜸가는 반열입니다. 그리스도의 교회를 개척해서 세우는 역할을 하는 하나님의 사자입니다. 둘째로 하나님이 선지자를 세우셔서 성령으로 예언하게 하십니다. 그 다음 셋째가 복음 전하는 자, 부흥사를 말합니다. 국내외를 다니면서 복음을 전파하는 자요, 그 다음은 목사와 교사인 것입니다. 목사와 교사는 목회를 하고 가르치는 직분을 말합니다. 이러한 직분들은 자기가 원한다고 되는 것이 아닙니다. 하나님이 선택하셔야 합니다. 평신도도 하나님이 불러 주셔야 믿게 되는데, 하물며 하나님의 사역을 하는 주의 종은 반드시 하나님의 구별된 부르심이 있어야 하는 것입니다.

그러므로 '신학교만 들어가면 주의 종이 된다.' 라는 생각은 대단히 잘못된 일입니다. 하나님의 부르심이 있으되 그 부르심의 불길이 늘 마음 속에 타올라야 나중에 주의 종이 되어서도 여러 가지 시험과 환난이 다가오고 역경이 다가와도 그 마음에 불타는 하나님의 부르심이 있기 때문에 역경을 극복하고 나갈 수가 있는 것입니다. 그 소명의 불길이 타고 있지 않으면 역경을 당할 때 그만 삯꾼이 되고 마는 것입니다. 우리 한국 교회가 교회 수는 많지만 교회가 질적으로나 양적으로 어려움을 겪고 있는 이유는 직업 목사들이 많기 때문입니다.

예전부터 가만히 보면 한 가정에 자녀들이 많으면 제일 머리 좋은 아이는 일류 대학 법대로 보내고, 그다음 똑똑한 아이는 상경내나 공대를 보냅니다. 마지막으로 지지리도 못나고 머리 나쁜 아이는 내게 데리고 와서 신학교에 넣어 달라고 합니다. 이것이 우리 한국 교회의 큰 병폐가 되어서 오늘날 교회가 이렇게 사분오열로 쪼개지는 것입니다. 주의 종이 직업의식을 가지고 돈 많이 주는 곳, 돈벌이 잘되는 곳, 지위와 명예를 얻는 것에 혈안이 되어서 다툼을 하기 때문에 교회가 분열되는 것입니다. 성령의 능력을 의지하지 않으면서도 주의 종이 된 것은 참으로 비극적인 일입니다. 하지만 성령의 능력을 경험하며 목회를 하는 주의 종은 가장 돈이 많고, 가장 지위와 권세가 높으신 하나님과 동행하기 때문에 전혀 직업의식을 갖지 않고 충성스럽게 목회할 수가 있습니다. 바울의 사도직 역시 하나님의 뜻에 따라 순종하며 맡은 바 되었기 때문에 권위가 있었습니다. 그래서 전심전력으로 하나님의 일을 할 수 있었고 성령 하나님만을 의지했던 것입니다.

또한 하나님께서는 주의 종을 택하시는 데 있어서 지원병을 받아들이

시지 않습니다. 하나님께서 직접 택하셔서 세우십니다(엡 4:11-12). 또한 주의 백성들도 하나님께서 택하셔서 부르십니다. 요한복음 6장 44절에 예수님께서는 "나를 보내신 아버지께서 이끌지 아니하시면 아무도 내게 올 수 없으니 오는 그를 내가 마지막 날에 다시 살리리라" (요 6:44)고 말씀하셨습니다. 이러므로 그리스도인은 어느 누구 하나 예외 없이 하나님께서 택하시고 성령의 은혜를 주셨기 때문에 예수님을 믿게 된 것입니다. 결코 인간의 이성이나 교육으로 믿게 된 것이 아닙니다. 소스데네라는 사람도 유대인의 회당장이었지만 고린도에서 바울의 설교를 듣고 난 후 회개하고 예수를 믿어 바울과 함께 주의 일꾼이 되었던 것입니다.

2절 고린도에 있는 하나님의 교회 곧 그리스도 예수 안에서 거룩하여지고 성도라 부르심을 받은 자들과 또 각처에서 우리의 주 곧 그들과 우리의 주 되신 예수 그리스도의 이름을 부르는 모든 자들에게

사도 바울은 수신자, 곧 고린도 교회에 대하여 하나님의 교회라고 칭합니다. 즉, 하나님께서 고린도 교회를 세우셨고 하나님이 그 교회의 주인이시라는 뜻입니다.

교회는 헬라 원어로 '에클레시아' (ἐκκλησία)라고 말합니다. 에클레시아란 '세상에서 부름을 받아 나와서 모인 단체' 라는 뜻을 가지고 있습니다. 여기서 세상이란 무엇입니까? 하나님이 없는 곳이 세상인 것입니다. 세상에서는 하나님 아버지와 예수님의 모습은 일체 인정하지 않습니다. 정치, 경제, 교육, 문화, 군사, 산업 모든 분야에서 세상은 완전히 하나님을 등지고 있습니다. 그러므로 이 세상과 세상의 것을 사랑하지 말아야

합니다. 이 세상에 있는 모든 것이 육신의 정욕과 안목의 정욕과 이생의 자랑일 뿐이며 모두 다 소망 없이 사라지는 것들뿐입니다. 하지만 교회는 하나님이 없는 이 절망의 세상에서 부름을 받은 사람들이 모인 곳입니다. 하나님의 부르심을 받아서 예수 그리스도 안에 들어온 사람들의 공동체입니다. "두세 사람이 내 이름으로 모인 곳에는 나도 그들 중에 있느니라"(마 18:20)는 말씀처럼 두세 사람이 예수 이름으로 모이면 교회 공동체가 되는 것입니다. 우리 여의도순복음교회도 예수 그리스도의 공동체로서 이곳에 모인 모든 성도들은 흑암의 권세에서 건짐을 받아 하늘나라의 시민권을 갖게 된 하늘나라의 사람들인 것입니다. 그러므로 교회라는 예수 그리스도의 공동체는 어떤 개인이나 단체의 것이 될 수 없습니다. 이러한 교회를 통하여 하나님의 권세와 영광이 임하십니다. 교회는 천국의 모형인 동시에 작은 천국과 같으므로 우리가 교회에서 예배드린다는 것은 하늘나라에서 예배를 드리는 것과 같습니다.

하나님께서는 하나님의 교회를 통하여 성령으로 역사하십니다. 죄를 사하고 의를 가져오시며, 질병을 치료하고 건강을 가져오시며, 사망을 폐하고 영생을 주십니다. 그리고 우리에게 평안과 기쁨과 소망을 채워주십니다.

한편 우리는 "고린도에 있는 하나님의 교회"란 말씀을 통하여 교회의 역할을 생각해 볼 수 있습니다. 그 당시 고린도 시(市)는 죄악의 도시였습니다. 하나님께서는 죄악의 도시에서 성도들로 하여금 죄악 가운데 살고 있는 사람들에게 하나님의 빛을 비추고 소금의 역할을 하도록 하기 위해서 교회를 세우셨습니다(마 5:13-14). 이와 같이 하나님의 교회는 이 땅에 존재하는 그날까지 빛과 소금의 역할을 다해야 합니다. 이 땅에서 일어나는 수많은 문제들을 그리스도의 복음의 능력으로 해결해 주는 것이 교회의 사명입니다. 말씀과 성령으로 무장하고 뜨겁게 기도하며 우리가 가는 곳마다 하나님의 나라와 하나님의 의를 구하는 열심을 통해서 하늘나라를 확장해야 합니다. 그러나 세상은 끊임없이 우리를 타락시키려고 미혹합니다. "이제 성경 그만 읽어라, 성령 충만해서 뭘 하겠느냐? 교회에 가지 마라, 십일조를 왜 내느냐? 세상에서 적당히 살아라."고 끊임없이 우리 속에 있는 하늘나라를 무너뜨리려고 합니다.

나는 50여 년 동안 목회를 해왔지만 하루도 마음 편할 날이 없었습니다. 왜냐하면 끝없이 영적인 싸움을 해야 되기 때문에 끝없이 긴장의 끈을 놓지 않고 눈에 보이지 않는 마귀의 세력과 싸워야만 했습니다. 끝까지 싸우지 않으면 안 됩니다. 많은 성도들을 보호하고 지켜내려고 하니까 끊임없이 싸워야만 했던 것입니다. 우리의 대장 예수님께서는 작전계획을 세우셔서 말씀과 성령을 주시고 하나님의 백성들을 동원해서 끊임없이 마귀와 싸우게 해 주십니다. 그러므로 우리는 한평생 영적인 전쟁을 하고 살다가 하늘나라로 들어가게 되는 것입니다. 주님 오시는 그날까지 영적 전쟁은 계속됩니다. 그러나 이미 승리는 결정되어 있습니다. 우리는 승리가 보장된 상태에서 싸우는 것입니다.

고린도 교회는 하나님의 교회입니다. 사람들의 교회가 아닙니다. 여의도순복음교회 역시 사람의 단체가 아닙니다. 하나님의 교회입니다. 하나님이 그리스도의 핏값을 주고 사신 것이기 때문에 교회를 상처 입히는 것은 곧 하나님을 상처 입히는 것입니다. 교회를 상처 입히는 것은 예수님의 심장에 칼을 꽂는 것입니다. 그러므로 교회에 상처를 입혀서는 안 됩니다. 자기를 구원해 주신 예수 그리스도의 심장에 칼을 꽂고 어떻게 평안하게 살 수 있겠습니까? 교회는 하나님과 우리 주 예수 그리스도의 교회인 것입니다. 고린도에 있는 하나님의 교회는 예수 그리스도의 보혈과 성령으로 거룩해진 교회입니다. 예수 그리스도의 보혈을 통해 우리의 죄를 씻으면 성령께서 끊임없이 우리에게 변화의 역사를 베푸시는 것입니다. 가나의 혼인 잔치에서 물을 변화시켜 포도주가 되게 하신 것처럼, 성령이 우리를 거룩하게 변화시켜 주십니다.

오늘날 많은 교회가 성령님을 인정하지 않고, 환영하지 않고, 모셔 들이지 않고, 의지하지 않기 때문에 거룩하게 하는 역사가 중지된 경우가 많습니다. 교회가 너무나 세속화되어서 세상인지 교회인지 분간할 수 없게 된 곳 또한 많습니다. 보혈로 죄를 씻고 인격적인 변화를 체험하여 거룩해져야만 합니다. 그러므로 교회는 성령님을 항상 인정하고 환영하고 모셔 들이고 의지해야 하는 것입니다.

교회는 크게 무형 교회(無形敎會)와 유형 교회(有形敎會)로 나누어집니다. 무형 교회는 모든 시대, 모든 나라의 성도들로 시공을 초월하여 존재하는 교회로서 일명 우주 교회(Universal Church), 또는 보편적 교회라고도 합니다. 유형 교회는 지역 교회(Local Church)라고도 하는데 땅위에서 구원받은 성도들이 모여서 조직과 제도를 가지고 생활하는 교회를 말합니다.

"또 각처에서 우리의 주 곧 그들과 우리의 주 되신 예수 그리스도의 이름을 부르는 모든 자들에게" 라는 본문은 교회의 보편성을 말해 줍니다. 하나님의 교회는 일부 지역에 한정되지 않습니다. 고린도 지역뿐만 아니라 세계 어느 곳이나 다 하나님의 교회가 될 수 있습니다. 또한 예수 그리스도의 이름을 부르는 사람은 그가 어느 족속, 어느 나라에 속하든지 간에 구애받지 않고 하나님의 백성이 될 수 있습니다. 사도 바울은 고린도 교회에 편지할 때, 이 편지를 고린도 교회뿐만 아니라 우리의 주 되신 예수 그리스도의 이름을 부르는 모든 자들과 아가야 지역 일대에 있는 모든 교회들이 다 읽도록 하였습니다. 모든 교회들이 똑같이 그 편지를 읽고 복음의 메시지를 깨닫고 받아들이기를 원했던 것입니다.

3절 하나님 우리 아버지와 주 예수 그리스도로부터 은혜와 평강이 있기를 원하노라

본 절은 발신인(1절), 수신인(2절)에 대한 기록에 이어 사도 바울의 축복 기도의 내용이 담겨 있습니다. 바울은 고린도 교회를 비롯한 모든 하나님의 교회에 대하여 하나님 아버지와 주 예수 그리스도로부터 은혜와 평강이 있기를 원한다고 축원하고 있습니다. 그리스도인에게 있어서 은혜와 평강은 하나님 아버지와 예수 그리스도로 말미암아 옵니다. 하나님은 모든 은혜와 평강의 근원이 되시며 예수 그리스도는 우리로 하여금 하나님 안에서 그것을 누리도록 하시는 중보자가 되십니다(롬 5:1-2). 우리는 예수님 안에서 기뻐할 수 있고 즐거워할 수 있습니다.

그러므로 우리는 항상 하나님 아버지와 예수님, 그리고 성령이 우리와 함께 계신다는 것을 알아야 합니다. 성령은 아버지와 예수 그리스도의 영이기 때문에 성령이 오셨다는 것은 아버지가 오셨고 그를 통해서 예수님이 오셨다는 것을 말하는 것입니다. 또한 하나님과 예수 그리스도를 따라서 은혜가 오는 것입니다. '은혜' 라는 것은 하늘나라의 모든 축복을 선물로 주는 것입니다. 은혜는 어떠한 대가를 받지 않고 공짜로 주는 것을 말합니다. 왜냐하면 인간으로서는 대가를 지불하기가 불가능하기 때

문에 하나님은 대가를 바라지 않고 값없이 은혜를 주시는 것입니다.

우리는 평강을 얻기 전에 먼저 은혜를 받아야 합니다. 하나님께서는 자비와 사랑과 긍휼하심을 주시고 성령을 우리에게 풍성히 부어 주십니다. 이 은총을 받아들이는 자는 하나님의 은혜를 힘입어 의롭다 하심을 얻고 영생의 소망을 따라 하나님 나라의 후사가 됩니다(딛 3:4-7). 이와 같이 은혜는 우리들의 구원의 원천이 되며 죄인에게 대가 없이 주어지는 하나님의 선물입니다(롬 3:24). 이를 받아들이는 자에게는 하나님의 놀라운 축복이 임합니다. 이러한 은혜를 받고 나면 평강이 뒤따라옵니다. 이 평강은 세상이 주는 것과 다른 예수님의 평강입니다(요 14:27). 하나님의 은혜로 구원을 받고, 어디서 와서 무엇 때문에 살며 어디로 가는지를 알며, 수고하고 무거운 짐을 주께 맡길 수가 있으니(마 11:28) 마음의 평강을 얻지 않을 수 없습니다. 예수님을 믿는다고 하면서 조금도 마음에 평강이 없고 소용돌이치는 불안이 있다면 그것은 아직 은혜를 받지 못한 증거입니다. 한강을 한번 보십시오. 강물이 유유히 흘러가는데 여러 개천에서 더러운 물들이 한강 물줄기로 흘러 들어옵니다. 그러면 한강 물이 어떻게 될까요? 우리가 상상하는 것과는 다르게 한강은 그 개천의 모든 오폐수를 다 받아들여서 깨끗하게 자연정화를 시킵니다. 불평 하나 하지 않고 다 받아서 개천물이 강을 거쳐 바다로 들어가는 동안 맑은 물이 되게 하는 것입니다. 이와 같이 우리가 은혜를 받으면 마음에 평안의 강물이 흘러넘쳐서 우리들의 마음을 괴롭히고 불안하게 하는 요소들을 모두 다 정화시켜 버립니다. 그래서 언제나 평안이 우리들의 마음을 점령하게 되는 것입니다. 그러나 은혜를 받지 못한 사람은 항상 마음이 불안합니다. 인간의 수단과 방법과 힘으로 인생을 살려고 할 때 마음이 늘 초조합니다. 그럴 때 하나님께 다 맡겨 버리고 "주여, 저는 못하지만 아버지께서 저를 위하여 예수 그리스도를 보내시고 십자가를 통하여 우리 죄를 다 청산하고 병을 다 청산하고 저주를 다 멸해 버리고 천국 문을 열어 놓으셨으니 오직 저는 주만 믿을 따름입니다." 하며 하나님의 은혜를 구하면 그 다음에는 성령으로 말미암아 넘치는 평안이 우리의 가슴속에 가득하게 됩니다. 우리 주 하나님 아버지와 예수 그리스도를 따라 먼저 은혜를 받으면 평강이 마음속에 흘러넘치게 되는 것입니다. 이러한 평강은 우리 인생들이 찾아야 할 진정한 평강입니다. 오직 하나님께로부터 나오는 평강만이 우리의 영혼을 만족시킬 수가 있기 때문입니다.

2. 사도 바울의 감사(1:4-9)

4. 그리스도 예수 안에서 너희에게 주신 하나님의 은혜로 말미암아 내가 너희를 위하여 항상 하나님께 감사하노니 5. 이는 너희가 그 안에서 모든 일 곧 모든 언변과 모든 지식에 풍족하므로 6. 그리스도의 증거가 너희 중에 견고하게 되어 7. 너희가 모든 은사에 부족함이 없이 우리 주 예수 그리스도의 나타나심을 기다림이라 8. 주께서 너희를 우리 주 예수 그리스도의 날에 책망할 것이 없는 자로 끝까지 견고하게 하시리라 9. 너희를 불러 그의 아들 예수 그리스도 우리 주와 더불어 교제하게 하시는 하나님은 미쁘시도다

4절 그리스도 예수 안에서 너희에게 주신 하나님의 은혜로 말미암아 내가 너희를 위하여 항상 하나님께 감사하노니

"그리스도 예수 안에서 너희에게 주신 하나님의 은혜"는 여러분이 노력해서 얻은 은혜가 아닙니다. 내가 돈을 주고 산 은혜도 아닙니다. 예수 그리스도께서 우리를 위해 주신 그 은혜는 바로 하나님이 주신 은혜인 것입니다.

예수님을 깊이 체험한 사도 바울은 고린도 교회 교인들을 위하여 항상 하나님께 감사한다고 말합니다. 왜냐하면 하나님께서 그리스도 예수 안에서 그들에게 은혜를 내려 주셨기 때문입니다. 고린도에 하나님의 교회가 설립되고 그 교회를 통하여 하나님께서 영광을 받으시는 데 대하여 주의 종으로서 하나님께 감사했던 것입니다.

하나님은 예수 그리스도 안에서만 은혜를 주십니다. 우리 모두는 예수님을 믿기 전에는 예수 그리스도 밖에 있었습니다. 그때에는 아담의 자손으로서 저주 아래 있었고 마귀의 종이 되어 있었습니다(엡 2:2-3). 그러나 하나님의 부르심을 받아서 성령님으로 말미암아 이제 그리스도 예수 안에 들어왔습니다. 예수님 밖에 있던 상태에서 예수님 안에 있는 상태로 변화된 것입니다. 우리가 예수님 안에 들어오면 하나님께서 우리를 위하여 예비해 놓으신 놀라운 은혜를 체험하게 됩니다. 옛 아담의 사람은 예수님 안에서 십자가에 못 박혀 죽고 장사 지내 버리고 예수님 안에서 새로운 피조물로 태어납니다(고후 5:17). 이제는 아담의 사람이 아니라 예수님의 사람이 된 것입니다. 예수님은 요한복음 8장 32절에서 "진리를 알지니 진리가 너희를 자유롭게 하리라"고 말씀하셨습니다. 그렇기 때문에 우리는 하나님께서 준비해 놓으신 넘치는 은혜에 대하여 올바로 깨달아야 할 것입니다(벧후 3:18).

나는 최근에 실제로 있었던 아주 재미있는 이야기를 들었습니다. 미국에 유명한 한 거지가 있었습니다. 워싱턴 거리에서 이 거지를 모르는 사람이 없었습니다. 그는 어느 상점, 어느 회사, 어느 정부 청사치고 구걸하러 안 가 본 곳이 없는 거지였습니다. 그는 열심히 구걸했습니다. 또 사람들은 그 사람이 거지인 줄 다 알고서 돈을 주었습니다. 그런데 그 거지가 최근에 죽었습니다. 죽어서 장례를 치르려고 하는데 혹시 장례 치를 돈이나 있나 하고 그가 살던 오두막집에 가서 조사를 해 보니, 통장에 무려 약 2억 원의 돈이 예금되어 있었습니다. 그 거지는 한 가지만 알고 다른 것을 몰랐습니다. 그는 열심히 구걸하여 저축하는 것만 알았지 찾아서 쓸 줄 몰랐습니다. 그는 하루 종일 구걸한 돈을 모아서 그 돈으로 빵 몇 조각만 사먹고 나머지 돈은 모두 은행에 저축하였던 것입니다. 그는 2억 원이나 되는 거액을 저축해 놓고 아주 잘 살 수 있었는데도 불구하고, 행복한 가정을 이루지도 못 한 채 거지로 죽고 말았습니다. 너무도 어리석은 삶입니다. 그런데 오늘날 교회에도 이와 같은 그리스도인들이 너무나 많습니다.

누구든지 예수님을 믿으면 하나님의 자녀로 다시 태어납니다. 그럼에도 불구하고 많은 그리스도인이 이 거지와 같이 헐벗고 굶주린 채 주님의 축복을 누리지 못하며 살고 있습니다. 그것은 예수님 안에서 하나님의 넘치는 은혜로 하나님을 사랑하는 자들을 위해 예비해 놓으신 것을 눈으로 보지 못하고 귀로 듣지 못하고 마음으로 깨닫지 못하기 때문입니다(사 64:4; 고전 2:9).

그렇다면 하나님께서 우리를 위해 넘치는 은혜로 예비해 놓으신 것을 어떻게 알 수 있을까요? 대개는 많은 시험과 고통을 당하면서 알게 됩니다. 사람들은 은혜를 풍성히 받으려면 다른 성도들보다 한 걸음 더 나가서 사막의 음침한 골짜기를 지나며 많은 마음의 고생과 고통을 겪어야 한다고들 말합니다. 그러한 마음의 고생과 고통을 얼마나 받았는가에 따라서 하나님의 은혜를 얼마나 크고 깊게 경험할 수 있는가가 판가름 난다는 것입니다.

그러므로 오늘 내가 예수 그리스도의 은혜를 얼마나 많이 받았느냐 하는 것은 내가 인생의 경험에서 사막의 음침한 골짜기를 지나는 동안 얼마나 눈물을 흘리며 기도하며 살아왔는가에 대한 경험을 통해 알 수가 있는 것입니다. 가슴이 깊이 파여 있으면 파여 있을수록 그것을 메우는 하나님의 은혜는 더 풍성해지는 것입니다. 심령이 가난하고 애통하는 자가 하나님의 은혜를 더욱 간절히 찾는 것입니다.

그러므로 고난을 깊이 당할 때 낙심하지 마십시오. 예수 그리스도 안에서 우리에게 주실 하나님의 은혜를 기대하며 감사하며 삽시다. 여러분은 이미 은혜를 받았기 때문에 예수 믿고 구원을 얻은 것입니다. 하박국 선지자는 하박국 3장 18절에서 "나는 야훼로 말미암아 즐거워하며 나의 구원의 하나님으로 말미암아 기뻐하리로다"라고 고백하고 있습니다. 우리의 환경과 조건이 아무리 고통스럽고 힘이 들어도 우리는 예수 그리스도께서 몸 찢고 피 흘려 주신 은혜로 받게 된 구원만으로 즐거워하며 기뻐할 수 있는 것입니다. 우리 모두는 다 은혜받은 사람입니다. 은혜로 구원을 받았기 때문에 예수 그리스도의 몸 된 교회에 나오게 된 것입니다. 그래서 사도 바울은 고린도에 있는 교인들이 하나님의 은혜를 받은 것을 하나님께 항상 감사하고 있는 것입니다.

또한 하나님께서 우리를 위해 예비해 놓으신 은혜를 우리는 말씀과 성령님을 통하여 깨달아 알 수 있습니다. 성경에 보면 약 7천여 가지 이상의 하나님의 축복이 예비되어 있습니다. 이러한 수많은 축복은 하나님께서 그리스도 예수 안에서 우리를 위하여 예비하신 것입니다. 그러므로 우리는 주 안에서의 위치가 어떠한 지를 깨달아서 우리의 생각과 말과 행동이 변화되는 삶을 살아야 할 것입니다.

5절 이는 너희가 그 안에서 모든 일 곧 모든 언변과 모든 지식에 풍족하므로

사도 바울은 고린도 교회가 하나님 안에서 모든 구변과 모든 지식이 풍족하기 때문에 감사한다고 했습니다. 여기서 '언변' 이라는 말은 그리스어로 로고스(λόγος)이며 '지식' 은 그리스어로 그노시스(γνῶσις)라고 합니다. '로고스' 는 입으로 전파하는 하나님의 진리의 말씀을 말하며 '언변이 풍족하다' 는 것은 복음 선교의 내용이 잘 전달되는 것을 의미합니다. 또한 '그노시스' 는 전파된 복음의 진리를 이해하는 지혜를 가리킵니다.

고린도 교회는 그들이 사도 바울의 선교를 통해서 세워졌기 때문에 특별히 바울의 성령 충만을 굉장히 강조합니다. 에베소서에서 복음을 전파했던 아볼로는 대단한 웅변가로, 설교는 유창했지만 성령의 역사를 일으키지 못했습니다. 그래서 바울이 에베소에 모인 교인들에게 "너희가 믿을 때에 성령을 받았느냐?" 라고 했을 때 에베소 교회 교인들은 "성령이 계심도 듣지 못하였다" 라고 했습니다. 바울이 그들에게 예수 이름으로 침례를 베풀고 안수하니 성령이 임하시므로 방언도 하고 예언도 하니 열

두 사람쯤 되더라고 기록된 것을 볼 수 있습니다(행 19:1-7). 아볼로는 굉장히 웅변적인 설교를 했기 때문에 사람들의 귀를 감동시킬 수는 있었지만, 사도 바울은 성령을 강조했기 때문에 바울이 목회하는 곳마다 사람들은 성령 침례를 받고 성령의 불을 받았습니다.

이러므로 아주 언변이 풍족해서 신학적으로, 문학적으로, 학문적으로 인정받는 목회자가 있는가 하면 바울처럼 뜨겁게 하나님의 은혜를 체험하게 하는 복음에 대한 언변이 풍족한 목회자도 있는 것입니다.

사도 바울은 고린도 교인들에게 하나님의 말씀을 잘 알아듣도록 풀어서 전달해 주었습니다. 이런 연유로 고린도 교인들에게는 성령 침례를 받고 바울이 떠나가도 계속해서 성령의 재충만으로 자기 신앙을 사기발전할 수 있는 은혜가 있었습니다. 실로 하나님의 말씀을 잘 전하는 주의 종은 하나님의 교회의 중요한 기초석이 됩니다. 아무리 좋은 건물을 지어 놓고 좋은 조직을 갖고 있다 하더라도 주의 종이 하나님의 말씀을 잘 전하지 못하면 그 교회는 부흥이 되지 않습니다. 그러므로 좋은 주의 종을 만난다는 것은 마치 사막에서 오아시스를 발견하는 것과 같습니다. 그렇기 때문에 우리는 하나님께 좋은 주의 종을 보내 달라고 기도해야 합니다. 또한 주의 종이 나타나면 그 주의 종이 더욱 훌륭한 설교를 해서 하나님의 진리를 더욱 잘 깨닫게 해 달라고 배후에서 기도로 밀어주어야 합니다. 이와 같이 고린도 교회에는 하나님의 말씀이 잘 전달되었고, 그 결과 모든 성도들이 전파된 복음의 진리를 잘 이해했던 것입니다.

6절 그리스도의 증거가 너희 중에 견고하게 되어

예수 그리스도의 살아계신 증거를 견고하게 하기 위해서는 말씀을 실제 삶 가운데 체험해야 합니다. 체험을 하면 예수 그리스도의 살아계심의 증거가 더욱 뚜렷하게 되는 것입니다. 우리가 신앙을 체험할 때 말씀의 기본 위에 서서 하나님이 주시면 방언도 하고, 통역도 하고, 예언도 하고, 또 지혜의 말씀도 체험하고, 지식의 말씀도 체험하고, 영 분별도 체험하면 주님이 살아서 역사하심이 우리의 삶에서 확실하게 각인되는 것입니다. "나는 직접 예수님을 매일같이 체험하고 있다."는 이 사실에 대해 더 이상 부연 설명할 필요가 없습니다.

고린도 교인들은 하나님의 말씀과 그에 대한 깨달음이 풍부했기 때문에 그리스도의 증거가 확실히 뿌리 박게 되었습니다. '그리스도의 증거'란 그리스도에 대한 증거로써 곧 복음을 말합니다. 이것은 사도 바울이 고린도 교회 교인들에게 전하여 준 십자가의 도입니다(2:2). 그에 의하여 전파된 복음은 성령의 역사였기 때문에(고후 1:21-22) 고린도 교회 교인들이 영접한 것입니다.

7절 너희가 모든 은사에 부족함이 없이 우리 주 예수 그리스도의 나타나심을 기다림이라

고린도 교인들은 구변과 지식에만 풍부한 것이 아니라 모든 은사에도 부족함이 없었습니다. 여기서 '은사' 라는 말은 헬라어로 '카리스마'(χάρισμα)라고 하는데, 이는 그리스도로 말미암은 구원의 은사를 의미하며(롬 5:15; 6:23), 성령님이 교회에 주시는 특별한 영적 은사를 뜻하기도 합니다(12:4-11). 이와 같은 은사가 고린도 교회에는 풍성하게 있었던 것입니다.

그러므로 주의 종에게는 하나님 말씀을 잘 증언하는 언변(言辯)이 있

어야 합니다. 그 말씀을 듣고 진리를 깨닫는 은혜가 풍성해야 합니다. 더 나아가서 성령의 충만함을 받고 성령의 은사가 흘러넘치는 교회가 되어야 합니다. 그렇게 되면 하나님이 원하시는 초대 교회와 같이 되는 것입니다.

고린도 교인들은 성령 충만하여 모든 은사에 부족함이 없다고 말씀하고 있습니다. 하나님의 성령이 그들에게 충만히 임하신 것입니다. 이처럼 성령이 우리 안에 임하시면 성령은 사람을 통해서 일하시기 때문에 그 사람에게 적합한 은사를 나타내 주십니다. 이것이 바로 성령의 은사입니다. 성령의 은사는 본 서 12장 8절부터 10절에 기록되어 있는데 지혜의 말씀, 지식의 말씀, 믿음, 병 고침, 능력 행함, 예언, 영들 분별함, 각종 방언, 방언 통역의 은사가 있습니다.

'지혜의 말씀' 은 우리가 어떤 문제에 처해 있을 때, 성령께서 우리에게 해결할 수 있는 놀라운 지혜의 말씀을 주셔서 문제를 해결하게 하는 은사입니다. 성령은 지혜의 영입니다. 지혜의 영이요, 총명의 영이요, 모략의 영이요, 재능의 영인 것입니다. 성령이 오시면 탁월하게 우리에게 지혜와 총명과 모략과 재능과 지식을 주십니다. 그렇기 때문에 우리가 늘 성령님을 인정하고, 환영하고, 모셔 들이고, 의지하여서 문제가 생길 때 하나님께 간절히 기도하고 성령님께 올바른 판단과 올바른 지혜를 달라고 간구하면 여러분에게 응답해 주시는 것입니다.

'지식의 말씀' 은 학교에서 공부한 지식이 아니고, 전혀 알지 못하는 것을 꿈으로 알려 주시고, 계시로 알려 주시고, 깨달음을 주셔서 정확히 파악할 수 있게 하는 것입니다.

요셉은 꿈을 통해서 자신의 일생에 대한 정보를 미리 얻은 사람입니다. 다니엘 또한 하나님 앞에 지식의 은사를 받아서 꿈을 해석했습니다. 하나님께서 꿈이나 환상을 통해서 또 묵시를 통해서 감추어진 비밀을 가르쳐 주실 때 지식의 은사를 받았다고 합니다. 지식의 은사와 점치는 것은 전혀 다른 것입니다. 점치는 것은 귀신을 통해서 정보를 얻는 것입니다. 귀신도 영적 세계에서 살고 있기 때문에 시간과 공간을 초월하므로 미래에 일어날 정보를 어느 정도 알게 해 줍니다. 귀신도 점을 통해서 어느 정도 유용한 정보를 보여 주지만 그것을 미끼로 해서 나중에는 거짓말을 하여 우리의 영혼을 파괴해 버리는 것입니다.

이러므로 성령으로 말미암은 지식의 말씀은 하나님이 당신의 뜻에 따라 우리에게 필요한 정보를 주시는 것이기 때문에 우리를 살리고 영혼이 잘됨같이 범사가 잘되고 강건하며 생명을 얻되 풍성히 얻게 하시는 것입니다.

'영들 분별함' 은 하나님의 역사인지 마귀의 역사인지를 분별하는 것입니다. 대단히 중요한 은사이며 신앙생활에 매우 필요한 은사입니다. 왜냐하면 귀신도 하나님을 빙자하여 속이고 거짓말하기 때문입니다. 마귀도 광명한 천사처럼 흉내를 내기 때문에 하나님의 뜻인지 귀신의 농간인지를 확실히 분별할 수 있어야 합니다. 물론 하나님의 계시가 오면 가장 먼저 걸러야 할 필터는 하나님의 말씀을 기록한 성경입니다. 계시의 내용이 성경에 비추어 맞는지를 반드시 검증해야 합니다. 성경은 기록된 하나님의 완전한 뜻이기 때문에 성경에 어긋나면 어떠한 계시도 믿을 수 없기 때문입니다.

지금까지 말씀드린 지식의 말씀과 지혜의 말씀, 그리고 영들 분별함, 이 세 가지의 은사를 '계시적 은사' 라고 합니다. 그다음은 '발성의 은사' 가 있는데 여러분이 잘 알고 있는 방언, 방언 통역함, 그리고 예언의 은사를 말합니다. 그리고 마지막으로 '권능의 은사' 가 있습니다. 그것은 믿음, 병 고침, 능력 행함의 은사를 말하고 있습니다.

특별히 믿음의 은사는 하나님께서 성령으로 말미암아 어떤 일이 생길 때 특별한 믿음을 주시는 것입니다. 믿음으로 말미암아 하나님의 능력이 나타나기 때문에 더욱 강한 믿음을 성령의 은사를 통해 주십니다.

나는 동료 목사님들보다 믿음의 은사를 더 많이 받았습니다. 빈손 들고 시작한 목회가 오늘날 이렇게 큰 교회를 이룬 것은 모두 다 하나님이 무에서 유를 창조하는 믿음을 주셨기 때문입니다. 눈에는 아무 증거 안 보이고 귀에는 아무 소리 안 들리고 손에는 잡히는 것 없어도 성령님은 나의 마음속에 "할 수 있다! 하면 된다! 해 보자!" 라는 강한 믿음을 주셨습니다.

나의 사역 대부분을 통해 성령이 주신 은사는 믿음의 은사입니다. 그래서 나는 많은 설교를 믿음에 대한 설교로 할애해 왔습니다. 이는 성령을 통해 부어 주시는 믿음에 대한 은사로써 나의 생애와 사역 가운데 역사하셨고, 지금도 강력한 믿음을 주고 계십니다. 어마어마한 믿음이 내려와서 내 마음을 사로 잡아 버린 것입니다. 그것은 내 믿음이 아닙니다. 믿음의 은사가 내려와서 내 마음을 사로잡아 버리면 하나님의 강권에 의해서 불가능한 것들도 믿을 수 있게 됩니다.

그러므로 교회에서 말씀만 강조하고 은사가 없으면 메마른 교회가 되기 쉽고, 말씀의 역사 없이 성령의 은사만 강조하면 신비주의에 빠져서 혼란을 초래하기 쉽습니다. 그러므로 교회는 말씀의 능력과 성령의 능력이 조화를 이루어 역사해야 됩니다.

고린도 교회가 말씀 충만, 진리 충만, 성령 충만, 은사 충만해짐에 따라 자연히 예수 그리스도의 재림을 기다리는 교회가 되었습니다. 이에 사도 바울은 칭찬을 아끼지 않았고 하나님께 감사했던 것입니다. 초대 교회의 특징 중 하나는 주님의 재림을 기다리는 것이었습니다(고전 16:22; 빌 3:20). 주님께서 나타나심으로 신앙의 완성을 볼 수 있기 때문입니다. 그러므로 우리 역시 주께서 재림하실 것을 굳게 믿을 뿐만 아니라 재림에 대비한 준비를 철저히 해야 할 것입니다(살전 1:10; 벧후 3:12-13).

8절 주께서 너희를 우리 주 예수 그리스도의 날에 책망할 것이 없는 자로 끝까지 견고하게 하시리라

사도 바울은 주께서 고린도 교회의 교인들뿐만 아니라 예수님을 믿는 우리들을 우리 주 예수 그리스도의 날에 책망할 것이 없는 자로 끝까지 견고하게 하신다는 말씀을 증언하고 있습니다. '예수 그리스도의 날' 이라는 것은 주님이 재림하실 날입니다. 예수 그리스도가 강림하실 때 책망할 것이 없는 자로 견고하게 하신다는 것은 우리의 신앙생활 가운데 늘 깨어서 성령 충만할 수 있도록 지켜 주시고 인도하신다는 것입니다. 그러므로 주님께서는 우리가 책망할 것이 없는 자로서 예수 그리스도께서 재림하실 때 불려 올라가기를 간절히 바라고 계십니다.

사도 바울은 주 예수 그리스도의 재림을 기다리는 고린도 교회 교인들을 하나님께서 끝까지 지켜 주실 것을 확신하고 있습니다. 하나님께서 친히 견고하게 하셔야만 주 예수 그리스도의 날에 책망할 것이 없는 성도가 됩니다. 사도 바울은 하나님께서 교회를 끝까지 견고하게 하실 것을 확신하고 있었으며(빌 1:6,10) 그것은 그의 간절한 기도 제목이기도 했습

니다(살전 3:13; 5:23). 오늘날에는 거짓 선지자들이 일어나서 성도들을 유혹하는 시대입니다(살후 2:3; 벧후 2:1-3). 그렇기 때문에 하나님의 보호하심과 지켜 주심을 위하여 끊임없이 기도해야 합니다.

9절 너희를 불러 그의 아들 예수 그리스도 우리 주와 더불어 교제하게 하시는 하나님은 미쁘시도다

사도 바울은 하나님을 미쁘신 분이라고 말합니다. '미쁘시다' 라는 말은 '진실하다, 믿을 만하다, 신실하다' 라는 뜻이 있습니다. 하나님께서는 신실하신 분이시기에 재림의 그날까지 성도들을 지켜 주셔서 그날의 소망에 참여하게 하십니다. 이와 같이 진실하신 하나님께서는 성도들을 불러서 예수 그리스도와 더불어 교제하게 하십니다. 여기서 "예수 그리스도 우리 주와 더불어 교제하게 하시는" 의 의미는 그리스도와의 인격적 결합을 뜻하며 바로 천국 생활을 할 수 있게 된다는 것을 의미합니다. 진실로 우리가 하나님을 선택한 것이 아니라 하나님께서 우리를 택하셨습니다(요 15:16). 하나님께서는 이 부르심에 응하여 하나님께 나아가는 자에게 생명을 얻게 하되 더 풍성히 얻게 하십니다(요 10:10). 그리고 영원히 예수 그리스도와 함께 교제하도록 하십니다. 우리가 주님과 교제한다는 것은 참으로 놀라운 사실입니다. 사람은 악한 무리와 교제하면 악한 물이 들고 선한 무리와 교제하면 선한 물이 듭니다. 그러므로 예수 그리스도와 교제하면 당연히 예수 그리스도의 물이 드는 것입니다.

예수 그리스도와 우리는 분리할 수 없습니다. 예수 그리스도는 우리의 머리요, 우리는 그의 몸이기 때문입니다. 예수 그리스도는 우리의 신랑이요, 우리는 그의 신부이기 때문입니다. 예수 그리스도는 우리의 몸

이요, 우리는 그의 지체입니다. 예수님은 포도나무요, 우리는 그 가지입니다. 이러므로 어찌할 수 없이 예수님과 우리는 운명 공동체가 되어 있는 것입니다. 우리는 모두 예수님께 붙어 있기 때문에 예수님의 사람들인 것입니다.

이와 같이 예수 그리스도와 함께 죽고, 장사되고, 부활하고, 보좌 우편에 앉아, 우주를 상속으로 받도록 하신 이는 하나님이십니다. 하나님이 창세전에 여러분을 보시고 좋아서 여러분을 불러 주신 것입니다. 하나님은 미쁘십니다. '미쁘시다' 는 것은 변덕스럽지 않다는 말입니다. 하나님은 한 번 우리를 사랑하시면 영원히 사랑하십니다. 그러니 하나님이 우리를 불러 주셔서 예수 그리스도 안에서 교제하게 만들어 주시고 점점 예수 그리스도의 형상을 닮아가는 삶을 살게 해 주셨으니 이보다 더 큰 축복이 어디 있겠습니까? 우리는 형언할 수 없는 하나님의 큰 사랑과 은총과 축복을 받은 사람인 것입니다. 그러므로 우리는 이 큰 사랑에 감사하여 항상 예수님으로 더불어 잠을 자고 깨어나, 예수님과 더불어 일하며, 예수님을 기쁘시게 하는 삶을 살아야 할 것입니다.

또한 예수님이 죄의 종노릇하지 않았으니 우리 역시 죄의 종노릇하지 말아야 할 것입니다(롬 6:22). 예수님이 질병과 저주와도 상관이 없으셨기 때문에 예수님과 교제하는 우리들도 질병과 저주와 상관없게 됩니다(벧전 2:24). 이와 같이 예수님과 교제함으로 귀신도, 지옥도, 사망도, 질병도 다 우리와 상관이 없게 되는 것입니다. 또한 예수님과 교제함으로 날마다 예수 그리스도의 형상을 닮아가게 되는 것입니다(갈 4:19).

3. 분쟁에 대한 권면(1:10-17)

10. 형제들아 내가 우리 주 예수 그리스도의 이름으로 너희를 권하노
니 모두가 같은 말을 하고 너희 가운데 분쟁이 없이 같은 마음과 같
은 뜻으로 온전히 합하라 11. 내 형제들아 글로에의 집 편으로 너희
에 대한 말이 내게 들리니 곧 너희 가운데 분쟁이 있다는 것이라 12.
내가 이것을 말하거니와 너희가 각각 이르되 나는 바울에게, 나는 아
볼로에게, 나는 게바에게, 나는 그리스도에게 속한 자라 한다는 것
이니 13. 그리스도께서 어찌 나뉘었느냐 바울이 너희를 위하여 십자
가에 못 박혔으며 바울의 이름으로 너희가 침례를 받았느냐 14. 나
는 그리스보와 가이오 외에는 너희 중 아무에게도 내가 침례를 베풀
지 아니한 것을 감사하노니 15.. 이는 아무도 나의 이름으로 침례를
받았다 말하지 못하게 하려 함이라 16. 내가 또한 스데바나 집 사람
에게 침례를 베풀었고 그 외에는 다른 누구에게 침례를 베풀었는지
알지 못하노라 17. 그리스도께서 나를 보내심은 침례를 베풀게 하려
하심이 아니요 오직 복음을 전하게 하려 하심이로되 말의 지혜로 하
지 아니함은 그리스도의 십자가가 헛되지 않게 하려 함이라

10절 형제들아 내가 우리 주 예수 그리스도의 이름으로 너희를 권하노니 모두가 같은 말을 하고 너희 가운데 분쟁이 없이 같은 마음과 같은 뜻으로 온전히 합하라

사도 바울은 앞에서(1-9절) 인사와 감사를 드리고 이제 본론으로 들어

갑니다. 그는 고린도 교회 교인들을 형제라고 부르면서 그들 사이의 일치를 호소합니다. 그것도 자신의 이름으로가 아니라 주 예수 그리스도의 이름으로 권하는데, 여기서 '권하노니'의 의미는 '권하다'라는 뜻(행 2:40)과 '위로하다'라는 뜻(엡 6:22; 고후 2:7)으로 사용됩니다. 그러므로 본문에서의 권면은 성령 안에서 위로를 주시는 권면입니다.

사도 바울은 고린도 교회의 일치에 대하여 세 가지 권면을 합니다. 첫째로, '주 안에서 모두가 같은 말을 하라.'는 것입니다. 모두가 같은 말을 한다는 것은 하나님 안에서 모든 성도들이 같은 신앙 고백을 하는 것을 의미합니다(롬 15:5-6). 둘째로, 성도들 가운데 서로 분쟁이 없기를 권면하고 있습니다. 이 '분쟁'이란 말은 이단적인 분리의 의미가 아니라 교회 안에서 성도들 간의 심한 의견의 대립을 가리킵니다. 셋째로, 같은 마음과 같은 뜻으로 온전히 합하라는 것입니다. 이와 같이 한 교회 안에서는 같은 말을 하고 같은 마음을 품고 같은 뜻을 가져야만 합니다.

예수 믿는 사람은 하나님 아버지와 예수 그리스도의 은혜의 말을 하기 때문에 그 안에서 하나가 되는 것입니다. 직장도 다르고, 지위도 다르고, 환경도 다르고, 여러 가지 다른 요소가 많지만 우리는 한 목소리로 고백할 수 있는 말이 있습니다. 그것은 예수 그리스도의 은혜로 구원을 받았음을 인정하는 은혜의 말입니다. 이 은혜의 말 한 마디를 가지고 우리는 주 안에서 하나가 되는 것입니다.

생면부지(生面不知)의 사람인데도 예수 그리스도 안에서 함께 하나님을 경배하고 찬미하고, 예수 그리스도의 보혈을 감사하며 교제하고, 한 형제처럼 얼싸안고 하는 것은 놀라운 일입니다. 이 모든 것이 가능한 이유는 우리가 체험한 구원에 대한 은혜의 말을 소유하고 있기 때문입니다. 같은 은혜의 말을 하기 때문에 그 안에서 우리는 모두 하나가 될 수 있습니다. 서로 다른 문화적 배경을 가진 우리는 그리스도의 사랑과 은혜가 아니면 결코 한 몸이 될 수 없고 마음이 하나가 될 수 없는데도 하나님의 놀라운 은혜 안에서 하나가 되는 것입니다.

성경은 "스스로 분쟁하는 나라마다 황폐하여지며 스스로 분쟁하는 집은 무너지느니라"(눅 11:17)고 했습니다. 마귀는 분쟁을 일으켜 교회의 역사를 방해하려 합니다. 어찌하든지 예수 그리스도의 몸 된 교회(엡 1:22; 골 1:18)를 분열시키려고 합니다. 이러므로 지체된 그리스도인들은 모두 그리스도를 중심으로 분쟁 없이 단결해야 합니다. 만약 지체끼리 분쟁하고 다툰다면 그 몸은 온전하지 못할 것입니다. 각 지체가 맡은 바 사명이 다르기 때문에 서로의 결점을 끄집어내기보다는 사랑으로 덮어주며 장점만을 키우려고 서로 노력하면 그 교회는 부흥이 됩니다. 사도 바울의 "온전히 합하라"는 말씀을 오늘의 모든 교회는 명심하여 실천해야 할 것입니다.

11절 **내 형제들아 글로에의 집 편으로 너희에 대한 말이 내게 들리니 곧 너희 가운데 분쟁이 있다는 것이라**

사도 바울이 고린도 교회의 일치에 대하여 소원을 말하는 이유를 밝힙니다. 그가 글로에의 집 사람으로부터 고린도 교회에 분쟁이 있다는 말을 들었기 때문입니다. 여기에서의 '분쟁'이란 의견이 분분(紛紛)하지만 아직 분열까지는 이르지 않은 상태를 말합니다.

글로에는 고린도, 즉 아가야 지방에서 처음 예수를 믿은 사람이라고 바울은 말하고 있습니다. 그렇기 때문에 굉장히 신앙이 깊고, 또 교회 성장에 많은 기여를 한 사람인 것입니다. 글로에의 집에서 고린도 교회가 여러 가지 분쟁이 있고 시끄러우니까 걱정이 되어서 고린도 교회를 개척한 바울 선생에게 이 소식을 전하는 것입니다.

나는 내 제자들이 한국이나 온 세계에 나가서 목회를 하기 때문에 사도 바울의 심정을 조금 이해할 수 있습니다. 그들이 목회를 잘 한다는 소식을 들으면 참 좋지만 교회에 분쟁이 있다는 소식을 들으면 마음이 굉장히 고통스럽고 어떤 때는 마음에 분노가 일어날 때도 있습니다.

교회에 분쟁이 없으면 교회가 건강하게 성장하지만, 교회에 분쟁이 생기면 교회가 흩어지고 많은 사람이 상처를 입히고 교회를 떠나게 되어 그리스도의 몸에 상처를 입히게 됩니다. 왜냐하면 교회는 그리스도의 몸이기 때문입니다. 그런데 가는 곳마다 늘 분쟁의 소식이 들려옵니다. 미국에 가면 미국 교회의 분쟁에 대한 소식이 들려오고, 구라파에 가면 구라파 교회의 소식이 들려오고, 일본에 가면 일본 교회에 대한 분쟁의 소식이 들려옵니다. 교회가 분쟁하는 소식을 안 들었으면 좋겠는데 계속해서 들려오기 때문에 마음에 평안이 없을 때가 많습니다.

자식이 많으면 부모의 마음속에 걱정이 떠날 날이 없다고 하지 않습니까? 이처럼 인생을 사는 동안에 온전히 염려와 근심이 없이 사는 것은 힘이 듭니다. 인간은 사회를 구성하는 공동체 속에 살고 있어서 나의 문제뿐만 아니라 공동체를 이루는 형제와 자매의 문제까지도 연결되기 때문입니다.

바울 선생도 마음이 평안할 날이 없었습니다. 수많은 교회를 개척한 그가 교회들의 어려운 형편이 들려올 때마다 그 교회와 함께 짐을 지고 고통을 분담하게 된 것입니다.

12절 내가 이것을 말하거니와 너희가 각각 이르되 나는 바울에게, 나는 아볼로에게, 나는 게바에게, 나는 그리스도에게 속한 자라 한다는 것이니

고린도 교회의 분쟁의 특징은 제각기 영적인 지도자를 내세워서 분쟁한다는 것입니다. 그들이 분쟁한 원인은 그들의 마음 가운데 교만이 있었기 때문입니다(잠 13:10). 사실 사도 바울과 아볼로, 게바(베드로)는 예수 그리스도의 충실한 종이었으며, 고린도 교회 교인들의 신앙을 도와주는 영적 지도자들이었습니다. 그럼에도 분쟁을 일삼는 사람들은 서로 당을 짓고 그들의 영적 지도자를 당의 우두머리로 삼았습니다. 어떤 사람은 사도 바울을 숭배한 나머지 바울파를 형성했으며, 다른 이들은 아볼로를 가장 열렬한 웅변가로 생각하여(행 18:24-28) 아볼로파를 형성했습니다. 또 어떤 이들은 게바를 그들의 우두머리로 내세웠습니다. 사도 바울과 아볼로와 베드로 사이에 결코 분쟁과 투쟁이 있었던 것은 아닙니다. 다만 위의 세 사람을 지도자로 삼아 파당을 이루었던 것입니다. '그리스도에게 속한 자' 라 함은 앞에 말한 세 당파 이외의 다른 당파를 말한 것입니다.

교회에서 당을 지으면 절대로 안 됩니다. 교회는 오직 우리 주 예수 그리스도 한 분을 위한 모인이 되어야 합니다. 우리 주님이 교회를 다스리기 위해서 만들어 놓은 당회와 제직회 그리고 여선교회, 남선교회, 안수 집사회, 청년회, 대학생회 등 공식적으로 예수 그리스도가 다스리는 행정력이 미치는 조직 이외에 당을 만들면 분열을 초래하게 됩니다.

여러분, 우리는 그리스도의 몸에 붙은 지체인데 우리 몸이 제멋대로 통제되지 않는다면 우리는 정상적인 삶을 살아갈 수가 없는 것입니다.

마치 중풍병에 걸린 몸처럼 모든 지체가 어려움을 겪게 되는 것입니다. 교회는 그리스도의 몸이기 때문에 당을 지어 교회를 나누는 것은 결단코 생각할 수 없는 일인 것입니다.

이러므로 교회에 와서 파당을 만드는 것은 무의식적으로 만드는 것 같지만 하나님 앞에서는 어마어마한 범죄 행위인 것입니다.

사도 바울은 교회 안에서의 모든 당파를 전면적으로 부정합니다. 그 자신의 이름을 가진 당파에 대해서도 결코 호의적인 태도를 보이지 않습니다. 하나님의 교회는 분쟁해서는 안 되며 오직 사랑의 띠로써 하나가 되어야 합니다.

13절 그리스도께서 어찌 나뉘었느냐 바울이 너희를 위하여 십자가에 못 박혔으며 바울의 이름으로 너희가 침례를 받았느냐

그리스도는 만물의 근본이시며 으뜸이 되십니다(골 1:16-18). 모든 사람의 주가 되시는 그리스도는 한 분밖에 없습니다(롬 10:12). 그렇기 때문에 그리스도는 분리될 수가 없는 분이십니다.

우리를 위해서 십자가에 못 박혀 몸 찢기고 피 흘려 죽었다가 부활하신 분은 예수 그리스도 한 분밖에 계시지 않습니다. 예수님 이외에 우리를 위해서 몸 찢기고 피 흘려 준 자가 누가 있습니까? 바울이 십자가에 못 박혔나요? 베드로가 십자가에 못 박혀서 우리를 구원했나요? 아볼로가 십자가에 못 박혀서 몸 찢기고 피 흘려 구원했나요? 이들은 모두 주님이 사용하시는 종이요, 머슴이요, 일꾼에 불과합니다. 우리의 주님은 예수님밖에 없습니다.

나 역시 주인 되신 예수님을 섬기는 머슴이요, 일꾼일 뿐입니다. 그 이

상 아무것도 아니지요. 머슴과 일꾼이 어떻게 건방지게 주인 노릇을 하려고 합니까? 어떻게 머슴과 일꾼이 당파를 만들 수 있습니까? 우리는 오직 살든지 죽든지, 흥하든지 망하든지, 성하든지 쇠하든지 우리의 주인이 되시는 예수님만 바라보고 나가야 됩니다. 예수님만이 우리를 구원하신 그리스도이기 때문입니다. 따라서 예수 그리스도를 믿는 성도들도 분리될 수가 없습니다.

사도 바울 자신이 성도들을 위하여 십자가에 못 박힌 구속자가 아니므로 그에게 속한 성도라는 것은 있을 수 없습니다. 물론 아볼로나 게바의 경우에도 마찬가지입니다. 또 사도 바울의 이름으로 성도들이 침례를 받은 것도 아닙니다. 오직 구속자는 예수 그리스도뿐이며 성도의 침례도 예수 그리스도의 이름으로 말미암습니다. 그렇기 때문에 성도들은 그리스도의 소유입니다. 어떤 피조물도 절대자 되시는 예수 그리스도의 위치를 차지할 수 없습니다. 아무리 영적 지도자가 훌륭해도 그리스도의 권위를 침해할 수가 없는 것입니다.

14-16절 나는 그리스보와 가이오 외에는 너희 중 아무에게도 내가 침례를 베풀지 아니한 것을 감사하노니 이는 아무도 나의 이름으로 침례를 받았다 말하지 못하게 하려 함이라 내가 또한 스데바나 집 사람에게 침례를 베풀었고 그 외에는 다른 누구에게 침례를 베풀었는지 알지 못하노라

사도 바울은 고린도 교회의 사람들에게 침례를 베풀지 않은 것을 오히려 감사하고 있습니다. 왜냐하면 바울은 고린도 교회를 개척한 사도이며 명성이 널리 퍼져 있는 사도였기 때문에 바울이 침례를 베풀었다면 많은

사람들이 "나는 바울에게 침례 받았으니 나는 바울파다."라고 하며 파당을 만들었을 것이기 때문입니다. 그러나 바울은 복음을 전파하고 침례는 제자들에게 베풀게 하였습니다. 바울은 침례를 베풀지 않음으로 하나님의 교회에 분쟁을 일으키지 않게 된 것을 감사하게 생각하는 것입니다.

그 당시 고린도 교회와 같이 분쟁이 있는 곳에서는 자파(自派)의 세력을 확장하는데 침례 의식을 이용했습니다. 그러나 사도 바울은 고린도 교회에서 그리스보와 가이오 외에는 침례를 주지 않았습니다. 그것이 나중에 분쟁을 막는데 도움이 되었기 때문에 하나님께 감사했던 것입니다. '그리스보'와 '가이오'는 바울의 전도에 의하여 예수님을 믿게 된 성도입니다(행 18:8; 롬 16:23).

14절에서 언급한 두 사람 이외에 스데바나에게도 사도 바울이 직접 침례를 베풀었습니다. 그 외에는 다른 누구에게 침례를 주었는지 기억하지 못한다고 말합니다. 사도 바울은 침례를 베풀어 줌으로 침례를 받은 자들을 자기에게로 이끌려고 한다는 오해를 사지 않으려고 했습니다. '스데바나 집 사람'은 아가야 지방에서 처음으로 예수님을 믿고 교회와 성도들에게 봉사한 사람이었습니다(16:15).

17절 그리스도께서 나를 보내심은 침례를 베풀게 하려 하심이 아니요 오직 복음을 전하게 하려 하심이로되 말의 지혜로 하지 아니함은 그리스도의 십자가가 헛되지 않게 하려 함이라

사도 바울은 그가 소수의 사람들에게만 침례를 베푼 이유를 밝힙니다. 바울 선생이 가장 중요하게 생각하는 것은 복음을 전파하는 것이기 때문에 복음을 전파해서 사람을 구원하는 것을 우선으로 하고, 침례는 제자

들에게 베풀도록 했습니다. 침례를 베푸는 데 많은 시간을 소모하지 않고 구원의 복음을 전하는 데 더 많은 시간을 보낸 것입니다.

또한 복음을 전하는 것도 말의 지혜로 하지 아니하고 예수 그리스도께서 십자가에 못 박혀 몸 찢기고 피 흘려서 우리를 구속하신 구속의 원리에 입각해서 복음을 전했습니다. 그렇다고 그가 예수님께서 명령하신 침례 베푸는 일을 경시하거나 무시한 것은 아닙니다. 그는 주님께 복음 전하는 사명을 받았기 때문에 말씀을 전하는 일에만 전념했습니다. 그리고 침례 주는 일은 다른 사역자들에게 맡겼습니다. 복음을 듣고 받아들이는 것이 침례를 베풀고 받는 것보다 앞서야 하기 때문입니다. 복음 전파는 그물로 고기를 잡는 것과 같고, 침례는 잡은 고기를 그릇에 넣는 것과 같습니다.

복음 전파의 사명을 밝힌 사도 바울은 그 전도의 방법에 있어서 말의 지혜로 하지 않는다고 합니다. 말의 지혜로 잘못 전하면 그리스도의 십자가의 도가 헛되이 될 염려가 있기 때문입니다. 여기서 '말의 지혜'란 철학적인 웅변이나 아름다운 수사학을 의미합니다. 우리가 복음을 전할 때에는 인간적인 말의 지혜를 앞세워 십자가의 도를 가려서는 안 됩니다. 인간적인 말의 지혜는 그리스도의 십자가보다는 사람의 영광을 더 드러내게 됩니다. 오늘날 많은 현대주의 신학자나 자유주의 신학자들은 인간의 철학이나 인간의 신학으로 그리스도의 십자가의 도를 헛되이 전하고 있습니다. 그러므로 우리는 믿음에 굳게 서서 흔들리지 않도록 주의해야 합니다(골 2:7-8).

4. 하나님의 지혜와 능력이 되는 복음(1:18-25)

18. 십자가의 도가 멸망하는 자들에게는 미련한 것이요 구원을 받는
우리에게는 하나님의 능력이라 19. 기록된바 내가 지혜 있는 자들의
지혜를 멸하고 총명한 자들의 총명을 폐하리라 하였으니 20. 지혜
있는 자가 어디 있느냐 선비가 어디 있느냐 이 세대에 변론가가 어디
있느냐 하나님께서 이 세상의 지혜를 미련하게 하신 것이 아니냐
21. 하나님의 지혜에 있어서는 이 세상이 자기 지혜로 하나님을 알지
못하므로 하나님께서 전도의 미련한 것으로 믿는 자들을 구원하시기
를 기뻐하셨도다 22. 유대인은 표적을 구하고 헬라인은 지혜를 찾으
나 23. 우리는 십자가에 못 박힌 그리스도를 전하니 유대인에게는
거리끼는 것이요 이방인에게는 미련한 것이로되 24. 오직 부르심을
받은 자들에게는 유대인이나 헬라인이나 그리스도는 하나님의 능력
이요 하나님의 지혜니라 25. 하나님의 어리석음이 사람보다 지혜롭
고 하나님의 약하심이 사람보다 강하니라

18절 십자가의 도가 멸망하는 자들에게는 미련한 것이요 구원을 받는 우리에게는 하나님의 능력이라

'십자가의 도'란 십자가를 통하여 인류가 구원을 받는다는 사실을 말합니다. 이 십자가의 도가 멸망을 향하여 나아가고 있는 사람들에게는 어리석게 보입니다. 그러나 구원을 향하여 나아가고 있는 사람들에게는 하나님의 능력이 됩니다.

이 세상에 살아가면서 날이 갈수록 빛나고 아름답고 귀하고 좋은 것은 예수 그리스도의 십자가의 도밖에 없습니다. 예수님께서는 하나님의 아들이셨지만 사람의 몸으로 이 땅에 오셔서 여러분과 나를 위해서 십자가에 대신 못 박혀 몸 찢기고 피 흘려 죽으심으로 우리의 모든 죄를 대속하시고 구원하셨습니다.

그리고 우리가 그동안 갇혀 있었던 세상과 죄악의 감옥도 열어 버리고, 슬픔과 질병의 감옥도 열어 버리고, 저주와 가난의 감옥도 열어 버리고, 사망과 영벌의 감옥도 열어 버리셨습니다. 우리가 예수 그리스도를 믿고 그의 이름으로 기도하면 수없이 얽혀 있는 감옥에서 모두 놓임을 받게 됩니다.

따라서 예수 그리스도를 의지하면 우리가 희망이 넘쳐 나는 것은 자유를 얻을 수 있다는 소망이 있기 때문입니다. 여러분, 우리 모두가 이 세상의 속박을 박차고 나와서 자유롭게 하늘로 비상할 수가 있습니다.

주님께서 이 땅에 오신 것은 아담과 하와 이후에 세상 죄악의 감옥에 갇혀서 나오지 못하고 몸부림치는 우리에게 해방을 주시기 위함입니다.

세상과 마귀는 슬픔과 질병과 가난과 저주의 감옥을 만들어 놓았지만, 예수 그리스도는 이러한 슬픔과 질병과 저주와 가난의 감옥에서 우리를 해방시켜 주시고 종국적으로는 죽음과 지옥의 감옥에서까지 해방시켜 주신 것입니다. 그러므로 우리에게 가장 아름답고 귀한 것이 예수 그리스도의 십자가인 것입니다. 십자가의 공로 이외에 우리가 어떤 것을 자랑할 수 있겠습니까? 세상의 자랑은 모두 잠시 있다가 사라질 안개인 것입니다.

십자가의 도는 인간의 계획에서 난 것이 아니고 하나님께서 직접 계획하시고 완성시키신 것입니다. 그러므로 십자가의 도를 믿음으로 받아들인 자에게는 하나님의 능력이 임하지만 그렇지 못한 자에게는 멸망이 있을 뿐입니다.

19절 기록된바 내가 지혜 있는 자들의 지혜를 멸하고 총명한 자들의 총명을 폐하리라 하였으니

바울은 이사야 29장 14절 말씀을 인용하면서 18절의 근거를 말합니다.

여기서의 '지혜'는 세상 지혜, 즉 세속적이고 육신적인 지혜를 말합니다. 세상의 지혜로써는 아무도 하나님을 알지 못합니다. 하나님을 알기 위해서는 계시적 지혜를 받아야 됩니다. 감각적인 지혜로는 도무지 알 수 없습니다. 또한 눈으로 보고, 귀로 듣고, 마음속으로 느끼고, 인간의 이성으로 판단하는 지혜로도 하늘나라를 알 수 없습니다. 그렇기 때문에 예수 그리스도를 눈앞에서 바라보고도 빌라도는 그분이 하나님의 아들인 것을 전혀 알지 못했습니다. 진리가 바로 자기 앞에 있는데도 불구하고 진리를 깨닫지 못했던 것입니다. 결국 빌라도는 예수님과 얼굴을 마주 대고, 눈과 눈을 마주 대고, 구원이 눈앞에 있는데도 불구하고 구원을 놓치고 말았던 것입니다. 세상의 지혜는 영에서 나오는 것이 아니고 육에서 나오기 때문에 그들은 하나님도, 구원의 예수님도 전혀 알 수가 없었던 것입니다. 아무리 학위를 많이 받고 공부를 많이 한 학자일지라도 하나님 앞에서 그 지혜는 아무런 효용이 없습니다. 그것으로는 구원을 얻을 수 없습니다.

하나님께서는 자칭 지혜 있고 총명하다고 생각하는 사람들의 지혜와

총명을 폐하십니다. 하나님의 지혜와 인간의 지혜가 다릅니다. 우리의 지혜로는 하나님의 뜻을 다 알 수 없습니다. 오직 하나님을 믿고 의지할 뿐입니다. 하나님께서는 하나님을 인정하지 않는 인간의 지혜를 비웃으십니다. 바벨탑을 쌓던 사람들을 흩으셨듯이 하나님을 떠난 인간 문명을 심판으로 멸하십니다.

20절 지혜 있는 자가 어디 있느냐 선비가 어디 있느냐 이 세대에 변론가가 어디 있느냐 하나님께서 이 세상의 지혜를 미련하게 하신 것이 아니냐

십자가의 도가 하나님의 능력이라고 말한 사도 바울은 지혜 있는 자, 선비, 변론가가 어디 있느냐고 묻습니다. 또한 하나님께서 세상의 지혜를 미련하게 하신 것이 아니냐고 담대하게 단정적인 질문을 합니다. 바울이 이렇게 말한 이유는 하나님의 지혜의 산물인 십자가 앞에서 세상의 지혜가 아무것도 아닌 것을 알았기 때문입니다.

지혜의 근본은 하나님이십니다. 지혜의 근본 되시는 하나님을 모르면서 스스로 지혜 있다고 말하는 것은 교만입니다. 세상 사람들은 지혜의 근본이 하나님이신데 하나님을 믿지도 아니하면서 자기가 무척 지혜로운 줄 알고 있고 또 스스로가 지혜롭다고들 합니다. 이건 말이 안 되는 것입니다.

'지혜' 는 문제를 해결하는 능력입니다. 이 세상 지혜는 세상의 문제를 해결할 수 있겠지만 영생의 문제는 절대 해결해 주지 못합니다. 그러므로 바울은 "세상의 지혜 있는 자가 어디 있느냐?" 라고 반문하고 있는 것입니다.

'선비' 라는 것은 학문을 연구하는 사람을 말합니다. 세상에서 학문을 제아무리 오랫동안 연구를 해 봐도 그들은 하나님을 모르고 있습니다. 여러분, 하나님을 모르고 자기의 생명을 구원하지 못한다면, 이 세상의 모든 수고와 모든 지식은 다 '헛되고 헛된 것' 이 됩니다.

'변론가' 는 논리적으로 사리의 옳고 그름을 잘 증명하는 사람입니다. 그래서 대표적인 변론가는 변호사입니다. 우리에게 재판이 있을 때 대신 재판소에 나와서 그 사람이 왜 그런 일을 할 수 밖에 없었는가를 타당하게 설명하여 판사로 하여금 죄를 면하고 사면을 받도록 설명을 해 주는 것이 바로 변호사입니다. 그러므로 변론가는 해결사입니다. 그러나 아무리 유능한 해결사가 있더라도 죽음의 문제와 영혼 구원의 문제를 해결하지는 못합니다. 논리 정연하게 변론을 해도 죽음의 문제와 영생의 문제를 해결하여 영생의 처소에 들어갈 사람이 없는 것입니다.

예수님을 믿고 하나님을 아는 사람은 명명백백하게 내가 어디에서 와서 왜 살며 어디로 가는지를 알기 때문에 인생의 문제를 해결하는 지혜로운 자요, 이 세상의 학문뿐만 아니라 말씀을 많이 묵상하고 읽는 진짜 선비인 것입니다. 그는 창세기부터 요한계시록까지 말씀을 알고, 말씀을 통해서 지식의 근본 되신 하나님을 알고 있는 사람입니다. 그리고 우리가 성령을 받고 인생의 문제에 대해서 성령으로부터 가르침을 받고 있는데 이보다 더 확실한 변론가가 어디 있겠습니까? 성령으로 충만한 여러분들이 변론가인 것입니다.

그러므로 참된 지혜를 가진 사람은 예수 그리스도 안에 있는 사람이고, 참된 선비도 예수 믿는 사람이고, 최고의 변론가도 예수 믿는 사람인 것입니다. 따라서 여러분은 지혜자요, 선비요, 예수 그리스도 안에서 훌륭한 변론가가 되어 있는 것입니다.

21절 하나님의 지혜에 있어서는 이 세상이 자기 지혜로 하나님을 알지 못하므로 하나님께서 전도의 미련한 것으로 믿는 자들을 구원하시기를 기뻐하셨도다

세상의 지혜로는 하나님을 알지 못합니다. 그렇기 때문에 인간으로 하여금 하나님을 알 수 있는 방법을 하나님께서 직접 세우셔야만 했습니다. 그 방법이 바로 전도입니다. 하나님은 이 전도를 통하여 믿는 자들에게 구원을 주시고 그 방법을 기뻐하셨습니다. 그런데 세상적인 지혜로 볼 때 전도는 어리석게 보입니다. 그 방법과 내용도 미련하게 보일 뿐입니다. 반대로 세상에서는 육적인 지혜로 하나님을 알지 못합니다. 세상 사람들이 아무리 지혜롭다고 해도 그 지혜로 하나님을 알 수 없습니다. 사망의 길만 자꾸 찾아가는 지혜이기 때문에 하나님이 보시기에는 미련하기 짝이 없습니다. 그러나 하나님의 지혜는 미련한 것처럼 보이는 그것으로 믿는 자들을 구원하십니다. 전도하는 것을 보면 참 미련하고 단순하게 보입니다. 소위 세상에서 지식과 학문 있는 사람들이 우리가 전도하는 것을 보면 참으로 기가 막힐 것입니다. 대화술이나 인간 관계술과 같은 전문적인 지식 없이 무조건 "예수 믿으세요! 예수 믿으세요!"라는 외마디뿐이지 않습니까?

비록 세상이 자기 지혜로 우리의 모습을 아주 어리석게 보고 있지만, 하나님은 예수 그리스도의 십자가의 도를 전하는 열심과 성령님의 역사하심을 통해서 사람들을 구원하시는 것입니다.

전도할 때 이론적으로 완벽하게 설명하려고 애쓰지 마십시오. 예수 그

리스도의 십자가의 도는 세상의 이론으로는 절대 설명이 안 됩니다. 이론이 없습니다. 하나님의 아들이 사람의 몸을 입고 왔다는 이론이 있습니까? 세상에는 그런 이론이 없습니다. 과학적 이론으로는 증명하지 못합니다. 예수님이 죽으셨다가 무덤에 들어가서 사흘 만에 부활하셨다는 것은 오직 믿음의 고백으로 스스로가 증명하는 것입니다. 그 믿음은 여러분의 믿음이 아니라 성령이 주시는 믿음입니다. 그리고 말씀 그대로 전하십시오. 성경에 있는 그대로 단순하게 전도하셔야 합니다. 부연 설명할 필요 없이 그 다음 일은 성령님께 맡기십시오. 여러분이 전하고 난 다음에 아직 때가 아닌 사람 같으면 어리석게 보고 믿지 않을 것이고, 구원 얻을 사람 같으면 그 말을 하나님의 능력이요, 하나님의 지혜요, 생명의 말씀으로 받아들이게 될 것입니다. 여러분이 할 일은 전도입니다. 하나님의 지식을 전하고, 하나님의 정보를 전달해 드리는 것이고, 그 다음에 믿게 하는 것은 성령님이 하나님의 지혜를 주셔서 믿게 하는 것입니다.

예수님의 죽음 내 죽음, 예수님의 부활 내 부활, 예수님의 승천 내 승천이라는 전도의 내용은 인간적인 철학과 이성과 지혜로는 깨달을 수가 없습니다. 그러나 하나님께서 명하신 전도라는 방법으로 우리의 신앙 선배들이 구원을 받았으며 우리 자신도 구원을 받았고 우리의 후배들도 구원을 받게 됩니다. 전도의 방법을 통하지 않고는 하나님을 믿을 수가 없습니다(롬 10:14).

22절 유대인은 표적을 구하고 헬라인은 지혜를 찾으나

'표적' 이란 하나님께서 자연법칙을 초월해서 직접적으로 역사하시는 기적을 말합니다. 유대인들은 메시아관에 부합되는 표적을 예수님께 구했습니다(마 12:38; 요 6:30). 그러나 예수님께서는 요나의 표적 밖에는 보일 표적이 없다고 말씀하셨습니다(마 12:39). 헬라인은 철학적 민족이며 지혜를 구하는 민족이었습니다. 그들은 철학적 논쟁을 좋아하고 종교성이 많았으며 그들에게 만족을 주지 못하는 이야기에는 귀를 기울이지 않았습니다(행 17:16-21).

신·구약 성경을 보면 전반적으로 많은 표적을 발견할 수 있습니다. 모세가 애굽에서 나올 때 하나님이 함께하심을 나타내는 표적으로 홍해가 갈라졌으며, 마라의 쓴 물이 달아지고, 광야에서 만나가 내려오고, 메추라기가 날아오고, 바위에서 물이 터지는 표적들이 수도 없이 나타났습니다. 그래서 이스라엘의 역사에는 하나님이 나타나서 인간의 문제를 해결하는 표적이 많이 나타났기 때문에 유대인들은 어디에서든 표적을 구합니다. 예수님에게도 유대인이 나타나서 당신이 메시아인 표적을 보여 달라고 요구하기도 했습니다.

유대인들은 표적을 구합니다. 그러나 오늘날 예수 믿는 우리들은 표적을 구하지 않습니다. 우리는 믿음을 구하는 것입니다. 왜냐하면 말씀을 믿고 기도하면 표적은 뒤에 따라오기 때문입니다.

씨를 심어야 열매를 얻을 수 있듯이, 신앙생활에서도 믿음의 씨부터 먼저 심는 것이 표적으로 믿음의 열매를 얻을 수 있는 지름길이 됩니다.

23절 우리는 십자가에 못 박힌 그리스도를 전하니 유대인에게는 거리끼는 것이요 이방인에게는 미련한 것이로되

우리가 전하는 것은 십자가에 못 박힌 그리스도입니다. 이것이 하나님의 최고의 지식이요, 최고의 지혜입니다. 우리를 멸망에서 구원할 수

있는 지식이며 영원한 지옥에서 건지시는 하나님의 지혜인 것입니다. 그런데 십자가라는 것은 처형의 상징 아닙니까? 가장 극악한 죄인의 처형 도구가 십자가입니다. 유대인은 극악한 죄인을 처형하는 그 십자가를 받아들이지 못합니다. 그들이 받아들이는 것은 메시아가 하늘에서 구름을 타고 만왕의 왕, 만주의 주로서 오시는 모습이지 처참하게 십자가에 못 박혀 처형당하는 예수가 아닙니다. 그래서 영광스러운 표적을 구하는데 우리 예수 믿는 사람이 내놓는 것은 극형을 받은 죄인의 십자가 뿐입니다. 따라서 유대인들은 꺼릴 수밖에 없는 것입니다.

사도 바울을 비롯한 복음 전도자들도 말의 지혜에 의지하지 않고 십자가에 못 박힌 그리스도를 전했습니다. 이 전파의 내용은 유대인들이 구한 표적에 상응하지 못했기 때문에 그들에게는 걸려 넘어지는 것이 되었습니다. 또한 헬라인을 비롯한 이방인들은 십자가에 못 박힌 그리스도가 영원한 지혜의 대상이 되지 못한다고 생각하여 미련한 것으로 판단했습니다.

24절 오직 부르심을 받은 자들에게는 유대인이나 헬라인이나 그리스도는 하나님의 능력이요 하나님의 지혜니라

하나님이 우리를 부르시면 별도리 없이 순종할 수밖에 없습니다. 성령님이 마음속 깊은 곳에서부터 부르시니 주님 앞에 손들고 나올 수밖에 없습니다. 우리는 하나님의 강권적인 은혜로 부르심을 받은 사람입니다. 유대인도 부르심을 받은 사람이면 표적을 구하지 않고 나옵니다. 헬라인처럼 인간의 지혜로 논리를 펼치는 사람도 부르심을 받으면 이유 불문하고 하나님 앞에 나옵니다. 그러므로 우리가 열심히 전도하는 것은 이처

럼 하나님의 부르심을 받은 사람을 찾기 위해서입니다.

그러므로 오직 부르심을 입은 자들에게 그리스도는 하나님의 능력이요, 하나님의 지혜가 되는 것입니다. 예수님은 우리를 자유하게 하고 죄와 질병에서 해방시켜 주는 하나님의 능력이요, 우리를 멸망에서 구원하는 하나님의 지혜인 것입니다.

실로 예수 그리스도는 민족과 국가의 구별뿐만 아니라 온갖 구별을 초월하는 하나님의 능력과 지혜가 되십니다. 이와 같이 그리스도는 유대인들이 찾는 표적중의 표적이며 헬라인들이 찾는 영원한 지혜가 됩니다. 그리스도를 통하여 하나님의 능력과 지혜가 나타나기 때문에 그리스도를 믿는 자는 하나님의 능력과 지혜로 충민해질 수 있습니다.

25절 하나님의 어리석음이 사람보다 지혜롭고 하나님의 약하심이 사람보다 강하니라

하나님과 인간과의 절대적인 차이를 말합니다. 아무리 사람들이 강하다고 해도 하나님의 강함을 앞서지 못합니다. 그러므로 사람이 어떻게 하나님을 대적할 수 있겠습니까? 성경 말씀은 바로 하나님의 지혜요, 능력이 됩니다. 하나님의 말씀에 따라 사는 것이 인간의 지혜와 지식으로 판단해 볼 때 어리석고도 약하게 보입니다. 그러나 하나님께서는 지혜와 능력이 되시기 때문에 인간적으로 판단하지 않고 말씀 위에 굳게 서서 순종하는 자에게는 능력과 지혜를 주십니다.

5. 하나님의 부르심과 그 목적(1:26-31)

26. 형제들아 너희를 부르심을 보라 육체를 따라 지혜로운 자가 많지 아니하며 능한 자가 많지 아니하며 문벌 좋은 자가 많지 아니하도다
27. 그러나 하나님께서 세상의 미련한 것들을 택하사 지혜 있는 자들을 부끄럽게 하려 하시고 세상의 약한 것들을 택하사 강한 것들을 부끄럽게 하려 하시며
28. 하나님께서 세상의 천한 것들과 멸시받는 것들과 없는 것들을 택하사 있는 것들을 폐하려 하시나니
29. 이는 아무 육체도 하나님 앞에서 자랑하지 못하게 하려 하심이라
30. 너희는 하나님으로부터 나서 그리스도 예수 안에 있고 예수는 하나님으로부터 나와서 우리에게 지혜와 의로움과 거룩함과 구원함이 되셨으니
31. 기록된바 자랑하는 자는 주 안에서 자랑하라 함과 같게 하려 함이라

26절 형제들아 너희를 부르심을 보라 육체를 따라 지혜로운 자가 많지 아니하며 능한 자가 많지 아니하며 문벌 좋은 자가 많지 아니하도다

사도 바울은 고린도 교회 교인들이 어떤 상태에서 부르심을 받았는지를 상기시킵니다. 그들 중의 대다수가 인간적인 지혜나 능력이나 문벌이 뛰어나서 하나님을 믿게 된 것이 아니라는 것입니다. 오직 하나님의 은혜와 능력에 의하여 믿게 되었다는 것입니다.

하나님을 믿게 된 사람들을 살펴보면 그 가운데 학문이 뛰어난 사람, 권력이 있는 사람, 가문이 좋은 사람, 재물이 많은 사람들은 결코 많지 않습니다. 무엇인가 부족함이 있다고 인정하는 사람이 예수님을 믿게 됩니다. 부족함이 없다고 생각하는 사람은 복음을 영접하지 않습니다. 그들은 이 세상을 살아가는데 있어서 예수님이 필요 없다고 생각합니다. 참으로 어리석은 일입니다.

육신의 정욕, 안목의 정욕, 이 세상의 자랑으로 말미암아 예수님을 구주로 모시지 않는다면 그보다 어리석은 사람이 없습니다. 이 세상도, 정욕도 다 지나가 버리고 예수님을 영접하지 못한 사람에게는 영원한 형벌이 기다리고 있을 뿐입니다. 그러므로 이 세상에 사는 동안 인간적으로 뛰어난 여러 가지 요소로 인하여 예수님을 영접하지 않은 사람은 참으로 불쌍한 사람입니다. 사람의 생명이 그 소유의 넉넉한 데 있지 않습니다 (눅 12:15).

27-28절 **그러나 하나님께서 세상의 미련한 것들을 택하사 지혜 있는 자들을 부끄럽게 하려 하시고 세상의 약한 것들을 택하사 강한 것들을 부끄럽게 하려 하시며 하나님께서 세상의 천한 것들과 멸시받는 것들과 없는 것들을 택하사 있는 것들을 폐하려 하시나니**

하나님의 지혜에 대해서는 세상 지혜가 감당하지 못합니다. 아무리 지혜 없는 인생이라도 하나님 따라가면 지혜롭게 됩니다. 누가 세상의 지혜와 하나님의 지혜를 비교할 수 있겠습니까? 하나님께서는 세상의 미련한 것들을 택하셔서 지혜 있는 자들을 부끄럽게 하십니다. 하나님께서는 세상의 약한 것들을 택하셔서 강한 것들을 부끄럽게 하십니다. 아무리 우리가 약할지라도 하나님께 의지하면 강해집니다.

강한 자는 자기를 의지합니다. 강한 자는 자기의 육체의 힘을 의지하든지 자기의 권력을 의지하든지 자기의 돈을 의지합니다. 그러나 돈도, 권력도, 육체의 힘도 없는 약한 자는 누구를 의지합니까? 하나님을 의지하게 됩니다. 하나님은 가난한 자, 병든 자, 어린이와 과부, 즉 약한 자들의 하나님입니다. 그리고 심령이 가난한 자들의 하나님이 되십니다.

하나님보다 권세 있는 자가 어디 있으며, 하나님보다 힘 있는 자가 누가 있겠습니까? 비록 세상에서 돈도, 권력도, 힘도 없을지라도 하나님께 의지하면 하나님의 능력으로 살 수 있기 때문에 세상의 부귀영화 능력이 상대가 되지 않는 것입니다.

여러분, 약하다고 낙심하지 마십시오. 우리는 아무리 약해도 강한 하나님이 계시기 때문에 하나님을 나의 피난처요, 요새요, 의뢰하는 하나님으로 삼으면 하나님께서 우리를 새 사냥꾼의 올무에서와 심한 전염병에서 건지듯이 어떤 상황에서라도 구원해 주실 것입니다.

그러므로 오히려 우리가 미련한 것이 축복이 되고, 약한 것이 축복이 되는 것은 미련하기 때문에 하나님의 지혜에 의지하게 되고, 약하기 때문에 하나님의 강한 팔에 의지하게 되므로 인간의 지혜나 힘으로 이룩할 수 없는 것을 주를 믿는 사람이 이룩할 수가 있기 때문입니다.

하나님께서는 세상적으로 볼 때 미련하고 약한 자들을 택하십니다. 그러한 자들을 하나님의 능력으로 지혜롭게 하시고 강하게 하십니다. 그래서 그들로 하여금 세상적으로 지혜 있는 자들이나 강한 자들을 부끄럽게 만들게 하십니다. 그렇기 때문에 주님의 말씀에 순종하는 자는 머리가 되고 꼬리가 되지 않으며, 위에 있고 아래에 있지 않게 되는 신명기 28장의 축복을 받게 됩니다(신 28:1-14). 그러므로 세상적으로 뛰어나지 못하고 약할지라도 낙심하고 좌절할 필요는 없습니다. 문제는 주님의 능력에 사로잡혀 있느냐 하는 것입니다. 주님의 능력에 사로잡혀서 십자가의 도를 깨달은 사람은 세상에서 뛰어나다고 하는 사람들을 부끄럽게 만들고, 그들을 그리스도께로 인도할 수가 있습니다.

'세상의 천한 것들과 멸시받는 것들과 없는 것들' 이란 문벌이 높지 못한 비천한 사람과 세상에서 뛰어나지 못한 사람들을 말합니다. 하나님께서는 이러한 사람들을 택하셔서 큰일을 하게 하십니다. 하나님께서는 사람을 보실 때 사람들이 보는 눈과는 다른 눈으로 보십니다(삼상 16:7). 그러므로 인간의 평가와 가치가 얼마나 하잘 것 없는 것인가를 알 수 있습니다.

29절 이는 아무 육체도 하나님 앞에서 자랑하지 못하게 하려 하심이라

하나님께서 28절 말씀과 같이 하시는 이유는 아무 육체라도 하나님 앞에서 자랑하지 못하도록 하기 위함입니다. '아무 육체' 란 세상의 지혜 있고 능하고 문벌 좋은 사람들을 가리킵니다. 인간적인 여러 요소들을 가지고 자고(自高)하며 스스로 자랑하는 자들에게 하나님 앞에서 겸손할 것을 사도 바울은 강조하고 있습니다.

육체를 자랑하는 것을 하나님이 허락하시지 않습니다. 하나님을 자랑해야지 잠시 있다가 사라지는 육체를 자랑하는 것은 허망한 일입니다.

사람이 소중한 것은 그 속에 하나님의 영이 있기 때문입니다. 하나님의 형상과 모양이 있기 때문에 사람으로서 가치가 있는 것이지, 육체만

본다면 인간은 흙에서 나왔다가 흙으로 돌아가는 허무한 존재입니다. 혈과 육으로는 하늘나라를 상속으로 얻지 못한다고 했습니다(15:50). 육은 잠시 우리가 사는 장막에 불과합니다. 그러므로 자랑하는 자는 영으로 자랑해야 할 것입니다. 우리는 항상 영으로 예수님을 믿고, 하나님 아버지를 섬기고, 성령 충만함을 자랑해야 합니다.

그러므로 하나님께서는 성령 충만을 통해서 육체의 것을 모두 이기게 해 주시는 것입니다. 이는 아무 육체라도 하나님 앞에서 자랑하지 못하게 하시고 성령으로 자랑하게 하시기 위함입니다.

30절 너희는 하나님으로부터 나서 그리스도 예수 안에 있고 예수는 하나님으로부터 나와서 우리에게 지혜와 의로움과 거룩함과 구원함이 되셨으니

그리스도인은 하나님으로 말미암아 그리스도 예수 안에 있습니다. 즉, 고린도 교회들을 포함한 모든 그리스도인들이 그리스도 안에 있는 것은 하나님께로부터 말미암았다는 것입니다. 우리가 예수님을 믿는 순간 우리는 예수님 안에 있게 됩니다(계 3:20). 그렇기 때문에 예수님께서 십자가에 못 박히실 때 우리도 예수님과 함께 십자가에 못 박혔으며(갈 2:20), 예수님이 무덤에 들어가셨을 때 우리도 예수님과 함께 무덤에 들어갔습니다(골 2:12). 또한 예수님께서 부활 승천하셨을 때 우리도 부활 승천한 것입니다(엡 2:6; 골 2:12-13).

예수님은 하나님께로부터 오신 분이십니다. 우리에게 오셔서 첫째로, 우리의 지혜가 되셨습니다. 하나님의 구원의 계획과 구속의 은총을 깨달을 수 있는 지혜가 되신 것입니다. 둘째로, 우리의 의로움이 되셨습니다.

죄를 한 번도 짓지 않은 상태의 의로움은 예수님으로만 말미암기 때문입니다(롬 3:22). 셋째로, 예수님은 우리의 거룩함이 되셨습니다. '거룩함' 이란 성결을 말하는데 그리스도로 말미암아 의롭다 함을 얻고 그리스도를 힘입어 거룩한 생활로 나아갈 수 있습니다. 그렇지만 우리가 하늘나라에 갈 때까지 성결의 과정을 이룰 뿐, 성결의 완성은 이루지 못합니다. 넷째로, 예수님은 우리의 구속함이 되셨습니다. 예수님은 죄의 종 되었던 인류를 위하여 피 흘려 주심으로 그 핏값으로 인류를 해방시키신 분입니다(엡 1:7). 그러므로 예수님을 믿는 자는 죄의 종이 아니라 하나님의 종이 됩니다(롬 6:22). 결국 마지막 날에 모든 것으로부터 완전히 해방됩니다. 예수님은 그리스도인들에게 모든 것이 되십니다. 예수님은 나의 지혜, 나의 의로움, 나의 거룩함, 나의 구속함이 되시는 분이십니다.

31절 기록된바 자랑하는 자는 주 안에서 자랑하라 함과 같게 하려 함이라

사도 바울은 예레미야 9장 23절부터 24절의 말씀을 자유롭게 인용하면서 1장의 결론을 맺습니다. 즉, 아무 육체라도 하나님 앞에서 자랑하지 못하고(29절) 오직 그리스도 안에서만 자랑하라는 것입니다. 참으로 세상의 모든 것은 잠시 잠깐 있다가 없어질 안개와 같은 것이기 때문에 세상적인 자랑은 허무만 초래합니다. 오직 주 안에서의 자랑만이 허무하지 않습니다. 그러므로 우리는 이 세상에 살면서 주 안에서 자랑하며 주님께 감사하는 생활을 하다가 장차 주님 계신 영원한 천국으로 가야겠습니다.

제 2 장

전도의 방법과 하나님의 지혜

A COMMENTARY ON
THE FIRST EPISTLE TO
THE CORINTHIANS

본 장에서 사도 바울은 자신이 복음을 전할 때 인간적인 말과 지혜로 아니하고 성령의 나타나심과 그의 능력을 힘입어 하나님의 지혜로 전했다고 하였습니다. 그리고 육에 속한 사람은 하나님의 성령의 일을 깨닫지 못하며 오직 그리스도를 믿는 자만이 성령으로 말미암아 깨닫게 되며 그리스도의 마음을 소유하게 된다고 말하고 있습니다.

1. 사도 바울의 전도 방법(2:1-5)

1. 형제들아 내가 너희에게 나아가 하나님의 증거를 전할 때에 말과
지혜의 아름다운 것으로 아니하였나니 2. 내가 너희 중에서 예수 그
리스도와 그가 십자가에 못 박히신 것 외에는 아무것도 알지 아니하
기로 작정하였음이라 3. 내가 너희 가운데 거할 때에 약하고 두려워
하고 심히 떨었노라 4. 내 말과 내 전도함이 설득력 있는 지혜의 말
로 하지 아니하고 다만 성령의 나타나심과 능력으로 하여 5. 너희
믿음이 사람의 지혜에 있지 아니하고 다만 하나님의 능력에 있게 하
려 하였노라

1절 형제들아 내가 너희에게 나아가 하나님의 증거를 전할 때에 말과 지혜의 아름다운 것으로 아니하였나니

사도 바울이 고린도 지방에서 설교를 시작했을 때(행 18:1-17), 당시의

웅변가나 철학자들처럼 말과 지혜의 아름다운 것으로 하지 않았습니다. 여기에서 '하나님의 증거' 란, 하나님께서 그리스도로 말미암아 행하신 구원의 사실에 대한 증언을 말합니다. 또한 '말과 지혜의 아름다운 것' 이란, 인간적인 웅변이나 철학적인 미사여구(美辭麗句)를 의미합니다. 즉, 사도 바울은 십자가의 도를 전할 때에 웅변과 인간적인 심오한 철학적 지혜로 하나님의 복음을 전하지 않았다는 것입니다.

만약 전도자가 그러한 것에 사로잡혀서 전하면 하나님의 말씀의 권능은 나타나지 않습니다. 이와 같은 전도자는 하나님이 원하시는 자가 될 수 없고 단지 웅변가나 철학자에 불과합니다. 계속해서 인간적인 웅변과 지혜를 사용하게 되면 점점 하나님으로부터 멀어지게 되고 올바른 진리를 전하지 못하게 됩니다. 뿐만 아니라 그런 사람이 전하는 말을 듣는 성도들도 예수 그리스도를 바라보기보다는 사람의 웅변과 사람의 지혜에 더 관심을 갖게 되어 천국과는 거리가 멀어지게 됩니다. 인간적인 것에 의존하는 전도자는 결국 하나님의 순수한 복음과는 거리가 먼 현대주의자나 자유주의 신학자와 같이 되기 쉽습니다. 그렇기 때문에 사도 바울도 고린도에서 복음을 전할 때 웅변과 인간 철학의 심오한 지식으로 전하지 않았습니다.

이러한 사도 바울의 전도 방법은 우리에게 많은 격려가 됩니다. 사도 바울은 웅변도 할 줄 아는 사람이었고, 헬라 철학에도 박식한 사람이었으며 로마법에도 뛰어난 사람이었습니다. 그러나 그가 전도할 때에는 그러한 것들을 바탕으로 전하지 않았습니다. 그러므로 오늘날 우리에게 비록 인간적으로 뛰어난 지식과 언변이 없을지라도 하나님의 복음을 담대히 전할 수 있습니다.

2절 내가 너희 중에서 예수 그리스도와 그가 십자가에 못 박히신 것 외에는 아무것도 알지 아니하기로 작정하였음이라

사도 바울은 본 절에서 앞서 말한 전도의 방법을 취하는 이유를 밝힙니다. 그가 복음을 말과 지혜의 아름다운 것으로 전하지 아니한 이유는 오직 예수 그리스도와 그의 십자가에 못 박히신 것만 전하기로 작정했기 때문입니다. 바울은 예수 그리스도와 십자가의 구속의 역사를 전하는 것 외에는 어떤 세상적인 것도 전하지 않았습니다. 다른 많은 것을 알고 있으면서도 그리스도와 십자가의 도(道)만 전하는 사도 바울의 자세를 우리도 배워야 할 것입니다.

왜냐하면 복음이라는 것은 인간의 이성으로 깨달아져서 믿어지는 것이 아니기 때문입니다. 복음이란 사람의 이성에 전하는 것이 아니라 사람의 양심에 전하는 것입니다. 그러므로 복음은 인간들이 생각하기에는 어리석다고 생각되는 전도라는 방법으로 성령님이 역사할 때 전해지게 됩니다. 하나님의 복음을 들을 때 이성적으로는 부정할지라도 양심이 긍정하고 나오면 복음은 충분히 증거가 된 것입니다. 이러므로 복음을 인간의 웅변이나 철학적인 지식으로 변증하려고 하는 것은 대단히 어리석은 일입니다.

우리는 오직 복음만을 전해야 합니다. 본 서 1장 21절을 보면 "하나님의 지혜에 있어서는 이 세상이 자기 지혜로 하나님을 알지 못하므로 하나님께서 전도의 미련한 것으로 믿는 자들을 구원하시기를 기뻐하셨도다"라고 말씀하고 있습니다. 인간 편에서 볼 때에는 전도가 어리석게 보이지만 하나님께서는 전도의 방법을 통해 구원하시기를 기뻐하신다고 말씀하고 있습니다. 이 말씀에 힘입어 우리는 모두 전도자가 될 수 있습니

다. 나는 전도자가 될 수 없다는 그런 두려움을 버려야 합니다. 왜냐하면 사람들에게는 예수 그리스도의 십자가를 전하는 것이 미련하게 보이지만 그것을 믿는 자는 하나님의 지혜와 능력을 발견하게 되기 때문입니다.

하나님의 지혜는 성령으로 말미암아 우리의 양심 속에 들어와서 우리의 마음을 붙잡습니다. 그렇게 되면 하나님께 회개하게 되고 눈물을 흘리게 됩니다. 그리고 예수 그리스도를 구주로 모시게 됩니다. 그 사람이 철학자이거나, 대학 교수이거나, 과학자이거나, 그러한 것은 상관없습니다. 인간적인 모든 학식은 머리에 있는 것이기 때문에 양심과는 관계가 없습니다. 하나님의 말씀은 좌우에 날선 어떤 검보다 예리하여 혼과 영과 및 관절과 골수를 찔러 쪼갭니다(히 4:12).

그러므로 복음을 전할 때에 기도를 많이 하고 성령님의 능력으로 전하면 지위가 높고 낮은 사람 할 것 없이 하나님의 말씀이 그 사람의 양심 속으로 꿰뚫고 들어가는 것입니다.

우리가 하나님의 말씀의 능력을 믿는다면 복음을 전할 때에 지식을 내세우려고 할 필요가 없습니다. 단순히 십자가의 복음만 전하면 됩니다. 사도 바울이 바로 그러했습니다. 대사도요, 신약 성경의 3분의 1을 기록한 사도 바울이 무엇이라고 증언했습니까? "내가 너희 중에서 예수 그리스도와 그가 십자가에 못 박히신 것 외에는 아무것도 알지 아니하기로 작정하였음이라". 이 얼마나 큰 위로가 됩니까? 그러므로 우리는 "나는 말을 잘 못하고 무식하므로 전도하지 못한다."라는 소리는 하지 말아야 합니다. 우리는 세상 지식이나 지혜는 부족할지 모르지만 그것보다 훨씬 좋은 하나님의 지혜요, 지식이 되시는 예수님을 알고 있습니다. 이 세상의 지식 중에서 하나님을 아는 지식보다 더 고상한 것은 없습니다. 또한 이 세상의 지혜 중에서 하나님을 경외하는 지혜보다 더 위대한 지혜는 없습니다. 실로 하나님을 아는 것이 지식의 근본이요, 지혜의 근원이 됩니다(잠 1:7; 9:10). 예수님께서 하나님의 지혜요, 지식이 되시므로 우리는 예수 그리스도와 그가 십자가에 못 박히신 것만 전하면 됩니다. 믿지 않는 사람을 구원시킬 방법은 이것밖에 없습니다. 다른 것으로는 구원시킬 수 없습니다.

3절 내가 너희 가운데 거할 때에 약하고 두려워하고 심히 떨었노라

이 말씀은 사도 바울이 고린도에 거하는 동안 하나님을 의지하지 않았을 때의 상태를 고백한 것입니다. 사도 바울이 하나님을 의지했을 때는 죽음조차도 두려워하지 않는 사람이었습니다(고후 6:4-10). 그러나 하나님의 능력을 의지하지 않았을 때에는 약해졌습니다. 그 마음속에 대단히 무력감을 느꼈습니다. 그래서 그는 약하며 두려워하며 심히 떨었던 것입니다. 왜냐하면 사도 바울 자신이 복음을 증거할 때에 하나님의 능력과 권세로 하지 못할까 하는 두려움이 끊임없이 있었기 때문입니다. 이것이 바로 사도 바울이 복음 전하는 데 있어서 자신을 의지하지 않고 하나님을 의지했다는 증거입니다.

사도 바울은 로마법에 박식한 사람이있습니다. 헬라 철학에도 박식하고 유대교에도 정통한 사람이었습니다. 그런데도 불구하고 하나님의 복음을 증거할 때에는 인간의 지식이나 지혜가 무력한 것을 알았습니다. 또한 하나님의 도우심 없이 인간의 힘으로는 아무것도 할 수 없다는 것도 깊이 깨달았습니다. 우리도 다른 사람에게 복음을 증거하려고 할 때, 약해지고 두려워지고 떨릴 때가 있습니다. 이것은 당연한 일입니다. 만

약 그렇지 않으면 그 사람은 아직도 복음의 깊은 의미를 깨닫지 못한 사람인 것입니다.

4절 내 말과 내 전도함이 설득력 있는 지혜의 말로 하지 아니하고 다만 성령의 나타나심과 능력으로 하여

사도 바울은 복음을 전할 때 인간적으로는 약하고 두렵고 떨렸기 때문에 인간적인 웅변과 지혜를 의지하지 않고 오직 성령님의 능력을 의지하여 전했습니다. 오직 복음 전도는 성령님의 능력으로만 가능합니다. 성령님의 나타남과 능력이 있어야만 두려워하지 않고 복음을 전파할 수 있습니다. 그런데 성령님의 역사가 나타나기 위해서는 많이 기도해야 합니다. 기도할 때에 성령의 충만함을 받습니다. 성령이 충만해지면 기도할 때에 기도가 잘되고 생수가 강같이 넘쳐 나옵니다. 그때에 말씀을 증거하면 말씀에 은혜가 있고 능력이 나타나게 됩니다. 곧 말씀이 살아서 움직입니다. 그러나 세상의 염려, 근심, 고통, 불순종의 생활을 하다가 주님께 기도하려고 하면 기도가 나오지 않습니다. 성령의 기름 부음이 나타나지 않기 때문입니다. 그런 상태에서 예수 그리스도를 전하려고 하면 잘 전하지도 못하고 힘이 듭니다. 여러 가지 말을 많이 해 보아도 효과가 없습니다. 이러므로 우리는 기도하여 성령 충만함을 받고 전도해야 합니다. 그럴 때 우리를 통하여 성령님의 능력이 나타나는 것입니다.

성령의 나타남은 전도자의 속에서 일어나는 하나님의 역사입니다. 그러면 여기에서 사도 바울이 말한 성령의 능력은 무엇일까요? 이 능력은 속에서 나타나는 것이 아니라 밖에서 나타납니다. 이 능력은 죄인을 회개시킵니다. 성도가 성령을 받게 됩니다. 귀신이 고함치며 나가는 역사

가 일어납니다. 병든 자가 낫게 되고 하나님의 기적이 일어납니다. 사도 바울의 복음 전도는 속에서는 성령이 역사하고 밖에서는 성령의 기사(奇事)와 이적이 일어나는 것이었습니다. 그러므로 사도 바울이야말로 순수한 복음을 전한 것입니다. 우리도 이와 같은 방법으로 복음을 전해야 합니다. 그러할 때 살아계신 하나님께 영광이요, 불신자는 구원의 길을 발견하게 되는 것입니다.

5절 너희 믿음이 사람의 지혜에 있지 아니하고 다만 하나님의 능력에 있게 하려 하였노라

우리가 성령의 은혜와 능력을 체험하면 교회에 하나님을 만나기 위해서 옵니다. 그러나 교회에 사람의 지혜로운 말이나 유머나 지식이나 철학을 듣기 위해 왔다면 시간이 지나서 재미가 없거나 그 사람이 없어지게 되면 교회에 발을 끊게 됩니다. 그러나 성령의 능력에 사로잡힌 사람은 교회당이 사라질지라도 하나님의 은혜와 능력은 영원하기 때문에 믿음의 공동체를 떠날 수가 없습니다. 교회는 절대 요동하지 않고 더욱 견고하게 우리의 심령 가운데 서 있는 것입니다.

사도 바울이 성령의 나타남과 능력으로 복음을 전한 이유는 고린도 교회 교인들의 믿음이 사람의 지혜에 있지 아니하고 하나님의 능력에 있게 하기 위해서였습니다. 그리스도인의 신앙은 하나님의 능력에 기초를 두어야 합니다. 사람의 지혜와 인간적인 요소에 기초를 둔다면 언젠가는 실망하게 되고 신앙생활에서 떨어지게 됩니다. 그러나 성령의 나타남과 능력으로 믿게 된 사람은 성령이 항상 함께 계시기 때문에 실족하지 않습니다. 그러므로 우리는 끊임없이 하나님의 능력에 사로잡힌바 되기

위해서 기도해야 합니다.

2. 하나님의 지혜의 전달(2:6-9)

6. 그러나 우리가 온전한 자들 중에서는 지혜를 말하노니 이는 이 세
상의 지혜가 아니요 또 이 세상에서 없어질 통치자들의 지혜도 아니
요 7. 오직 은밀한 가운데 있는 하나님의 지혜를 말하는 것으로서 곧
감추어졌던 것인데 하나님이 우리의 영광을 위하여 만세 전에 미리
정하신 것이라 8. 이 지혜는 이 세대의 통치자들이 한 사람도 알지
못하였나니 만일 알았더라면 영광의 주를 십자가에 못 박지 아니하
였으리라 9. 기록된바 하나님이 자기를 사랑하는 자들을 위하여 예
비하신 모든 것은 눈으로 보지 못하고 귀로 듣지 못하고 사람의 마음
으로 생각하지도 못하였다 함과 같으니라

6절 그러나 우리가 온전한 자들 중에서는 지혜를 말하노니 이는 이 세상의 지혜가 아니요 또 이 세상에서 없어질 통치자들의 지혜도 아니요

이제부터 사도 바울은 하나님의 지혜를 온전한 자들에게 전합니다. 그런데 이 하나님의 지혜는 세상의 지혜도 아니고, 없어질 통치자의 지혜도 아니라는 것입니다. 여기에서 '온전한 자' 들이란 헬라어로 '텔레이

오테스'(τελειοτής)라고 하는데 '목표에 도달한 자'란 뜻을 내포하고 있습니다. 즉, 예수 그리스도를 믿어 중생을 하고 성령이 그 속에 들어와서 신앙이 장성한 사람을 말합니다(엡 4:13).

'통치자'란 정부의 공무원이 아니라 정치, 교육, 예술, 철학, 과학 등 기타 방면에서의 지도자를 말합니다. 그러므로 여기서 말하는 지혜는 하나님께로부터 오는 지혜를 말하고 세상에서 오는 지혜를 말하지 않습니다. 세상에서의 지혜는 태어날 때부터 이미 유전적으로 지혜 있는 자와 지혜 없는 자가 대부분 결정이 되어서 태어난다고 합니다. 하지만 세상에서 부모에게 지혜를 못 얻고 태어났을지라도 예수 그리스도를 믿고 성령 충만을 받으면 모세가 여호수아에게 인수했을 때 지혜의 영이 임했던 것처럼 성령님이 하나님의 지혜를 주셔서 더욱 지혜롭게 되는 것입니다. 그것은 세상에서 온 지혜가 아니라 하늘로부터 온 지혜이기 때문입니다.

이스라엘의 제사장과 사두개인과 바리새인, 그리고 교법사와 같은 종교 지도자들은 세상적인 지혜를 가지고 하나님의 아들 예수 그리스도를 십자가에 못 박아 버렸습니다. 빌라도와 같은 세상적인 통치자들도 그들이 가진 세상적인 지혜로 하나님의 아들을 몰라봤습니다. 오늘날에도 유대인들은 예수 그리스도를 하나님의 아들로 인정하지 않고 있습니다. 이스라엘은 지금도 통치자들이 예수 그리스도를 공식적으로 전도하지 못하도록 법을 만들어서 금지하고 있습니다.

이런 통치자들의 지혜는 세월이 흘러가면 모두 없어질 지혜입니다. 그러나 하나님이 주신 우리의 지혜는 성령으로 말미암아 얻게 된 것이기 때문에 하늘나라 갈 때까지 우리에게 일어나는 모든 영적이고 육적인 문제에 대한 지혜를 주시는 것입니다. 우리가 주님께 지혜를 구하면 꾸짖지 아니하고 후히 주시는 하나님께서 응답하시는 것입니다. 문제를 당할 때마다 예수 그리스도의 이름으로 우리가 하나님께 간절히 기도하면 하나님께서는 우리에게 지혜를 주시고 총명을 주십니다. 그것은 세상 통치자들의 썩어질 지혜가 아니요, 하나님의 지혜인 것입니다.

7절 오직 은밀한 가운데 있는 하나님의 지혜를 말하는 것으로서 곧 감추어졌던 것인데 하나님이 우리의 영광을 위하여 만세 전에 미리 정하신 것이라

바울은 본 절에서 온전한 자들에게 말하는 지혜에 대하여 설명합니다. 이 지혜는 하나님께로부터 나온 것이며 그 내용은 비밀한 가운데 감추어졌던 것이었습니다. 여기서 '비밀' 이란 사람의 지혜로는 이해될 수 없고 하나님께서 계시하셔야만 깨달아지는 것을 말합니다.

그러면 감추어진 하나님의 지혜를 어떻게 알 수 있을까요? 하나님의 지혜는 성령의 조명을 받아 성경을 봄으로 알 수 있습니다. 그리하여 말세에 대한 하나님의 계획도 깨달을 수 있으며 어떻게 하면 성공적인 삶을 살아갈 수 있는가도 알 수 있습니다. 또한 성령 충만한 생활을 할 수 있는 방법과 하나님의 인도함을 받는 방법 등도 알 수 있습니다. 이와 같이 우리는 하나님의 말씀을 통하여 하나님의 지혜를 배울 수 있습니다. 주일 예배, 수요 예배, 금요 철야 예배, 구역 예배 등을 통하여 성경 공부하면서 하나님의 지혜를 깨달아 우리의 생활에 적용할 수 있는 것입니다.

하나님의 지혜의 목적은 예수 그리스도를 통하여 하나님의 영광 가운데로 인도하시기 위함입니다(살후 2:14). 하나님께서는 창세전에 이미 예

수 그리스도를 통하여 우리를 구원하시고 썩어질 육의 몸이 신령한 몸으로, 추한 몸이 영화로운 몸으로 부활할 것을 예정하셨습니다. 이러한 모든 일은 하나님께서 전에 예비하신 것으로 우리로 그 가운데서 행하게 하기 위해서입니다(엡 2:10). 이 비밀은 바로 예수 그리스도입니다. 그러므로 이미 예수 그리스도를 구주로 영접한 사람은 이 비밀을 깨달은 사람입니다. 그리고 하나님의 영광에 참여할 수 있는 사람들입니다.

8절 **이 지혜는 이 세대의 통치자들이 한 사람도 알지 못하였나니 만일 알았더라면 영광의 주를 십자가에 못 박지 아니하였으리라**

이 세상의 지도자들은 하나님이 예수 그리스도 안에 감추어 놓으셨다가 우리에게 깨닫게 해 주신 하나님의 지혜를 갖지 못하였다는 말입니다. 이 하나님의 지혜는 계시로 어린아이의 마음을 가진 사람에게만 주어집니다(마 11:25). 이러므로 이 세상에서 아무리 뛰어난 사람일지라도 어린아이와 같은 마음을 갖기 전에는 하나님의 지혜를 깨달을 수 없습니다. 사도 바울이 살던 그 시대나 우리가 살고 있는 이 시대나 모두 마찬가지입니다. 소위 세상의 지도자라는 사람들에게 전도해 보면 참으로 답답할 때가 많습니다. 알아들을 만한데 아무리 설명을 해도 동문서답만 합니다. 예수 그리스도를 믿으면 분명히 살 길이 있는 데도 믿지를 않겠다는 것입니다. 비록 세상의 지도자라고 하지만 우리가 보기에는 그렇게 눈과 귀가 어두울 수가 없으며 마음이 완악하며 영적으로는 그렇게 둔할 수가 없습니다. 그러므로 예수 그리스도를 믿게 되었다는 것이 얼마나 큰 축복인지 모릅니다.

만일 통치자들이 주님을 똑바로 알아보았다면 주님 되시는 예수 그리스도를 십자가에 못 박지 않았을 것이라고 사도 바울은 말합니다. 그 당시 유대나 로마의 지도자들이 예수님을 십자가에 못 박음으로써 무지(無知)를 드러낸 것입니다.

'영광의 주' 란 말은 예수 그리스도의 신성을 말하며(시 24:10) 이것은 모든 성도들의 미래의 완성을 약속하는 말이기도 합니다. 참으로 예수 그리스도는 믿는 자가 참여할 영광의 근원이 되시는 분이십니다(빌 3:21). 그렇기 때문에 예수님은 일반 사람들이 생각하는 의인이나 종교가는 아닙니다. 우리가 예수님에 대하여 무지하다는 것이 어떤 때는 얼마나 큰 죄가 되는지 모릅니다. 예수님에 대하여 올바로 알지 못했기 때문에 그 당시 가장 훌륭하다고 생각되었던 종교인 유대교와 가장 좋은 법이라는 로마법이 예수님을 십자가에 못 박았던 것입니다. 결코 이 세상의 종교나 법이나 철학이나 지혜로는 영광의 주 되시는 예수 그리스도를 알 수 없습니다.

9절 기록된바 하나님이 자기를 사랑하는 자들을 위하여 예비하신 모든 것은 눈으로 보지 못하고 귀로 듣지 못하고 사람의 마음으로 생각하지도 못하였다 함과 같으니라

바울은 이 말씀을 구약 성서 이사야서 64장 4절 말씀과 65장 17절 말씀에서 자유롭게 인용하면서 복음의 지혜는 하나님께서 계시(啓示)해 주지 않으면 알 수 없다고 말합니다. 하나님의 지혜는 인간이 보거나 듣는 감각적인 방법으로 인식될 수 없으며, 인간의 마음으로도 알 수 없다는 것입니다. 그것은 세상의 지혜를 초월하는 것이고 신령한 세계의 일이기 때문입니다. 그러므로 우리는 우리를 위하여 예비하신 것을 오직 하나님

의 계시로만 깨달을 수 있습니다.

그런데 사도 바울은 본 절에서 하나님께서는 하나님을 사랑하는 자들을 위하여 예비하셨다고 했습니다. 천국도 예비하시고 구원받는 길도 예수님을 통하여 예비하셨습니다. 이와 같이 우리 하나님은 야훼 이레, 예비하시는 하나님이십니다(창 22:14). 어느 부모치고 자녀를 위하여 예비하지 않는 부모가 있을까요? 하물며 하늘에 계신 하나님 아버지께서 좋은 것을 예비하시지 않을 리 만무합니다(마 7:11). 이 좋으신 하나님이 바로 그리스도인들의 삶의 자원이 되십니다. 그러므로 하나님을 아버지로 모신 사람은 이 세상을 살아가는 동안 두려워할 필요가 없습니다.

진실로 하나님을 경외하는 자는 하나님의 품에 안겨서, 대단히 평안한 생활을 할 수 있습니다. 옛날 이스라엘 민족을 40년 동안 광야에서 만나로써 먹이고 바위에서 물이 솟게 하시고 메추라기 고기를 먹게 하신 하나님은 오늘도 살아 역사하고 계십니다. 야훼는 변하지 아니하시며(말 3:6), 예수 그리스도는 어제나 오늘이나 영원토록 동일하십니다(히 13:8). 그러므로 하나님을 사랑하고 믿음과 순종의 생활을 할 때 하나님께서 우리의 앞길을 다 예비해 주십니다. 그런데 하나님께서 예비하신 것은 한두 가지가 아니고 모든 것이라고 했습니다. 이러한 모든 것을 눈으로 아무리 살펴도 보이지 않습니다. 귀로 아무리 들으려고 해도 들리지 않습니다. 마음으로 아무리 궁리해도 생각이 나지 않습니다.

이사야서 55장 9절을 보면 "이는 하늘이 땅보다 높음 같이 내 길은 너희의 길보다 높으며 내 생각은 너희의 생각보다 높음이니라" 고 말씀하고 있습니다. 그러므로 인간의 마음으로 생각해 보고 길이 없다고 좌절하지 마십시오. 하나님께서는 인간의 감각을 초월하고, 인간의 이성을 초월해서 하나님의 계획과 기적을 예비해 놓고 계십니다.

"우리가 알거니와 하나님을 사랑하는 자 곧 그의 뜻대로 부르심을 입은 자들에게는 모든 것이 합력하여 선을 이루느니라"(롬 8:28). 이러므로 성령의 인도를 받아서 사는 우리는 두려워할 필요가 없습니다.

3. 하나님의 은혜를 깨닫게 하시는 성령(2:10-13)

10. 오직 하나님이 성령으로 이것을 우리에게 보이셨으니 성령은 모든 것 곧 하나님의 깊은 것까지도 통달하시느니라 11. 사람의 일을 사람의 속에 있는 영 외에 누가 알리요 이와 같이 하나님의 일도 하나님의 영 외에는 아무도 알지 못하느니라 12. 우리가 세상의 영을 받지 아니하고 오직 하나님으로부터 온 영을 받았으니 이는 우리로 하여금 하나님께서 우리에게 은혜로 주신 것들을 알게 하려 하심이라 13. 우리가 이것을 말하거니와 사람의 지혜가 가르친 말로 아니하고 오직 성령께서 가르치신 것으로 하니 영적인 일은 영적인 것으로 분별하느니라

10절 오직 하나님이 성령으로 이것을 우리에게 보이셨으니 성령은 모든 것 곧 하나님의 깊은 것까지도 통달하시느니라

우리 인간의 지혜로는 하나님의 계획을 깨달을 수가 없고 오직 성령으

로만 가능합니다. 왜냐하면 성령은 하나님의 깊은 구원의 경륜(經綸)을 다 알고 계시기 때문입니다. 우리는 성령을 통하여 하나님의 경륜에 깊이 간직되어 세상적인 지혜로는 알 수 없는 것을 알게 됩니다. 인간의 눈이나 귀나 마음으로 생각하지 못한 것이라도 오직 성령으로만 알 수가 있는 것입니다.

성령은 하나님께서 우리를 위해서 예비하신 구주 예수 그리스도에 대하여 알게 합니다. 또한 성령이 기적적인 역사를 일으키는 하나님의 말씀을 깨닫게 합니다. 오직 성령을 통해서만 우리가 예수님을 믿을 수 있고, 더 깊은 신앙 세계로 인도함을 받을 수 있습니다. 하나님께서 예비하신 것을 믿음으로 받게 되고 성령으로 말미암아 천국에도 가게 됩니다. 그리스도인들의 신앙생활은 성령 없이는 불가능합니다. 그러므로 우리는 항상 성령님을 인정하고 환영하고 모셔 들이고 의지해야 합니다. 아무리 의식과 형식이 잘 갖추어진 교회라 할지라도 성령이 없으면 아무런 소용이 없습니다.

우리 믿는 사람들의 심령 속에 성령님이 와 계신다는 사실은 참으로 놀라운 일입니다. 하나님께서는 하나님의 영이신 성령님을 통하여 우리와 교통하고 계십니다. 바로 기도와 찬송과 믿음으로 교통하시는 것입니다. 성령님을 모신 우리는 하나님의 자녀요, 하나님과 함께 사는 자요, 하나님을 기쁘시게 하는 사람들입니다. 그러므로 이 세상에 사는 동안 하나님께 영광 돌리는 생활을 하다가 하나님께서 부르실 때에는 영원한 천국으로 가야겠습니다.

11절 사람의 일을 사람의 속에 있는 영 외에 누가 알리요 이와 같이

하나님의 일도 하나님의 영 외에는 아무도 알지 못하느니라

사도 바울은 10절에 이어서 성령으로 하나님의 깊은 것을 알 수 있는 것을 사람의 사정(事情)과 비교하여 설명합니다. 사람의 사정은 그 사람이 가장 잘 알 수 있습니다. 타인이나 동물이나 식물이 알 수 없습니다. 이와 마찬가지로 하나님의 사정도 하나님의 영, 즉 성령님이 가장 잘 알고 계시다는 것입니다.

세상의 많은 철학자, 신학자들이 하나님에 대해서 잘 알고 있다고 주장을 하며 논문을 발표합니다. 하지만 모두 증명할 수 없는 가설에 불과할 뿐입니다. 성령을 받지 않은 철학자나 신학자들이 성경을 신학적으로 철학적으로 또는 고고학적으로, 역사학적으로 연구해서 발표하는데 내용을 보면 대부분 엉터리가 많습니다. 인간이 하나님의 사정을 어떻게 알 수 있겠습니까? 하나님의 사정은 하나님의 영을 받아야 진실로 알 수 있는 것입니다. 성경의 원본을 대조하거나 문자적으로 연구해서는 절대 알 수가 없는 것입니다. 그러므로 하나님을 알기 위해서는 첫째도 성령, 둘째도 성령, 셋째도 성령을 인정하고 환영하고 모셔 들이고 의지하여서 성령의 감동으로 하나님의 뜻을 받아야 하는 것입니다.

성령은 우리를 돕는 자이며 우리의 가정교사입니다. 또한 성령은 우리의 변호사입니다. 항상 성령은 우리와 같이 계신 것입니다. 성령의 도우심을 항상 받으십시오. 항상 성령께 의지하고 나가면 여러분께 힘과 능력과 지혜를 주셔서 하나님의 뜻을 깨달아 알 수 있게 하십니다.

12절 우리가 세상의 영을 받지 아니하고 오직 하나님으로부터 온 영을 받았으니 이는 우리로 하여금 하나님께서 우리에게 은혜로

주신 것들을 알게 하려 하심이라

고린도 교회 교인들을 포함하여 모든 그리스도인들은 세상의 영, 즉 마귀의 영을 받지 않고 하나님께로부터 온 영, 즉 성령을 받았습니다. 그런데 우리로 하여금 성령을 받게 하신 목적은 하나님께서 우리에게 은혜로 주신 것들을 알게 하기 위해서입니다. 그러므로 하나님께서 우리에게 은혜로 주신 것들을 깨달을 수 있는 방법은 오직 하나님께로부터 온 성령에 의해서만 가능한 것입니다. 분명히 본 절에 우리는 세상의 영, 즉 마귀의 영을 받지 않았다고 기록되어 있습니다.

마귀의 영을 받은 사람은 마귀가 좋아하는 일만 합니다. 육신의 정욕과 안목의 정욕과 이생의 자랑을 인생의 목표로 삼고 삽니다(요일 2:16). 오늘날 예수 그리스도를 믿지 않는 불순종의 아들들 가운데 역사하는 영은 세상의 영입니다. 우리도 과거에는 세상의 영을 받았으나, 예수님의 이름으로 그 악한 영을 쫓아내고 하나님의 성령을 받게 되었습니다. 이 하나님의 영을 받았으니 죄에서, 저주에서, 그리고 사망에서 놓임을 받고 하나님의 자녀로서의 권세를 누리고 살게 된 것입니다.

13절 우리가 이것을 말하거니와 사람의 지혜가 가르친 말로 아니하고 오직 성령께서 가르치신 것으로 하니 영적인 일은 영적인 것으로 분별하느니라

사도 바울은 신령한 하나님의 진리를 가르치는데 있어서 성령의 능력을 의지했습니다. 그러면서 그는 말하는 것 하나 하나가 바로 성령님께서 가르쳐 주신 내용임을 밝힙니다. 성령이 충만해서 말할 때에는 그 입술에서 나오는 말조차도 인간의 말이 아닌 성령님이 선택하신 단어라는

것입니다. 실로 성경의 모든 가르침은 하나님의 성령이 역사하시고 섭리하신 것입니다. 그러므로 성경 원문에 있어서는 일점일획이라도 우리가 보태거나 뺄 수도 없습니다. 왜냐하면 성경의 기자(記者)들이 기술할 때 사람의 지혜가 가르친 말로 아니하고 오직 성령께서 가르치신 것으로 했기 때문입니다. 이 성령께서 가르치신 것은 신령한 일입니다. 이 하나님의 신령한 것이 세상적인 지식으로는 분별이 안 됩니다. 세상의 어떠한 학사, 석사, 박사 학위를 받았다 해도 성령의 도움 없이는 하나님과 하나님의 말씀에 대하여 말할 자격이 전혀 없습니다. 신령한 일은 신령한 것으로 분별되기 때문입니다.

그런데 오늘날 많은 사람들이 하나님의 진리를 신령한 말로 가르치고 있지 않습니다. 그리스도인들이 모이는 곳은 성령님과 더불어 모여야 하며 성령님께서 가르치는 말을 해야 합니다. 세상적인 말이나 인간적인 말로 하나님의 진리를 잘못 전한다면 하나님께로부터 심판받는 모임이 되고 맙니다. 그러므로 우리가 예배를 드리기 위해서 모일 때는 그 예배의 규모가 크든 작든 간에 성령님이 인도하시도록 해야 합니다. 하나님께서는 신령과 진정으로 예배하는 자를 찾으시기 때문입니다(요 4:23).

4. 육에 속한 사람과 신령한 사람(2:14-16)

14. 육에 속한 사람은 하나님의 성령의 일들을 받지 아니하나니 이는 그것들이 그에게는 어리석게 보임이요, 또 그는 그것들을 알 수도 없나니 그러한 일은 영적으로 분별되기 때문이라 15. 신령한 자는 모든 것을 판단하나 자기는 아무에게도 판단을 받지 아니하느니라 16. 누가 주의 마음을 알아서 주를 가르치겠느냐 그러나 우리가 그리스도의 마음을 가졌느니라

14절 육에 속한 사람은 하나님의 성령의 일들을 받지 아니하나니 이는 그것들이 그에게는 어리석게 보임이요, 또 그는 그것들을 알 수도 없나니 그러한 일은 영적으로 분별되기 때문이라

하나님의 지혜가 성령에 의하여 그리스도인들에게 깨달아지며, 성령이 가르치시는 말씀에 의하여 전하여집니다. 그러나 육에 속한 사람은 하나님의 성령의 일을 받지 아니합니다. 왜냐하면 육에 속한 사람은 하나님의 성령의 일이 미련하게 보이고 또 깨닫지도 못하기 때문입니다. 이와 같이 성령의 일이란 영적으로라야 분별이 됩니다. 그러면 육에 속한 사람이란 어떤 사람을 말할까요? 예수 그리스도를 믿지 않고, 그 심령에 성령이 거하지 않으며, 거듭나지 못한 사람을 가리킵니다. 이러한 사람은 성령께서 가르치시는 예수 그리스도의 동정녀 탄생과 죽음과 부

활과 재림을 받아들이지 않습니다. 그들은 거듭나지 못해서 하늘나라를 볼 수가 없고 하나님의 진리를 깨닫지 못하기 때문입니다. 그들의 눈에는 예수 그리스도를 믿는 사람이 오히려 불쌍해 보이기도 합니다.

이와 반대로 예수님을 믿는 사람은 믿지 않는 그들이 마냥 불쌍해 보입니다. 믿는 사람은 하나님의 일을 영적으로 깨달아 알고 있지만 믿지 않는 사람은 깨닫지 못합니다. 그러므로 하나님의 메시지는 하나님께로부터 오신 성령이 가르쳐야 합니다. 하나님께로부터 온 성령의 가르침이 없이는 하나님 나라를 결코 인간의 지혜로 알 수가 없습니다.

15절 신령한 자는 모든 것을 판단하나 자기는 아무에게도 판단을 받지 아니하느니라

신령한 자, 곧 성령을 받은 자는 신령한 하나님의 진리를 올바로 깨닫고 압니다. 그리고 모든 신령한 일들을 판단할 수 있습니다. 그러나 인간들의 판단에는 좌우되지 않습니다. 그러므로 신령한 자는 깨달은 대로 판단하면 됩니다. 말씀에 입각하여 세상을 판단하고 인간을 판단할 수 있습니다. 이러므로 우리는 신령하지 않은 사람으로부터 판단을 받아서는 안 됩니다. 영적으로 볼 때, 그들은 우리를 판단할 자격도 없고 그들의 판단은 옳지도 않습니다. 그리스도를 믿는 우리와는 생각하는 척도가 다릅니다. 우리는 하나님 나라에 입각하여 말하면서 살지만 세상 사람들은 세상에 입각하여 말하면서 살아갑니다.

16절 누가 주의 마음을 알아서 주를 가르치겠느냐 그러나 우리가 그리스도의 마음을 가졌느니라

사도 바울은 이사야서 40장 13절 말씀을 인용하면서 본 장의 결론을 맺습니다. 거듭나지 않은 사람은 주의 마음을 알 수가 없습니다. 더군다나 가르칠 수는 더욱 없습니다. 이에 반하여 그리스도인에게는 주의 영, 즉 성령이 내주(內住)하시므로 주님의 마음을 알 수가 있습니다. 그 때문에 주님의 마음을 가진 것과 다름이 없습니다. 일반적으로 마음에 소원하고 기도하며 구하는 것이 모두 예수 그리스도의 마음을 통해서 하는 것입니다. 왜냐하면 하나님은 하나님의 기쁘신 뜻을 위하여 우리로 소원을 두고 행하게 하시기 때문입니다(빌 2:13).

예수님은 요한복음 14장 13절에서 "너희가 내 이름으로 무엇을 구하든지 내가 행하리니"라고 말씀하셨습니다. 우리가 하나님의 말씀에 순종하고 기도하는 생활을 한다면 평상시에 우리 마음속에서 우러나오는 것이 곧 그리스도의 마음입니다. 주님께 기도하고 마음속에서 소원이 생기는 대로 말씀에 의지하여 행하면 그것이 하나님의 뜻이기 때문에 주님께서 응답해 주십니다. 꼭 어떤 환상이나 묵시를 받아야만 주의 뜻을 안다고 생각하지 마십시오.

제 3 장

하나님의 역사에 대한 **영적인 자세**

육신에 속한 자	3:1-4
자라나게 하시는 하나님	3:5-9
예수 그리스도 위에 세운 집	3:10-15
하나님의 성전인 성도	3:16-17
사람을 자랑하지 말라	3:18-23

A COMMENTARY ON
THE FIRST EPISTLE TO
THE CORINTHIANS

본 장에서 사도 바울은 고린도 교인들의 분쟁이 아직도 육적인 생활을 하는데 있다고 지적하였습니다. 그리고 사역자들의 위치와 신앙의 집을 짓는 방법을 언급하였으며, 또한 성도들에게 몸을 거룩하게 간직하고 항상 하나님 앞에서 겸손할 것을 권하고 있습니다.

1. 육신에 속한 자(3:1-4)

1. 형제들아 내가 신령한 자들을 대함과 같이 너희에게 말할 수 없어서 육신에 속한 자 곧 그리스도 안에서 어린 아이들을 대함과 같이 하노라 2. 내가 너희를 젖으로 먹이고 밥으로 아니하였노니 이는 너희가 감당하지 못하였음이거니와 지금도 못하리라 3. 너희는 아직도 육신에 속한 자로다 너희 가운데 시기와 분쟁이 있으니 어찌 육신에 속하여 사람을 따라 행함이 아니리요 4. 어떤 이는 말하되 나는 바울에게라 하고 다른 이는 나는 아볼로에게라 하니 너희가 육의 사람이 아니리요

1절 형제들아 내가 신령한 자들을 대함과 같이 너희에게 말할 수 없어서 육신에 속한 자 곧 그리스도 안에서 어린 아이들을 대함과 같이 하노라

사도 바울은 2장에서 성령에 속한 사람과 육에 속한 사람을 대조하여 말하였으나 이제 고린도 교회 교인들에게 직접 적용하여 꾸짖습니다. 고린도 교회 교인들이 예수님도 잘 믿고 성령의 은사도 다 받고 열심인데도 불구하고 신령한 자들과 같이 대할 수가 없다는 것입니다. 왜냐하면 그들이 육신에 속한 자들이었기 때문입니다. 그러면 신령한 사람은 어떤 사람을 말하는 것일까요? '신령한 자들' 이란 예수 그리스도를 구주로 믿고 중생해서 영생을 얻어 성령으로 충만하고 성령의 인도함을 받으며 사는 사람을 말합니다. 그들은 삶의 전체 방향을 하나님을 섬기는 데 두고서 하나님의 나라와 하나님의 의를 구하는 데 중점을 둡니다. 하나님을 섬기는 것을 인생의 본업으로 삼고 육신의 생활을 부업으로 삼고서 살아갑니다. 그들은 혼이나 육에 입각하여 살지 않고 영으로 살아가는 것입니다. 이에 반하여 육으로 사는 사람들은 감각에 따라 살고, 혼으로 사는 사람은 인간의 지식과 인간의 감정과 의지에 입각하여 살아갑니다.

하나님께서는 우리 모두가 다 육으로 살지 아니하고 혼으로도 살지 아니하고 오직 영으로 사는 신령한 사람이 되기를 원하십니다. 그렇기 때문에 우리가 주일과 수요일에 교회에 출석하여 기도에 힘쓰고 말씀을 배우는 것입니다. 우리가 하나님 중심으로 살고 하나님 말씀에 순종하는 생활을 하면 할수록 더욱 신령한 사람으로 성장할 수 있습니다. 하지만 우리의 육과 혼이 끊임없이 우리를 방해합니다. 이 방해를 무릅쓰고 우리는 신령한 사람으로 성장해야 됩니다.

성경을 보면 사람을 세 가지 종류로 나누고 있습니다(2:14; 3:1). 즉, 육에 속한 사람과 육신에 속한 사람, 그리고 신령한 사람을 말합니다.

우선 육에 속한 사람은 예수 그리스도를 믿지 않고 사는 사람을 말합니다. 다시 말하면 그 속에 영생이 없고 영원히 멸망할 수밖에 없는 사람입니다. 그러므로 육이 죽으면 모든 것이 끝나는 것입니다.

다음 육신에 속한 사람은 예수 그리스도를 구주로 믿고 구원을 받았으나 아직까지 어린아이와 같은 신앙이어서 자기중심으로만 생각하고 생활하는 사람으로 이기주의적인 신앙생활을 합니다. 다시 말하면 그는 혼으로 사는 사람입니다. 자기의 지식이나 자기의 감정으로 생각하고 하나님 중심으로 생각하지 않습니다.

그다음 신령한 사람은 하나님 아버지를 중심으로 하여 생각하고 행동하는 사람입니다. 한 가정에서도 자녀들이 자라면 이기주의적인 생활방식에서 점차 벗어나 부모님의 뜻을 받들고 효도하며 섬기는 생활을 하게 됩니다. 그럴 때 비로소 우리는 그 자손이 장성한 자손이 되었다고 말합니다. 하나님께서는 예수 그리스도를 믿지 않는 육에 속한 사람을 부르셔서 예수님을 믿게 합니다. 그리고 육신에 속한 사람을 점점 변화시켜서 전폭적으로 하나님 중심으로 사는 신령한 사람으로 만드십니다(롬 8:30).

오늘날 어떤 부류에 속한 사람이 가장 많은 분쟁을 일으키는지 아십니까? 그것은 바로 육신에 속한 사람입니다. 결코 구원을 받지 못한 사람이 아닙니다. 예수 그리스도를 구주로 믿고 중생했는데 아직 신앙의 연조가 짧고 연단을 받지 못해서 자기중심적인 신앙생활을 하는 사람인 것입니다. 이런 육신에 속한 사람들은 자신의 감정과 생각에 어긋나면 분쟁을 일삼고 헐뜯기를 잘합니다.

우리는 무엇을 하든지 하나님 중심으로 살아야 합니다. 우리는 하나님보다 사람을 더 기쁘게 하기 위해서 하나님께 부름 받은 것이 아닙니다. 우리는 때때로 자신에게 물어보아야 합니다. '과연 내가 하나님을 기쁘게 하고 있는가? 내가 하나님보다 내 자신과 타인을 더 기쁘게 하고 있지는 않은가?' 만약 하나님보다 사람을 더 기쁘게 한다면 하나님의 종이 아닙니다(갈 1:10). 그러므로 우리는 주 안에서 끊임없이 성장함으로 말미암아 육신의 사람에서 신령한 사람으로 변화되어야 하겠습니다.

2절 내가 너희를 젖으로 먹이고 밥으로 아니하였노니 이는 너희가 감당하지 못하였음이거니와 지금도 못하리라

사도 바울이 고린도 교회를 설립할 때 고린도 교회 교인들에게 젖에 해당하는 복음을 전했습니다. 그 까닭은 밥에 해당하는 복음의 내용은 그들이 감당할 수가 없었기 때문이었습니다. 젖에 해당하는 복음을 받은 후 상당한 시간이 흘렀음에도 불구하고 그들은 여전히 영적인 어린아이 상태로 남아 있었습니다. 그래서 그들에게 밥에 해당하는 복음을 전할 수가 없다고 바울은 꾸짖습니다. 여기서 '젖' 이라는 것은 기독교의 기본적인 교리를 말합니다.

'예수 그리스도를 믿고 중생하여 하나님의 자녀가 되어서 천국에 간다.' 는 가장 기본적인 교리를 믿고 신앙생활을 하는 것이 젖을 먹는 상태입니다(히 5:12-14). 그러나 밥도 먹고 고기도 먹는다는 것은 기독교의 기본 교리의 과정을 이미 지나서 그리스도의 모습을 닮아가는 생활을 한다는 것을 말합니다. 다시 말하면 예수님께서 우리를 위하여 십자가에 죽으시고 부활하셨다는 것을 믿는 것은 젖에 해당합니다. 그러나 예수님이 부활 승천해서 하늘 보좌 우편에 계시면서 지금도 우리를 위해서 무엇을 하고 계시는가를 아는 것은 밥에 해당합니다. 또한 인류의 역사가 어떻

게 전개되고 있으며 인류를 향한 하나님의 계획은 무엇인지를 아는 것이 밥과 고기에 해당되는 것입니다. 이런 밥이나 고기에 해당하는 부분을 영적인 어린아이들에게 먹이면 소화를 못 시킵니다. 참으로 밥이나 고기에 해당하는 부분을 먹고 소화할 수 있는 성도는 오늘날의 이 시대가 진정한 말세라는 사실을 알고 있습니다.

우리는 다니엘서나 요한계시록을 통하여 마지막 역사의 시기에 가서는 열 발가락 시대가 온다는 것을 압니다. 다니엘서 2장에 나오는 느부갓네살 왕이 꾼 신상의 꿈을 통하여 인류 역사의 개요를 볼 수 있습니다. 머리는 바빌로니아, 두 팔은 메대(메디아), 허리는 헬라, 종아리의 철은 로마를 상징하고 있습니다. 로마가 동·서 로마로 나누어지는 두 다리 시대를 거쳐서 역사의 맨 마지막에는 열 발가락을 상징하는 시대가 옵니다. 또한 사도 요한이 밧모 섬에서 계시를 받아 기록한 요한계시록을 통하여 지중해 바다 한가운데서 열 뿔을 가진 짐승이 나타난다는 것을 우리는 알고 있습니다. 그 열 뿔을 가진 짐승이 하나님을 대적하고 성도를 대적합니다(계 13장). 적그리스도는 옛 로마의 판도 내에서 10개국이 통합된 나라를 배경으로 하여 활동을 하고 많은 성도들을 박해하게됩니다. 이 적그리스도가 나타나는 것을 전후로 하여 성도들이 하늘나라로 휴거되어 올라갈 것입니다.

인류의 역사가 이제 마지막 종착역에 가까워졌다는 것을 우리는 알고 있습니다. 실로 역사의 수레바퀴가 얼마나 신속하게 굴러가고 있는지 모릅니다. 이와 같은 사실을 젖을 먹는 사람은 잘 모릅니다. 자신만 은혜받고 병이 낫고 하나님께 기도해서 축복만 받으면 족하다고 생각합니다. 그러나 밥과 고기를 먹는 사람은 먼 미래까지 예수님의 지혜로 내다

볼 수 있습니다. 이러한 사람은 현실적인 문제도 자기중심으로 처리하려고 하지 않습니다. 어찌하든지 하나님 중심으로 처리하려고 노력합니다.

본 절의 "너희가 감당하지 못하였음이거니와 지금도 못하리라"는 말씀은 우리에게 커다란 교훈을 줍니다.

어린아이가 나이를 먹어도 성장하지 못하고 그대로 있다면 부모님의 심정이 어떻겠습니까? 우리의 신앙이 어린아이 상태로만 있고 성장하지 못하면 하나님 아버지께서 어떻게 보시겠습니까? 십 년을 교회를 다니면서 아직 젖만 먹고사는 사람이 있습니다. 무슨 일을 당하면 하나님 중심으로 생각하지 않고 자기 마음대로 행동하는 사람이 성도들 가운데 너무나 많습니다. 그러므로 우리는 하나님 중심으로 생각하고 말하고 행동하는 신령한 사람이 되도록 더욱 힘쓰는 자가 되어야겠습니다.

3절 너희는 아직도 육신에 속한 자로다 너희 가운데 시기와 분쟁이 있으니 어찌 육신에 속하여 사람을 따라 행함이 아니리요

사도 바울은 고린도 교회 교인들이 육신에 속해 있다고 말하면서 시기와 분쟁이 교회 안에 있는 사실 자체가 아직도 그들이 육신에 속해 있음을 나타내 주는 것이라고 했습니다. 여기에서 '사람을 따라 행함'이란 예수 그리스도를 구주로 믿고 거듭났음에도 불구하고 거듭나지 않은 불신자처럼 행동하는 것을 말합니다.

사도 바울은 육신에 속한 사람의 절대적인 증거로써 시기와 분쟁을 들었습니다. 그러면 시기와 분쟁이 무엇 때문에 생기는 것일까요? 그것은 아집(我執) 때문에 생깁니다. 하나님 중심으로 사는 사람은 자신의 생각과 다르더라도 말씀과 기도로 하나님의 뜻을 깨닫게 되면 하나님의 뜻을

따릅니다. 그러나 육신에 속한 사람은 하나님의 뜻을 무시하고 자신의 인간적인 생각을 먼저 내세웁니다. 자신의 생각, 감정, 기분을 먼저 내세우기 때문에 시기와 분쟁이 일어납니다. 그러나 하나님 중심으로 살면 시기와 분쟁이 있을 수 없습니다. 하나님의 절대적인 말씀 앞에 무슨 말을 할 수 있겠습니까? 주께서 살라면 살고 죽으라면 죽고, 가라면 가고 오라면 오고, 서라면 서고 앉으라면 앉는 그런 생활을 할 수밖에 없습니다. 시기와 분쟁이 불신 사회에는 있을지라도 하나님의 백성들 사이에는 있어서 안 되는 것입니다.

4절 어떤 이는 말하되 나는 바울에게라 하고 다른 이는 나는 아볼로에게라 하니 너희가 육의 사람이 아니리요

사도 바울은 이제 구체적으로 고린도 교회 내에 있는 시기와 분쟁의 내용을 지적합니다. 그들은 그 당시 유명한 주의 종들의 이름을 가지고 당파를 형성했습니다. 그들이 내세운 사람 중에는 사도 바울과 아볼로도 있었습니다. 사도 바울과 아볼로는 고린도 교회를 목회한 주의 종들입니다. 먼저 사도 바울이 목회를 했고 그 뒤를 따라서 아볼로가 목회를 했습니다. 그런데 고린도 교회 교인들은 두 목회자를 두고 인간적인 분쟁과 당파를 일으켰던 것입니다. 당파를 형성하고 경쟁하는 것은 육신에 속한 증거입니다. 참다운 신앙은 싸우지 않고 화평하는 것입니다.

2. 자라나게 하시는 하나님(3:5-9)

5. 그런즉 아볼로는 무엇이며 바울은 무엇이냐 그들은 주께서 각각 주신 대로 너희로 하여금 믿게 한 사역자들이니라 6. 나는 심었고 아볼로는 물을 주었으되 오직 하나님께서 자라나게 하셨나니 7. 그런즉 심는 이나 물 주는 이는 아무것도 아니로되 오직 자라게 하시는 이는 하나님뿐이니라 8. 심는 이와 물 주는 이는 한가지이나 각각 자기가 일한 대로 자기의 상을 받으리라 9. 우리는 하나님의 동역자들이요 너희는 하나님의 밭이요 하나님의 집이니라

5절 그런즉 아볼로는 무엇이며 바울은 무엇이냐 그들은 주께서 각각 주신 대로 너희로 하여금 믿게 한 사역자들이니라

고린도 교회 교인들이 '바울파', '아볼로파' 라고 하면서 바울과 아볼로를 높이고 당파까지 형성하여 분쟁하고 있지만, 바울이나 아볼로가 다 무엇이냐는 것입니다. 그들은 단순히 하나님의 종에 지나지 않기 때문입니다. 그들은 사람들로 하여금 하나님을 믿게 하는 하나님의 종에 불과하지 어떤 당파의 머리가 아닙니다.

사역자들은 하나님께서 사용하시는 도구에 불과합니다. 그러므로 우리는 사역자들을 신성시하거나 하나님의 위치에 놓지 않도록 해야 합니다. 사도들이나 하나님의 종들은 복음을 전파하는 데 필요한 권위를 부

여받았지만 그 복음의 창시자는 아닙니다. 하나님께서는 위계질서를 통하여 복음을 전하십니다. 이 위계질서를 무시하고 짓밟으면 하나님을 거역하는 것이 되어 벌을 받게 됩니다.

하나님께서 주의 종들에게 하나님의 이름으로 권면하고 화목하게 하는 권세를 주셨습니다(고후 5:20). 질서 가운데 복음을 전하고 교회에서 봉사해야 합니다. 한 가정에 있어서도 마찬가지입니다. 가장인 아버지를 중심으로 하여 위계질서가 서 있어야만 안정과 평화를 가져올 수 있습니다. 그렇지 않으면 집안이 엉망이 되고 맙니다. 또한 국가에 질서가 서지 않으면 무너지기가 쉽고, 군대에 질서가 서지 않으면 그 군대는 존립이 불가능합니다. 하나님의 교회에는 절대적으로 질서가 있어야 합니다. 하나님께서 직분을 주시고 세우신 것입니다(엡 4:11). 이 질서를 무너뜨리려는 행위는 하나님과 대적하는 것이 되기 때문에 하나님께서 용서하시지 않습니다.

성경 로마서 13장 1절을 보면 "권세는 하나님으로부터 나지 않음이 없나니"라고 했습니다. 그러므로 비록 하나님께서 세우신 권세자가 합당하지 않게 생각되더라도 대항하지 말고 기도해야 합니다. 만약 하나님께서 주신 권세를 사용하는 사람이 하나님의 뜻에 합당하지 않게 사용하면 하나님께서 직접 제(除)하여 버리십니다. 우리 인간이 하려고 해서는 안됩니다.

6절 나는 심었고 아볼로는 물을 주었으되 오직 하나님께서 자라나게 하셨나니

주의 종들이 한 일을 씨 뿌리는 비유로써 설명합니다. 사도 바울이 심

었다는 뜻은 고린도 지방에 가서 처음으로 복음을 전하고 고린도 교회를 설립했다는 의미입니다(행 18:1-8). 또한 아볼로가 물을 주었다는 것은 하나님의 말씀을 강해하여 성도들에게 깨닫게 해 주었다는 것을 의미합니다(행 18:24-19:1). 즉, 사도 바울이 교회를 개척한 후에 아볼로가 부임해서 웅변적인 언변으로 하나님의 말씀을 전했던 것입니다. 누가 심고 누가 물을 주었든지 간에 자라게 하시는 이는 오직 하나님뿐이십니다. 또한 심는 자나 물 주는 자가 모두 주의 종들이므로 결국 심고 물 주는 것까지도 하나님의 일입니다. 하나님이 역사하시지 않으면 사람에게 믿음을 줄 수 없고 자라게 할 수도 없습니다.

하나님께서는 주의 종들을 통하여 계속 일을 하십니다. 우리가 여기서 알 수 있는 것은 복음의 역사는 어떤 한 개인에 의해서만 이루어지는 것이 아니고 많은 동역자(同役者)들이 서로 협력해서 이루어진다는 것입니다. 그러므로 우리는 하나님의 복음 사업을 하는 지체들이므로 서로 서로 협력하여 하나님께 영광을 돌려야 합니다.

7절 그런즉 심는 이나 물 주는 이는 아무것도 아니로되 오직 자라게 하시는 이는 하나님뿐이니라

6절의 말씀에서 당연히 이끌어 낼 수 있는 결론입니다. 심는 이도, 물 주는 이도 결코 중심적 인물이 아닙니다. 그들은 자라나게 하시는 하나님의 종에 불과합니다. 하나님의 사역자들은 하나님의 역사가 없다면 아무것도 아닙니다. 그러므로 고린도 교회의 교인들이 복음의 사역자들에게 주의를 기울이고 그들을 중심으로 당파를 형성했던 것은 큰 잘못이었습니다. 그들은 당연히 사도 바울이나 아볼로를 들어 사용하시는 하나님

께 눈을 돌리고 하나님만을 찬양하고 감사해야 했던 것입니다.

오늘날에도 주의 종을 중심으로 한 신앙생활을 하는 사람이 많습니다. 그런 신앙은 대단히 위험합니다. 물론 주의 종의 입술을 통하여 하나님의 말씀을 듣지만 신앙생활은 하나님 중심으로 해야 합니다. 오직 하나님만이 영광받으실 분이기 때문입니다.

본 절에서 사도 바울은 하나님과 하나님의 종을 비교하여 하나님의 위대성을 나타내고 있습니다.

8절 심는 이와 물 주는 이는 한가지이나 각각 자기가 일한 대로 자기의 상을 받으리라

심는 이나 물 주는 이 모두 똑같은 노동자입니다. 어떤 이는 심으라고 하나님이 일꾼으로 부르셨고 어떤 이는 물을 주라고 부르셨습니다. 사명은 다르지만 똑같은 일꾼이지요. 그러나 나중에 그 일한 대로 상은 따로따로 받을 것입니다. 일을 더 잘하고 많이 했으면 많이 줄 것이고, 일을 많이 못했으면 적게 줄 것입니다.

성경에 달란트 비유가 있지 않습니까? 한 달란트, 두 달란트, 다섯 달란트, 각각 달란트를 다르게 줍니다(마 25:14-30). '달란트' 라는 것은 각 사람에게 주신 은사를 말합니다. 여러분에게는 모두 달란트가 있습니다. 어떠한 사람은 잠잠한 달란트가 있는 사람이 있습니다. 말 안하고 가만히 있는 달란트, 그것도 은사입니다. 나 같은 사람은 잠자코 있지를 못해요. 자꾸 말하는 달란트를 받아서 자꾸 말하기 때문에 피곤합니다. 그리고 자기 속에 있는 것을 자꾸 이야기를 하니까 단점이 모두 드러나서 어떨 때는 침묵의 은사를 받은 사람이 굉장히 부러울 때도 있습니다. 가

만히 있는 것도 은사이고 말을 잘하는 것도 은사이기 때문에 한 사람도 은사가 없는 사람은 없습니다. 그러므로 은사를 땅에 파묻어 놓으면 안 됩니다. 내게 무슨 은사가 있는가를 보고 그 은사를 하나님을 위해서 사용해야 합니다. 그래야 하나님께서 영광을 받으십니다. 그러나 은사를 사용하지 않고 있다 보면 한 달란트 받은 악하고 게으른 종처럼 꾸중을 듣게 되는 것입니다. 그러므로 하나님께서 우리를 세상에 보내서 달란트를 주실 때는 우리의 몫을 충성스럽게 감당하고 오라고 주신 것입니다. 지금 여러분의 가슴에 손을 얹고 기도해 보십시오. 하나님께서 여러분에게 주신 달란트가 무엇인지 생각해 보십시오. 무엇이든지 잘하는 달란트가 반드시 발견될 것입니다.

주의 종들도 하나님께로부터 받은 사명과 받을 은혜가 각각 다릅니다. 그 받은 바 사명에 따라 각각 일한 대로 하나님께서 상급을 주십니다. 그러나 모든 주의 종들은 한 하나님을 주인으로 섬기기 때문에 주 안에서 하나인 것입니다. 결코 다투거나 당파를 지어서는 안 됩니다.

9절 우리는 하나님의 동역자들이요 너희는 하나님의 밭이요 하나님의 집이니라

심는 이와 물 주는 이가 주 안에서 하나인 이유를 밝히고 있습니다. 그 이유는 그들이 다 하나님의 동역자들이기 때문입니다. 그리고 고린도 교회 교인들을 하나님의 밭이며 하나님의 집이라고 하면서 5절부터 8절까지의 결론을 내리고 있습니다. 사도 바울은 하나님의 밭에 씨를 심은 자이며, 아볼로는 씨 뿌린 밭에 물을 주었습니다. 그리고 그 밭의 주인은 하나님이십니다.

'하나님의 집' 이란 말은 하나님께 속하는 집이란 뜻으로서 교회를 말하며 더 나아가 각 성도를 가리킵니다. 그러므로 우리는 하나님의 밭이요, 하나님의 집이 됩니다. 하나님은 인간 농사를 짓고 계십니다. 또 우리는 하나님의 집이므로 하나님의 성령이 들어와 계십니다. 그렇기 때문에 하나님은 우리의 영혼이 잘됨같이 범사에 잘되고 강건하게 되는 축복을 넘치게 주시면서 하나님의 밭을 가꾸십니다. 하나님은 하늘나라의 열매를 많이 맺도록 이 시간에도 역사하고 계십니다.

3. 예수 그리스도 위에 세운 집(3:10-15)

**10. 내게 주신 하나님의 은혜를 따라 내가 지혜로운 건축자와 같이
터를 닦아 두매 다른 이가 그 위에 세우나 그러나 각각 어떻게 그 위
에 세울까를 조심할지니라 11. 이 닦아 둔 것 외에 능히 다른 터를 닦
아 둘 자가 없으니 이 터는 곧 예수 그리스도라 12. 만일 누구든지 금
이나 은이나 보석이나 나무나 풀이나 짚으로 이 터 위에 세우면 13.
각 사람의 공적이 나타날 터인데 그날이 공적을 밝히리니 이는 불로
나타내고 그 불이 각 사람의 공적이 어떠한 것을 시험할 것임이라
14. 만일 누구든지 그 위에 세운 공적이 그대로 있으면 상을 받고
15. 누구든지 그 공적이 불타면 해를 받으리니 그러나 자신은 구원을
받되 불 가운데서 받은 것 같으리라**

10절 내게 주신 하나님의 은혜를 따라 내가 지혜로운 건축자와 같이 터를 닦아 두매 다른 이가 그 위에 세우나 그러나 각각 어떻게 그 위에 세울까를 조심할지니라

사도 바울은 하나님의 은혜로 말미암아 주의 종으로서의 사명을 받았습니다. 그 사명은 성도들을 위하여 터를 닦는 것이었습니다. 그는 자신이 받은 사명을 지혜로운 건축자와 같이 잘 수행했습니다. 그 후에 다른 주의 종들이 그 닦아 둔 터 위에 집을 세웁니다. 그러나 그 위에 집을 세울 때 조심하라고 경고합니다.

사도 바울은 건축자의 비유(롬 15:20)를 들어 자신은 기초 공사자요, 다른 전도자들은 그 위에 세우는 건축 공사자로 표현했습니다. 그런데 이미 닦아둔 터는 언제나 변함이 없습니다. 그러나 그 위에 세우는 건물은 각양각색일 수 있습니다. 무슨 건물을 세우든지 간에 건축 법칙을 어기지 않도록 조심해야 합니다. 만약 그리스도의 교회를 자유주의 신학자들처럼 세워 놓으면 안 됩니다. 형식이나 의식적으로 세워 놓아도 안 됩니다. 그러면 교회를 어떻게 세울까요? 교회는 믿음과 소망과 사랑으로 세워 놓아야 합니다. 성경에 말씀하시기를 "그런즉 믿음, 소망, 사랑, 이 세 가지는 항상 있을 것인데 그중의 제일은 사랑이라"(13:13)고 했습니다. 그러므로 교회는 믿음, 소망, 사랑을 재료로 세우도록 해야 합니다. 이 원리는 우리 개개인의 신앙의 집을 짓는데도 마찬가지로 적용됩니다.

11절 이 닦아 둔 것 외에 능히 다른 터를 닦아 둘 자가 없으니 이 터는 곧 예수 그리스도라

고린도 교회를 세울 때 사용한 터가 어떤 것인지 말합니다. 즉, 사도 바

울이 교회를 세울 때 사용한 터는 '예수 그리스도' 입니다. 이 터 외에는 다른 터를 닦아 둘 자가 없다고 했습니다. 여기서 '외에' 라는 표현이 중요합니다. 왜냐하면 예수 그리스도의 터를 대치하는 것은 물론이고 이 예수 그리스도의 터와 대립하는 그 어떤 것도 허락할 수가 없기 때문입니다. 그러므로 하나님의 사역자는 이 터에 대하여 최대의 주의를 기울이고 조심해야 합니다.

건물에는 기초가 중요합니다. 그 기초는 하나밖에 없습니다. 사도 바울은 그 터를 예수 그리스도라고 말했습니다. 예수 그리스도라 함은 우리를 위하여 이 세상에 오셔서 우리를 대신하여 십자가에 못 박혀 죽으시고 삼 일 후에 부활하여 승천하시고 장차 이 땅에 다시 오실 그리스도를 말합니다. 그러므로 교회의 기초는 어떠한 철학으로도, 어떠한 사람으로도, 어떠한 제도로도 이루어질 수 없습니다. 오직 예수 그리스도만이 교회의 터가 되십니다.

그렇기 때문에 예수님께서도 요한복음 14장 6절에서 "내가 곧 길이요 진리요 생명이니 나로 말미암지 않고는 아버지께로 올 자가 없느니라"고 말씀하신 것입니다. 또 사도 바울은 갈라디아서 1장 8절에서 다음과 같이 말씀하고 있습니다. "그러나 우리나 혹은 하늘로부터 온 천사라도 우리가 너희에게 전한 복음 외에 다른 복음을 전하면 저주를 받을지어다". 그러므로 우리는 예수 그리스도 외에 다른 어떤 이름에 기초하여 신앙의 집을 지어서는 안 됩니다. 그런데 오늘날 많은 사람들이 터를 잘못 잡고 있습니다. 우리가 육신이 살 집터도 잘 잡지 않으면 큰일이 나듯 영생이냐, 영벌(永罰)이냐의 판단이 되는 인생의 터를 잘못 잡으면 정말로 큰일이 나는 것입니다.

12절 만일 누구든지 금이나 은이나 보석이나 나무나 풀이나 짚으로 이 터 위에 세우면

11절에서는 터의 중요성에 대하여 말하고 본 절에서는 어떠한 재료로 건축할 것인가에 대해 말하고 있습니다. 예수 그리스도를 기초로 하지만 그 위에 어떠한 재료로 집을 짓느냐에 따라서 그 견고성이나 그 모양이 다르기 때문입니다. 그런데 사도 바울은 건축 재료를 크게 두 종류로 나누고 있습니다. 그 하나는 금과 은과 보석입니다. 또 다른 하나는 나무와 풀과 짚입니다. 금과 은과 보석은 영속적인 것인 반면에 나무와 풀과 짚은 일시적인 것입니다.

여기서 '금과 은과 보석으로 터 위에 세운다.' 는 것은 하나님의 사랑에 예수 그리스도의 구속과 성령의 은사와 성령의 열매를 통하여 짓는 것을 의미합니다. 이런 재료로 짓는 교회나 신앙의 집은 절대로 상을 잃지 않습니다. 그러나 예수 그리스도의 터 위에 집을 세우지만, 여러 가지 이유로 예수 그리스도의 마음을 떠난 재료로 집을 짓는다면 나무나 풀이나 짚으로 짓는 것과 같이 되고 맙니다.

오늘날 소위 말하는 현대주의자나 자유주의 신학자와 같은 사람들이 내세우는 집의 재료는 마치 나무와 풀과 짚과 같습니다. 또 인간의 철학, 인간의 신학, 인간의 지식 등도 마찬가지입니다. 나무와 풀과 짚은 세월이 흘러가면 낡아버리고 다 없어집니다. 이와 같이 인간의 그 모든 것은 변하고 그 모든 것은 없어집니다. 하나도 영원한 것이 없습니다. 그러나 오직 하나님의 사랑과 예수 그리스도의 십자가의 은총과 성령의 열매는 영원히 계속되는 것입니다. 그러므로 우리는 금과 은과 보석과 같은 재료로 예수 그리스도의 터 위에 집을 세워야만 합니다.

13절 각 사람의 공적이 나타날 터인데 그날이 공적을 밝히리니 이는 불로 나타내고 그 불이 각 사람의 공적이 어떠한 것을 시험할 것임이라

여기에서 '그날' 이란 하나님의 심판의 날을 말합니다(살전 5:4; 살후 1:10; 히 10:25). 심판의 날에는 세상에서 사는 동안 어떻게 살았는지 하나님의 일을 얼마나 했는지 공적(功績)이 낱낱이 드러나게 됩니다. 이러한 일은 하나님께서 불로써 밝히겠다고 하셨습니다. 현재는 재료의 구별이 힘들지만 심판의 그날에는 각각 공적이 나타납니다. 본 절에서 사용된 '불' 은 공직에 대하여 두 가지 상반되는 역할을 하고 있습니다. 좋은 건축 재료는 불빛을 통해 더욱 빛나고 아름답게 공적을 나타내지만, 나쁜 건축 재료는 공적을 불로 소멸해 버리는 성격을 가지고 있습니다. 그러므로 이 세상에서 예수 그리스도를 터로 하여 하나님을 기쁘시게 하는 재료로 신앙의 집을 지으면 그날에는 빛나고 아름다운 공적으로 나타나는 것입니다.

그러나 비록 예수 그리스도를 터로 하여 신앙생활을 했다고 할지라도 그것이 참으로 주님을 위한 것이 아니고 진리대로 살지 못했다면 심판의 날에는 그 공적이 모두 불타고 말 것입니다. 사람의 눈으로 보기에는 칭찬을 받을 만하다고 해도 심판의 날에는 꾸중을 들을 수가 있고, 사람들에게 비판과 비난을 듣더라도 그날에는 하나님께 칭찬을 듣는 사람도 있습니다.

14-15절 만일 누구든지 그 위에 세운 공적이 그대로 있으면 상을 받고 누구든지 그 공적이 불타면 해를 받으리니 그러나 자신은

구원을 받되 불 가운데서 받은 것 같으리라

심판의 날에 '불' 의 시험을 통하여 누구든지 예수 그리스도의 터 위에 세운 공적이 그대로 있으면 충실한 하나님의 일꾼으로서 상을 받게 됩니다. 이 세상을 사는 동안 주님을 위해서 한 모든 것을 주님께서 다 갚아 주십니다(계 22:12). 이 상급이 무엇인지는 모르지만 구원받은 사람들이 받을 상급인 것입니다(마 5:12).

14절 말씀과는 반대로 불로 시험을 하여 공적이 불에 타 버리면 상급을 잃게 됩니다. 그러나 자기는 구원받게 됩니다. 그것도 불 가운데서 얻는 것과 같이 겨우 구원만을 받게 되는 것입니다.

성령에 의지하여 건설한 것이 남는 것이지 성령에 의지하지 않고 하는 것은 하나도 없이 타버리고 마는 것입니다. 우리의 행위는 모두 다 반드시 그리스도의 심판대 앞에 드러나 각각 선악 간에 행한 것을 따라 상급의 유무가 결정될 것입니다(고후 5:10).

4. 하나님의 성전인 성도(3:16-17)

16. 너희는 너희가 하나님의 성전인 것과 하나님의 성령이 너희 안에 계시는 것을 알지 못하느냐 17. 누구든지 하나님의 성전을 더럽히면 하나님이 그 사람을 멸하시리라 하나님의 성전은 거룩하니 너희도

그러하니라

16절 너희는 너희가 하나님의 성전인 것과 하나님의 성령이 너희 안에 계시는 것을 알지 못하느냐

성도들은 하나님의 성전입니다. 성전에 하나님의 성령이 거하시기 때문에 성도들의 마음 가운데도 성령이 거하십니다(롬 8:8-11; 고전 6:19). 사도 바울은 이런 엄청난 사실을 고린도 교회 성도들이 "어찌 알지 못하느냐?" 고 질문하면서 그들을 꾸짖습니다. 본 절의 '너희가 하나님의 성전' 이라는 말씀은 교회의 특징을 잘 표현한 말씀입니다. 사도 바울은 교회 전체가 성전인 것을 분명히 하면서(엡 2:21-22), 각 지역 교회나 성도들 각자도 성전인 것을 강조하고 있습니다(6:19). 하나님의 성전은 거룩하고 깨끗한 곳입니다. 하나님은 죄가 있는 곳에 같이 거하실 수가 없기 때문에 우리들의 생활도 거룩해야 하며 세상과 구별되어야 합니다(벧전 1:15-16).

17절 누구든지 하나님의 성전을 더럽히면 하나님이 그 사람을 멸하시리라 하나님의 성전은 거룩하니 너희도 그러하니라

구약 시대에는 하나님의 성전에 우상을 가져오든지 성전을 더럽히면 그 사람을 죽였습니다(민 19:20). 신약 시대에 와서는 교회가 하나님의 성전이므로 하나님의 성전을 더럽히는 자는 하나님의 벌을 받게 됩니다. 그렇기 때문에 교회는 거룩해야 할 뿐만 아니라 성도들 개개인도 거룩해야 합니다. 여기서 '교회를 더럽힌다' 는 뜻은 교회의 분열을 가져오고

나아가서 교회의 파괴를 초래하는 것을 말합니다.

우리가 하나님께 여러 가지 죄를 지어도 용서함을 받을 수 있습니다. 그러나 하나님의 교회를 분열시킬 때는 용서함을 받지 못합니다. 그러므로 절대로 하나님의 교회에 대항하여 싸우지 말아야 합니다. 예수 믿는 사람이나 믿지 않는 사람이나 교회에 대항하여 싸워 이긴 적이 없습니다. 역사를 통해서 보더라도 예수 그리스도의 몸 된 교회에 대항하여 싸우고 난 다음에 망하지 않은 나라가 없었습니다. 로마도 교회에 대항하여 망했습니다. 히틀러도 야훼 하나님께 대항하여 망하고 말았습니다. 하나님의 교회에 대항하는 것은 마치 계란으로 바위를 치는 격입니다. 이것은 국가와 민족뿐만 아니라 개인적으로도 마찬가지입니다.

하나님의 성전인 교회는 독생자 예수 그리스도의 핏값으로 세운 것이기 때문에 하나님의 교회를 대적하고 훼방하면 하나님께서 직접 심판하십니다. 만약 교회가 무너지면 독생자의 공로가 무효로 되는 것이며 복음이 헛된 것이 되고 결국 하늘나라가 무너지는 결과가 됩니다. 그렇기 때문에 하나님께서는 어떤 일이 있더라고 교회를 지키고 보호하십니다. 어리석게도 하나님의 교회에 대항하여 하나님과 원수가 되면 용서받을 수가 없습니다.

성경은 다음과 같이 경고합니다. "한 번 빛을 받고 하늘의 은사를 맛보고 성령에 참여한바 되고 하나님의 선한 말씀과 내세의 능력을 맛보고도 타락한 자들은 다시 새롭게 하여 회개하게 할 수 없나니 이는 그들이 하나님의 아들을 다시 십자가에 못 박아 드러내 놓고 욕되게 함이라"(히 6:4-6). 예수 그리스도를 다시 십자가에 못 박는 죄를 하나님은 용서하지 않습니다.

또 예수님께서 다음과 같이 말씀하셨습니다. "그러므로 내가 너희에게 이르노니 사람에 대한 모든 죄와 모독은 사하심을 얻되 성령을 모독하는 것은 사하심을 얻지 못하겠고 또 누구든지 말로 인자를 거역하면 사하심을 얻되 누구든지 말로 성령을 거역하면 이 세상과 오는 세상에서도 사하심을 얻지 못하리라"(마 12:31-32). 이 얼마나 무서운 말씀입니까? 자신이 성령의 은혜와 은사를 체험 못했다고 체험한 사람의 신앙을 비웃고 거역하면 이것은 성령을 거역하는 죄가 됩니다. 함부로 성령의 역사를 비평하고 거역해서는 안 됩니다. 하나님께서는 성령의 역사를 거역하는 자를 결코 용서하시지 않습니다.

이와 같이 하나님의 몸 된 교회와 하나님의 역사는 하나님의 절대적인 권위의 토대 위에 있습니다. 하나님은 오래오래 사랑으로 참으시지만 어느 정도에 가서는 공의로써 심판하십니다. 그러므로 하나님의 기름부음을 받은 교회나 주의 종에게는 대항하지 말아야 합니다. 우리 하나님은 좋으신 하나님이시지만 또한 공의로우신 하나님이시라는 것도 잊지 말아야 합니다(행 17:31; 계 20:13).

5. 사람을 자랑하지 말라(3:18-23)

18. 아무도 자신을 속이지 말라 너희 중에 누구든지 이 세상에서 지혜 있는 줄로 생각하거든 어리석은 자가 되라 그리하여야 지혜로운 자가 되리라 19. 이 세상 지혜는 하나님께 어리석은 것이니 기록된

바 하나님은 지혜 있는 자들로 하여금 자기 꾀에 빠지게 하시는 이라 하였고 20. 또 주께서 지혜 있는 자들의 생각을 헛것으로 아신다 하셨느니라 21. 그런즉 누구든지 사람을 자랑하지 말라 만물이 다 너희 것임이라 22. 바울이나 아볼로나 게바나 세계나 생명이나 사망이나 지금 것이나 장래 것이나 다 너희의 것이요 23. 너희는 그리스도의 것이요 그리스도는 하나님의 것이니라

18절 아무도 자신을 속이지 말라 너희 중에 누구든지 이 세상에서 지혜 있는 줄로 생각하거든 어리석은 자가 되라 그리하여야 지혜로운 자가 되리라

우리는 자기를 속이면서 이 세상에서 지혜 있는 줄로 생각하는 미련한 자가 되어서는 안 됩니다. '나는 굉장히 지혜로운 사람이고 대단히 똑똑한 사람이다.' 라고 생각하거든 큰 착각이라는 것입니다. 사람이 마음으로 자기의 길을 계획할지라도 발걸음을 옮기시는 이는 하나님이시기 때문입니다(잠 16:9). 자기가 지혜로워서 아무리 온갖 궁리를 하고 온갖 지혜를 다하고 지식을 다해서 일을 계획해 놓아도 하나님이 "No!" 해 버리면 그것으로 끝입니다.

많은 사람들이 의식적이든 무의식적이든 간에 스스로를 속이고 있습니다. 사람이 스스로 진리를 안다고 생각하는 것은 교만이며 자신을 속이는 일입니다. 하나님의 지혜는 교만한 자에게 임하지 않습니다. 하나님은 교만을 싫어하시며(잠 8:13; 16:5), 교만한 자를 물리치시고(약 4:6) 대적하십니다(벧전 5:5). 그러므로 지혜로운 자가 되려면 생각을 하나님 앞에서 낮추고 겸손해야 합니다. 하나님은 겸손한 자와 함께 하시고(시

149:4; 사 57:15), 겸손한 자의 소원을 들으시며(시10:17), 겸손한 자에게 은혜를 베푸시기 때문입니다. 지혜로운 자가 되기 위해서는 스스로 지혜롭다고 여기지 말고(잠 3:7) 먼저 하나님 앞에 겸손한 자가 되어야 합니다. 그럴 때 십자가에 감추어져 있는 하나님의 참 지혜를 알게 됩니다.

19절 이 세상 지혜는 하나님께 어리석은 것이니 기록된바 하나님은 지혜 있는 자들로 하여금 자기 꾀에 빠지게 하시는 이라 하였고

이 세상 사람들이 자랑하는 세상 지혜는 하나님 보시기에 미련한 것입니다. 사도 바울은 욥기 5장 13절의 말씀을 인용하여 이 세상 지혜가 아무것도 아님을 설명합니다. 즉 하나님께서는 자칭 지혜롭다고 생각하는 자들로 하여금 자신의 꾀에 빠지게 하고 얽매이게 하신다는 것입니다.

20절 또 주께서 지혜 있는 자들의 생각을 헛것으로 아신다 하셨느니라

이것은 시편 94편 11절 말씀의 인용으로서 인간 지혜의 허무성을 말합니다. 하나님께서는 자칭 지혜 있는 자들의 생각을 헛것으로 여기십니다. 여기서 '헛것' 이란 열매를 맺지 못하는 것을 의미합니다. 하나님께서는 세상에 있는 인간의 지혜를 미련하게 보십니다. 왜냐하면 인간은 자기의 지혜를 가지고 스스로 올무에 빠지기 때문입니다.

인간 최고의 지혜인 현대 과학을 가지고 인간은 무엇을 했습니까? 원자탄과 수소탄, 미사일 등 사람을 죽이는 무기에 많은 돈을 쓰고 있습니다. 21세기를 살고 있는 오늘날까지 과연 인간의 지혜로 무엇을 해 놓았습니까? 전쟁 준비에 광분하고 있으니 인간 스스로 자기 지혜의 올무에 빠지고 만 것입니다. 이런 지혜와 총명, 그리고 물자를 선하게 사용하여

서로 나누어 주고 서로 도와주면 이 세상이 다 천국같이 될 것인데 인간은 그렇지 못합니다. 그러므로 하나님께서는 인간의 지혜를 헛것으로 아십니다.

사람이 살면 칠십이요, 강건하면 팔십인데 그것도 구름같이 신속히 사라집니다(시 90:10). 실로 헛되고 헛되며 헛되고 헛된 것이 인생입니다(전 1:2). 영원하신 하나님에 비추어 볼 때 우리 인생은 참으로 잠시 잠깐이며 헛것에 불과합니다. 이러한 인생을 살면서 과연 우리는 무엇을 해야 할까요? 그것은 하나님을 경외하고 그 명령을 지키면서 사는 것입니다(전 12:13).

21절 그런즉 누구든지 사람을 자랑하지 말라 만물이 다 너희 것임이라

고린도 교회 교인들이 바울과 아볼로, 게바를 각각 지도자로 내세워 당파를 짓고 분쟁하므로 바울이 하나님의 사역자도 인간이라고 말하며 사람을 자랑하지 말라고 했습니다. 그러므로 어떤 인간도 자랑하지 말고 하나님만 경외해야 합니다.

그런데 본 절은 만물이 다 우리 것이라고 말씀하고 있습니다. 우리는 이 사실을 잊지 말아야 합니다. 하나님께서는 지으신 만물을 우리에게 주셨습니다. 그것은 우리에게 유익을 주기 위해서 하나님께서 예비하신 것입니다. 우리가 먼저 구할 것은 먼저 구하고, 나중에 구할 것은 나중에 구하면 이 세상에서 버릴 것은 하나도 없습니다. 또한 하나님 중심으로 신앙생활하면 쓸 것은 쓰게 되고 쓰지 말아야 할 것은 쓰지 않게 됩니다.

22절 바울이나 아볼로나 게바나 세계나 생명이나 사망이나 지금 것

이나 장래 것이나 다 너희의 것이요

고린도 교회 교인들이 당파의 지도자로 세웠던 바울이나 아볼로나 게바는 그리스도인들의 것입니다. 주의 종들은 성도들을 돕는 자들이기 때문입니다(고후 1:24). 또한 이 우주를 포함한 전 세계가 그리스도인들의 것이며 생명도 사망도 현재의 것도 장래의 것도 모두 다 그리스도인들의 것입니다. 하나님께서는 우리 그리스도인들을 위하여 사도 바울도 세우셨고, 아볼로도 세우셨으며 베드로도 세우셨습니다. 세계도 하나님께서 우리가 잘 되게 하려고 지으신 것이고 생명도 우리에게 주셔서 기쁘고 즐겁게 살도록 하신 것입니다.

또한 예수님이 죽었다가 부활하심으로 말미암아 이제 죽는 것도 우리의 것입니다. 왜냐하면 죽음의 관문을 통과하면 영원한 세계로 들어가기 때문입니다. 그러므로 지금도, 장래도 모두 우리의 것입니다. 그런데 여기서 주의해야 할 점은 예수님 안에서만 모든 것이 우리의 것이 될 수 있다는 것입니다. 예수 그리스도를 섬기기 위해서 예수님을 영화롭게 하기 위해서 필요한 것은 모두 다 우리의 것이 됩니다.

그러나 예수 그리스도를 저버린 세계에는 우리의 소유가 없습니다. 지옥은 우리의 것이 아닙니다. 귀신도 우리의 것이 아니며 죄도 우리의 것이 아닙니다. 저주도, 슬픔도, 사망도 우리의 것이 아닙니다. 그러므로 우리가 이것이냐 저것이냐의 분별이 잘 되지 않을 때에는 그 일이 예수님께 영광이 되느냐 안 되느냐를 생각해 보아야 합니다. 그 일을 함으로써 예수님께 영광이 되지 않으면 우리의 것이 아닙니다.

23절 너희는 그리스도의 것이요 그리스도는 하나님의 것이니라 왜 만물이 그리스도인들의 것인가에 대한 원인을 밝혀줍니다. 만물이 그리스도에게 속해 있기 때문에(엡 1:22-23) 모든 것은 그리스도 안에서 그리스도인들의 것입니다. 그런데 사람은 그리스도께 속하지만 그리스도는 성부 하나님께 속합니다. 결국 만물은 한 하나님 안에서 하나가 됩니다. 제일 위에 하나님 아버지가 계시고, 그 다음에 예수 그리스도께서 계시며, 예수님께 접붙인바 된 우리들은 이 세상의 모든 것을 주 안에서 누릴 수가 있습니다. 그러므로 한 하나님 안에서 분쟁이란 있을 수 없습니다.

우리는 주 안에서 화목하면서 기쁘고 즐겁게 살아갈 의무와 권리가 있습니다. 그렇기 때문에 식사도 맛있게 하고, 옷도 기분 좋게 입고, 사는 것도 즐겁게 사십시오. 싱글벙글 하면서 웃고 사는 것이 짜고 울면서 사는 것보다 하나님 보시기에 훨씬 아름답고 좋습니다. 우리 주 예수 그리스도 안에서 우리에게 주신 것을 누리며 하나님께 영광 돌리면서 사십시오.

제 4 장

분쟁에 대한 권면

A COMMENTARY ON
THE FIRST EPISTLE TO
THE CORINTHIANS

본 장에서 사도 바울은 성도들에게 주의 종들을 그리스도의 일꾼이며 하나님의 비밀을 맡은 자로 인정할 것을 말하고 있으며 주의 종들은 성도들에게 본을 보이는 생활을 할 것을 언급하고 있습니다. 그리고 성도들 가운데서 그리스도를 믿는다 하면서 교만한 사람을 꾸짖고 있습니다.

1. 주의 종을 판단하시는 주님(4:1-5)

1. 사람이 마땅히 우리를 그리스도의 일꾼이요 하나님의 비밀을 맡은 자로 여길지어다 2. 그리고 맡은 자들에게 구할 것은 충성이니라 3. 너희에게나 다른 사람에게나 판단받는 것이 내게는 매우 작은 일이라 나도 나를 판단하지 아니하노니 4. 내가 자책할 아무것도 깨닫지 못하나 이로 말미암아 의롭다 함을 얻지 못하노라 다만 나를 심판하실 이는 주시니라 5. 그러므로 때가 이르기 전 곧 주께서 오시기까지 아무것도 판단하지 말라 그가 어둠에 감추인 것들을 드러내고 마음의 뜻을 나타내시리니 그때에 각 사람에게 하나님으로부터 칭찬이 있으리라

1절 사람이 마땅히 우리를 그리스도의 일꾼이요 하나님의 비밀을 맡은 자로 여길지어다

바울은 여기에서 자신의 자격과 직책에 대해 말하고 있습니다. 고린

도 교회 교인들을 포함한 모든 그리스도인들에게 사도 바울을 비롯한 모든 주의 종들을 그리스도의 일꾼으로 여겨 달라는 것입니다. 그들은 하나님의 비밀을 맡아서 전하고 깨우쳐 주는 자로서 직책을 맡고 있기 때문입니다. 여기서 '일꾼' 이란 그리스도의 종으로서 머슴이란 의미를 갖고 있으며, '비밀' 이란 전에 감추었던 것이 계시된 것으로 바로 복음을 가리킵니다.

그런데 바울이 고린도 교회를 개척한 후에 잘못된 선생이 들어와서 바울을 헐뜯었습니다. 그는 하나님의 일꾼도 아니고 하나님의 사도도 아니기 때문에 가르칠 권한이 없다고 말했습니다. 이에 사도 바울은 자신을 포함한 모든 주의 종들을 복음을 증언하는 사명을 맡은 하나님의 머슴으로 여겨 달라고 말합니다. 그는 주의 종을 머슴으로 표현했습니다. 그러므로 우리는 하나님의 종을 하나님과 같이 생각해서는 안 됩니다.

오늘날 하나님께서는 각 교회마다 하나님의 종을 세워 놓으셨습니다. 옛날 큰 집에 큰 머슴도 있고 작은 머슴도 있었듯이 하나님께서도 하나님의 교회에 큰 머슴도 세우셨고 작은 머슴도 세우신 것입니다. 각 머슴들마다 하나님께서 부르셨기 때문에 마땅히 하나님의 비밀인 예수 그리스도를 전파할 의무가 있고 사명도 있으며 책임도 있습니다. 하나님의 머슴으로서 주의 종도 있고 교사도 있으며 구역장들도 있습니다. 그러므로 하나님의 머슴으로서 부르심을 받은 사람은 하나님의 비밀을 맡은 자로서의 자부심을 가져야 하며 다른 사람들도 주의 종으로서 인정해 주어야 합니다. 하나님께서 세우신 머슴을 무시해서는 안 됩니다.

2절 그리고 맡은 자들에게 구할 것은 충성이니라 본 절의 뜻은 하나님의 일꾼은 하나님의 눈앞에서 충성된 자로 나타나야 한다는 것입니다. 일꾼은 주인이 맡긴 일을 어김없이 행하여야 합니다. 동료 일꾼이 자기를 위하여 일하도록 시켜서는 안 됩니다. 주님의 허락이 없으면 어떠한 것도 회피할 수 없으며 남에게 전가할 수도 없습니다.

또한 주의 종들은 인간의 교리나 명령에 입각한 것이 아닌 주님의 명하신 것을 가르치고 전해야 합니다. 그런데 하나님께서는 주의 종들을 판단하실 때 충성을 기준으로 판단합니다. 우리는 이 사실을 잊지 말아야 합니다. 결코 일의 양이 많고 적은 것으로 심판하지 않습니다. 하나님은 주의 종들을 판단하실 때에 "잘하였도다 착하고 충성된 종아 네가 적은 일에 충성하였으매 내가 많은 것을 네게 맡기리니 네 주인의 즐거움에 참여할지어다"(마 25:23)라고 말씀하십니다. 그러므로 충성으로 상급 및 심판을 받게 되는 것이지, 일을 많이 하고 적게 하는 것이 심판의 척도가 되지 않습니다.

성경을 보면 달란트 비유가 나옵니다. 한 사람은 한 달란트를 받아서 감추어 놓았습니다. 두 달란트 받은 사람은 그것을 이용하여 네 달란트로 만들고, 다섯 달란트 받은 사람은 그것을 이용하여 열 달란트를 만들었습니다. 두 달란트로 네 달란트 만든 사람이나 다섯 달란트로 열 달란트 받은 사람 모두 다 주님이 착하고 충성된 종이라고 칭찬했습니다. 그러나 한 달란트 받아서 감춰 놓은 사람은 악하고 게으른 종이라고 했습니다(마 25:14-30). 그러므로 주의 일꾼들은 인간의 눈으로 심판해서는 안 됩니다.

주의 종의 자격 유무(有無)를 자기생각대로 판단해서는 더구나 안 되는 것입니다. 하나님은 충성을 보시기 때문에 말씀을 전하는 주의 종은 주의 종으로서 하나님께 충성해야 합니다. 장로님은 장로님의 자격으로, 권사님은 권사님의 자격으로, 집사님은 집사님의 자격으로, 구역장님은 구역장님의 자격으로 하나님께 충성해야 합니다. 그러므로 하나님과의 관계가 문제가 되지 사람과의 관계가 문제가 되는 것이 아닙니다.

다른 사람이 나를 훌륭한 종으로 보고 있느냐 그렇지 않으면 못난 종으로 보고 있느냐에 관심을 가질 필요는 없습니다. 문제는 하나님 앞에서의 충성입니다. 충성심이 없는 사람은 아무리 머리가 좋고 구변이 뛰어나도 하나님 앞에서는 쓸모가 없습니다. 그런 사람은 주의 일을 한다고 하다가 결국 돈벌이하거나 인기를 얻을 일을 하고 맙니다. 그러나 학문이 좀 모자라고 인간적으로 똑똑하지 못할지라도 우직하고 충성스러운 사람을 주님께서 들어 사용하십니다. 하나님은 중심(中心)을 보시지 외모를 보시지 않는다는 사실을 우리는 명심해야 할 것입니다(삼상 16:7; 마 22:16; 눅 20:21; 갈 2:6).

3절 너희에게나 다른 사람에게나 판단받는 것이 내게는 매우 작은 일이라 나도 나를 판단하지 아니하노니

사도 바울은 주어로 '우리' 라는 말을 쓰다가 이제 본 절에서는 '나' 로 바꾸어 말하고 있습니다. 이것은 사도 바울 자신의 살아 있는 신앙의 실증(實證)을 말하고 있는 것입니다. 남들이 그를 무엇이라고 하든지 간에 그는 관계하지 않았습니다. 더구나 자기 자신에 대한 판단도 문제 삼지 않았습니다. 오직 주님의 판단만 의식하며 두려워했습니다. 이는 하나님의 비밀을 맡은 자로서의 충성 여부는 인간에 의해서가 아니라 하나님에 의해서 판단되기 때문입니다.

그런데 여기서 "판단하지 아니하노니"라는 말은 도덕적인 범죄도 판단하지 않는다는 것이 아닙니다. 당연히 죄와 불의는 판단을 받아야 합니다. 일의 성공과 실패도 판단을 받아야 합니다. 그러면 본 절에서의 '판단' 은 어떤 판단을 말할까요? 이것은 주의 종으로서의 판단을 말합니다. 주의 종의 인격을 두고서 인간적인 방법으로 판단하는 것을 의미합니다.

4절 내가 자책할 아무것도 깨닫지 못하나 이로 말미암아 의롭다 함을 얻지 못하노라 다만 나를 심판하실 이는 주시니라

바울 선생은 "내가 자책할 아무것도 깨닫지 못하나" 라고 하였습니다. 말하자면 최선을 다해서 살아왔으니 자책할 것이 없는 것입니다. 그러나 자책할 것이 없다고 이로써 스스로 의롭다는 것은 아닙니다. '의로움' 이란 예수님을 믿음으로 의롭다 함을 얻는 것이지 인간이 스스로 최선을 다했다고 자랑을 하고 의롭다 함을 얻을 수 없는 것입니다.

성철 스님이 비록 예수를 믿지는 않았지만 나는 인간적으로 그를 존경합니다. 그는 10년 동안 산에서 한 번도 세속에 내려온 적이 없이 수련을 하고 살았지만 세상을 뜨실 때 "나는 죄가 너무 많아서 지금 죽으면 가장 낮은 지옥으로 내려간다." 고 고백했다고 합니다. 나는 너무 진실한 그의 고백 때문에 나와 종교는 다르지만 많은 감동을 받았습니다. 10년 동안 산에서 내려오지 않고 수련만 하신 그가 자기 스스로 자책할 것이 없으나 하나님이 보실 때는 죄가 하늘에 사무치고 그 죗값으로 말미암아 가장 낮은 지옥으로 내려갈 수밖에 없다는 탄식을 한 것입니다. 우리도 똑같은 사람입니다. 우리가 담대할 수 있는 것은 예수님의 보혈의 은혜

때문입니다.

사도 바울은 자신을 판단하지 아니하는 이유를 설명하면서 오직 자신을 판단하실 이는 주님뿐이라고 말합니다. 바울은 자신이 훌륭한 사도인지, 아닌지에 대하여 스스로 판단하지 않고 있습니다. 왜냐하면 주의 종의 일어서고 앉음과 잘하고 못함에 대해서는 하나님께서 판단하시기 때문입니다. 실로 사도 바울은 자신의 양심까지도 절대적인 판단의 기준으로 삼지 않았습니다.

5절 그러므로 때가 이르기 전 곧 주께서 오시기까지 아무것도 판단하지 말라 그가 어둠에 감추인 것들을 드러내고 마음의 뜻을 나타내시리니 그때에 각 사람에게 하나님으로부터 칭찬이 있으리라

주님께서 판단하시기 때문에 주님께서 심판하는 그날이 오기 전에 아무것도 판단하지 말라는 것입니다. 왜냐하면 주님께서 어둠에 감추인 모든 것을 다 드러내 놓으시고 우리의 모든 마음의 뜻을 나타내어 하나님의 기준으로 판단하시기 때문입니다(눅 12:2-3). 그리고 각 사람에게 필요한 칭찬과 더불어 상급을 주신다는 것입니다.

머지않은 장래에 주께서 어둠에 감추인 것들을 드러내고 마음의 뜻을 나타내실 때가 옵니다. 그날에는 비밀히 행하던 모든 일과 생각과 뜻이 모두 드러납니다(벧후 3:10). 비록 지금 하나님의 종들이 동료와 교인들로부터 혹은 이방인으로부터 인격적인 저주와 비난과 무시를 받더라도 그 심판의 날에는 하나님께서 칭찬해 주실 것입니다. 그러므로 우리는 인간의 척도로써 주의 종들의 인격을 판단하지 말아야 합니다.

2. 교만한 성도들에 대한 교훈(4:6-13)

6. 형제들아 내가 너희를 위하여 이 일에 나와 아볼로를 들어서 본을 보였으니 이는 너희로 하여금 기록된 말씀 밖으로 넘어가지 말라 한 것을 우리에게서 배워 서로 대적하여 교만한 마음을 가지지 말게 하려 함이라 7. 누가 너를 남달리 구별하였느냐 네게 있는 것 중에 받지 아니한 것이 무엇이냐 네가 받았은즉 어찌하여 받지 아니한 것같이 자랑하느냐 8. 너희가 이미 배부르며 이미 풍성하며 우리 없이도 왕이 되었도다 우리가 너희와 함께 왕 노릇 하기 위하여 참으로 너희가 왕이 되기를 원하노라 9. 내가 생각하건대 하나님이 사도인 우리를 죽이기로 작정된 자같이 끄트머리에 두셨으매 우리는 세계 곧 천사와 사람에게 구경거리가 되었노라 10. 우리는 그리스도 때문에 어리석으나 너희는 그리스도 안에서 지혜롭고 우리는 약하나 너희는 강하고 너희는 존귀하나 우리는 비천하여 11. 바로 이 시각까지 우리가 주리고 목마르며 헐벗고 매 맞으며 정처가 없고 12. 또 수고하여 친히 손으로 일을 하며 모욕을 당한즉 축복하고 박해를 받은즉 참고 13. 비방을 받은즉 권면하니 우리가 지금까지 세상의 더러운 것과 만물의 찌꺼기같이 되었도다

6절 형제들아 내가 너희를 위하여 이 일에 나와 아볼로를 들어서 본을 보였으니 이는 너희로 하여금 기록된 말씀 밖으로 넘어가지 말라 한 것을 우리에게서 배워 서로 대적하여 교만한 마음을 가

지지 말게 하려 함이라

사도 바울은 당파를 만들지 말라는 교훈을 염두에 두고 말하기를 자신과 아볼로가 모범을 보였다고 했습니다. 여기에서 '기록된 말씀' 이란 구약의 말씀을 가리킵니다. 바울과 아볼로는 고린도 교회 교인들이 구약의 말씀 위에 굳게 서서, 서로 대적하고 교만한 마음을 먹지 말 것을 말하고 있습니다. 고린도 교회에는 "나는 바울파다, 나는 아볼로파다, 나는 예수 그리스도파다." 하면서 분쟁이 있었습니다. 그런데 사도 바울과 아볼로는 당파도 만들지 않았고 서로 잘났다고 교만하지도 않았습니다. 그들은 구약에 기록한 말씀 밖으로 넘어가지 말라고 하면서 서로 교만한 마음으로 대적하지 말 것을 권유합니다.

그 당시 고린도 교회는 설립된 지 얼마 되지 않았습니다. 그렇지만 성령의 은혜가 넘침으로 그만 교인들이 교만해지고 당파를 짓게 되어 교회가 분열의 위기에 빠졌습니다. 분열된 교회는 성령께서 절대로 역사하시지 않습니다. 성령께서는 하나가 되도록 만드시기 때문에 분열을 원하시지 않습니다. 인간적으로 오해가 생길 수도 있지만 시간이 지나고 보면 오해도 사라지고 사랑으로 하나가 될 수가 있습니다. 그러므로 어느 교회나 어느 성도나 주 안에서 성령으로 하나가 되도록 힘써야 합니다. 언제나 교만이 들어오면 분쟁이 생깁니다. 잠언 16장 18절에 "교만은 패망의 선봉이요 거만한 마음은 넘어짐의 앞잡이니라" 고 했습니다. 천사도 교만하여 심판을 받아 마귀가 되었고 영원한 지옥의 형벌을 받게 된 것입니다(사 14:12-15; 계 20:10). 그러므로 우리들이 하나 되기 위해서는 먼저 교만을 깨뜨려야만 합니다.

7절 **누가 너를 남달리 구별하였느냐 네게 있는 것 중에 받지 아니한 것이 무엇이냐 네가 받았은즉 어찌하여 받지 아니한 것같이 자랑하느냐**

"누가 너를 남달리 구별하였느냐" 라는 말은 '누가 너를 남보다 뛰어나다고 하더냐?' 라는 의미입니다. 이것은 고린도 교회 교인들의 교만을 꾸짖고 있는 말씀입니다. 하나님께로부터 은혜로 받은 것들을 가지고 어리석게 자랑하지 말라고 바울은 말합니다. 그리스도인들이 가지고 있는 교만의 원인은 우리에게 주어진 모든 것이 하나님께로부터 받은 것이라는 사실을 망각하고 있기 때문입니다. 원래 우리 인생은 주 안에서 자랑할 만한 것이 하나도 없습니다. 오직 자랑은 예수님 안에서만 해야 합니다(고전 1:31; 고후 10:17; 빌 3:3). 그렇게 하는 것이 그의 나라와 그의 의를 구하는 생활입니다. 그러므로 우리는 매일의 생활 가운데서 다음과 같이 신앙 고백할 수 있습니다. "예수님께서 저를 통해서 설교를 할 수 있게 하시니 감사합니다.", "예수님께서 저를 통하여 전도하시니 감사합니다.", "예수님께서 저를 통하여 사업을 번창하게 해 주시니 감사합니다." 이와 같이 모든 영광을 주님께 돌려야합니다.

그러면 예수님을 믿는 우리는 무엇일까요? 우리는 마치 예수님께서 예루살렘 성에 입성하실 때 타고 가신 나귀와 같습니다. 나귀가 잘나서 사람들이 길가에 겉옷과 나뭇가지를 펴서 밟고 가도록 한 것이 아닙니다(마 21:1-11; 눅 19:35-38). 예수님을 위하여 그렇게 한 것인데 나귀가 예수님을 등에 모셨기 때문에 예수님의 영광을 조금 맛본 것입니다. 만약에 예수님을 태우고 있는 사실을 잊어버리고 자신이 잘나서 그런 줄로 알면 그때부터 교만해지고 마귀가 틈타게 됩니다. 교만해지면 결국 하나님의 징계를 받게 됩니다. 우리 한국에도 자신의 위치를 망각하고 교만한 사람들이 많습니다. 하나님께서 자신을 특별히 택해서 동방의 의인으로 만들었다느니 또는 자신을 통하지 않고는 구원을 받지 못한다는 등의 어리석은 말을 하는 사람들이 있습니다. 그들은 거짓 영을 받아 마귀의 종노릇하고 있는 거짓 선지자들입니다. 우리는 이에 미혹되어서는 안 됩니다.

어떠한 인간도 주님을 앞설 수가 없기 때문에 인간이 주님보다 앞서 나가면 주님의 역사와 영광은 사라집니다. 이러므로 우리는 그리스도 안에서 죽고 예수님만 살도록 해야 합니다. 예수님만 자랑할 것이지 또 다른 그 무엇을 자랑할 것이 있겠습니까? 이 세상에 태어난 인간으로서 죄짓지 않은 사람이 없고 모두 다 지옥에 갈 수밖에 없는 존재들입니다. 그럼에도 불구하고 예수 그리스도의 십자가의 공로로 구원받아 천국에 가게 되었으니 우리는 무엇을 자랑해야 합니까? 예수 그리스도의 십자가 보혈을 자랑해야 합니다. 언제나 예수님만 자랑하고 예수님만 흠모하고 예수님만 경배하고 예수님만 모시고 살아야 합니다. 그렇게 되면 자랑할 것이 예수님께만 있고 우리에게는 있지 않다는 것을 알 수 있습니다.

8절 너희가 이미 배부르며 이미 풍성하며 우리 없이도 왕이 되었도다 우리가 너희와 함께 왕 노릇 하기 위하여 참으로 너희가 왕이 되기를 원하노라

사도 바울은 고린도 교회 교인들의 교만에 대하여 꾸짖고 있습니다. 고린도 교회 교인들은 자기들도 하나님의 은혜를 받았다고 사도들 없이 왕 노릇 했습니다. 그러나 그들의 그런 행동은 아무런 쓸모없는 어리석은 것이었습니다. 왜냐하면 진정 영적으로 왕 노릇 하려면 사도들과 함

께 왕 노릇 하여야 하기 때문입니다. 우리는 여기서 고린도 교회의 교만을 분명하게 볼 수 있습니다. 영적으로 배부르다고 자만하면서 믿음의 아버지인 사도 바울의 말을 듣지 않겠다는 것입니다.

민수기를 보면 미리암과 아론이 모세를 비방하면서 모세를 대항한 사건이 나옵니다. "모세만 선지자냐, 우리도 하나님께 계시를 받은 선지자다."라고 하면서 스스로 교만해지고 말았습니다. 그러나 그 결과 하나님께 징계를 받아 나병 환자가 되어 버렸습니다(민 12:1-10). 이와 같이 교만이 죄 중에서 무서운 죄라는 것을 잊지 말아야 합니다. 우리가 이 교만의 죄만은 범하지 말아야 됩니다.

그런데 우리가 예수님만 쳐다보고 있으면 교만하지 않게 되지만 우리 자신만 쳐다보면 교만해집니다. 자신을 쳐다보고 제법 되었다고 하면 그 때부터 내리막길로 내려가기 시작하는 것입니다. 교만으로 고린도 교회 교인들은 사도들을 제외하고 자기들끼리 왕 노릇 하겠다고 한 것입니다. 물론 하나님께서는 우리가 모두 주 안에서 왕 노릇 하기를 원하십니다.

죄를 이기고 마귀를 이기고 질병을 이기고 가난을 이기고 저주를 이기고 사망을 이기고 나중에 주와 함께 보좌에 올라가 앉아서 영원히 이 세상과 천사를 다스리는 왕 노릇 한다는 것은 당연한 일입니다. 이와 같이 구원이 마지막 날에 왕 노릇 하게 되는 것이지 아직까지 장성하지 못한 상태에서 왕 노릇 하려는 것은 교만에 빠진 것입니다. 그러므로 사도 바울은 고린도 교회 교인을 향하여 너희들만 왕 노릇 했다가는 상처를 많이 입으니 왕 노릇 하되 자신과 같이 하자고 말합니다. 서로 도와주면서 멋있게 왕 노릇 하자고 제의합니다. 이와 같이 우리도 이 세상에서 함께 합력하여 하나님께 영광을 돌리고 천국에 가서 영원히 주님과 함께 왕 노릇 합시다.

9절 내가 생각하건대 하나님이 사도인 우리를 죽이기로 작정된 자 같이 끄트머리에 두셨으매 우리는 세계 곧 천사와 사람에게 구경거리가 되었노라

사도 바울은 너무나 답답해서 자신의 생활을 예로 들어서 자식 같은 고린도 교회 교인들을 훈계합니다. 사도 바울이 그렇게 어려움에 처하게 된 것은 하나님께서 작정하셨기 때문이라고 말합니다. 그 당시의 사형수는 사자들의 밥이 되게 하였는데 바울도 이런 죄수와 같은 형편에 처했습니다.

여기서 '끄트머리' 란 말은 사도 중 가장 작은 자(엡 3:8)의 의미뿐만 아니라 모든 인간 중에서 맨 뒤에 속한다는 의미를 가지고 있습니다. 이는 사도 바울의 처지가 가장 낮고 비천했음을 가리킵니다. '천사와 사람에게 구경거리가 되었다' 는 것은 영계(靈界)나 인간계(人間界)에 구경거리가 됨을 의미합니다. 천사들은 하나님의 복음을 위하여 천대와 멸시를 받는 것을 흠모했다는 것이며 사람들은 멸시와 조롱으로 대했다는 것입니다. 이와 같이 갖은 고생을 하면서 사도 바울은 고린도 교회에 복음을 전했습니다.

그런데 그들이 지금은 바울의 공(功)을 잊어버리고 자기들끼리 왕 노릇 하려고 했던 것입니다. 또한 사도 바울의 교훈도 듣지 않겠다고 합니다. 바울은 이를 꾸짖고 있습니다.

10-11절 우리는 그리스도 때문에 어리석으나 너희는 그리스도 안에

서 지혜롭고 우리는 약하나 너희는 강하고 너희는 존귀하나 우리는 비천하여 바로 이 시각까지 우리가 주리고 목마르며 헐벗고 매 맞으며 정처가 없고

고린도 교회의 아주 오만한 모습을 보고 바울 선생은 고린도 교인을 꾸짖되 성도들 앞에서 스스로 겸손히 낮춤으로 그들을 부끄럽게 하고 있습니다. 바울 선생은 자타가 공인하는 하나님의 사도였으며, 하나님이 바울을 통해서 고린도 교회를 세웠고 그 성도들을 전도해 구원하셨습니다. 이처럼 존경받는 위대한 사도 바울이 자신을 극단적으로 낮춤으로 말미암아 고린도 교회의 잘못을 깨우치게 하는 것입니다.

사람들은 바울을 미련하다고 판단하지만 바울의 복음을 들은 성도들은 그리스도 안에서 최고의 지혜를 경험하고 있지 않습니까? 예수 믿고 구원을 받고 영생을 얻고 성령 받고 하나님의 은혜를 입어서 영혼이 잘되고 범사가 잘되며 강건한 신앙을 얻고 나가니까 얼마나 지혜롭게 보입니까?

사도 바울을 포함한 주의 종들은 사도로 부름을 받은 후부터 고린도 교회에 편지를 쓸 그 당시까지 말할 수 없는 고생을 했습니다(고후 11:23-28). 어떤 때는 먹지 못해서 주리기도 했습니다. 어떤 때는 입지 못해 헐벗기도 했습니다. 복음을 전한다는 이유로 매도 맞았으며 정처 없이 떠도는 생활도 했습니다. 그러나 주님을 위한 고난은 오히려 그의 상급을 크게 했습니다(마 5:10-12).

12-13절 또 수고하여 친히 손으로 일을 하며 모욕을 당한즉 축복하고 박해를 받은즉 참고 비방을 받은즉 권면하니 우리가 지금까

지 세상의 더러운 것과 만물의 찌꺼기같이 되었도다

사도 바울은 주의 복음을 전하는 데 있어서 친히 손으로 일을 하여 생계를 유지했습니다(살후 3:8). 그는 복음을 전한다는 이유로 사람들로부터 모욕(侮辱)을 받았습니다. 그러나 그는 도리어 그들을 위하여 축복을 빌어 주었습니다. 또한 박해를 받을 때도 있었지만 주님의 십자가를 생각하면서 참았습니다. 비방을 당할 때는 하나님의 사랑으로 권면했습니다.

결국 사도 바울은 자신의 비천함을 극단적으로 말하고 있습니다. 사도 바울이 복음 전도자로 부름을 받은 이후 고린도 교회에 편지를 쓸 때까지 하나님의 복음으로 인하여 세상의 더러운 것과 만물의 찌꺼기와 같이 취급을 받게 되었다는 것입니다. 사도 바울은 하나님의 복음을 인하여 손수 일을 해야 했고 배고프며 목마르며 헐벗었습니다. 또한 정처 없이 배회했고 일정한 거주지도 없었습니다. 이것이 바로 복음 전도자의 삶입니다. 이런 고행은 오직 하나님만을 사랑하며 영혼의 구원에 대한 뜨거운 마음이 있을 때만 가능합니다. 인간적으로 얼마든지 부귀를 누리며 살 수 있음에도 불구하고 스스로 자원하여 주님께서 가신 길을 가는 것입니다.

복음을 위해 살다 보면 세상에서는 적합하지 않은 사람처럼 취급받기도 하고 쓸모없는 세상의 찌꺼기와 같이 취급받기도 합니다. 주님께 충성하기를 원하는 사람은 박해와 온갖 능욕도 각오해야만 합니다. 그러면 세상 사람이 멸시하고 인정하지 않는 세상의 더러운 것과 만물의 찌꺼기가 될지라도 오히려 하나님께는 더욱 가까워지고 더욱 인정을 받게 됩니다.

3. 사도 바울의 권면(4:14-21)

14. 내가 너희를 부끄럽게 하려고 이것을 쓰는 것이 아니라 오직 너
희를 내 사랑하는 자녀같이 권하려 하는 것이라 15. 그리스도 안에
서 일만 스승이 있으되 아버지는 많지 아니하니 그리스도 예수 안에
서 내가 복음으로써 너희를 낳았음이라 16. 그러므로 내가 너희에
게 권하노니 너희는 나를 본받는 자가 되라 17. 이로 말미암아 내가
주 안에서 내 사랑하고 신실한 아들 디모데를 너희에게 보내었으니
그가 너희로 하여금 그리스도 예수 안에서 나의 행사 곧 내가 각처
각 교회에서 가르치는 것을 생각나게 하리라 18. 어떤 이들은 내가
너희에게 나아가지 아니할 것같이 스스로 교만하여졌으나 19. 주께
서 허락하시면 내가 너희에게 속히 나아가서 교만한 자들의 말이 아
니라 오직 그 능력을 알아보겠으니 20. 하나님의 나라는 말에 있지
아니하고 오직 능력에 있음이라 21. 너희가 무엇을 원하느냐 내가
매를 가지고 너희에게 나아가랴 사랑과 온유한 마음으로 나아가랴

14절 내가 너희를 부끄럽게 하려고 이것을 쓰는 것이 아니라 오직 너희를 내 사랑하는 자녀같이 권하려 하는 것이라

사도 바울은 13절까지의 격렬한 어투에서 이제 온화한 말로 바꾸어 설명합니다. 바울이 자신의 고생담을 이야기하는 것이 고린도 교회 교인들을 부끄럽게 하려고 한 것이 아니었습니다. 부모가 사랑하는 자녀를 권면하는 것과 같이 그들의 잘못을 깨닫게 함으로써 회개하도록 하기

위함이었습니다.

바울은 성도들이 자신들의 사욕 가운데 고생한 것을 너무 솔직하게 이야기함으로 말미암아 부끄럽게 생각하고 열등의식을 가질까 싶어서 내가 너희를 부끄럽게 하려고 이것을 쓰는 것이 아니라 오직 너희를 내 사랑하는 자녀같이 권하려 하는 것이라고 말해 주고 있습니다.

사도 바울이 고린도 교인들을 사랑하기 때문에 부연 설명하고 있는 것입니다. 부모는 자식 앞에서 꾸중을 할 때가 많습니다. 하지만 부모가 자식을 미워해서 꾸중을 하는 것이 아닙니다. 사랑하기 때문에 자식이 잘못을 빨리 깨달아서 권면을 받고 더 훌륭하게 되라는 의미에서 하는 것입니다. 사도 바울도 부모의 마음을 가지고 하나님의 사랑으로 고린도 교인들을 권면한 것입니다.

15절 그리스도 안에서 일만 스승이 있으되 아버지는 많지 아니하니 그리스도 예수 안에서 내가 복음으로써 너희를 낳았음이라

사도 바울은 자신과 고린도 교회와의 관계를 아비와 자식의 관계로 묘사하고 있습니다(고후 6:13; 살전 2:11). 그리스도 안에서 일만 스승이 있으나 아버지는 많지 않다면서 스승과 아버지의 역할을 비교하고 있는 것입니다. 스승이 아무리 많아도 아버지와는 전혀 별개의 위치에 있습니다. 고린도 교회 교인들이 많은 교사를 가지고 있었는지 모르나 사도 바울은 그들의 영적 아버지였습니다.

사도 바울은 그리스도 예수의 능력과 이름으로 죄악의 소굴에서 헤매던 그들을 끌어내어 하나님을 믿게 했습니다. 그래서 바울은 그들의 아버지가 되었으며 아버지로서의 심정도 갖게 되었습니다. 우리는 여기서 그리스도 예수 안에서 복음으로 다른 사람을 낳을 수 있다는 것을 알 수 있습니다. 육의 자녀가 아닌 영의 자녀인 것입니다. 아버지는 한 분밖에 계시지 않습니다. 아버지를 여러 명 가진 사람은 이 세상에 하나도 없습니다. 그러나 스승은 많이 둘 수 있습니다. 그러므로 고린도 교회의 영적 아버지인 사도 바울은 자식과 같은 고린도 교회에 대하여 어떠한 소리에도 흔들리지 말고 자신을 굳게 믿으라고 권면합니다.

16절 그러므로 내가 너희에게 권하노니 너희는 나를 본받는 자가 되라

바울과 고린도 교회는 아버지와 아들의 관계에 있었기 때문에 고린도 교회 교인들이 사도 바울에게 배우는 것은 당연한 일입니다. 부모가 자신의 자녀를 가장 사랑하지 누가 그 자녀를 사랑하겠습니까? 일만 스승이 아무리 뛰어나고 잘 가르친다고 해도 어려운 문제에 부딪혔을 때에는 복음으로 낳은 신앙의 아버지밖에 없습니다. 그렇기 때문에 사도 바울은 자신을 본받으라고 권면한 것입니다. 그는 빌립보 교회에 대해서도(빌 3:17; 4:9), 데살로니가 교회에 대해서도(살전 1:6) 자신을 본받으라고 말했습니다. 이와 같이 하나님의 사역자들은 양들에게 본을 보이기에 합당한 생활을 해야 하며 양들은 목자의 좋은 점을 본받아야 합니다.

17절 이로 말미암아 내가 주 안에서 내 사랑하고 신실한 아들 디모데를 너희에게 보내었으니 그가 너희로 하여금 그리스도 예수 안에서 나의 행사 곧 내가 각처 각 교회에서 가르치는 것을 생각나게 하리라

사도 바울이 고린도 교회 교인들에게 모범을 보이도록 하기 위하여 디

모데를 보냈습니다. 디모데를 보낸 이유는 디모데로 하여금 고린도 교회 교인들에게 바울이 가르친 것들을 생각나도록 하기 위한 것이었습니다.

사도 바울은 디모데의 인물과 그의 역할에 대하여 말하며 중요한 목적을 이루는데 얼마나 적합한 인물인가를 밝히고 있습니다. 디모데는 사도 바울이 전한 복음을 영접하고 회개한 믿음의 아들이었습니다(딤전 1:2). 두 사람은 '주 안에서' 긴밀한 관계로 맺어진 주의 종들이었습니다. 또한 디모데를 '내 사랑하고 신실한 아들' 이라고 하여 사도 바울이 사랑하고 믿을 만한 영적인 아들이라는 것을 고린도 교회에 밝힙니다. 그런데 디모데의 임무는 결코 새로운 것이 아니고 사도 바울이 이미 가르친 것들을 다시 생각나게 하는 일이었습니다.

18절 어떤 이들은 내가 너희에게 나아가지 아니할 것같이 스스로 교만하여졌으나

고린도 교회 교인들 가운데 어떤 사람들은 사도 바울이 고린도 교회에 나오는 것을 두려워한다고 비평했습니다. 사도 바울 대신에 디모데가 고린도 교회에 파견되었다는 소식이 전해졌을 때 그들은 바울이 겁을 먹었기 때문에 직접 오지 않는다고 중상모략(中傷謀略)했습니다. 이러한 중상모략의 소문을 전해 들은 바울은 고린도 교회 교인들이 교만해졌다고 마음속으로 단정했습니다.

19절 주께서 허락하시면 내가 너희에게 속히 나아가서 교만한 자들의 말이 아니라 오직 그 능력을 알아보겠으니

사도 바울이 고린도 교회에 가지 않는 것은 다른 이유가 있는 것이 아

니고 주님의 허락이 없었기 때문이었습니다. 그러나 주님께서 허락하시면 자신도 빨리 고린도 교회에 가겠다는 것입니다. 가서 교만한 자의 말을 기준으로 하여 알아볼 것이 아니라, 오직 능력을 기준으로 하여 알아보겠다고 단호하게 말합니다. 여기서 "주께서 허락하시면" 이라는 말은 '만일 주의 뜻이라면' 이란 의미로 사도 바울이 자주 사용한 표현입니다(롬 15:32; 고전 16:7; 히 6:3).

사도 바울은 주님의 뜻이라면 고린도 교회에 가서 인간적인 웅변이나 철학에 입각하여 가르치는지 신령한 하나님의 능력에 입각하여 가르치는지를 알아보겠다는 것입니다. 하늘나라는 말에 있지 않고 능력에 있습니다. 말만 한다고 해서 하나님의 역사가 일어나는 것은 아닙니다. 성령의 능력과 권세로 하나님의 역사가 일어나야 합니다. 목회에 있어서도 마찬가지입니다. 설교를 철학적으로, 윤리적으로, 역사적으로 잘 한다고 해도 교회를 세우지 못합니다. 그런 교회에서는 교인들이 설교를 몇 번 듣고 난 다음에 싫증을 내고 떠나 버리고 맙니다.

그러므로 교회에서 양들을 잘 먹이려면 하나님의 말씀과 성령으로 말미암아 하나님의 능력이 나타나야만 되는 것입니다. 심령을 변화시키고, 염려와 근심에서 해방시켜 평안을 가져오고, 귀신을 쫓아내며, 영육간에 강건함과 믿음, 소망, 사랑을 심어 주어야 합니다. 교회에 출석함으로 말미암아 영혼이 잘되고 범사에 잘되고 강건하게 되며 생명을 얻되 넘치게 얻어, 내일은 오늘보다 나아지고 다음 달은 이번 달보다 나아지며 내년은 올해보다 나아지는 희망과 발전이 있어야 하는 것입니다. 이와 같이 교회는 말을 잘하는 것으로 성장하지 않습니다. 예수님을 믿지 않는 사람 중에도 얼마든지 웅변 잘하고 말 잘하는 사람이 많이 있습니다. 그러나 그들이 하나님의 교회를 맡지 못합니다. 그러므로 우리는 실생활에서 하나님의 능력을 체험할 수 있는 복음을 전해야 합니다. 그렇게 해야만 실제로 생활이 변화되고 하나님의 축복이 나타나는 것입니다. 또 하나님의 교회는 만담(漫談)하는 장소가 아닙니다. 희극배우가 와서 사람을 웃기거나 하는 곳이 아닙니다. 그러므로 목회자는 성령의 충만함을 받아 하나님의 능력에 사로잡혀야만 하고 하나님의 교회는 능력이 있어야만 합니다.

20절 하나님의 나라는 말에 있지 아니하고 오직 능력에 있음이라

하나님의 복음 운동은 인간적인 말에 입각하지 않고 오직 하나님의 능력에 입각합니다. 하나님의 능력은 죄인 된 인간이 예수 그리스도를 믿어 하나님의 자녀가 되는 것을 말합니다. 더 나아가서 병마가 물러가고, 절망이 소망으로 변하고, 영육 간에 강건해지고, 못 걷는 자가 일어나고, 천국의 기쁨과 평안 속에서 하나님께 영광을 돌리는 생활을 말하는 것입니다. 그러므로 하늘나라를 이 땅에 확장하려는 사람은 능력이 있어야 합니다. 주의 종은 성령의 능력이 있어야만 주의 종으로서 하나님의 뜻을 잘 나타낼 수 있습니다.

21절 너희가 무엇을 원하느냐 내가 매를 가지고 너희에게 나아가랴 사랑과 온유한 마음으로 나아가랴

사도 바울이 고린도 교회를 방문할 때 어떠한 태도를 취할 것인가에 대하여 그들 스스로가 선택하라고 합니다. 고린도 교회의 처신에 따라 바울도 다르게 처신을 하겠다는 것입니다. 그들이 하나님께 회개하지 않

으면 사도로서 징계의 매를 가지고 갈 것이며, 그들이 돌이켜 회개하면 사랑과 온유한 마음으로 나아가 그들을 위로할 것이라고 말합니다. 이러한 마음이 바로 부모의 마음입니다. 부모의 마음이 아니면 이런 말을 할 수 없습니다.

비록 고린도 교회가 사도 바울을 사도로 인정하지 않을지라도 그들을 염려하고 보살피는 어버이의 심정으로 사도 바울은 말한 것입니다. 이와 같은 마음의 고통은 주의 복음 사업을 하는데 있어서 필연적으로 따릅니다. 주의 복음 사업은 반드시 편하지 않습니다. 하나님의 말씀에 어긋나는 사람은 사랑의 매를 들고 회개시켜야 하며, 돌이키는 사람은 사랑과 온유로 돌보아야 합니다. 이러한 일이 쉽지는 않습니다. 목회자의 일생이라는 것은 이 범위를 벗어날 수가 없습니다.

그러나 낙심한 자가 소망을 갖고 절망한 자가 믿음을 갖게 되고 하나님 안에서 기뻐하고 즐거워하는 것을 볼 때 목회자의 마음도 기쁩니다. 목자와 양은 하나님께서 맺어 주신 관계이므로 양이 어려움에 빠지면 목자도 마음이 편하지 못합니다. 이에 반하여 양에게 좋은 일이 생기면 목자도 기쁘고 즐거운 것입니다. 오늘날 사도 직분을 가진 사람이 애써서 교회를 세워 놓으면 목사와 교사의 직분을 가진 주의 종이 와서 성도들을 돌보며 섬깁니다. 성도들을 돌보고 섬기는 가운데서 성도들이 문제에 빠지고 넘어지기도 합니다. 또 어떤 때는 목자를 대항해서 일어나기도 합니다. 때로는 목자와 양들은 서로 밀고 당길 때도 있습니다. 이에 목자는 어떤 때는 말씀의 채찍을 들어 때리기도 합니다. 또 어떤 때는 사정을 하기도 하며 울기도 하고 칭찬을 하기도 합니다. 그러나 성도들이 명심해야 할 것은 성도들을 가장 뜨겁게 사랑하고 돌보아 주는 사람은 그 성도들을 맡고 있는 목사와 교사밖에 없다는 것입니다.

그러나 하나님이 세우신 주의 종들 가운데 사도 직분을 맡은 사람, 선지자 직분을 맡은 사람, 복음 전하는 부흥사 직분을 맡은 사람들은 성도들에 대한 심정이 목사와 교사와는 다릅니다. 목사와 교사는 자신이 맡은 양들에 대하여 깊은 어버이의 심정을 갖고 있지만 다른 직분의 주의 종들은 그렇지가 못합니다. 그들은 교회를 세우거나 복음을 전파한 후에 그곳을 떠납니다. 그래서 그들은 양들의 깊은 사정도 모르고 주의 사랑으로 하나 되지 못합니다. 그렇기 때문에 양들을 뜨겁게 사랑하는 것이 목사와 교사의 직분을 가진 주의 종들과는 다릅니다. 그러므로 성도님들은 목자와 교사된 교역자들의 마음을 아프게 하지 마십시오. 주의 종을 애태우게 하지 마십시오. 주의 종을 애태우게 해서 유익 될 것이 하나도 없습니다.

참된 주의 종은 하나님의 소명(召命)을 받고 하나님 앞에 부름을 받고 나온 사람입니다. 세상적인 돈벌이를 하려면 세상으로 나가지 무엇 때문에 주의 종으로 나왔겠습니까? 성도들이 협조하고 밀어 주어야만 주의 종은 힘이 나고 열심을 낼 수 있으며 주의 종으로서의 보람도 느낍니다. 비록 주의 종이 인간적으로 부족하더라도 최선을 다해서 성도들의 유익을 위해서 힘씁니다. 그러므로 하나님께서 세우신 주의 종을 함부로 판단하지 마십시오. 하나님의 종은 성도들이 잘되도록 애쓰고 힘쓰며 노력하는 사람입니다.

제 5 장

음행에 대한 교훈

A COMMENTARY ON
THE FIRST EPISTLE TO
THE CORINTHIANS

본 장에서 사도 바울은 고린도 교회의 교인들 가운데 음란죄를 짓고 있는 사람들을 향하여 이것이 용서받지 못할 악임을 선포하고, 묵은 누룩을 버려 음행하는 자를 사탄에게 내줄지라도 교회의 잘못을 고칠 것을 명하고 있습니다. 그리고 음행한 자로 하여금 회개하게 하면 육신은 망해도 영혼은 주 예수의 날에 구원을 얻는 것이 되므로 현재의 심판이 오히려 은혜가 된다는 교리적인 설명을 하고 있습니다.

1. 음행의 죄에 대한 책망(5:1-5)

1. 너희 중에 심지어 음행이 있다 함을 들으니 그런 음행은 이방인 중
에서도 없는 것이라 누가 그 아버지의 아내를 취하였다 하는도다 2.
그리하고도 너희가 오히려 교만하여져서 어찌하여 통한히 여기지
아니하고 그 일 행한 자를 너희 중에서 쫓아내지 아니하였느냐 3.
내가 실로 몸으로는 떠나 있으나 영으로는 함께 있어서 거기 있는 것
같이 이런 일 행한 자를 이미 판단하였노라 4. 주 예수의 이름으로
너희가 내 영과 함께 모여서 우리 주 예수의 능력으로 5. 이런 자를
사탄에게 내주었으니 이는 육신은 멸하고 영은 주 예수의 날에 구원
을 받게 하려 함이라

1절 너희 중에 심지어 음행이 있다 함을 들으니 그런 음행은 이방인 중에서도 없는 것이라 누가 그 아버지의 아내를 취하였다 하는도다

여기서 '너희 중에' 라는 말의 의미는 '고린도 교회 교인 중에서' 라는 뜻입니다. 즉, 예수 그리스도를 구주로 모시고 하나님의 자녀가 된 사람을 말합니다. 사도 바울은 고린도 교회 교인들 중에서 음행이 있다는 보고를 받았습니다. 그래서 그는 그러한 음행은 예수 그리스도를 믿지 않는 불신자들 중에도 없는 것이라고 하면서 꾸짖습니다. 그러면서 그 실례(實例)로써 교인 중에 아버지의 아내, 즉 계모를 자기의 아내로 취한 사건을 들고 있습니다.

고린도 교회의 교인 중에는 아버지의 아내나 첩과 결혼하거나 다른 형태로 관계를 갖는 음란한 일이 있었습니다. 이 사건을 사도 바울은 이방인 중에서도 없는 것이라고 하면서 그 정도가 얼마나 극심한 것인가를 강조하고 있습니다. 교인으로서 아버지의 아내를 취한다는 것은 아무리 변명을 해도 그 행위는 용납될 수 없는 것이었습니다. 불신자들 사이에서도 결코 용납될 수 없는 일입니다. 예수 그리스도를 믿는 근본적인 신앙의 윤리와 도덕이 올바로 서 있지 아니한 사람은 무슨 짓이든 할 수 있는 가능성이 있습니다. 예수님을 믿지 않는 불신자들의 사회에서는 윤리와 도덕의 척도가 뚜렷하지 못하고 또 내일 죽을 것이니 오늘 먹고 마시자 하는 삶의 태도로 살기 때문에 어찌할 도리가 없습니다.

그러나 예수님을 믿고 구원받은 사람은 하나님께서 세워 놓으신 도덕과 윤리의 기준에 따라 살아야 합니다. 그런데도 불구하고 하나님의 백성들 가운데 이방인 사회에서도 흔히 볼 수 없는 그러한 음란의 죄를 짓는 사람이 있습니다. 이러한 일은 하나님의 자녀로서 도저히 있을 수 없는 일입니다. 사도 바울은 이런 일을 행하는 고린도 교회 교인들뿐만 아니라 오늘의 교인들에게도 신랄하게 책망하고 있습니다. 구약시대에는 이런 죄를 엄금함은 물론 사형에 처하도록 되어 있었습니다(레 18:8; 신 22:30; 27:20).

2절 그리하고도 너희가 오히려 교만하여져서 어찌하여 통한히 여기지 아니하고 그 일 행한 자를 너희 중에서 쫓아내지 아니하였느냐

교인들 가운데 음행의 죄를 짓는 것을 알면서도 교만한 고린도 교회의 교인들은 통한하게 여기지 않았습니다. 또한 그러한 일을 행하는 자를 그들 가운데서 쫓아내지 않고 묵인하고 있었습니다. 고린도 교회는 아주 교만해져서 당파나 짓고 모든 지식과 구변과 은혜가 충만하다고 자랑하면서 자만에 빠져 있었습니다. 심지어 고린도 교회를 설립한 사도 바울까지도 사도의 자격이 없다고 비판했던 것입니다.

고린도 교회 내에서 불의한 행동을 묵인한다는 것은 하나님의 교회를 죄악의 소굴로 만드는 것과 같은 것입니다. 사람의 병도 초기에 치료하면 빨리 치유될 수 있습니다. 그러나 병의 뿌리가 깊어지면 수술을 해야 됩니다. 수술을 안 하고 그대로 두면 몸 전체를 다 망치고 말기 때문입니다. 교회에서 일어나는 범죄도 사랑과 인내로 잘 다스리면 고칠 수가 있습니다.

그러나 대수술을 해야 할 경우도 있는 것입니다. 만약 수술해서 처리하지 아니하면 교회 전체가 병들게 되어 사회의 지탄을 받게 됩니다. 그러므로 이방인 사이에서도 없는 불의한 행위를 묵인한다면 이방인들이 교회를 볼 때 어떻게 생각하겠습니까? 사도 바울은 하나님의 영광을 가리게 되지 않을까 걱정하는 마음과 교회의 기강이 문란하게 되지 않겠는

가를 염려했습니다. 그리고 음행의 죄를 짓는 사람을 교회에서 내어 쫓지 아니하고 계속해서 당파 싸움이나 하고 자기 자랑에 빠져 있는 고린도 교회를 향하여 통탄하면서 꾸짖고 있습니다.

3절 내가 실로 몸으로는 떠나 있으나 영으로는 함께 있어서 거기 있는 것같이 이런 일 행한 자를 이미 판단하였노라

사도 바울은 지역적으로 고린도 교회와 떨어져 있었습니다. 그러나 영적으로는 그들과 함께 있었습니다(살전 2:17). 여기에서 사도 바울은 우리의 몸과 영이 각각 다른 세계에 속하여 있다는 것을 분명히 말하고 있습니다. 즉, 몸은 떠나 있어도 영은 시간과 공간을 초월해서 함께 있을 수 있다는 것입니다. 이것은 무엇을 의미하는 것일까요? 우리의 육신은 3차원의 물질세계에 속하여 있습니다. 그러나 우리의 육신 속에 있는 영은 4차원의 세계에 속하여 있습니다. 그러므로 우리의 영은 현재를 살면서도 미래의 것을 바라볼 수 있습니다. 미래의 것을 꿈이나 환상으로 바라볼 수도 있고, 기도와 믿음을 통하여 수천 리 밖에 있는 사람을 도와줄 수도 있습니다.

사도 바울은 고린도후서 12장 1절부터 4절까지의 내용을 통해서 영적인 체험을 말하고 있습니다. 사도 바울의 영이 잠시 몸을 떠났습니다. 그리고 셋째 하늘로 이끌려 가서 거기서 인간의 말로 표현할 수 없는 많은 말을 들었습니다. 그리고 그는 다시 현실로 와서 자신이 몸 안에 있었는지 몸 밖에 있었는지를 모른다고 고백했습니다. 분명히 인간의 영은 육신을 떠날 수가 있습니다. 죽음의 상태에 이르게 되면 영이 육신의 장막을 떠나갑니다. 그 영이 하나님이 계신 영광의 나라로 가게 되거나, 음부

의 세계로 가게 되거나 둘 중의 하나입니다. 우리는 기도를 육으로 하지 않고 영으로 합니다.

그래서 아프리카에 있는 선교사를 위하여 영으로 기도를 하면 성령님께서 우리의 기도를 통하여 아프리카에 있는 그 선교사에게 힘을 돋우어 주시는 것입니다. 그리고 서울에서 부산에 있는 가족을 위하여 기도하면 성령님께서 시간과 공간을 초월하여 부산의 가족들에게 역사하시는 것입니다. 그렇기 때문에 우리는 어디에서든지 이북에 있는 동포들을 위하여 기도할 수 있습니다. 기도하면 효과가 발생합니다. 우리의 기도를 통해서 성령님께서 그곳에서 그들에게 힘을 주시고 도와줄 수가 있게 됩니다. 이와 같이 인간의 영은 4차원의 세계에 속하여 우리의 육신으로는 도저히 상상할 수도 없고 행할 수도 없는 일을 합니다.

사도 바울이 영으로 고린도 교회를 위하여 기도할 때 바울의 마음은 시간과 공간을 초월하여 벌써 고린도 교회에 가 있었습니다. 즉, 기도를 통하여 그의 마음은 고린도 교회와 교인들을 바라보고 그 가운데서 역사할 수가 있었습니다. 이것이 기도의 신비한 역사인 것입니다. 여기서 기도하는 것이 무슨 효과가 있느냐고 생각할지 모르지만 그렇지가 않습니다. 우리의 기도를 통하여 성령님께서 시간과 공간을 초월하여 역사를 하게 됩니다. 그래서 사도 바울은 성령으로 더불어 고린도 교회 교인들 가운데서 음란한 일을 행한 자를 이미 판단해 버렸습니다. 마치 몸이 그곳에 있는 것처럼 부도덕한 일을 행한 사람을 주님의 이름으로 단호하게 심판해 버린 것입니다.

4절 주 예수의 이름으로 너희가 내 영과 함께 모여서 우리 주 예수

의 능력으로

제명(除名)이나 출교 같은 판단을 내리기까지 어떠한 절차를 거쳐서 행하게 되는가에 대하여 사도 바울은 설명합니다. 먼저 고린도 교회의 교인들이 음행한 자를 처리함에 있어서 주 예수의 이름으로 모이라고 합니다. 모일 때 사도 바울 자신의 영도 그곳에 기도를 통하여 같이 있겠다는 것입니다.

그다음에 주 예수의 능력으로 징계하고자 했습니다. 실로 예수 그리스도의 이름에는 능력이 있습니다. 예수님은 무한한 사랑과 자비로 우리를 돌보고 끝없는 용서와 자비를 베풀고 계십니다. 그러나 예수 그리스도의 몸 된 교회를 파괴할 때에는 결코 용서하시지 않습니다. 이와 같은 능력과 권세가 교회에 있습니다. 그렇기 때문에 교회를 파괴하는 일을 행하는 사람을 예수 그리스도의 이름으로 엄격하게 징계하고 심판할 수 있는 것입니다.

5절 이런 자를 사탄에게 내주었으니 이는 육신은 멸하고 영은 주 예수의 날에 구원을 받게 하려 함이라

'사탄에게 내준다는 것' 은 고린도 교회 내에서 음행하는 자를 금식 기도와 집회를 통하여 사탄, 즉 세상에 내보내자는 것입니다. 그렇게 되면 죄를 짓는 육신은 멸하게 됩니다. 당시 교회 밖은 그리스도의 지배하심을 떠나 있는 사탄의 영역이라고 생각하고 있었기 때문에 출교시켜 세상으로 추방하는 것을 말합니다. 교회의 밖은 사탄의 지배가 현실적으로 나타나고 있습니다(요일 5:19). 사탄에게 내어 주면 사탄은 도둑질하고 죽

이고 멸망시키는 것을 본성으로 하기 때문에(요 10:10) 인간의 육신을 멸합니다. 여기서 '육신은 멸하고' 의 의미는 육체가 질병으로 고통을 당하거나 사망하게 되는 징계를 말합니다(행 5:1-11; 13:11).

이에 반하여 이미 예수님을 믿는 사람들은 하나님께서 보호해 주십니다. 예수님의 보혈로 지켜 주시고 하나님의 성령으로 지켜 주십니다. 그러나 사탄에게 내어준바 되면 사탄의 밥이 되고 맙니다. 사탄에게 내어주면 죄를 지은 육신은 멸함을 받습니다. 그러나 세상으로 추방된 죄인일지라도 회개하고 자복하며 돌아온 영혼은 주 예수 그리스도의 날에 구원을 받게 됩니다. '주 예수의 날' 이란 예수 그리스도의 재림의 날을 말합니다. 사도 바울이 범죄자에게 내리는 엄한 징계를 행사하는 것은 범죄자를 구원하는 데 목적이 있지 결코 징벌 그 자체에 목적이 있는 것은 아닙니다. 하나님 안에서 올바르게 행하는 징계는 범죄자 자신뿐만 아니라 교회 전체도 구원하는 역할을 합니다. 그렇기 때문에 교회 내에 범죄자를 방치해 둔다는 것은 그 범죄자를 사랑하는 것이 아닙니다.

그런데 우리가 본 절을 통하여 알 수 있는 것은 하나님께서는 육은 멸할지라도 영혼은 구원시키려고 하신다는 것입니다. 사람이란 육신이 건강하고 편할 때는 회개를 하지 않지만 육신이 병들고 고통스럽고 절망에 처하게 되면 징계를 깨닫고 회개하게 됩니다. 회개하면 예수 그리스도의 재림의 날에 부활하는 영광을 얻게 됩니다. 이와 같은 권세를 하나님의 교회는 가지고 있습니다. 성령이 충만하여 예수님의 이름으로 죄인을 구원시키고 병을 고치고 귀신을 내쫓고 기적을 행하며 없는 것을 있게 하는 역사를 행합니다.

또한 교회를 분열시키는 사람들에게 심판을 선포할 수도 있습니다.

하나님은 하늘과 땅을 지으신 분으로 하나님께서 심판을 결정하시면 나라도 멸하시고 개인도 멸하십니다. 교회는 이러한 권세를 함부로 사용해서는 안 됩니다. 그러나 사탄의 세력이 교회 내에 들어와서 교회를 파괴하는 상태에 처했을 때에는 사용할 수 있습니다. 교회의 당회를 소집하여 함께 기도하고 성령님께 의지하여 범죄자를 출교시킬 수 있습니다. 그리하면 하나님께서 그 사람을 사탄, 즉 세상에 내어 줌으로서 더 이상 하나님의 교회에서 죄를 저지르지 않고 세상의 풍파 속에서 회개할 수 있는 기회를 얻게 하셔서 결국 그의 영이 구원에 이르도록 이끌어 주시는 것입니다.

그러나 성령 충만하지도 않고 성령의 인도함을 받지도 않는 그러한 인본주의적인 교회 집단에서는 이러한 권세를 행하려고 해도 할 수가 없습니다. 베드로가 아나니아와 삽비라를 꾸짖었을 때 그들은 죽었습니다(행 5:1-11). 사도 바울이 박수 엘루마를 꾸짖었을 때에 맹인이 되어버리고 말았습니다(행 13:8-11). 이와 같이 하나님께서는 심판의 권능을 오늘날도 교회를 통하여 행하고 계시다는 것을 잊어서는 안 됩니다.

2. 묵은 누룩을 내버리라(5:6-8)

6. 너희가 자랑하는 것이 옳지 아니하도다 적은 누룩이 온 덩어리에 퍼지는 것을 알지 못하느냐 7. 너희는 누룩 없는 자인데 새 덩어리가 되기 위하여 묵은 누룩을 내버리라 우리의 유월절 양 곧 그리스도께

서 희생되셨느니라 8. 이러므로 우리가 명절을 지키되 묵은 누룩으로도 말고 악하고 악의에 찬 누룩으로도 말고 누룩이 없이 오직 순전함과 진실함의 떡으로 하자

6절 너희가 자랑하는 것이 옳지 아니하도다 적은 누룩이 온 덩어리에 퍼지는 것을 알지 못하느냐

고린도 교회가 악을 행하는 자를 용납해 주고 잘한 듯이 방관하고 있는 것이 옳지 않다는 뜻입니다. 그리고 교회가 범죄자를 용납한 것이 얼마나 큰 잘못인가를 상기시키고 있습니다. 밀가루를 반죽할 때 누룩을 조금만 넣어도 그것이 밀가루 반죽 전부를 부풀어 오르게 합니다. 여기서 '누룩' 은 죄를 상징하고 있습니다. 죄악은 누룩과 같아서 모든 사람에게 죄를 퍼뜨려서 죄를 짓게 만듭니다. 그러므로 조그마한 죄일지라도 교회가 용납하면 결국에는 교회 전체를 부패하게 만들고 맙니다. 그렇기 때문에 사도 바울은 이러한 사실을 상기시키면서 고린도 교회가 범죄자를 용납한 것에 대하여 꾸짖고 있는 것입니다.

7절 너희는 누룩 없는 자인데 새 덩어리가 되기 위하여 묵은 누룩을 내버리라 우리의 유월절 양 곧 그리스도께서 희생되셨느니라

사도 바울은 유월절 규례에 근거한 표현을 이용하여 예수님 믿기 전의 생활 방식을 버리도록 명령하고 있습니다. 고린도 교회 교인들도 예수 그리스도를 믿기 전에는 죄인들이었습니다. 그러나 예수 그리스도를 믿음으로 누룩 없는 자, 곧 의인이 된 것입니다. 그런데도 고린도 교회 교인

들이 범죄자를 용납하고 교만함으로 인하여 다시 누룩 있는 생활을 하게 되었습니다. 이에 대하여 사도 바울은 죄악된 생활을 버리고 새로운 피조물답게 생활하라고 말하는 것입니다. 예수 그리스도를 믿는 자는 누룩 없는 자가 됩니다. 즉, 예수 그리스도를 구주로 모실 때 우리의 죄는 예수님의 보혈로 정결하게 됩니다.

우리 인간은 어느 누구 할 것 없이 아담과 하와의 후손들입니다. 그러므로 콩 심은 데 콩 나고 팥 심은 데 팥 나는 격으로 범죄한 아담의 씨를 받은 인간은 모두 하나님께 반역했던 죄를 지니고 이 땅에 태어납니다. 이것이 '원죄'(原罪)입니다. 설상가상(雪上加霜)으로 인간에게는 자범죄(自犯罪)가 있습니다. '자범죄'란 인간이 이 세상을 살아가면서 말과 행동과 마음으로 짓는 모든 죄를 말합니다.

이러므로 우리 인간은 원죄와 자범죄로 인해 완전히 누룩투성이가 되었는데 예수 그리스도의 십자가의 보혈로 모든 죄가 깨끗이 사함을 받았습니다. 그래서 이제 우리는 누룩 없는 새 덩어리가 된 것입니다. 하나님께서는 새 덩어리가 된 사람에게 의롭다는 선물을 허락해 주십니다. 이 의로움이 있는 자는 하나님 앞에 조금도 부끄러움이 없이 설 수 있는 자격이 있습니다. 마귀가 와서 아무리 참소하고 손가락질해도 우리와는 상관이 없습니다. 그런데 우리가 누룩 없는 새 덩어리가 되었지만 이 세상을 살면서 죄의 누룩이 먼지와 티끌처럼 우리의 영혼과 육에 붙습니다. 구원은 단 한 번에 얻지만 우리가 알게 모르게 짓는 죄는 계속 회개하여 주의 보혈로 씻음을 받아야만 합니다. 우리는 이와 같은 교훈을 예수님께서 베드로의 발을 씻기신 사건에서 깨달을 수 있습니다(요 13:4-10).

또한 성경은 "만일 우리가 우리 죄를 자백하면 그는 미쁘시고 의로우사 우리 죄를 사하시며 우리를 모든 불의에서 깨끗하게 하실 것이요 만일 우리가 범죄하지 아니하였다 하면 하나님을 거짓말하는 이로 만드는 것이니 또한 그의 말씀이 우리 속에 있지 아니하니라"(요일 1:9-10)고 말씀하고 있습니다. 이와 같이 우리는 죄를 지을 때마다 묵과하지 말고 회개하여 늘 거룩한 생활을 하도록 노력해야 합니다.

그리스도께서 유월절 양처럼 희생되셨기 때문에 그리스도인들은 누룩 없는 생활을 할 수 있게 되었다는 것입니다. 예수 그리스도께서 십자가에서 죽으시고 보혈을 흘리신 것은 유월절 양을 잡아 그 피를 문설주에 바름으로 죽음의 재앙에서 구원받은 일의 완성입니다. 우리는 이스라엘의 출애굽 사건을 통하여 본 절의 의미를 좀 더 잘 이해할 수 있습니다.

이스라엘 백성은 애굽에서 약 430년 동안 종살이를 했습니다. 그 종살이가 너무나 힘이 들어 그들은 하나님께 부르짖었습니다. 하나님께서는 그들의 부르짖음을 듣고 한 사람을 택하셔서 애굽으로 보냈습니다. 그가 바로 모세입니다. 모세는 애굽 왕 바로에게 가서 이스라엘 백성들을 놓아 달라고 했습니다. 그렇지만 바로는 마음이 완악해서 순순히 응하지 않았습니다. 이에 모세는 여러 가지 기적을 나타냄으로 하나님께서 살아계신 것과 이스라엘 민족의 해방이 하나님의 뜻임을 깨우치려 했습니다. 그러나 바로는 도무지 이스라엘 백성을 놓아주려 하지를 않았습니다.

그래서 하나님께서 최후로 행하신 것이 애굽의 모든 장자를 죽이는 일이었습니다. 이 일을 행하시기 전에 모세에게 어린양을 미리 집에 데려다 놓았다가 정한 날, 해가 지기 전에 그 양을 잡아서 피를 문설주에 바르라고 말씀하셨습니다.

그날 밤에 죽음의 사자가 애굽 전역을 돌면서 문설주에 피가 묻어 있지 않은 집에 들어가 모든 장자들을 죽일 것이라고 경고했습니다. 그래서 모세는 이스라엘 백성으로 하여금 모두 다 유월절 양을 취해서 잘 데리고 있다가 정한 날에 잡으라고 명령했습니다. 이에 모든 이스라엘 백성은 하나님의 말씀에 순종하여 잡은 양의 피를 문설주에 발랐습니다. 그리고 고기는 구워서 가족들이 먹었습니다. 그런데 그날 저녁에 갑자기 온 애굽 땅에 통곡 소리가 났습니다. 하늘에서 죽음의 사자가 내려와서 바로 왕의 맏아들로부터 시작하여 가장 비천한 자의 맏아들까지 다 죽였던 것입니다. 애굽 전역에 죽음이 있게 되니 왕궁으로부터 시작하여 가장 비천한 자의 집에까지 통곡 소리가 천지에 진동했습니다. 그러나 문설주에 피를 바른 이스라엘 백성들은 한 사람도 죽지 않았습니다. 아침이 되어 바로 왕은 모세와 아론을 불러서 이스라엘 백성들을 데리고 나가라고 했습니다. 그래서 이스라엘 백성은 애굽에서 자유를 얻게 되고 젖과 꿀이 흐르는 가나안 땅을 향하여 출발하게 되었던 것입니다(출 12장).

그때에 하나님께서 지시하신 양이 바로 유월절 양입니다. 이 유월절 양이 예수 그리스도를 상징하고 있는 것입니다. 우리가 사는 이 세상은 애굽과 같습니다. 우리도 전에는 애굽과 같이 죄악된 세상에서 마귀의 종노릇하며 살았습니다. 마귀의 종이 되어서 죄와 병과 저주, 절망과 죽음과 지옥에서 생활을 했습니다. 누가 이 죄악된 세상에서 우리를 자유하게 할 수 있겠습니까? 우리 인간은 어느 누구도 그러한 일을 할 수 없습니다. 그래서 하나님께서 우리를 건져 내기 위해서 하나님의 어린양 예수 그리스도를 보내신 것입니다.

예수님은 하나님의 어린양으로서 이 땅에 오셔서(요 1:29) 유월절에 우리의 죄를 대신 짊어지고 십자가에서 우리의 죄를 위하여 못 박혀 죽으셨습니다. 그래서 우리가 예수님의 보혈을 우리 마음의 문설주에 바르면 마귀가 힘을 잃고 떠나가므로 마귀의 세력에서 해방을 얻게 됩니다. 이러므로 우리의 유월절 양 되시는 예수 그리스도가 얼마나 고마운지 모릅니다. '유월절' 이란 말은 영어로 '패스오버' (Passover)입니다. 즉, '지나간다' 는 뜻입니다. 죽음이 우리에게서 지나가 버립니다.

예수님을 믿는 사람은 다 유월절을 체험했습니다. 그렇기 때문에 성경 고린도후서 5장 17절에서 다음과 같이 말씀하고 있습니다. "그런즉 누구든지 그리스도 안에 있으면 새로운 피조물이라 이전 것은 지나갔으니 보라 새것이 되었도다". 옛것은 완전히 지나가 버리고 이제는 예수님 안에서 새로운 피조물이 된 것입니다. 다시는 마귀의 종노릇할 필요가 없습니다. 우리는 누룩 없는 새 덩어리가 되었으니 묵은 누룩은 내버려야 합니다.

8절 이러므로 우리가 명절을 지키되 묵은 누룩으로도 말고 악하고 악의에 찬 누룩으로도 말고 누룩이 없이 오직 순전함과 진실함의 떡으로 하자

여기서 '명절' 이란 이스라엘 백성들이 지키는 유월절을 말합니다. 이스라엘 백성들이 유월절을 지키듯이 우리도 지켜야 한다는 것입니다. 이스라엘 민족은 지금도 유월절을 명절로 지키고 있는데, 이스라엘의 달력으로는 정월 첫 주일 동안입니다. 그러면 예수 그리스도를 믿는 하나님의 백성은 이 유월절을 어떻게 지키고 있는 것일까요? 그것은 주일마다 하나님께 예배 드림으로써 유월절 명절을 지킵니다.

이스라엘이 매년마다 지키는 것을 오늘날 우리는 매주일 하나님의 어린양 예수 그리스도의 피를 힘입어 유월절을 지키고 있습니다. 또한 예수님의 피와 살을 먹은 그리스도인들은 한평생을 거룩하게 하나님께 바치는 생활을 합니다.

예수님을 섬길 때 죄의 묵은 누룩을 지녀서는 안 됩니다. 또한 악하고 악의에 찬 못된 행실과 습관을 가지고도 예수님을 섬길 수가 없습니다. 오직 예수 그리스도의 피로써 씻음 받고 성령으로 거듭난 하나님의 백성다운 순전함과 진실함으로 섬기는 것입니다.

유월절에는 어린 양과 함께 누룩을 제거한 빵을 먹었습니다. 그러나 고린도 교회에서는 그리스도께서 유월절 양으로서 희생이 되셨는데도 불구하고 누룩을 버리지 못하고 있었습니다. 그래서 바울은 묵은 죄악을 버리고 진실하게 예수의 은혜에 보답하라고 권면하고 있는 것입니다.

그러므로 우리는 누룩 없는 떡이 되어야 합니다. 죄악의 누룩, 죽음의 누룩, 절망의 누룩, 악독의 누룩들을 예수님의 이름으로 제하여 버리고 오직 순결한 마음으로 하나님께 나아가야 하겠습니다.

3. 성도의 대인 관계에 대한 교훈(5:9-13)

9. 내가 너희에게 쓴 편지에 음행하는 자들을 사귀지 말라 하였거니와 10. 이 말은 이 세상의 음행하는 자들이나 탐하는 자들이나 속여

빼앗는 자들이나 우상 숭배하는 자들을 도무지 사귀지 말라 하는 것이 아니니 만일 그리하려면 너희가 세상 밖으로 나가야 할 것이라 11. 이제 내가 너희에게 쓴 것은 만일 어떤 형제라 일컫는 자가 음행하거나 탐욕을 부리거나 우상 숭배를 하거나 모욕하거나 술 취하거나 속여 빼앗거든 사귀지도 말고 그런 자와는 함께 먹지도 말라 함이라 12. 밖에 있는 사람들을 판단하는 것이야 내게 무슨 상관이 있으리요마는 교회 안에 있는 사람들이야 너희가 판단하지 아니하랴 13. 밖에 있는 사람들은 하나님이 심판하시려니와 이 악한 사람은 너희 중에서 내쫓으라

9-10절 내가 너희에게 쓴 편지에 음행하는 자들을 사귀지 말라 하였거니와 이 말은 이 세상의 음행하는 자들이나 탐하는 자들이나 속여 빼앗는 자들이나 우상 숭배하는 자들을 도무지 사귀지 말라 하는 것이 아니니 만일 그리하려면 너희가 세상 밖으로 나가야 할 것이라

사도 바울이 고린도전서를 기록하기 전에 고린도 교회 교인들에게 편지를 쓴 것이 있었습니다. 그 내용 중에는 음행하는 자들을 사귀지 말라는 것도 있었습니다. '사귀지 말라' 는 말은 친구로 사귀지 말라는 뜻입니다.

사도 바울은 앞서 보낸 편지로 인한 고린도 교회 교인들의 오해를 시정하려고 합니다. 본문에서의 "음행하는 자들을 사귀지 말라" 고 했던 말의 뜻은 이 세상에 살면서 예수님을 안 믿는 사람들과 도무지 사귀지 말라는 뜻이 아니라는 것입니다.

예수님을 믿지 않는 사람들 중에는 음행하는 자들도 있고 탐욕에 차서 자기에게 속하지 않은 재물을 부정하게 취하는 자들도 있습니다. 또한 우상을 숭배하는 자들도 있습니다. 성도들이 이러한 사람들과 교제하지 않고 살 수 없습니다. 세상을 살아가자면 불신자와 장사도 하고 거래도 해야 하므로 그들과 전혀 사귀지 않을 수 없는 것입니다. 또한 예수 그리스도를 믿는 사람들이 불신자들과 사귀어야만 그들에게 전도할 수 있습니다. 하나님은 그리스도인 한 사람 한 사람이 이 어둡고 캄캄한 죄악 세상에 나가서 빛과 소금이 되라고 하셨습니다.

소금은 썩어져 가는 곳에 뿌려야 효력이 발생하여 부패를 막습니다. 소금 덩어리 그 자체로는 효과를 낼 수 없습니다. 어두운 데에 밝은 등불을 켜 놓아야 등불의 가치가 드러납니다. 햇빛이 환하게 비추는 데에 전등불을 켜 놓으면 아무 효과가 없습니다. "너희는 세상의 소금이니 소금이 만일 그 맛을 잃으면 무엇으로 짜게 하리요 후에는 아무 쓸 데 없어 다만 밖에 버려져 사람에게 밟힐 뿐이니라 너희는 세상의 빛이라 산 위에 있는 동네가 숨겨지지 못할 것이요"(마 5:13-14)라고 성경은 말씀하고 있습니다. 그리스도인들은 소금과 빛으로서의 역할을 해야 합니다. 절대로 그리스도인들끼리만 모여서 사는 것을 하나님께서는 원하시지 않습니다.

죄악의 세상에서 불신자들과 같이 살다 보면 때로는 세상 죄악의 물이 들 때가 있습니다. 그럴 때마다 주님께 엎드려 회개해야 됩니다. 신자가 불신자와 다른 점 중의 하나는 회개를 한다는데 있습니다. 예수님을 믿는 사람은 죄를 지을 경우 주님께 회개하지만 예수님을 믿지 않는 사람은 죄를 지어도 회개할 줄 모릅니다. 그리스도인들은 죄를 짓게 되면 회개하고 또 지으면 또 회개하면서 좀 더 나아지는 생활을 하다가 천국에 가는 것입니다. 그러므로 우리는 죄악 세상을 무서워해서 세상을 등져서는 안 됩니다. 오직 예수 그리스도의 십자가의 능력으로 세상에 나가서 그리스도인으로서 사명을 다해야 합니다.

11절 이제 내가 너희에게 쓴 것은 만일 어떤 형제라 일컫는 자가 음행하거나 탐욕을 부리거나 우상 숭배를 하거나 모욕하거나 술 취하거나 속여 빼앗거든 사귀지도 말고 그런 자와는 함께 먹지도 말라 함이라

여기서 '형제'란 그리스도인을 가리킵니다. 사도 바울은 그리스도인이라고 하면서 본 절에 열거한 죄, 즉 음행하거나 탐욕을 부리거나 우상 숭배를 하거나 모욕하거나 술 취하거나 속여 빼앗는 생활을 하는 사람과 가까이 지내지 말라는 것입니다.

12절 밖에 있는 사람들을 판단하는 것이야 내게 무슨 상관이 있으리요마는 교회 안에 있는 사람들이야 너희가 판단하지 아니하랴

교회는 세상에 있는 사람들, 즉 불신자들의 범죄에 대하여는 징계할 수 있는 권한을 가지고 있지 않습니다. 그러나 그리스도인들의 범죄에 대하여는 판단할 수 있습니다. 남의 자식은 공부 안 하고 나쁜 일을 한다고 해도 관여할 수 없겠지만 친자식이 그렇다면 부모 입장에서 타이르기도 하고 야단치기도 하고 때리기도 합니다.

이와 같이 하나님의 백성이 된 사람이 잘못하면 죄악을 일깨우고 타일러야 하는 것입니다. 이것이 사랑입니다. 형제 간에 서로 사이가 좋다는 것이 무엇입니까? 형이 잘못하면 아우가 판단해 주고 아우가 잘못하면

형이 판단해 주어서 부모님의 마음이 상하지 않도록 하는 것이 형제 간의 사랑인 것입니다. 그러므로 그리스도인들끼리 잘못하면 서로 경고해 주고 충고해 주면서 기도해 주어야 합니다. 그러나 믿지 않는 세상 사람들에게 우리가 그렇게 할 의무는 없습니다.

13절 밖에 있는 사람들은 하나님이 심판하시려니와 이 악한 사람은 너희 중에서 내쫓으라

불신자들은 하나님께서 판단하십니다. 하나님은 우주를 심판하시는 심판주가 되시기 때문입니다. 그러나 그리스도인이 습관적으로 죄를 짓고도 회개하지 않으면 교회는 그 사람을 교회 밖으로 내쫓을 수 있다고 하면서 사도 바울은 본 장 1절에서 언급한 내용에 대한 결론을 맺습니다.

죄를 범하는 자를 교회 밖으로 쫓아내면 우선은 교회에서 범하던 죄악과 단절되는 것입니다. 하나님께서는 여러 가지 방법으로 그를 회개하게 하십니다. 때론 육체에 불치의 병이 들 수도 있고, 사고가 날 수도 있습니다. 하지만 회개하고 돌아온 죄인의 영혼은 용서를 통한 구원을 받게 됩니다. 하지만 습관적이며 계획된 범죄를 행하는 자를 교회 내에 용납해 두면 누룩이 되어 선한 성도들까지도 물이 들고 맙니다. 그 사람 자신을 위해서나 교회 전체를 위해서 내보내야 합니다. '쫓아낸다' 는 것은 출교를 의미합니다.

그런데 이 세상에는 '무리의 법칙' 이 있습니다. 유유상종(類類相從)을 말하는 것이지요. 참새는 참새끼리, 황새는 황새끼리, 까마귀는 까마귀끼리 모입니다. 사람도 이와 마찬가지입니다. 이 세상에서 성공하는 사람은 성공하는 사람끼리 모이고 실패하는 사람은 실패하는 사람끼리 모

입니다. '근묵자흑'(近墨者黑)이라는 말이 있듯이 나쁜 친구를 사귀면 나쁜 친구의 영향을 받아 물이 들고 맙니다. 교회도 마찬가지 입니다. 말씀 위에 서 있고 열심히 기도하는 교회에 가면 그 교회의 신앙 기질을 닮아 뜨거운 신앙을 갖게 됩니다.

그러나 아주 얼음장같이 냉랭한 교회에 가면 같이 냉랭하게 되고 맙니다. 이러므로 예수님을 믿어도 아주 잘 믿는 사람들과 사귀는 것이 좋습니다. 그렇게 되면 서로 격려해 주고 서로서로 판단해 주면서 도와줍니다. 그래서 더욱 하나님의 은혜와 진리가 충만한 신앙생활을 할 수 있습니다.

제 6 장

성도들 상호 간의 소송 문제

A COMMENTARY ON
THE FIRST EPISTLE TO
THE CORINTHIANS

본 장에서는 먼저 성도들 상호 간의 소송에 있어서는 세상의 법정에 나가서 분쟁하지 말고 교회 내에서 자체적으로 해결해야 한다고 강조합니다. 그리고 불의한 자는 하나님의 나라를 유업으로 받을 수 없다고 말합니다. 또한 성도의 몸은 그리스도의 지체이며, 성령이 거하시는 전(殿)임을 가르쳐 주고 있습니다.

1. 성도 간의 소송 문제(6:1-8)

1. 너희 중에 누가 다른 이와 더불어 다툼이 있는데 구태여 불의한 자들 앞에서 고발하고 성도 앞에서 하지 아니하느냐 2. 성도가 세상을 판단할 것을 너희가 알지 못하느냐 세상도 너희에게 판단을 받겠거든 지극히 작은 일 판단하기를 감당하지 못하겠느냐 3. 우리가 천사를 판단할 것을 너희가 알지 못하느냐 그러하거든 하물며 세상 일이랴 4. 그런즉 너희가 세상 사건이 있을 때에 교회에서 경히 여김을 받는 자들을 세우느냐 5. 내가 너희를 부끄럽게 하려 하여 이 말을 하노니 너희 가운데 그 형제 간의 일을 판단할 만한 지혜 있는 자가 이같이 하나도 없느냐 6. 형제가 형제와 더불어 고발할 뿐더러 믿지 아니하는 자들 앞에서 하느냐 7. 너희가 피차 고발함으로 너희 가운데 이미 뚜렷한 허물이 있나니 차라리 불의를 당하는 것이 낫지 아니하며 차라리 속는 것이 낫지 아니하냐 8. 너희는 불의를 행하고 속이는구나 그는 너희 형제로다

1절 너희 중에 누가 다른 이와 더불어 다툼이 있는데 구태여 불의한

자들 앞에서 고발하고 성도 앞에서 하지 아니하느냐

사도 바울은 고린도 교회에 소속되어 있는 성도들끼리 서로 고발한 사실을 지적하고 있습니다. 또한 성도들 앞에서가 아니고 불의한 자들 중 예수님을 믿지 않는 자들이 재판하는 세상의 사법 기관에 의뢰했다는 점을 꾸짖습니다.

그 당시 유대인들은 그들 사이에서 일어난 문제는 자기들 사이에서 조직한 재판 기관을 통해 해결했습니다. 유대인 이외의 종교 단체들도 그들 나름대로의 자주적인 재판 기관을 가지고 스스로 해결했습니다. 그런데 그리스도의 핏값으로 사신 바 된 하나님의 백성 간의 문제를 스스로 해결 못하는 것이 어찌된 일이냐는 것입니다.

물론 사도 바울이 로마 제국의 사법 제도 자체를 부인한다는 것은 아닙니다. 그 자신도 로마 제국의 권위를 인정했으며(롬 13:1-7), 세상 법정의 보호를 받는 일도 있었습니다(행 18:12-17). 또 가이사에게 호소하기도 했습니다(행 25:11). 그러나 사도 바울이 한탄하면서 꾸짖고 있는 것은 하나님의 백성들 간의 고발 내용입니다. 그것도 교회 내에서 자체적으로 해결하지 못하고 불신자들 앞에 내놓았다는 사실인 것입니다.

그리스도인 사이의 고발 문제는 당사자만의 문제가 아니라 하나님의 영광에 관한 문제입니다. 하나님의 백성들 간의 문제를 불신자인 재판관 앞에 가지고 나가면 하나님 아버지의 심정이 어떠하실까요? 이것은 마치 한 부모님 밑에서 자란 자식들이 그들 사이에 생긴 문제로 재판을 의뢰하는 것과 마찬가지입니다.

그러므로 하나님의 백성들 간의 소송 문제는 교회 내의 당회에서나 제직회에서 해결해야만 합니다. 하나님은 교회의 문제를 교회 밖에 가지고 나가서 세상의 재판으로 해결하는 것을 원하지 않으십니다. 이 세상에서 자식들 간에 서로 싸우는 것을 좋아할 부모는 없습니다. 그러나 신자와 불신자 간의 문제는 다릅니다. 먼저 할 수만 있다면 화목한 가운데 해결해야 합니다. 그렇지 못할 경우에는 소송을 통하여 법적으로 해결을 보아도 좋습니다.

2절 성도가 세상을 판단할 것을 너희가 알지 못하느냐 세상도 너희에게 판단을 받겠거든 지극히 작은 일 판단하기를 감당하지 못하겠느냐

하나님의 백성들이 세상을 판단할 때가 옵니다. 그러한 엄청난 권세를 가진 것을 고린도 교회 교인들이 알지 못하느냐고 사도 바울은 반문합니다. 그러면 우리 성도가 언제 세상을 판단할 수 있을까요? 그것은 주님께서 재림하실 때입니다.

주께서 호령과 천사장의 소리와 하나님의 나팔 소리로 친히 하늘로부터 강림하십니다. 그럴 때 그리스도 안에서 죽은 자들이 먼저 일어나고 그 후에 우리 살아남은 자들도 그들과 함께 구름 속으로 올라갑니다(살전 4:16-17). 그리고 우리는 지상에서의 7년 환난 기간 동안에 주님과 함께 공중에서 혼인 잔치를 하고 지상에 다시 내려옵니다.

그다음에 천년 동안 주님과 함께 이 세상을 다스리게 됩니다(계 20:4-6). 그때에는 이 세상의 모든 일을 우리가 주님과 함께 판단할 것입니다. 천년이 차고 난 다음에 주님께서 모든 죽은 자들을 다 부활시켜서 흰 보좌에 앉아 심판하십니다. 그때에 생명책에 기록되지 못한 자는 다 불못에 던져지는 심판을 받게 됩니다(계 20:11-15).

장차 예수님과 함께 세상을 다스리고 세상을 심판하는 위대한 일을 해야 할 하나님의 백성들이 교회 안에서 일어나는 사소한 문제를 해결하지 못하느냐는 것입니다. 그러한 사소한 문제 하나 제대로 해결하지 못하면서 어떻게 왕 노릇 할 수 있느냐고 사도 바울은 꾸짖고 있습니다. 하나님의 백성들이 구원받지 못한 멸망받을 사람들 앞에 나가서 서로 고발하는 일이 있어서는 안 될 것입니다. 그것은 하나님 나라에 대한 모독입니다.

3절 우리가 천사를 판단할 것을 너희가 알지 못하느냐 그러하거든 하물며 세상 일이랴

사도 바울은 그리스도인들이 세상뿐만 아니라 천사까지도 판단할 것이라고 말합니다. 이러한 엄청난 권세를 가진 그리스도인들이 자신들 사이의 사소한 문제를 처리하지 못하고 불신자들에게 호소한다는 것에 대해 어찌된 일이냐는 것입니다. 우리 인간이 천사를 판단하게 된다는 것은 얼마나 놀라운 일인지 모릅니다.

지금까지 우리는 천사보다 약간 낮은 위치에 있었습니다. 그러나 부활의 그날에는 우리가 예수 그리스도와 혼인하게 됨에 따라 우리는 성(聖)삼위일체 하나님의 제2위 되시는 예수님의 신부가 됩니다. 그에 따라 천사보다 한없이 높아지는 것입니다.

오늘날 천사들은 구원을 받아 예수님의 신부가 될 사람들을 돕기 위하여 이 땅에 와 있습니다(히 1:14). 우리 육신의 눈으로는 안 보이지만 지금도 우리를 보호하고 있습니다. 그러나 하나님께서는 우리로 하여금 천사를 향하여 기도하라고 말씀하시지 않았습니다. 천사는 섬기는 영으로서 구원받을 상속자들을 섬기라고 보내졌기 때문입니다. 물론 영광스럽고

찬란하고 황홀하기가 비교할 데 없는 존재입니다. 이런 천사들이 우리들을 받들고 나중에 우리들에게 판단을 받게 되는 것입니다. 타락한 천사인 원수 마귀는 지금도 우리에게 판단을 받습니다. 그뿐 아니라 마지막 때, 즉 천년왕국 이후에 예수님과 함께 사탄과 그의 모든 사자들을 심판하게 됩니다. 우리의 심판을 받아 그들은 불과 유황으로 타는 못에 던져지게 됩니다. 그리고 거기서 영원히 괴로움을 당하게 됩니다(계 20:10). 이와 같은 권세를 가진 그리스도인들이 인생사(人生事)의 작은 문제도 판단할 만한 능력이 없느냐고 사도 바울은 탄식한 것입니다.

4절 그런즉 너희가 세상 사건이 있을 때에 교회에서 경히 여김을 받는 자들을 세우느냐

사도 바울은 그리스도인에게 주어진 권세가 크다는 것을 재확인한 다음에 본래의 입장과 비교하여 고린도 교회의 잘못을 꾸짖고 있습니다. '교회에서 경히 여김을 받는 자'란 불신자를 말합니다. 하나님의 백성으로서 받은 권세가 그렇게 큼에도 불구하고 교인들 사이에서 생긴 문제를 구원받지 않은 사람에게 가지고 가서 해결하려는 것은 도저히 있을 수 없는 일입니다. 이 세상의 재판관일지라도 그가 불신자라면 교회에서는 경히 여김을 받습니다. 왜냐하면 그리스도인은 하나님의 백성이요, 하나님의 권세를 위임받은 사람이기 때문입니다. 그리스도인에게 주어진 위대한 권세 앞에는 이 세상의 어떠한 것도 아무 소용이 없습니다.

5절 내가 너희를 부끄럽게 하려 하여 이 말을 하노니 너희 가운데 그 형제 간의 일을 판단할 만한 지혜 있는 자가 이같이 하나도

없느냐

지혜와 지식을 그렇게 자랑하는 고린도 교회 교인들이 그리스도의 피를 나눈 형제 간의 싸움도 제대로 해결하지 못했습니다. 사도 바울은 그리스도인들 사이의 분쟁이 세상 법정에까지 가는 것은 수치스러운 일이라고 주장합니다. 그렇기 때문에 사도 바울은 그들의 잘못된 행위를 꾸짖으면서 부끄러움을 느끼도록 한 것입니다.

6절 형제가 형제와 더불어 고발할 뿐더러 믿지 아니하는 자들 앞에서 하느냐

바울은 고린도 교회의 두 가지 실수를 지적하고 있습니다. 첫째는 그리스도인들 간에 고발하는 행위 그 자체이며, 또 하나는 그러한 고발로 인해 불신자들의 법정에서 재판을 받는 행위인 것입니다.

7절 너희가 피차 고발함으로 너희 가운데 이미 뚜렷한 허물이 있나니 차라리 불의를 당하는 것이 낫지 아니하며 차라리 속는 것이 낫지 아니하냐

하나님의 아들 주 예수 그리스도의 보혈로 하나님의 백성이 된 형제 간에 서로 고발하는 것 그 자체가 이미 허물이 있습니다. 재판에 이기느냐 지느냐가 문제가 아닙니다. 결과에 관계없이 소송했다는 그 자체가 신앙인으로서 하나님 앞에 잘못을 저지른 것입니다. 비단 고린도 교회뿐만 아니라 오늘날의 교회도 마찬가지입니다. 주님의 백성이 된 우리가 같은 그리스도인들끼리 고발을 하게 된다면 고발한 자체가 허물이 됩니다.

그리스도인 사이에 다툼이 있을 때에 불신 세상 법정에 가서 다툼을 하

느니 차라리 손해를 보고 마는 것이 좋다는 것입니다. 형제 간에 이익을 얻으면 얼마나 더 얻겠습니까? 또 손해를 보면 얼마나 손해를 보겠습니까? 그것으로 인하여 하나님의 영광을 실추시킨다면 더 큰 손실을 입게되는 것입니다. 그렇기 때문에 하나님의 영광을 위하여 차라리 서로 손해를 보고 상처를 입는 것이 좋지 않겠느냐고 사도 바울은 말하고 있습니다. 이 말씀은 참으로 간절한 호소의 말씀입니다. 이것은 우리가 참으로 깊이 생각해야 될 문제입니다. 정말 우리 생사에 관한 문제가 아니라면 형제 간에 고발하는 것은 예수님의 이름으로 삼가야 합니다. 그것은 하나님의 영광에 관한 문제이기 때문입니다. 안 믿는 사람들이 바라보고 얼마나 손가락질하며 비웃겠습니까? 우리 한국에서도 교파들 사이에 분쟁이 생겨서 갈라질 때 교회당을 두고 싸움을 하는 경우가 있습니다. 경찰이 동원되고 예수님을 안 믿는 재판관 앞에서 교회 건물과 대지를 두고서 재판을 합니다. 이러한 일로 인하여 하나님의 영광을 가리게 되는 것입니다.

또 이러한 일을 보시는 하나님의 마음은 어떻겠습니까? 차라리 하나님의 영광을 위하여 모두 다 잃어버리고 포기하는 것이 낫습니다. 하나님께서 기억하시고 갚아 주실 것입니다. 성경 말씀에 "내 사랑하는 자들아 너희가 친히 원수를 갚지 말고 하나님의 진노하심에 맡기라 기록되었으되 원수 갚는 것이 내게 있으니 내가 갚으리라고 주께서 말씀하시니라"(롬 12:19)고 했습니다. 우리가 믿는 하나님은 무력한 하나님이 아니십니다. 우리가 하나님의 영광 때문에 억울한 일을 당하고 눈물을 흘리며 손해를 입을지라도 끝까지 인내하면 하나님께서 그 모든 것을 보상해 주십니다. 그런 다음에 예수님을 믿는다는 점을 이용하여 업신여기는 상대편에게 하나님께선 무서운 심판을 내리십니다.

그렇기 때문에 생사가 달린 중대한 문제가 아니라면 예수 그리스도의 피를 나눈 형제 간에는 법정에 나서지 말아야 합니다. 예수님께서 마태복음 18장 15절부터 17절까지에서 다음과 같이 말씀하셨습니다. "네 형제가 죄를 범하거든 가서 너와 그 사람과만 상대하여 권고하라 만일 들으면 네가 네 형제를 얻은 것이요 만일 듣지 않거든 한두 사람을 데리고 가서 두세 증인의 입으로 말마다 확증하게 하라 만일 그들의 말도 듣지 않거든 교회에 말하고 교회의 말도 듣지 않거든 이방인과 세리와 같이 여기라". 교회에서 버림받으면 출교당하게 되고 그렇게 되면 더이상 교인이 아닙니다. 이방인, 즉 불신자로 취급되고 맙니다. 교회에서 출교당한 사람은 교인이 아니기 때문에 그들과 문제가 되면 고발을 해도 됩니다.

그러나 서로가 예수님을 진실로 믿고 하나님을 사랑하는 사람들이라면 차라리 믿음이 좋은 한쪽이 손해를 보는 것이 낫습니다. 하나님의 자녀라고 하면서 하나님 아버지의 영광에 상처를 입혀서는 안 됩니다. 예수님을 믿는 사람들이라면 이만한 마음의 자세는 되어 있어야 합니다. 하나님의 영광 때문에 손해를 본다면 하나님께서는 반드시 삼십 배, 육십 배, 백 배로 갚아 주실 것입니다.

8절 너희는 불의를 행하고 속이는구나 그는 너희 형제로다

형제가 형제로 더불어 고발을 하고 세상 법정에 나가서 재판하는 것에 대해 사도 바울은 불의를 행하는 것으로 단정했습니다. 그리고 그것을 속이는 일로 보았습니다. 그러므로 예수 그리스도 안에서 피로 맺어진 형제 간의 문제는 교회 공동체 안에서 하나님의 말씀에 입각하여 해결해야 합니다. 그것이 바로 하나님의 뜻이기 때문입니다.

2. 하나님 나라의 유업 기준(6:9-11)

9. 불의한 자가 하나님의 나라를 유업으로 받지 못할 줄을 알지 못하느냐 미혹을 받지 말라 음행하는 자나 우상 숭배 하는 자나 간음하는 자나 탐색하는 자나 남색하는 자나 10. 도둑이나 탐욕을 부리는 자나 술 취하는 자나 모욕하는 자나 속여 빼앗는 자들은 하나님의 나라를 유업으로 받지 못하리라 11. 너희 중에 이와 같은 자들이 있더니 주 예수 그리스도의 이름과 우리 하나님의 성령 안에서 씻음과 거룩함과 의롭다 하심을 받았느니라

9-10절 불의한 자가 하나님의 나라를 유업으로 받지 못할 줄을 알지 못하느냐 미혹을 받지 말라 음행하는 자나 우상 숭배 하는 자나 간음하는 자나 탐색하는 자나 남색하는 자나 도둑이나 탐욕을 부리는 자나 술 취하는 자나 모욕하는 자나 속여 빼앗는 자들은 하나님의 나라를 유업으로 받지 못하리라

불의한 사람은 하나님의 나라에 들어가지 못합니다. 사도 바울은 그리스도의 열심으로 고린도 교회 교인들의 각성을 촉구하고 있습니다. 그들이 형제를 고발하여 세상 법정에 내세운 것을 불의라고 8절에서 말했습니다. 그리고 이어서 본문에서는 불의한 자는 하나님의 나라를 유업으로 받지 못한다고 말하고 있는 것입니다. 그들이 행한 죄가 하나님

앞에서 얼마나 엄청난 결과를 가져오는가를 말해 줍니다. 하늘나라의 유업 상속 여부에 직접 관계된 것입니다. 사도 바울은 그러한 사실을 알지 못하느냐고 꾸짖으면서 미혹을 받지 말라고 경고합니다.

하나님 아버지께서 예수 그리스도를 믿는 자에게 주시는 하나님의 나라는 하나님의 최대의 선물입니다. 그러므로 하나님의 나라를 받을 자는 하나님의 백성다운 생활을 해야 합니다. 그렇다고 예수님 믿는 사람이 전혀 죄를 짓지 않고 거룩한 생활을 하는 것은 아닙니다. 예수님 믿는 사람이 불의에 떨어지면 말씀과 성령의 역사로 회개하고 돌아서게 서게 합니다.

그러나 불의한 죄 가운데 떨어져서 계속 말씀과 성령의 역사를 거역하면 이 사람은 버림을 당합니다. 주님은 일곱 번씩 일흔 번 회개하고 나오더라도 진실로 돌이키는 자는 용서하여 주십니다(마 18:22). 그러나 돌이키지 아니하고 불의한 자리에 그대로 머물러 있다면 하나님 나라를 유업으로 받지 못합니다.

그렇기 때문에 사도 바울도 미혹을 받지 말라고 했습니다. 그러면 미혹을 받지 않는 생활이란 어떠한 생활을 말할까요? 하나님의 사랑 가운데 빛의 자녀답게 행하며 성령의 열매를 맺는 생활을 말합니다(5:22-23; 엡 5:1-2; 8-9). 또한 예수 그리스도의 부활을 믿는 믿음에 굳게 서서 마귀와 싸우며 천성을 향하여 나아가는 삶을 말하는 것입니다(약 4:7).

사도 바울은 불의한 죄 열 가지를 들고 있습니다. 여기에 열거한 죄악을 크게 두 가지로 분류해 보면, 성적 관계의 문란을 중심으로 하여 자기에 대한 책임과, 이웃에 대한 책임을 무시하는 죄입니다. 그러면 여기에 언급된 죄를 살펴보십니다. '음행하는 자' 란 성적으로 문란한 생활을 하는 자를 말합니다. 그다음 '우상 숭배하는 자'란 실제적인 우상을 지어놓고 숭배하는 자는 말할 것도 없고 탐욕으로 하나님보다 다른 것을 더 사랑하는 자를 말합니다. '간음하는 자'란 서로 결혼하여 연합된 상대가 있음에도 불구하고 상대편을 속이고 성적으로 문란한 생활을 하는 것을 가리킵니다. '탐색하는 자'란 음란 방탕으로 세월을 보내는 남자들을 말하며, '남색하는 자'란 남자가 남자로 더불어 부끄러운 일을 행하는 자들을 말합니다. '도둑이나 탐욕을 부리는 자'란 탐심을 가지고 끊임없이 탐욕 가운데 사는 사람을 말합니다. '술 취하는 자'란 술을 마시는 정도를 넘어서 술에 이끌리어 방탕한 사람을 말합니다. 그다음 '모욕하는 자'란 남을 끊임없이 모욕하고 참소하는 자를 가리킵니다. '속여 빼앗는 자'란 남의 것을 기만하여 빼앗거나 강제로 빼앗는 사람을 말합니다.

그런데 위에 언급한 죄들은 십계명에 어긋나는 죄들입니다. 우상 숭배자들은 제1계명에 어긋납니다. 간음하는 자나 음행하는 자나 탐색하는 자나 남색하는 자들은 제7계명에 어긋납니다. 모욕하는 자들의 죄는 제9계명에 어긋나며 탐욕을 부리는 죄와 술 취하는 죄는 제10계명에 어긋나는 죄들입니다. 이러한 죄들은 모두 육체의 일들입니다(롬 1:28-31; 갈 5:19-21). 하나님께서는 이러한 죄를 범하는 자들에게 천국을 주시지 않습니다. 사탄의 일을 행하는 자들은 하나님의 영광에 참여할 수 없기 때문입니다. 그런데 우리 성도들이 이런 생활과 전혀 무관하다고 볼 수 없습니다. 만약 그러한 생활을 하고 있었다면 즉시 회개하고 나와야 합니다.

그러나 상습적으로 이런 생활을 지속하면서 천국에 가려고 교회만 왔다 갔다 하는 사람이 있다면 이는 참으로 잘못된 일입니다. 그런데 오늘날 그런 생활을 하는 사람들이 있습니다. 그러한 생활을 서슴없이 계속 하면서도 주일이면 성경 들고 교회에 나옵니다. 이러한 사람은 신앙의 위선자이기 때문에 천국에 갈 수가 없습니다. 하나님의 백성이라면 그런 생활을 할 수 없기 때문입니다.

11절 너희 중에 이와 같은 자들이 있더니 주 예수 그리스도의 이름과 우리 하나님의 성령 안에서 씻음과 거룩함과 의롭다 하심을 받았느니라

고린도 교회에 소속된 교인들도 예수 그리스도를 믿기 전에는 불의한 자들이었습니다. 이러므로 그들은 하나님의 나라를 유업으로 받을 수가 없었었습니다. 그러나 주 예수 그리스도의 이름과 하나님의 성령 안에서 죄 씻음을 받았습니다. 그리고 거룩함과 의롭다 하심을 받았습니다. 그래서 이제는 불의한 자가 아니라 의로운 자가 되어 하나님의 나라를 유업으로 받게 된 것입니다.

이렇게 하나님의 은혜로 의롭게 되었음에도 불구하고 불의한 자들과 같이 그리스도 안에서 한 형제가 된 자를 고발한다는 것이 도저히 있을 수 없는 일이라고 사도 바울이 통탄한 것입니다. 빛과 어둠이 같이 거할 수 없듯이(고후 6:14) 의와 불의가 타협할 수 없습니다. 빛이라 하면서 어둠의 일을 하고, 의롭다 하면서 불의를 행할 수가 없습니다(요 3:19-21).

그런데 사도 바울은 고린도 교회 교인들이 하나님의 은혜로, 씻음과 거룩함과 의롭다 하심을 입은 사실을 상기시키면서 하나님의 자녀답게 올바르게 살도록 권면합니다. 이러한 과정의 변화는 우리 힘으로도 안 되고, 우리의 능력으로도 안 되며, 오직 하나님의 신, 즉 성령으로만 가능

합니다(슥 4:6). 우리는 성령의 인도하심과 성령의 능력으로 말미암아 하나님의 백성다운 성품으로 변화됩니다.

또한 하나님의 성령이 샘물처럼 솟아오름으로 죄로 물든 마음을 깨끗하게 해 주십니다. 씻어 주시고 거룩하게 하시며 의롭게 해 주시는 것입니다. 성령님의 역사가 우리로 하여금 불의의 죄 가운데 있지 못하게 합니다. 올바로 예수님 믿는 사람은 불의의 죄 가운데 살지 못합니다. 혹시 물고기가 물을 떠나서 살 수 있을지는 모르겠지만, 예수님 믿는 사람은 예수님 이름과 하나님의 말씀과 성령님을 떠나서는 살 수 없습니다. 물고기를 물 밖에 두고 한번 관찰해 보십시오. 물 밖에 나온 물고기는 답답해서 팔딱팔딱 뜁니다. 예수님을 믿는 사람도 예수님의 이름과 말씀과 성령을 거역해서 살면 마음이 답답하고 고통스러워 견딜 수가 없게 됩니다. 그러니 죄 가운데 빠져 있다가도 곧장 죄를 회개하고 하나님께 다시 은총을 구하게 되는 것입니다. 그리하여 죄를 깨끗하게 씻고 다시 거룩함을 받아 의롭게 됩니다.

예수님을 믿는다면서 죄를 지어도 아무렇지도 않다면 큰일입니다. 교회 다니는 것과 죄를 짓는 것과는 별개의 문제라는 생각으로 죄짓는 생활을 한다면 그는 벌써 양심에 화인을 맞은 사람입니다. 그에게는 예수님의 이름도 역사하지 않고 말씀도 역사하지 않으며 성령의 능력도 나타나지 않습니다. 그와 같은 사람은 예수님을 헛되이 믿고 있는 것입니다. 그러므로 우리는 죄를 지을 때마다 회개해야 합니다. 그럴 때 예수 그리스도의 이름과 성령의 역사가 일어나서 죄 씻음 받고 다시 거룩하고 의롭게 될 수 있습니다.

3. 성도의 생활 관리(6:12-20)

12. 모든 것이 내게 가하나 다 유익한 것이 아니요 모든 것이 내게 가
하나 내가 무엇에든지 얽매이지 아니하리라 13. 음식은 배를 위하
여 있고 배는 음식을 위하여 있으나 하나님은 이것저것을 다 폐하시
리라 몸은 음란을 위하여 있지 않고 오직 주를 위하여 있으며 주는
몸을 위하여 계시느니라 14. 하나님이 주를 다시 살리셨고 또한 그
의 권능으로 우리를 다시 살리시리라 15. 너희 몸이 그리스도의 지
체인 줄을 알지 못하느냐 내가 그리스도의 지체를 가지고 창녀의 지
체를 만들겠느냐 결코 그럴 수 없느니라 16. 창녀와 합하는 자는 그
와 한 몸인 줄을 알지 못하느냐 일렀으되 둘이 한 육체가 된다 하셨
나니 17. 주와 합하는 자는 한 영이니라 18. 음행을 피하라 사람이
범하는 죄마다 몸 밖에 있거니와 음행하는 자는 자기 몸에 죄를 범하
느니라 19. 너희 몸은 너희가 하나님께로부터 받은 바 너희 가운데
계신 성령의 전인 줄을 알지 못하느냐 너희는 너희 자신의 것이 아니
라 20. 값으로 산 것이 되었으니 그런즉 너희 몸으로 하나님께 영광
을 돌리라

12절 모든 것이 내게 가하나 다 유익한 것이 아니요 모든 것이 내게 가하나 내가 무엇에든지 얽매이지 아니하리라

여기서 '모든 것' 이란 죄를 포함하지 않는 모든 것을 말합니다. 실로 그리스도인들에게는 죄가 되지 않는다면 모든 것이 가능합니다. 예수님

께서 말씀하시기를 "예수께서 자기를 믿은 유대인들에게 이르시되 너희가 내 말에 거하면 참으로 내 제자가 되고 진리를 알지니 진리가 너희를 자유롭게 하리라"(요 8:31-32)고 하셨습니다. 그러므로 그리스도인은 모든 속박에서 해방되어 참으로 자유를 얻은 자입니다. 그렇지만 죄가 되는 것은 가능하지 않습니다. 또 신앙에 유익되지 않는 것도 가능하지 않습니다. 그러나 죄가 되지 않는 일반 사회생활의 모든 것이 가능합니다. 그렇다고 다 유익한 것은 아닙니다. 예컨대 텔레비전을 밤늦게까지 보면서 성경을 한 구절도 안 보고 기도도 하지 않는다면 아무 유익이 없습니다. 구역 예배에서 세상적인 이야기를 하고 집에 돌아오면 아무래도 마음이 무겁습니다. 구역 예배는 그 시간 전체를 하나님께 예배드리고 기도하며 말씀 나누고 전도하는 데 보내야 하는 본래의 목적이 있습니다. 그 본래의 목적대로 하고 집에 돌아오면 은혜가 충만하고 마음이 날아갈 듯이 상쾌합니다.

그러므로 하나님의 백성이 된 우리는 무슨 일을 하든지 그 일이 유익이 되느냐 안 되느냐를 깊이 생각해 보아야 합니다. 하나님께 영광이 되고 우리 자신의 신앙에 유익이 되는가에 따라 생각하고 말하고 행동해야겠습니다. 우리 그리스도인들에게는 죄가 되지 않는 모든 것이 가능하지만 취할 것과 취해서는 안 될 것이 분명히 있습니다. 사도 바울은 죄가 되지 않는 모든 것을 가능하게 여겨 취했습니다. 그러나 어떠한 것이든 노예가 될 정도로 빠지지는 않았습니다. 모든 것을 절제했던 것입니다.

독일이나 프랑스에 가면 성도들도 술을 마십니다. 그런데 그들은 아주 절제심이 강해서 취하지 않을 정도로만 마십니다. 그런데 우리 한국 사람들은 절제를 못합니다. 마셨다 하면 취해 버립니다. 성경에 "술 취하지 말라"(엡 5:18)고 했습니다. 견물생심(見物生心)이기 때문에 차라리 술을 멀리하는 것이 좋습니다. 술의 포로가 되면 방탕하게 되고 본의 아니게 실수도 하게 되는 것입니다. 이것은 술뿐만 아닙니다. 음식도, 취미도, 오락도 마찬가지입니다. 우리에게 필요하다고 너무 지나치게 사용하거나 마시면 결국 그것의 노예가 되기 쉽습니다.

이러므로 우리는 무엇이든지 절제할 줄 알아야 합니다. 그리스도 안에서 꼭 보아야 할 것을 보고, 보지 말아야 할 것은 보지 않고, 꼭 해야 할 것과 하지 말아야 할 것을 구분하는 절도 있는 생활이 필요합니다. 참으로 하나님의 사랑의 포로가 되는 것 말고는 세상의 어떠한 것에든지 정도를 넘어서서 그것의 노예가 되어서는 안 될 것입니다. 오히려 그것을 정복하고 다스리는 생활을 해야겠습니다.

13절 **음식은 배를 위하여 있고 배는 음식을 위하여 있으나 하나님은 이것저것을 다 폐하시리라 몸은 음란을 위하여 있지 않고 오직 주를 위하여 있으며 주는 몸을 위하여 계시느니라**

식물, 즉 음식물은 우리의 배를 위하여 있고 배는 음식을 위하여 있습니다. 그러나 주님께서 재림하시면 음식물도 폐하시고 음식 먹는 우리의 배도 폐하십니다. 우리가 부활의 몸이 되면 먹지 않아도 살게 됩니다. 그러므로 이러한 음식물에 포로가 되지 말아야 할 것입니다.

음식과 배는 서로를 위하여 존재하지만 몸과 음란은 그렇지 않습니다. 몸은 주님을 위한 것이며 주님은 우리의 몸을 소유하고 다스리십니다. 이러므로 그리스도인은 음식물 사용을 자유롭게 할 수가 있지만(롬 14:3; 골 2:16) 몸의 사용은 자유로이 할 수 없습니다. 우리의 몸은 다만 주님을 위하여 존재하며 하나님께 영광을 돌리기 위하여 지음을 받았기 때문입니다. 그러므로 우리의 몸은 불결의 도구가 되어서는 안 되며 거룩함에 이르는 의(義)의 도구가 되어야 합니다. 그런데 주님께서는 우리의 영뿐만 아니라 우리의 몸도 위하십니다. 따라서 주님께선 우리의 몸에 건강도 주시고 치료도 해 주십니다. 또 우리 스스로도 우리 자신의 몸을 깨끗이 관리해야만 합니다.

예수님을 믿고 천국 간다고 해서 우리의 육신을 아무렇게나 다루면 안 됩니다. 이발도 하지 않고 목욕도 하지 않고 옷도 단정하게 입지 않는 등의 생활도 안 됩니다. 몸은 주를 위하기 때문에 주를 위해서 우리의 몸을 깨끗이 하고 단정하게 해야 합니다. '그리스도의 신부'의 신분에 있으면서 결코 몸을 함부로 불명예스럽게 사용할 수는 없습니다(고후 11:2).

14절 하나님이 주를 다시 살리셨고 또한 그의 권능으로 우리를 다시 살리시리라

사도 바울은 주와 우리의 몸과의 관계를 부활의 사실에 입각하여 말하고 있습니다. 하나님께서는 예수 그리스도의 몸을 부활시켜 주셨습니다(행 2:24; 고전 15:4,20). 또한 동일한 권능으로 우리의 썩어질 몸도 썩지 않을 몸으로 부활시켜 주십니다(15:54). 그때는 약한 몸이 강한 몸으로, 추한 몸이 영화로운 몸으로, 육의 몸이 신령한 몸으로 부활할 것입니다. 이와 같이 영광스럽게 부활하게 될 우리의 몸을 음란으로 더럽혀서는 안 됩니다. 그리스도인에게 있어서 영광의 부활에 참여한다는 소망은 육의 정욕으로 죄를 범하는 과오를 저지르는 것을 방지하는 데 큰 힘이 됩니다.

15절 너희 몸이 그리스도의 지체인 줄을 알지 못하느냐 내가 그리스도의 지체를 가지고 창녀의 지체를 만들겠느냐 결코 그럴 수 없느니라

사도 바울은 그리스도인의 몸이 그리스도의 지체인 것을 깨우쳐 주고 있습니다(롬 12:5). 그러면서 그리스도의 지체가 어떻게 창녀와 연합하여 창녀의 지체가 될 수 있겠느냐는 것입니다. 사도 바울은 그리스도께서 교회의 머리가 되시고 교회는 그의 몸이 된다는 것을 에베소서(1:23)나 골로새서(1:18)에서 밝히고 있습니다.

교회는 성도의 무리를 가리키며 성도의 몸은 그리스도의 구성체입니다. '지체' 란 머리의 지시에 따라 움직이며 그 지시를 성취하는 부분입니다. 우리가 예수 그리스도를 믿게 될 때 우리는 그리스도의 지체가 되며 그리스도의 지시에 따라 움직여야 합니다. 우리의 몸이 우리 자신의 것 같이 보이지만 결코 우리 자신의 것이 아닙니다. 그리스도의 것입니다. 그리스도께서 음행을 용납하십니까? 결코 그렇지 않습니다. 그러므로 그리스도의 지체가 된 우리가 창녀와 연합을 한다는 것은 생각할 수가 없습니다. 만약에 그리스도의 지체로서 창녀와 연합한다면 그 이후로 그리스도의 지체로서의 구실을 못하게 될 것입니다. 따라서 바울은 '결코 그럴 수가 없다' 고 아주 단호하게 말합니다.

16절 창녀와 합하는 자는 그와 한 몸인 줄을 알지 못하느냐 일렀으되 둘이 한 육체가 된다 하셨나니

사도 바울은 창세기 2장 24절 말씀을 인용하여 창녀와 음행하는 자는 창녀와 한 몸을 이루는 것이라고 말합니다. 남녀의 결합은 합법적이든지

비합법적이든지 간에 한 몸을 이룹니다. 남녀의 결합이 창조의 대원리이기 때문에 창녀와 음행한다는 것이 얼마나 잘못된 죄를 범하는 것인지 모릅니다.

이러한 죄는 단순한 죄가 아닙니다. 무서운 영적인 죄입니다. 창녀와 합하면 창녀와 한 몸을 이루는 것입니다. 창녀와 하나가 되면 창녀 속에 들어 있는 음란의 귀신이 그 상대편 남자에게 들어가게 됩니다. 물론 음란한 남자와 합하는 여자도 마찬가지입니다. 요한일서 3장 8절을 보면 "죄를 짓는 자는 마귀에게 속하나니 마귀는 처음부터 범죄함이라 하나님의 아들이 나타나신 것은 마귀의 일을 멸하려 하심이라" 고 했습니다. 그리스도의 지체가 된 사람에게는 성령이 와 계십니다. 그런데 창녀와 합하면 성령은 떠나시고 맙니다. 대신 그 자리에 창녀 속에 있던 음란의 귀신이 들어와서 점령해 버리고 맙니다. 일단 음란의 귀신에 사로잡히면 그때부터 그 사람은 파멸할 때까지 음란의 귀신에게 끌려 다닙니다.

이것은 무서운 일입니다. "도둑이 오는 것은 도둑질하고 죽이고 멸망시키려는 것"(요 10:10)뿐이므로 마귀에게 도둑질당하고 멸망당하고 맙니다. 그러므로 우리는 음란의 귀신에 사로잡히지 않도록 우리의 몸을 잘 간수해야 합니다. 만약 이러한 죄에 빠진 사람이 있다면 신속히 주님께 회개하고 예수님의 보혈로 씻음 받아야 합니다. 그렇지 않으면 점차 주님과는 멀어지게 되고 교회 나오기도 싫어집니다. 그리고 예수님 믿는 것이 귀찮아지고 어리석어 보이며 결국 죄악 세상에 빠져 타락하고 맙니다.

17절 주와 합하는 자는 한 영이니라

우리가 예수님을 구주로 모시게 되면 성령으로 말미암아 우리의 영 속에 영이신 주님께서 거하시게 되어 영적으로 예수님과 여러분은 하나가 됩니다(고후 3:17). 그 때문에 예수님을 구주로 모셔 들임으로 주와 합하는 사람은 한 영이 되는 것입니다.

그런데 주님과 한 영이 되는 원리는 마치 떡을 만들 때의 원리와 같습니다. 쌀가루에 물을 붓고 반죽을 하면 쌀가루 속에 물이 스며 들어가고 물 속에 쌀가루가 들어갑니다. 나중에는 어느 것이 어느 것인지 구별하기가 어렵습니다. 이와 같이 예수님과 우리는 성령 안에서 하나가 됩니다. 그렇기 때문에 요한계시록 3장 20절을 보면 "볼지어다 내가 문 밖에 서서 두드리노니 누구든지 내 음성을 듣고 문을 열면 내가 그에게로 들어가 그와 더불어 먹고 그는 나와 더불어 먹으리라"고 말씀하셨습니다. 이런 관계 안에 들어가면 우리를 통하여 성령님이 기도해 주십니다. 하나님의 소원이 불같이 일어나게 하십니다. 이 세상의 어느 누구든지 예수 그리스도를 믿으면 성령님이 와 계시고 주님과 하나가 되는 것입니다. 이 사실을 잊어서는 안 됩니다. 그러므로 그리스도와 하나가 된 상태에서 창녀와 합한다는 것은 도저히 생각할 수도 없는 일입니다.

18절 음행을 피하라 사람이 범하는 죄마다 몸 밖에 있거니와 음행하는 자는 자기 몸에 죄를 범하느니라

사람들이 범하는 죄의 대부분은 몸 밖에 있습니다. 그러나 음행은 범죄자 자신의 몸에 직접 짓는 죄입니다. 그런데 이 음행의 죄가 그리스도의 지체를 마귀의 지체로 바꿔 놓습니다. 그리고 성령님을 떠나게 하고 악령의 지배를 받게 합니다. 결국 어떤 다른 죄보다도 심신(心身)에 가장

무서운 타격을 가져다줍니다. 그렇다고 해서 한 번의 음행으로 말미암아 지옥에 가는 것은 아닙니다. 성령님이 시키시는 대로 회개하고 돌아오면 죄 사함을 받게 됩니다.

그러나 음행의 죄는 자신의 몸에 범하는 죄이기 때문에 몸에 상처를 남기게 됩니다. 이것은 마치 나무에 못을 박았다가 뽑는 것과 같습니다. 못은 뽑히고 없지만 그 나무에 못 자국이 남아 있듯이 음행의 죄는 두고두고 몸에 상처를 남기며 하나님의 용서함을 받아도 마귀로 하여금 계속 참소하게 합니다. 음행이 이와 같이 무서운 죄이기 때문에 사도 바울은 음행을 피하라고 했습니다. 음행과 싸우라고 말하지 않았습니다. 사람들이 가장 빈번하게 저지르는 죄가 음행입니다. 왜냐하면 모든 사람이 고독을 안고 살아가기 때문입니다. 음행을 하는 사람이 반드시 성적인 욕망 때문에 죄를 짓는 것은 아닙니다.

사람은 모두 고독한 존재이므로 대화를 원하며 대화를 매개로 하여 가까워집니다. 이성 간에 가까워지면 잘못된 죄를 짓기 쉽습니다. 그러므로 결혼하기 전에 이성 간의 교제는 일정한 거리를 두고 진행해야 합니다. 만약 절제 없이 무모하게 거리를 좁히면 나중에 후회할 일이 생깁니다. 결혼하고 난 다음에도 이성 간의 교제는 거리를 두어야 합니다. 사람이 살면서 이성 간의 교제를 안 하고 살 수는 없습니다. 그러나 음행은 피해야 합니다. 대부분의 사람들은 음행과 싸워서 이길 수가 없습니다. 음행 문제로 다윗 왕도 넘어졌습니다. 그러므로 우리가 음행이라는 강적을 이길수 있는 유일한 길은 음행을 피하는 것입니다(창 39:12).

19절 너희 몸은 너희가 하나님께로부터 받은 바 너희 가운데 계신 성

령의 전인 줄을 알지 못하느냐 너희는 너희 자신의 것이 아니라

성령님은 하나님께로부터 우리에게 오셨습니다. 그리고 지금 우리 안에 계십니다. 그러므로 우리의 몸은 성령님이 거하시는 성전인 것입니다. 세상 사람에게는 공중의 권세 잡은 악령이 거하지만, 예수님을 믿는 사람에게는 성령님이 와 계십니다. 따라서 성령님이 와 계시는 사람은 영, 혼, 육이 모두 자신의 것이 아닙니다. 하나님의 것입니다. 우리의 몸이 하나님의 것일진대 어떻게 하나님의 것을 가지고 마음대로 죄를 지을 수 있겠습니까?

20절 값으로 산 것이 되었으니 그런즉 너희 몸으로 하나님께 영광을 돌리라

하나님께서 예수 그리스도의 핏값으로 우리를 사셨습니다. 이러므로 우리 몸으로 우리의 주인 되시는 하나님께 영광을 돌려야 합니다. 이것은 마치 노예시장에서 몸값을 치르고 노예를 사면 새 주인의 소유가 되는 것과 마찬가지입니다. 마귀의 노예가 되어 있던 우리들을 하나님께서 사셨기 때문에 우리 자신을 우리 마음대로 할 권리가 없습니다. 따라서 우리의 몸을 음란과 같은 죄에 사용하지 말고 우리의 주인 되시는 하나님께 영광 돌리는데 사용해야겠습니다.

이와 같이 사도 바울은 우리의 몸으로 하나님께 영광을 돌리라고 하면서 성도의 생활 관리에 대하여 결론을 맺고 있습니다.

제 7 장

결혼 문제와 독신 문제

결혼에 대한 일반적인 원칙	7:1-7
미혼자와 과부에 대한 교훈	7:8-9
결혼한 자에 대한 교훈	7:10-16
부르신 그대로 행하라	7:17-24
독신 생활에 관한 교훈	7:25-35
처녀의 결혼과 재혼에 관한 교훈	7:36-40

A COMMENTARY ON
THE FIRST EPISTLE TO
THE CORINTHIANS

본 장은 결혼에 대한 일반적인 원칙을 언급한 것으로, 미혼자와 과부는 절제할 수 없거든 혼인하라고 권면하고, 혼인한 부부의 자세와 책임에 대해서 설명하고 있습니다. 그리고 부르심에 대한 순종과 독신 생활과 과부의 재혼에 대해서 언급하고 있습니다.

1. 결혼에 대한 일반적인 원칙(7:1-7)

1. 너희가 쓴 문제에 대하여 말하면 남자가 여자를 가까이 아니함이 좋으나 2. 음행을 피하기 위하여 남자마다 자기 아내를 두고 여자마다 자기 남편을 두라 3. 남편은 그 아내에 대한 의무를 다하고 아내도 그 남편에게 그렇게 할지라 4. 아내는 자기 몸을 주장하지 못하고 오직 그 남편이 하며 남편도 그와 같이 자기 몸을 주장하지 못하고 오직 그 아내가 하나니 5. 서로 분방하지 말라 다만 기도할 틈을 얻기 위하여 합의상 얼마 동안은 하되 다시 합하라 이는 너희가 절제 못함으로 말미암아 사탄이 너희를 시험하지 못하게 하려 함이라 6. 그러나 내가 이 말을 함은 허락이요 명령은 아니니라 7. 나는 모든 사람이 나와 같기를 원하노라 그러나 각각 하나님께 받은 자기의 은사가 있으니 이 사람은 이러하고 저 사람은 저러하니라

1절 너희가 쓴 문제에 대하여 말하면 남자가 여자를 가까이 아니함

이 좋으나

고린도 교회 교인들은 그들 간에 생긴 문제들을 서신을 통하여 사도 바울에게 질문하였습니다. 그 질문 중의 하나가 결혼에 관한 것이었습니다. 이에 대하여 사도 바울은 남자가 여자를 가까이 아니함이 좋다고 답해 주었습니다. 그렇다면 이 말씀은 창세기에 있는 "야훼 하나님이 이르시되 사람이 혼자 사는 것이 좋지 아니하니 내가 그를 위하여 돕는 배필을 지으리라"(창 2:18)는 말씀과 어긋난다고 생각할 사람이 있을 것입니다.

그러나 사도 바울이 이렇게 말한 내용의 배경을 알면 해결이 됩니다. 사도 바울이 고린도전서를 쓰기 전에 고린도 교회의 교인들이 바울에게 질문의 편지를 했습니다. 그 질문의 내용은 "결혼하지 않고 독신으로 살면서 이 여자 저 여자하고 살면 괜찮지 않느냐?"는 것이었습니다. 즉, 법적으로 결혼을 해 놓으면 법에 묶이는 생활을 하지만 독신으로 있으면서 마음에 드는 사람과 살면 어떠냐는 질문입니다. 이러한 질문에 대하여 사도 바울은 독신으로 있으려면 남자가 여자를 가까이하지 말라고 말한 것입니다. 독신이면 독신으로 있어야지 어떻게 이 여자 저 여자를 가까이할 수 있느냐는 것입니다. 실제로 독신이 아니면서 독신으로 있다고 하는 것은 옳지 않습니다. 오늘날 서양의 많은 사람들이 독신으로 있으면서 결혼하지 않습니다. 법적으로 독신 생활을 하면서 실제로는 마음에 맞는 이성과 삽니다.

하나님께서는 그러한 생활을 허락하시지 않습니다. 여기에서 사도 바울은 하나님께서 허락하신 부부의 제도를 반대하는 것이 아닙니다. 단지 비성경적이고 비윤리적인 남녀 관계를 반대하는 것입니다.

2절 음행을 피하기 위하여 남자마다 자기 아내를 두고 여자마다 자기 남편을 두라

사도 바울은 독신이라고 하면서 내용적으로는 음행의 죄를 짓는 사람들에게 위선적인 행동을 하지 말고 남자는 아내를, 여자는 남편을 두는 정상적인 부부 생활을 하라고 명령합니다. 즉, "음행을 피하기 위하여" 부부의 생활을 가지라고 말합니다. 그렇다고 결혼의 목적이 음행을 방지하기 위함만은 아닙니다. 이 말을 사도 바울이 쓰게 된 것은 고린도 교회 교인 가운데 독신 생활을 한다고 하면서 음행의 죄를 짓는 사람들이 있었기 때문입니다.

미국에는 독신 클럽(Club)이라는 것이 있습니다. 낮에는 일하고 저녁이 되면 독신자들이 거기에 모여듭니다. 남자도 모여들고 여자도 모여듭니다. 그런데 실제로는 독신으로 살지 않습니다. 거기에서 서로 만나서 대화하고 술 마시고 춤추고 쌍쌍이 자기들끼리 모여 삽니다. 그러면서도 법적으로는 독신입니다. 사도 바울이 바로 이런 생활을 꾸짖는 것입니다. 진짜 독신이 되든지 아니면 정식으로 결혼하여 합법적인 부부 생활을 하든지 하라는 것입니다.

3절 남편은 그 아내에 대한 의무를 다하고 아내도 그 남편에게 그렇게 할지라

일단 결혼을 하게 되면 남편은 남편으로서의 의무가 있으며 아내는 아내로서의 의무가 있습니다. 부부는 서로의 마음과 형편을 생각하여 부부로서의 의무를 다해야 합니다. 이 의무는 성적인 의무뿐만 아니라 모든 면에 해당됩니다. 이러한 의무를 등한히 하는 것은 하나님 앞에 범죄가 됩니다.

남편은 아내와 자식들을 부양할 의무가 있습니다. 남편이 되고 아버지가 되었음에도 불구하고 아내와 자식을 부양하지 아니하고 술이나 먹고 도박이나 한다면 그 의무를 다하지 못하는 것입니다. 부인이나 자식을 일터에 내보내어 그들이 번 돈으로 사는 사람의 경우도 의무를 다하는 것이 아닙니다. 또한 아내는 아내로서의 의무를 다해야 합니다. 오늘날 가정에서 남편을 존중해 주지도 않고 자녀들을 키우지도 않으며 집안 살림에 관심이 없는 사람도 많습니다. 남편이 애써 번 돈을 가지고 허랑방탕하게 쓰는 사람도 있습니다. 그러한 생활은 용납되지 않습니다. 이와 같이 남편은 아내에 대하여, 아내는 남편에 대하여 법적인 의무, 정신적인 의무, 육신적인 의무 등을 다해야 하는 것입니다.

4절 아내는 자기 몸을 주장하지 못하고 오직 그 남편이 하며 남편도 그와 같이 자기 몸을 주장하지 못하고 오직 그 아내가 하나니

사도 바울은 가정생활에 있어서 남녀동등권을 말하고 있습니다. 결혼한 이후로는 자기 혼자가 아닙니다. 또 남편과 아내는 각각 자기의 주인이 아닙니다. 그러므로 아내는 자기의 몸을 자기 마음대로 하지 못합니다. 남편과 연합하여 한 몸이 되었기 때문에 아내의 몸은 남편이 주장합니다. 남편의 몸 역시 아내가 주장합니다. 그렇기 때문에 여기서 일부일처의 가정 제도를 엄격히 말하고 있습니다. 부부일심동체(夫婦一心同體)가 되어야 합니다. 그러므로 일부다처제(一夫多妻制)나 여러 사람과의 결혼은 간음의 죄를 짓는 것이 되며 하나님께서 세우신 결혼 제도를 파괴하는 것이 됩니다.

5절 서로 분방하지 말라 다만 기도할 틈을 얻기 위하여 합의상 얼마 동안은 하되 다시 합하라 이는 너희가 절제 못함으로 말미암아 사탄이 너희를 시험하지 못하게 하려 함이라

부부는 연합하여 한 몸을 이루었기 때문에 한 방을 써야 합니다. 그런데 부부이면서 따로 방을 쓰는 사람이 있습니다. 부부 싸움을 하고 기분 나쁘다고 별거 생활을 하는 사람도 있습니다. 일단 결혼했으면 미우나 고우나 부부인 것입니다. 그러므로 부부 간에 의견이 맞지 않더라도 분방하지 마십시오. 사람이란 미우나 고우나 가까이 있으면 정이 듭니다. 미우면 미운대로 미운 정이 듭니다. 그러나 떨어져 있으면 정이 떨어지고 마는 것입니다. 그 때문에 부부는 분방해서는 안 됩니다.

오직 기도할 틈을 얻기 위함에서만 분방을 허락하였습니다. 그러나 그것도 부부 간의 합의에 의해서 하고 다시 합해야 합니다. 왜냐하면 서로 분방하고 합하지 않음으로써 절제를 못하여 사탄의 유혹을 받아 음란 죄를 지을 수도 있기 때문입니다.

사탄은 우리를 육신의 정욕과 이 세상의 자랑으로 유혹합니다. 성적 욕망, 물질적 욕망, 명예욕을 충동시켜서 죄를 짓게 하는 것입니다. 죄를 짓게 해서 하나님 앞에 심판받고 세상에서 심판받게 하여 결국에는 멸망의 길로 걸어가도록 하는 것이 사탄의 계획입니다. 따라서 사탄이 우리를 시험하지 못하게 해야 합니다. 사탄은 우리가 틈을 주지 않으면 시험을 못합니다. 그러나 우리가 틈을 주면 사탄이 꼭 시험을 해 옵니다. 결혼하고 부부 생활을 하다가 분방을 오래 하고 있으면 사탄에게 틈을 주게 됩니다. 그러므로 우리는 사탄에게 틈을 주어 시험에 빠지는 일이 없도록 해야 하겠습니다.

6절 그러나 내가 이 말을 함은 허락이요 명령은 아니니라

사도 바울은 7절 말씀과 연결하여 모든 남자마다 자기 아내를 두라는 말에 제한을 가하고 있습니다. 그러나 이 말은 성령의 은혜를 받아서 권면하는 것이지 명령은 아니라고 말합니다.

7절 나는 모든 사람이 나와 같기를 원하노라 그러나 각각 하나님께 받은 자기의 은사가 있으니 이 사람은 이러하고 저 사람은 저러하니라

사도 바울은 독신으로 살 수만 있다면 여러 가지 편리한 점이 있기 때문에 혼자 사는 것을 권유하고 있습니다. 그렇지만 하나님께 받은 은사가 각양각색이기 때문에 독신자도 있을 수 있고 결혼하는 자도 있을 수가 있다는 것입니다. 결혼하지 않고 독신으로 지내는 것은 하나의 은사라고 말하는 것입니다.

그런데 사도 바울의 경우는 독신으로 지낼 수밖에 없었습니다. 밤낮 선교 사업하고 감옥 생활을 했기 때문입니다. 하나님께선 특별히 사도 바울을 쓰시기 위해서 독신의 은사를 허락하셨던 것입니다. 그래서 사도 바울은 가정생활을 하지 않고 혼자 살면서 오직 하나님의 복음 사업에 전력을 다했습니다. 결국 그는 초대 교회 시대에 하나님의 나라를 건설하는 데 크게 쓰임을 받은 하나님의 종이었던 것입니다.

그런데 결혼은 반드시 육신적인 욕망 때문에 하는 것은 아닙니다. 정신적인 외로움 때문에 결혼하는 것입니다. 우리 인간에게는 육신적인 문제보다 더 큰 고독의 문제가 있습니다. 그러므로 하나님께서 허락하시면 고독을 이기기 위해서, 혼자 사는 사람은 신앙 좋은 상대자를 만나서 인

생의 길을 함께 걸으십시오. 그러나 사도 바울의 말과 같이 권유일 뿐이지 명령은 아닙니다. 우리가 분명히 알아야 하는 것은, 우리가 독신으로 살든지, 결혼생활을 하든지 사탄에게 기회를 주어서는 안 된다는 사실입니다. 어떤 종류의 인생을 살든지 하나님께 영광을 돌리는 생활을 해야 합니다.

2. 미혼자와 과부에 대한 교훈(7:8-9)

8. 내가 결혼하지 아니한 자들과 과부들에게 이르노니 나와 같이 그냥 지내는 것이 좋으니라 9. 만일 절제할 수 없거든 결혼하라 정욕이 불같이 타는 것보다 결혼하는 것이 나으니라

8절 내가 결혼하지 아니한 자들과 과부들에게 이르노니 나와 같이 그냥 지내는 것이 좋으니라

이제 사도 바울은 혼인하지 아니한 자들과 과부들에게 교훈하고 있습니다. 사도 바울 자신과 같이 그냥 독신으로 지내는 것이 좋다는 것입니다. 물론 이것은 명령이 아니고 권유입니다. 만약 사도 바울의 말과 같이 모든 사람이 그대로 했다가는 우리 인류는 멸종하고 말았을 것입니다.

사도 바울이 그같이 말한 것은 그만한 이유가 있습니다. 그 당시에는 예수님이 곧 오셔서 환난과 박해로부터 그들을 구원해 주시리라 믿고 있었습니다. 그와 같은 생각은 사도 바울도 마찬가지였습니다. 그래서 곧 예수님이 재림하시면 천국에 갈 것이기 때문에 결혼은 하지 않는 것이 좋다고 말한 것입니다.

그런데 이 세상의 종말의 때는 천사도 모르고 아들도 모르며 오직 아버지만이 아신다고 예수님께서 말씀하셨습니다(마 24:36). 그러므로 사도 바울이 신령한 사람이었지만 종말의 정확한 시기는 알 수가 없었습니다. 재림의 일시는 인자도 모른다고 했기 때문에 사도 바울이 자기가 사는 시대에 예수님께서 재림할 것이라고 생각했다고 해서 잘못이라고 할 수는 없습니다. 그는 하늘나라에 대한 소망이 컸기 때문에 이 세상에서의 결혼으로 말미암아 하늘나라에 가는 데 방해를 받지 않기를 원했던 것입니다.

9절 만일 절제할 수 없거든 결혼하라 정욕이 불같이 타는 것보다 결혼하는 것이 나으니라

대개 남자들은 여자들에 비해서 성적인 절제력이 부족하다고 합니다. 대부분의 여자들은 수동적이기 때문에 남자가 와서 유혹을 하지 않는 이상은 절제할 수 있지만 남자는 능동적이기 때문에 유혹을 하든 않든 젊은 혈기로 절제하기는 무척 힘이 드는 것입니다. 특히 결혼을 하지 않고 홀로 사는 사람들은 성적인 욕망이 너무나 강하기 때문에 절제하기 위한 정신적인 고통은 대단합니다. 그러나 젊었을 때 성적인 욕망이 강하지 아니하면 아무 일도 하지 못합니다. 왜냐하면 에너지와 열정이 없기 때문

입니다. 그러므로 이러한 에너지와 열정을 성적인 욕망에서 다른 데로 돌려야 합니다. 운동하는 데 돌리든지, 공부하는 데 돌리든지, 외부로 돌려서 이것을 해소시켜야 하는 것입니다. 에너지를 창조적이고 생산적이고 건설적으로 사용하는 사람이 죄악에 물들지 않고 하나님의 일을 훌륭히 감당해 낼 수 있는 것입니다.

그러므로 독신 생활로 인하여 정욕이 불같이 일어난다면 사탄에게 기회를 주게 되며 하나님께 범죄가 됩니다. 사도 바울은 하나님께 범죄를 하느니 차라리 혼인하는 것이 낫다고 했습니다.

3. 결혼한 자에 대한 교훈(7:10-16)

**10. 결혼한 자들에게 내가 명하노니 (명하는 자는 내가 아니요 주시
라) 여자는 남편에게서 갈라서지 말고 11. (만일 갈라섰으면 그대로
지내든지 다시 그 남편과 화합하든지 하라) 남편도 아내를 버리지 말
라 12. 그 나머지 사람들에게 내가 말하노니 (이는 주의 명령이 아니
라) 만일 어떤 형제에게 믿지 아니하는 아내가 있어 남편과 함께 살
기를 좋아하거든 그를 버리지 말며 13. 어떤 여자에게 믿지 아니하
는 남편이 있어 아내와 함께 살기를 좋아하거든 그 남편을 버리지 말
라 14. 믿지 아니하는 남편이 아내로 말미암아 거룩하게 되고 믿지
아니하는 아내가 남편으로 말미암아 거룩하게 되나니 그렇지 아니
하면 너희 자녀도 깨끗하지 못하니라 그러나 이제 거룩하니라 15.**

혹 믿지 아니하는 자가 갈리거든 갈리게 하라 형제나 자매나 이런 일에 구애될 것이 없느니라 그러나 하나님은 화평 중에서 너희를 부르셨느니라 16. 아내 된 자여 네가 남편을 구원할는지 어찌 알 수 있으며 남편 된 자여 네가 네 아내를 구원할는지 어찌 알 수 있으리요

10절 결혼한 자들에게 내가 명하노니 (명하는 자는 내가 아니요 주시라) 여자는 남편에게서 갈라서지 말고

사도 바울은 혼인하지 아니한 자와 과부들에게는 권유의 형태로 말했습니다(8절). 그러나 혼인한 자들에게는 주님의 이름으로 명령하고 있습니다.

혼인하기 전의 처녀나 과부들에 대해서는 하나님이 상당한 관용을 가지고 계시지만 혼인한 자들에게는 "이건 하나님의 명령이라." 고 바울이 단호하게 말하고 있습니다.

여자는 남편에게서 갈리지 말고 어떤 일이 있어도 주 안에서 결혼한 사람은 이혼하지 말라는 것입니다. 만일 부득불 이혼을 하게 될지라도 그냥 지내든지 그 남편과 다시 결합하든지 하라는 것입니다. 이것은 주 안에서 결혼한 것을 말하는 것입니다.

예수 그리스도를 믿고 하나님의 자녀로서 서로 결혼한 사람은 서로 마음이 맞지 않아서 헤어지고 싶은 생각이 있더라도 허락하지 않고 있습니다. 예수 그리스도의 이름으로 하나님 앞에서 결혼한 사람은 하나님 앞에서 어마어마한 결혼 계획에 묶이는 것입니다. 물론 남편이 죽으면 아내는 그 법에서 자유로워집니다. 그러나 상대방이 살아 있는 이상, 이 세상에 사는 동안에는 아무리 법적으로 이혼을 해도 하나님께서는 그것을 인정하시지 않습니다.

법원에 가서 이혼을 하고 서로 법적으로 헤어졌다 해도 하나님께서 보실 때는 한번 결혼했으면 결혼한 사람입니다. 이처럼 결혼에 대한 하나님의 법칙은 대단히 엄합니다.

이와 같이 아직 혼인하지 않은 자와 혼인한 자는 주님의 입장에서 보실 때에 큰 차이가 있습니다. 우선 아내를 향하여 남편에게서 갈라서지 말라고 명령하고 있습니다.

11절 (만일 갈라섰으면 그대로 지내든지 다시 그 남편과 화합하든지 하라) 남편도 아내를 버리지 말라

아내가 정당한 이유도 없이 남편과 갈라져 있는 경우에는 다른 사람과 재혼하지 말고 그냥 혼자 지내야 합니다. 그렇지 않으면 다시 남편과 화합해야 되는 것입니다. 그리고 남편도 아내와 정당한 이유 없이 헤어져서는 안 됩니다. 그리스도인에게 있어서 이혼이란 있을 수가 없습니다.

여자는 결혼으로 인하여 매인바 되며 남편의 죽음 이외에는 재혼의 길이 없습니다(39절). 주님께서는 이혼을 금하실 뿐만 아니라 이혼 후의 재혼도 금하고 계십니다. 그러므로 남편과 아내는 마음대로 헤어지거나 결혼에 의한 결합 관계를 끊을 수가 없습니다. 그리스도께서 허락하시는 경우 이외는 불가능합니다.

12-13절 그 나머지 사람들에게 내가 말하노니 (이는 주의 명령이 아니라) 만일 어떤 형제에게 믿지 아니하는 아내가 있어 남편과 함께 살기를 좋아하거든 그를 버리지 말며 어떤 여자에게 믿지

아니하는 남편이 있어 아내와 함께 살기를 좋아하거든 그 남편을 버리지 말라

여기서 '그 나머지 사람들' 이란 한편은 그리스도인이고 다른 한편은 불신자인 경우의 부부를 말합니다. 결혼할 당시에는 다 불신자였다가 후에 남편이 예수님을 믿게 되었으나 부인은 예수님을 믿지 않는 경우를 두고 권면하신 말씀입니다. 그런 경우엔 불신자 부인이 그리스도인이 된 남편과 같이 살기를 원한다면 계속 함께 살라는 것입니다.

결혼할 당시에는 둘 다 불신자였는데 부인이 예수님을 믿어 그리스도인이 되었으나 남편은 계속 불신자로 남아 있는 부부도 있습니다. 그런데 불신자 남편이 그리스도인이 된 부인과 함께 살기를 원하거든 헤어지지 말고 살아야 합니다. 결국 결혼 후에 그리스도인이 된 남편이나 아내는 불신자로 남아 있는 남편이나 아내가 계속 결혼 생활을 원하는 한 어떠한 이유에서도 먼저 이혼을 요구할 수가 없습니다.

14절 믿지 아니하는 남편이 아내로 말미암아 거룩하게 되고 믿지 아니하는 아내가 남편으로 말미암아 거룩하게 되나니 그렇지 아니하면 너희 자녀도 깨끗하지 못하니라 그러나 이제 거룩하니라

본 절에서는 믿지 않는 남편이 믿는 아내와 헤어지기를 원하지 않는 경우, 또는 믿지 않는 아내가 믿는 남편과 헤어지기를 원하지 않는 경우에 같이 살도록 권유한 이유를 밝히고 있습니다. 그 이유는 믿는 자로 말미암아 상대편이 거룩하게 될 수 있기 때문입니다.

사도 바울은 남편, 혹은 아내가 믿지 않지만 함께 살기를 원하면 그대로 살도록 권했습니다. 왜냐하면 믿는 남편, 믿는 아내로 말미암아 상대

편이 거룩하게 되며 그들 사이에서 태어난 자녀들도 거룩하게 되기 때문입니다. 예수님을 믿는 사람에게는 성령님이 와 계시므로 거룩합니다. 성령님이 함께 계시기 때문에 믿지 않는 남편이나 아내와 같이 살면 성령으로 말미암아 그들도 외형적으로 거룩해집니다. 믿는 사람으로 인하여 귀신들이 쫓겨 나가고 여러 가지 불신앙적인 의식과 형식이 집에서 사라집니다. 그리고 끊임없이 기도하기 때문에 온 집안의 분위기가 거룩해집니다. 자녀들도 그리스도인 부모의 영향력으로 인하여 거룩해집니다. 거룩해지는 것이 중요한 이유는 우리가 외부적으로 거룩해지면 하나님의 성령께서 내부에서 역사해서 구원을 받을 수 있게 되기 때문입니다. 이렇기 때문에 사도 바울도 "주 예수를 믿으라 그리하면 너와 네 집이 구원을 받으리라"(행 16:31)고 말했던 것입니다.

15절 **혹 믿지 아니하는 자가 갈리거든 갈리게 하라 형제나 자매나 이런 일에 구애될 것이 없느니라 그러나 하나님은 화평 중에서 너희를 부르셨느니라**

본 절은 예수님을 믿지 않는 상태에서 둘이 결혼했다가 나중에 한쪽이 예수님을 믿게 되고 한쪽은 예수님을 믿지 않는 부부에게 해당하는 말씀입니다. 사도 바울은 불신자 배우자가 스스로 헤어지자고 할 때에는 헤어지라고 했습니다. 이런 경우에 그리스도인은 구속받을 필요가 없기 때문입니다. 그러나 하나님께서는 화평 중에 부르셨습니다. 그러므로 우리는 할 수 있는 한 모든 사람으로 더불어 화평하여야 합니다(롬 12:18). 헤어지는 것이 합법적이라고 할지라도 되도록 헤어지지 않도록 힘쓰고 애써야 합니다.

16절 아내 된 자여 네가 남편을 구원할는지 어찌 알 수 있으며 남편 된 자여 네가 네 아내를 구원할는지 어찌 알 수 있으리요

그리스도인은 현재 처한 상황에서 항상 다른 사람들에게 구원의 도움을 줄 가능성이 있습니다. 그러므로 성급하게 헤어지지 말아야 합니다. 믿는 아내로 말미암아 믿지 아니하는 남편이 구원을 받게 되고, 믿는 남편으로 말미암아 아내가 구원을 받을 수가 있기 때문입니다. 일단 부부가 된 이상 끝까지 상대방을 구원시키려고 애를 쓰라는 말씀인 것입니다.

오늘날 많은 불신자 남편들이 예수님 잘 믿는 부인들을 박해하고 못살게 합니다. 그래도 부인들이 참고 기도함으로 말미암아 그 남편들로 하여금 예수님을 믿게 만듭니다. 예수님을 믿게 할뿐만 아니라 집사님, 장로님까지 되게도 합니다. 이런 것을 보면 우리들은 할 수만 있다면 하나님 앞에서 끝까지 참아야 합니다. 그러나 예수님을 믿는다는 이유로 헤어지자고 하면 할 수 없는 일입니다. 그럴 경우에는 인생을 재출발해도 하나님 앞에서 범죄가 되지 않습니다.

그러나 분명히 예수님을 믿는 사람끼리 결혼했다가 헤어질 경우에는 헤어져 있든지 다시 합하든지 해야 합니다(11절). 결코 이혼은 허락되지 않습니다. 그러나 일방적으로 한 사람이 이혼해서 먼저 결혼해 버리면 나머지 사람은 상관이 없습니다. 그렇지만 되도록 같이 살다가 같이 하늘나라에 가는 것이 가장 좋습니다.

4. 부르신 그대로 행하라(7:17-24)

17. 오직 주께서 각 사람에게 나눠 주신 대로 하나님이 각 사람을 부
르신 그대로 행하라 내가 모든 교회에서 이와 같이 명하노라 18. 할
례자로서 부르심을 받은 자가 있느냐 무할례자가 되지 말며 무할례
자로 부르심을 받은 자가 있느냐 할례를 받지 말라 19. 할례 받는 것
도 아무것도 아니요 할례 받지 아니하는 것도 아무것도 아니로되 오
직 하나님의 계명을 지킬 따름이니라 20. 각 사람은 부르심을 받은
그 부르심 그대로 지내라 21. 네가 종으로 있을 때에 부르심을 받았
느냐 염려하지 말라 그러나 네가 자유롭게 될 수 있거든 그것을 이용
하라 22. 주 안에서 부르심을 받은 자는 종이라도 주께 속한 자유인
이요 또 그와 같이 자유인으로 있을 때에 부르심을 받은 자는 그리스
도의 종이니라 23. 너희는 값으로 사신 것이니 사람들의 종이 되지
말라 24. 형제들아 너희는 각각 부르심을 받은 그대로 하나님과 함
께 거하라

17절 오직 주께서 각 사람에게 나눠 주신 대로 하나님이 각 사람을 부르신 그대로 행하라 내가 모든 교회에서 이와 같이 명하노라

사도 바울은 8절부터 16절까지 결혼과 이혼의 문제에 대하여 언급했습니다. 이제 그리스도인이 어떻게 이 세상을 살아갈 것인가에 대한 일반 원칙을 말합니다. 특별한 예외가 있겠지만, 주께서 각 사람에게 믿음을 나눠 주신 대로(롬 12:3), 하나님이 각 사람을 부르신 그대로 행해야 합

니다. 이와 같은 원칙은 고린도 교회에만 적용되는 것이 아니라 모든 교회에 해당한다고 사도 바울은 말하고 있습니다. 그러므로 하나님께서 독신 생활을 할 수 있도록 힘을 주시면 독신 생활을 할 수 있습니다. 그러나 하나님께서 독신 생활을 허락하지 않으시면 결혼을 해야 합니다. 하나님께서 은사를 나눠 주시는 대로, 각 사람을 부르신 그대로 행해야 하기 때문입니다. 하나님께서 우리를 부르실 때 직장도, 가정도, 환경도 각기 다른 상태에서 부르십니다. 그러므로 죄짓는 환경이 아닌 이상 예수님을 믿는다는 이유로 구태여 환경을 바꿀 필요는 없습니다. 그러나 죄악의 환경에 처한 상태에서 예수님을 믿게 되었다면 그 환경을 바꾸어야 합니다.

18절 할례자로서 부르심을 받은 자가 있느냐 무할례자가 되지 말며 무할례자로 부르심을 받은 자가 있느냐 할례를 받지 말라

유대인의 종교 의식을 따라 양피(陽皮)를 벤 할례자가 되어 예수님을 믿게 되었다면 무할례자가 되려고 노력하지 말아야 합니다. 또한 무할례자인 상태에서 예수님을 믿게 되었다면 굳이 할례를 받으려고 하지 말아야 합니다. 이미 할례를 받고 믿은 자들은 그 할례의 가치를 없이할 필요가 없습니다. 그리고 할례를 받지 않고 믿은 자들은 유대인의 풍속을 따라 할례를 받을 필요가 없습니다. 할례나 무할례나 그것은 다 의식과 형식에 불과하기 때문입니다. 문제는 예수 그리스도가 마음속에 계시느냐 계시지 않느냐 하는 것입니다. 어떤 외부적인 의복이나 생활 방식과 같은 지엽적(枝葉的)인 문제를 가지고 구원의 문제를 논해서는 안 됩니다. 잘못하면 사소한 문제로 인하여 중대한 예수 그리스도의 구원을 등한히

할 수가 있습니다.

가장 중심적인 문제는 예수님을 믿고 중생하여 구원받는 것입니다. 구원을 받고 난 다음에 점차 덕스럽고 영광스러운 생활로 변화해 나가면 됩니다. 결코 지엽적인 문제를 구원의 문제보다 앞세워서는 안 됩니다.

19절 할례 받는 것도 아무것도 아니요 할례 받지 아니하는 것도 아무것도 아니로되 오직 하나님의 계명을 지킬 따름이니라

예수 그리스도를 믿는 믿음 안에서 할례 받는 것도, 할례 받지 않는 것도 문제가 되지 않습니다. 오직 하나님의 계명을 지키는 것이 가장 중요합니다. 예수 그리스도를 믿는 믿음이 오기 전에는 할례가 문제였고 유대인과 이방인과의 차이도 있었습니다. 그러나 예수님을 믿는 사람에게는 유대인이나 이방인이나 구별이 없게 되었습니다. 오직 하나님의 백성으로서 하나님의 계명을 지킬 따름입니다. 그러면 오늘날 하나님의 계명은 구체적으로 무엇일까요? 그것은 예수 그리스도를 믿는 것입니다. 누구든지 예수 그리스도를 믿어 멸망을 받지 말고 영생을 얻으라는 것이 하나님의 계명입니다. 그러므로 이 계명을 지키는 것이 가장 중요하고 할례나 무할례는 중요하지 않습니다. 결코 형식과 의식이 구원의 조건이 될 수는 없기 때문입니다.

그런데 사도 바울이 이렇게 말한 데에는 이유가 있습니다. 사도 바울 당시에 복음을 전하는 곳곳에서 유대인들로 말미암아 할례 문제가 일어났습니다(행 15:1). 그들은 이방인들이 예수님을 믿어도 할례를 받아야 구원을 받는다고 했습니다(행 15:5). 그러나 사도 바울은 여기에서 할례 받는 것은 아무것도 아니라고 단호하게 말합니다. 또한 할례와 무할례

의 문제로 혼란하게 된 갈라디아 교회를 향해서도 "그리스도 예수 안에서는 할례나 무할례나 효력이 없으되 사랑으로써 역사하는 믿음뿐이니라"(갈 5:6)고 했습니다. 그가 할례를 "아무것도 아니요"라고 말한 것이나 "효력이 없다"라고 말한 것은 구약 시대에 할례 제도를 세우신 하나님의 권위를 무시함이 아닙니다. 다만 할례가 구원을 받는데 있어서 아무런 힘을 주지 못하기 때문입니다.

20절 각 사람은 부르심을 받은 그 부르심 그대로 지내라

예수 그리스도를 믿게 된 당시의 외부적 처지를 구태여 바꿀 필요 없이 그대로 지내라는 것입니다. 예수님을 믿을 당시 직장이나 환경이 죄가 되지 않는 이상 그대로 있어야 합니다. 동양 사람으로서 예수님을 믿었으면 동양의 관습과 전통이 죄가 안 될 경우 그대로 지키면서 살아야 합니다. 한국 사람으로서 예수님을 믿었으면 한국의 아름다운 전통을 지키면서 믿어야 합니다. 죄가 되는 것은 바꿔야겠지만 죄가 되지 않는 이상 그대로 지키면서 믿어야 하는 것입니다. 이와 같이 사도 바울은 신앙의 토착화(土着化)를 강조하고 있습니다.

21절 네가 종으로 있을 때에 부르심을 받았느냐 염려하지 말라 그러나 네가 자유롭게 될 수 있거든 그것을 이용하라

종으로 있을 때에 하나님의 부르심을 받았다면 염려하지 말라고 권면합니다. 하나님의 부르심을 받은 그 당시에 종의 신분으로 있었다고 해서 구원받지 못하는 것이 아니기 때문입니다. 그렇지만 자유롭게 될 수 있는 기회가 오면 그 기회를 이용하여 자유자가 되라고 했습니다.

22절 주 안에서 부르심을 받은 자는 종이라도 주께 속한 자유인이요 또 그와 같이 자유인으로 있을 때에 부르심을 받은 자는 그리스도의 종이니라

다른 사람의 종이라고 할지라도 예수 그리스도를 믿으면 주님 안에서 영적으로 진정한 자유자가 됩니다. 주님께서 그를 자유롭게 하시기 때문입니다(요 8:36). 자유자로 예수 그리스도를 믿게 되었다면 육신적으로는 자유 상태입니다. 그러나 영적으로는 그리스도께서 지시하는 대로 살아야 하기 때문에 그리스도의 종이 됩니다(롬 6:22). 이와 같이 노예도 그리스도 안에서 자유인이 될 수 있습니다. 자유인도 그리스도 안에서 종이 됩니다. 결국 노예나 자유자나 그리스도 안에서는 차이가 없습니다(갈 3:28). 그러므로 그리스도인들은 주 안에서 한 형제인 것입니다.

23절 너희는 값으로 사신 것이니 사람들의 종이 되지 말라

하나님께서는 친히 우리를 값 주고 사셨습니다. 예수 그리스도의 십자가의 보혈로 죄악과 마귀의 노예가 되었던 우리들을 사신 것입니다. 또한 예수님이 우리 대신 십자가에서 죽으심으로 말미암아 우리는 하나님 앞에서 벌을 받지 않게 되었습니다. 예수님께서 다 이루어 놓으셨기 때문입니다(요 19:30). 우리는 예수 그리스도를 믿음으로 하나님께 정죄도 받지 않습니다(롬 8:1). 그러므로 우리는 사람들의 종이 되지 말고 하나님의 종이 되어야 합니다.

'사람들의 종' 이 된다는 것은 인간의 척도와 가치 판단에 의하여 좌우되는 것을 말합니다. 비록 그리스도인이 세상에서는 종의 위치에 있을지라도 진정한 주인인 하나님을 알고 있기 때문에 사람의 평가에 의하여

결정적으로 좌우되어서는 안 됩니다. 또 그리스도인이 세상적인 자유인의 위치에 있을지라도 진정한 주인인 하나님의 지시를 받습니다. 결코 인간 자신의 판단으로 살 수가 없습니다. 그리스도의 종으로 충성하고 봉사하며 이웃을 섬기고 살아야 하는 것입니다. 주님의 뜻에 거스른다면 어떠한 것에도 복종해서는 안 됩니다. 하나님의 종이라면서 사람의 뜻대로 산다면 하나님의 종이 아닙니다.

24절 형제들아 너희는 각각 부르심을 받은 그대로 하나님과 함께 거하라

사도 바울은 17절부터 23절까지의 말씀에 대한 결론을 본 절에서 맺고 있습니다. 예수 그리스도의 핏값으로 산 하나님의 백성이기 때문에 고린도 교회 교인들을 향하여 형제라고 부르면서 17절과 18절에서 이미 했던 권고를 다시 반복합니다. 어떤 형편과 환경에서 예수님을 믿게 되었든지 그 지위에 만족하고 충실하면서 하나님을 섬기라는 것입니다. 그렇다고 부정한 직업까지 그대로 고수하라는 말은 아닙니다. 하나님은 죄와 함께 거하실 수 없는 거룩하신 분이기 때문입니다. 그러므로 우리는 직업의 높고 낮음을 문제 삼아서는 안 됩니다. 환경의 좋고 나쁨에 대해서 문제 삼아서도 안 됩니다. 다만 자신의 직업이나 환경을 통해 하나님께 범죄를 하느냐, 영광을 돌리느냐를 문제 삼아야 할 것입니다.

5. 독신 생활에 관한 교훈(7:25-35)

25. 처녀에 대하여는 내가 주께 받은 계명이 없으되 주의 자비하심
을 받아서 충성스러운 자가 된 내가 의견을 말하노니 26. 내 생각에
는 이것이 좋으니 곧 임박한 환난으로 말미암아 사람이 그냥 지내는
것이 좋으니라 27. 네가 아내에게 매였느냐 놓이기를 구하지 말며
아내에게서 놓였느냐 아내를 구하지 말라 28. 그러나 장가가도 죄
짓는 것이 아니요 처녀가 시집가도 죄짓는 것이 아니로되 이런 이들
은 육신에 고난이 있으리니 나는 너희를 아끼노라 29. 형제들아 내
가 이 말을 하노니 그때가 단축하여진 고로 이후부터 아내 있는 자들
은 없는 자같이 하며 30. 우는 자들은 울지 않는 자같이 하며 기쁜
자들은 기쁘지 않은 자같이 하며 매매하는 자들은 없는 자같이 하며
31. 세상 물건을 쓰는 자들은 다 쓰지 못하는 자같이 하라 이 세상의
외형은 지나감이니라 32. 너희가 염려 없기를 원하노라 장가가지
않은 자는 주의 일을 염려하여 어찌하여야 주를 기쁘시게 할까 하되
33. 장가간 자는 세상일을 염려하여 어찌하여야 아내를 기쁘게 할까
하여 34. 마음이 갈라지며 시집가지 않은 자와 처녀는 주의 일을 염
려하여 몸과 영을 다 거룩하게 하려 하되 시집간 자는 세상일을 염려
하여 어찌하여야 남편을 기쁘게 할까 하느니라 35. 내가 이것을 말
함은 너희의 유익을 위함이요 너희에게 올무를 놓으려 함이 아니니
오직 너희로 하여금 이치에 합당하게 하여 흐트러짐이 없이 주를 섬
기게 하려 함이라

25-26절 처녀에 대하여는 내가 주께 받은 계명이 없으되 주의 자비하심을 받아서 충성스러운 자가 된 내가 의견을 말하노니 내 생각에는 이것이 좋으니 곧 임박한 환난으로 말미암아 사람이 그냥 지내는 것이 좋으니라

이제 사도 바울은 고린도 교회가 질문한 새로운 문제에 대하여 설명합니다. 이는 처녀의 결혼 문제에 관한 것입니다. 먼저 처녀의 결혼 문제에 관하여는 주님께로부터 직접 받은 계시가 없다고 밝힙니다. 그러나 사도로서의 권위를 부여받은 자로서 의견을 말한다고 합니다. 그는 고린도 전·후서를 기록할 때 하나님의 성령으로부터 직접 계시를 받아서 기록했습니다. 이러므로 사도 바울의 의견이라고 하지만 개인적인 것이 아닙니다. 충성된 자로서 전하여 준 것이기 때문입니다. 사도 바울 자신이 충성된 것은 하나님의 진리로 말미암았습니다. 그러므로 하나님께로부터 직접 계시를 받지 않아도 결국은 하나님의 뜻에 어긋나지 않으며 합당한 의견인 것입니다.

또 하나님께서는 나중에 성경이 다 완성되었을 때 창세기로부터 요한계시록까지를 하나님의 말씀으로 인정하셨습니다. 이렇기 때문에 그 당시 사도 바울 자신의 의견이라고 했지만 하나님의 의견이기도 한 것입니다. 그러므로 우리는 사도 바울의 말을 하나님의 말씀으로 믿고 행해야 할 것입니다.

사도 바울은 일반적 원칙으로서 사람이 혼자 지내는 것이 좋다고 했습니다. 그 이유는 환난이 임박했기 때문입니다. 사도 바울이 살고 있던 그 당시에는 이미 박해가 눈앞에 다가와 있었습니다. 로마의 황제들이 그리스도인들을 잡아서 불에 태워 죽이고, 짐승에 물려 죽게 만들고, 창과 칼

에 희생이 되게 하였습니다. 그는 바로 이러한 일을 미리 계시 받고 거기에 대한 준비를 시킨 것입니다. 이와 같이 다가올 환난 때문에 처녀들이 고생을 면하기 위해서는 독신으로 지내는 것이 좋다고 했습니다.

27절 네가 아내에게 매였느냐 놓이기를 구하지 말며 아내에게서 놓였느냐 아내를 구하지 말라

여기에서도 사도 바울은 결혼 생활을 한 경우와 그렇지 않은 경우로 나누어 가르치고 있습니다. 결혼한 사람이면 헤어지지 말고, 독신이 된 사람은 독신 그대로 있는 것이 좋다는 것입니다. 그런데 그가 독신으로 지내는 것을 권유한 이유는 단지 생활의 단순함으로 인한 안락을 위한 것이 아닙니다. 예수님의 재림이 있기 전의 환난을 생각하고 염려했기 때문입니다.

28절 그러나 장가가도 죄짓는 것이 아니요 처녀가 시집가도 죄짓는 것이 아니로되 이런 이들은 육신에 고난이 있으리니 나는 너희를 아끼노라

앞 절까지의 사도 바울의 권유는 어디까지나 충고이지 명령이 아니었습니다. 독신 생활을 권유하는 것에 따르는 오해를 풀고자 한 것입니다. 그래서 장가가고 시집가는 것이 죄짓는 것이 아니라고 했습니다. 단지 독신 생활을 권유한 것은 결혼한 자들이 겪는 육신의 고난을 염려했기 때문입니다.

여기서 말하는 '육신의 고난' 이란 26절에서 밝힌 환난 때에 당할 고난을 의미합니다. 즉, 환난 때에 주님을 향한 사랑과 가족에 대한 염려로

인한 갈등을 가리킵니다. 그런데 사도 바울이 살던 그 당시와 우리가 살고 있는 지금은 상당히 다릅니다. 지금은 하나님께서 축복해 주셔서 게으르지만 않으면 의식주 문제는 어느 정도 해결이 됩니다. 그러나 그 당시에는 먹고 사는 것이 상당히 어려웠습니다. 더구나 딸린 가족이 많으면 세상적인 염려와 근심에 묶여서 신앙조차 유지하기가 힘들었습니다. 그렇기 때문에 사도 바울은 부모의 심정으로 독신 생활을 권유했던 것입니다. 즉, 독신으로 살면 생활의 짐도 가볍고 신앙생활의 장애도 적으니 얼마든지 주님께 충성할 수가 있지 않겠냐는 것입니다. 그 당시의 상황으로 볼 때 사도 바울이 그렇게 말한 것은 당연한 일입니다. 그러나 사도 바울이 오늘을 사는 우리에게 편지했다면 그 내용이 조금 달라졌을 것입니다.

그러므로 우리가 하나님의 말씀을 볼 때에는 먼저 그 당시의 시대 상황에 비추어서 보아야 합니다. 그 당시의 배경에 대하여 알지 못하고 성경을 보면 오해하기가 쉽습니다. 하나님께서는 먼저 그 당시의 사람들을 향하여 말씀으로 교훈하시고, 그런 다음에 시공간(時空間)을 뛰어넘어서 만고불변의 진리로 우리에게 말씀하셨습니다. 하나님은 사도 바울을 통하여 특별히 그 시대에 깊은 관심을 가지고 결혼 문제에 대하여 교훈하신 것입니다.

29-30절 형제들아 내가 이 말을 하노니 그때가 단축하여진 고로 이 후부터 아내 있는 자들은 없는 자같이 하며 우는 자들은 울지 않는 자같이 하며 기쁜 자들은 기쁘지 않은 자같이 하며 매매하는 자들은 없는 자같이 하며

28절에서는 말세에 있어 육체의 고난을 받을 성도들을 아끼는 마음에서 권면했습니다. 이제 본 절부터는 좀 더 구체적인 예를 들어가면서 그리스도인들이 근신할 바를 가르치고 있습니다. 사도 바울은 그 당시가 환난이 임박하고 예수님이 재림하시는 마지막 시대인 줄로 알았습니다. 따라서 재림을 앞둔 그리스도인으로서 부부의 안락에 너무 도취하지 말 것을 권유합니다. 아내가 있는 자는 마치 아내가 없는 자같이 생활하라고 말합니다. 이것은 남편이 가정을 포기하거나 무시하라는 뜻은 아닙니다. 너무 세상일에 또 육신적인 생활에 도취하지 말고 마음과 뜻이 천국을 향하는 생활을 하라는 것입니다. 실로 우리는 언제 어디에서 이 땅을 떠날지 모릅니다. 더구나 예수 그리스도의 재림을 눈앞에 두고 있는 이 시대에 있어서는 더욱 그렇습니다.

본문에서 '우는 자'는 이 세상의 일 때문에 슬퍼하며 우는 자를 의미합니다. 우리가 이 세상을 살아가노라면 울 날도 있습니다. 그러나 예수 그리스도의 재림을 기다리는 사람은 인생사(人生事)의 슬픔을 이겨내야 합니다. 이 세상의 삶은 잠깐이기 때문입니다. 그러므로 세상일로 인하여 손해를 볼 때 슬퍼하며 우는 자는 결국 신앙적인 부분에 손해를 보게 되며 하나님을 영화롭게 하지 못합니다.

이 세상에서의 기쁨은 잠시 잠깐입니다. 그리스도의 재림을 기다리는 그리스도인으로서 이 세상적인 기쁨에 마음을 빼앗긴다면 도리어 하나님의 기쁨을 잃어버리기 쉽습니다. 그러므로 그리스도인은 이 세상의 쾌락에 빠지지 말아야 합니다. 우리의 안식은 이 땅에 있지 않고, 우리의 기업도 이 땅이 아닙니다. 따라서 우리들의 마음이 세상으로 향해서는 안 되고, 만족과 기쁨을 세상에서 찾아서도 안 됩니다. 오직 주 안에서 기뻐해야 합니다(빌 4:4).

또한 여기서 '매매하는 자' 란 물건을 사고팔고 하여 재산을 많이 가진 사람을 말합니다. 또한 '없는 자같이 하며' 라는 말은 자신의 것이라고 굳게 손아귀에 잡지 말고 살아가라는 뜻입니다. 사도 바울은 주님의 재림을 바라보면서 세상적인 소유에 집착하지 말고 소유가 없는 자같이 살아갈 것을 권유합니다. 재물로 인하여 천국을 소유하지 못한다면 불행한 일입니다. 우리는 누가복음 14장 16절부터 24절에서 말씀하신 예수님의 잔칫집 초청에 대한 교훈을 명심해야 할 것입니다. 큰 잔치에 초대되어도 세상일과 세상 재물 때문에 참석을 거부한 미련한 인간들의 비유입니다. 예수님께서는 "삼가 모든 탐심을 물리치라 사람의 생명이 그 소유의 넉넉한 데 있지 아니하니라"(눅 12:15)고 하셨습니다. 우리는 적당히 벌고 적당히 쓸 줄도 알아야 합니다.

31절 세상 물건을 쓰는 자들은 다 쓰지 못하는 자같이 하라 이 세상의 외형은 지나감이니라

본 절에서는 30절의 '수입면' 에 대해 가르친 말씀과는 달리 '지출면' 을 가르칩니다. 즉, 세상 물건을 사용하여도 낭비하지 말라는 것입니다. 자기의 것이라고 굳게 잡고 내놓지 않는 것도 잘못이지만 쓸데없이 낭비하는 것도 잘못입니다. 우리가 세상 물건을 사용하되 하나님의 영광과 인간의 편리를 위하여 사용하여야 합니다. 하나님께 죄를 짓는 도구가 되어서는 안 되는 것입니다.

사도 바울이 29절부터 31절까지에서 말씀한 내용은 예수 그리스도의 재림을 바라는 그리스도인으로서 재림을 맞이하기 위한 준비에 열중하

라는 교훈입니다. 그러기 위해서 세상 물건의 매매에 관하여도 자유로움이 있어야 한다는 것입니다. 이런 일에 너무 열중하다 보면 예수 그리스도의 재림을 소망하기 어렵기 때문입니다.

이 세상의 것은 무엇이든지 끊임없이 지나가고 없어집니다. 인생사에 있어서 영원히 남아 있을 것은 하나도 없습니다. 그래서 성경은 "사람은 헛것 같고 그의 날은 지나가는 그림자 같으니이다"(시 144:4)라고 말씀하고 있습니다. 이와 같이 우리는 이 세상에서 무엇을 의지하더라도, 어느 누구를 의지하더라도 실망하고 맙니다. 죽음과 허무의 장벽을 뚫을 수가 없습니다. 정죄의 벽을 뛰어넘을 수가 없습니다. 아무리 영웅호걸이라도 인간의 한계점에서 발버둥치다가 이 세상을 떠나 버리고 맙니다.

그렇다면 이 세상에서 지나가지 않는 것은 없을까요? 있습니다. 그것은 바로 하나님의 사랑입니다. 나의 생명이시요, 소망이시며 믿음이 되시는 하나님, 나를 위해 독생자까지 아끼지 않고 주신 하나님의 사랑 가운데서 천국을 향해 힘차게 살아갈 때 삶의 의미가 있습니다. 그러므로 영원히 흔들리지 않고 깨지지 않는 삶의 토대를 얻은 사람만이 이 세상에서 가슴을 활짝 펴고 살 수 있습니다.

32절 너희가 염려 없기를 원하노라 장가가지 않은 자는 주의 일을 염려하여 어찌하여야 주를 기쁘시게 할까 하되

사도 바울은 자신의 권면을 듣는 사람들이 염려하지 않기를 원했습니다. 세상 염려는 신앙에 도움이 되지 않기 때문입니다. 그는 본 절에서 장가가지 않은 자에 대하여, 다음 절에서는 장가간 자에 대하여 비교하여 말하고 있습니다. 결혼하지 않은 자는 혼자 사는 까닭에 진심으로 주를 기쁘시게 하고 주의 일을 할 수가 있다고 말합니다. 그런데 여기서 초점은 장가가지 않은 상황이 아니라 주의 일을 염려하여 '어떻게 하면 주님을 기쁘시게 할 것인가?' 에 대한 관심을 갖는 것입니다. 사도 바울은 전심으로 주님을 섬기며 살기를 원했습니다. 주님을 진심으로 섬기는 것이 주님을 기쁘시게 하는 것이기 때문입니다.

33-34절 장가간 자는 세상일을 염려하여 어찌하여야 아내를 기쁘게 할까 하여 마음이 갈라지며 시집가지 않은 자와 처녀는 주의 일을 염려하여 몸과 영을 다 거룩하게 하려 하되 시집간 자는 세상일을 염려하여 어찌하여야 남편을 기쁘게 할까 하느니라

장가간 자는 그 가족에 대한 책임 때문에 이 세상과 깊은 관계를 가지고 삽니다. 세상과 깊은 관계를 가지는 한 세상일을 염려하게 됩니다. 어떻게 하면 아내를 기쁘게 할까 등의 문제로 신경을 쓰게 됩니다. 그렇게 되면 주님을 향한 뜨거운 마음이 식어지기 쉽습니다. 크게는 주의 일과 세상일로 마음이 나눠집니다. 더 나아가 세상의 염려로 마음이 여러 갈래로 나뉘고 맙니다. 이런 점에서 장가간 자가 장가가지 않은 자보다 전심으로 주님을 섬기기가 어렵습니다. 그러나 여기서 주의할 것은 결혼 그 자체가 문제가 아닙니다. 사도 바울은 결혼한 사람이 주님을 잊어버리고 아내를 기쁘게 할 방향으로 마음과 생활이 치우칠 것을 염려한 것입니다. 그런데 반드시 결혼한 사람이 결혼하지 않은 사람보다 덜 열심히 주님을 섬긴다는 법은 없습니다. 성경에 말씀하시기를 "진실로 다시 너희에게 이르노니 너희 중의 두 사람이 땅에서 합심하여 무엇이든지 구하면 하늘에 계신 내 아버지께서 그들을 위하여 이루게 하시리라"(마 18:19)

고 했습니다. 아내가 있으면 아내와 함께 기도하게 됩니다. 함께 기도하면 혼자서는 안 될 것도 할 수가 있습니다.

그렇기 때문에 결혼을 해도 좋고 안 해도 좋습니다. 그러나 결혼을 해서 신앙이 더 좋아질 수 있다면 결혼을 해야 합니다. 결혼을 해서 신앙이 퇴보한다면 결혼 안하는 것만 못합니다. 그러므로 우리는 결혼을 하든지 안 하든지 간에 주님 중심으로 살아야 합니다.

32절부터 33절에서는 남자에 관하여 언급했으나 본문에서는 여자에 대해 권고하고 있습니다. 여기서 '시집가지 않은 자'란 처녀 이외의 독신녀를 말합니다. 독신녀와 처녀는 남자에게 속하여 있지 않으므로 오직 주의 일만을 생각할 수가 있습니다. 그리고 몸과 영을 나 거룩하게 하려고 노력합니다. 그러나 남편에게 속한 사람은 세상일을 염려하여 남편을 기쁘게 하려고 합니다. 결국 남편에게 속한 사람의 마음은 주님과 세상으로 나눠집니다.

그렇다고 사도 바울이 독신과 결혼의 극단적 차이를 말한 것은 아닙니다. 단지 그 당시 고린도 지방의 상황에서는 독신 여성이 주님께 봉사하기가 결혼한 사람보다 더 용이했기 때문에 이렇게 말한 것입니다. 남편에게 속하여 있지 않은 사람은 생활이 단순합니다. 따라서 몸과 영을 다 바쳐 주님께 헌신할 수가 있습니다. 그렇다고 해서 몸과 영을 다 거룩하게 하는 것이 다만 시집가지 않은 자와 처녀에게만 관련된 것은 아닙니다. 모든 그리스도인의 책임이며 의무인 것입니다(롬 12:1). 결코 독신이기 때문에 몸도 영도 거룩한 것이 아닙니다. 다만 독신인 까닭에 집중하기가 쉽다는 이점(利點)이 있습니다.

그러므로 결혼한 사람은 생활이 복잡할지라도 자신을 쳐서 복종시켜야 합니다. 주님 중심으로 살려고 노력하여야 합니다. 그런 경우에는 남편에게 속하여 있다 하더라도 신앙생활에 방해될 것이 없습니다.

35절 내가 이것을 말함은 너희의 유익을 위함이요 너희에게 올무를 놓으려 함이 아니니 오직 너희로 하여금 이치에 합당하게 하여 흐트러짐이 없이 주를 섬기게 하려 함이라

사도 바울이 독신 생활을 권면하는 것은 올무를 놓으려고 하는 것이 아닙니다. 단지 고린도 교회 교인들을 아끼는 마음에서 그들의 유익을 위해서 권면한 것입니다. 독신을 절대시한다면 그것은 올무가 되어 그리스도인의 자유를 속박하는 것이 되어 버릴 것입니다. 그러므로 이치에 합하게 해야 합니다.

결혼해서 신앙에 더 유익이 될 것 같으면 결혼하는 것이 이치에 합당한 것입니다. 그러나 결혼함으로 말미암아 신앙생활에 큰 지장이 있으면 차라리 결혼을 하지 않고 혼자 사는 것이 이치에 합당합니다. 결혼을 하든지 안 하든지 이치에 합하고 흐트러짐이 없도록 해야 합니다. 오직 그리스도인들의 생활은 주를 섬기는 것이 제일 첫째 되는 목적이기 때문입니다.

6. 처녀의 결혼과 재혼에 관한 교훈(7:36-40)

36. 그러므로 만일 누가 자기의 약혼녀에 대한 행동이 합당하지 못
한 줄로 생각할 때에 그 약혼녀의 혼기도 지나고 그같이 할 필요가
있거든 원하는 대로 하라 그것은 죄짓는 것이 아니니 그들로 결혼하
게 하라 37. 그러나 그가 마음을 정하고 또 부득이한 일도 없고 자기
뜻대로 할 권리가 있어서 그 약혼녀를 그대로 두기로 하여도 잘하는
것이니라 38. 그러므로 결혼하는 자도 잘하거니와 결혼하지 아니하
는 자는 더 잘하는 것이니라 39. 아내는 그 남편이 살아 있는 동안에
매여 있다가 남편이 죽으면 자유로워 자기 뜻대로 시집갈 것이나 주
안에서만 할 것이니라 40. 그러나 내 뜻에는 그냥 지내는 것이 더욱
복이 있으리로다 나도 또한 하나님의 영을 받은 줄로 생각하노라

36절 그러므로 만일 누가 자기의 약혼녀에 대한 행동이 합당하지 못한 줄로 생각할 때에 그 약혼녀의 혼기도 지나고 그같이 할 필요가 있거든 원하는 대로 하라 그것은 죄짓는 것이 아니니 그들로 결혼하게 하라

사도 바울은 본 절부터 38절까지 '처녀의 결혼' 에 대하여 부모로서 취할 태도를 가르치고 있습니다. 그 당시 사회에서는 딸의 결혼 문제는 아버지의 의사에 의하여 결정되었습니다. 그래서 사도 바울은 부모의 입장에서 볼 때 딸을 결혼시킬 이유가 있으면 결혼시키라고 말합니다.

결혼하는 것이 죄짓는 것이 아니기 때문입니다. 그러면 사도 바울이 결혼을 권유한 경우는 어떤 경우일까요? 첫째로, 만일 누가 자신의 딸에 대한 일에 대하여 이치에 합당하지 못하다고 판단하고 있는 경우입니다. 둘째로, 혼기가 지날 경우에 결혼시키라는 것입니다. 유대인들은 여자가 혼기를 지나면 불명예스럽게 생각했습니다. 셋째로, 결혼시킬 필요가 있을 경우에 결혼시키라는 것입니다. 딸 자신이나 가정적, 사회적 이유로 인하여 결혼하는 것이 불가피한 때를 말합니다. 처녀로 있는 것이 수치스러운 일이고 혼기도 되었고 딸 자신이 결혼을 원한다면 결혼을 시켜 주라는 것입니다. 결코 결혼시키는 것이 죄가 되지 않기 때문입니다.

37절 그러나 그가 마음을 정하고 또 부득이한 일도 없고 자기 뜻대로 할 권리가 있어서 그 약혼녀를 그대로 두기로 하여도 잘하는 것이니라

전 절과는 반대의 경우를 말하고 있습니다. 자기의 딸을 시집보낼 생각이 전혀 없고, 딸도 결혼할 의사가 없음을 밝히면 그냥 집에 데리고 있으라는 것입니다. 그렇게 하는 것도 잘하는 일이라고 그는 말합니다.

38절 그러므로 결혼하는 자도 잘하거니와 결혼하지 아니하는 자는 더 잘하는 것이니라

결론적으로 사도 바울은 딸을 시집보내는 것도 잘한 일이요, 시집보내지 아니하는 것은 더 잘하는 일이라고 말합니다. 우리는 위의 세 구절(36-38절)을 통해 다음과 같은 교훈을 얻을 수 있습니다. 첫째로, 자녀의 결혼은 부모의 주관 아래 이루어져야 합니다. 자녀들에게 맡겨서 그들의 의

사대로만 하게 해서는 안 된다는 것입니다. 둘째로, 그렇다고 해서 부모의 의사대로만 결정할 것이 아니라 자녀의 의사도 참고해야 합니다. 자녀의 형편과 처지에 대하여 이해하고 존중해 주는 의미에서입니다. 셋째로, 부모가 자녀를 미혼으로 머무르게 하고 싶으면 그에 따른 의무를 수행해야 합니다. 딸의 경우에 있어서 생활의 전반적인 책임, 즉 여러 가지 경제적인 책임을 져야 합니다. 넷째로, 결혼을 하고 안 하는 것은 누구보다도 본인 자신에 관한 문제이므로 부모가 억지로 할 수 없다는 것입니다. 다섯째로, 결혼을 하고 안 하고가 중요한 것이 아니라 신앙생활에 도움이 되느냐 안 되느냐가 중요한 문제입니다.

결혼 생활과 독신 생활은 결코 대립적인 것이 아닙니다. 하나님께서 주신 은사대로 주를 섬기면 됩니다. 결혼을 해서 유익이 될 것 같으면 결혼하십시오. 결혼하지 않고 사는 것이 주님께 더 유익이 될 것 같으면 독신으로 사십시오. 그 어느 것도 죄가 되지 않고 가능합니다.

그런데 본 절에서 '잘하거니와' 와 '더 잘하는 것이니라' 는 말씀은 본 장 전체의 결론을 내린 말씀이라고 볼 수 있습니다. 사도 바울은 당사자나(8-35절), 부모 입장에서나(36-40절) 결혼하는 것은 잘하는 것이라고 기본적인 태도를 밝히고 있습니다. 그러나 독신으로 있으면서 전심전력을 다하여 주님께 충성한다면 독신 생활을 하는 것이 더 잘하는 일이라고 권유합니다. 그러므로 우리는 결혼 생활을 하든지 독신 생활을 하든지 주의 일에 더욱 힘쓰는 자가 되어야 하겠습니다.

39-40절 아내는 그 남편이 살아 있는 동안에 매여 있다가 남편이 죽으면 자유로워 자기 뜻대로 시집갈 것이나 주 안에서만 할 것

이니라 그러나 내 뜻에는 그냥 지내는 것이 더욱 복이 있으리로다 나도 또한 하나님의 영을 받은 줄로 생각하노라

본문에서는 특히 과부의 재혼에 대하여 말씀하고 있습니다. 부부는 같이 사는 동안에는 서로 지배하고 서로 매이는 생활을 합니다(4절). 그러다가 어느 한쪽이 죽으면 다른 한쪽은 결혼의 계약에서 자유를 얻게 됩니다. 사도 바울은 본문에서 재혼(再婚)에 대하여 말하면서 여자의 재혼(再婚)은 자유라는 것입니다. 그러나 조건은 남편이 죽고 없는 경우에 한하며 그것도 주 안에서만 해야 한다는 것입니다. 결코 재혼도 결혼과 마찬가지로 우리 인간들 마음대로 해서는 안 됩니다. 하나님의 뜻 가운데서 해야 합니다.

여기서 '주 안에서' 란 뜻은 온전한 신앙적 자세를 말합니다. 그러므로 주 안에서 재혼한다는 것은 그리스도의 몸에 속한 자로서의 깊은 자각을 가진 재혼을 말합니다. 그것은 결국 예수 그리스도를 믿는 남자와 재혼하라는 뜻입니다.

그리고 동시에 독신 생활도 허용됩니다. 사도 바울은 과부도 처녀의 경우와 같이 독신으로 지내는 것이 더 복되다고 생각했습니다. 그는 이미 8절에서 과부의 독신 생활을 권유한 바 있었습니다.

이것은 임박한 환난에서 피하게 될 것이고(28절), 세상적인 염려에서도 피하게 될 것이며(32절), 흐트러짐이 없이 주를 섬기게 될 것이기 때문입니다(35절). 그러면서 사도 바울은 자신이 말한 것이 성령의 인도함을 받아서 말한 것이라고 분명히 하고 있습니다. 결과적으로 사도 바울의 말은 하나님께서 동의하셨습니다. 하나님께서 동의하지 않으셨다면 성경 66권에 속할 수가 없기 때문입니다.

우리는 본 장을 통하여 결혼에 대한 교훈을 배웠습니다. 그 교훈 가운데는 하나님께 직접 계시 받은 것도 있고 사도 바울 자신의 의견을 말한 것도 있습니다. 하나님의 계시의 말씀은 그 당시뿐만 아니라 영구히 지켜야 합니다. 반면에 사도 바울 자신의 의견은 우리가 잘 취사선택해야 할 것입니다. 사도 바울은 그 당시의 생활환경에 입각하여 말했기 때문입니다. 그 당시에 로마의 임박한 환난을 앞두고 말한 까닭에 사도 바울 개인의 의견을 말한 부분은 그 시대를 뛰어넘어서 영원히 우리에게 주는 교훈은 아닙니다. 다만 우리가 참조할 수 있습니다.

그러나 하나님께서 결혼에 대하여 사도 바울에게 계시를 통하여 말씀하신 것은 절대적으로 지켜야 합니다. 하나님 앞에서 결혼한 부부는 죽음이 있기 전에는 헤어져서는 안 됩니다. 또 서로 예수 그리스도를 믿고 결혼한 사람은 비록 헤어질지라도 다시 합해야 합니다. 그러나 만약 한 편이 일방적으로 다른 사람과 재혼을 할 경우에는 그 남은 사람은 재혼해도 괜찮습니다. 이는 그 남은 사람이 결혼 계약에서 해방되기 때문입니다. 고린도전서 7장을 다시 한 번 정독하시고 잘 깨달아서 행복한 가정생활을 누리시기 바랍니다.

제 8 장

우상의 제물에 관한 문제

지식의 사랑 8:1-3

올바른 지식 8:4-6

약한 형제에 대한 배려 8:7-13

A COMMENTARY ON
THE FIRST EPISTLE TO
THE CORINTHIANS

본 장에서는 그 당시 고린도 교회에서 크게 문제되었던 우상의 제물을 먹는 일에 관하여 '하나님을 사랑하는 자에게 우상은 헛된 것이요, 우상의 제물을 먹는 것도 아무 관계가 없음'을 가르치고 있습니다. 그러나 믿음이 연약한 형제의 양심을 위해서 비록 나 자신은 자유로워서 거리낌이 없어도 우상의 제물을 먹지 않는 것이 좋다고 가르치고 있습니다.

1. 지식의 사랑(8:1-3)

1. 우상의 제물에 대하여는 우리가 다 지식이 있는 줄을 아나 지식은 교만하게 하며 사랑은 덕을 세우나니 2. 만일 누구든지 무엇을 아는 줄로 생각하면 아직도 마땅히 알 것을 알지 못하는 것이요 3. 또 누구든지 하나님을 사랑하면 그 사람은 하나님도 알아주시느니라

1절 우상의 제물에 대하여는 우리가 다 지식이 있는 줄을 아나 지식은 교만하게 하며 사랑은 덕을 세우나니

고린도 교회는 우상의 제물 문제에 대하여 사도 바울에게 질문을 했습니다. 이러한 질문에 대하여 사도 바울은 대답합니다. 우상의 제물에 대하여는 고린도 교회 교인들이 지식이 있는 줄 안다고 그들의 주장을 일단 인정해 주었습니다. 그러나 지식은 교만하게 하며 사랑은 덕을 세운다고 그들에게 문제의 핵심을 말합니다. 즉, 사랑에 뿌리박지 않은 지식

은 오히려 교만을 낳는다는 것입니다. 지식을 가지고 우상의 제물에 대해 말하기 이전에 사람에 대한 사랑이 먼저 앞서야 할 것을 가르치고 있습니다.

우리가 본 절의 말씀을 더 잘 이해하기 위해서는 그 당시의 풍습을 먼저 알아야 합니다. 그 당시 고린도 지방에는 우상을 섬기는 풍속이 있었습니다. 그들은 우상에게 제사한 뒤에 친한 사람들을 초청하여 잔치를 베풀었는데 상에는 우상에게 제물로 바쳤던 음식물을 내놓았습니다. 그리스도인들도 우상 숭배자들인 친구나, 친척들과 같이 살았기 때문에 그들의 잔치에 초대를 받아 갈 경우가 많았습니다. 그들 앞에 우상에게 바쳐진 제물이 놓일 때 어떻게 행동해야 할 것인지를 분명히 알지 못했습니다. 어떤 고린도 교회 교인들은 우상은 아무것도 아니라고 생각하여 우상의 제물을 먹을 수 있다고 하면서 먹기도 했습니다. 물론 사도 바울도 우상은 허망하며 아무것도 아님을 분명히 알고 있었습니다.

그러나 사도 바울은 9절부터 11절을 통해서 그들이 우상은 아무것도 아니며 우상 제물을 먹어도 괜찮다는 생각으로 우상의 제물을 먹음으로 믿음이 약한 다른 사람이 보고 시험에 들 수가 있음을 충고해 주고 있습니다. 이와 같이 지식만 주장하면 교만해지기 쉽고 사랑이 메마르기 쉽습니다. 또 다른 사람으로 하여금 시험에 들게 하기도 합니다. 그래서 사도 바울은 지식은 교만하게 하지만 사랑은 덕을 세운다고 했습니다. 여기서 '세운다' 라는 말은 집을 세운다는 의미와 같습니다. 사랑으로써 하나님의 교회를 세워 나간다는 뜻입니다(엡 4:16).

또한 나 자신의 유익뿐만 아니라 다른 사람들의 유익도 쌓아 나간다는 의미입니다. 그렇다고 사도 바울은 결코 지식의 필요성을 무시한 것은 아닙니다. 지식은 사랑을 수반해야 한다는 것을 말하고 있습니다.

우리는 예수 그리스도를 구주로 영접하자마자 하나님의 위대한 지식을 얻습니다. 그러면 그 지식은 무엇일까요? 그것은 천지와 만물을 지으신 하나님은 오직 한 분밖에 계시지 않고 우리를 구원하실 분은 예수 그리스도 외에는 없다는 것입니다(요 3:16; 행 4:11-12). 이와 같은 지식을 얻고 하나님을 아버지로 믿고 사는 사람은 참으로 자유롭습니다. 두려울 것도 없으며 거리낄 것도 없습니다. 하나님께서 함께 계시기 때문입니다. 하나님께서 함께 계시기 때문에 우상에게 바친 제물일지라도 거리낌 없이 예수님의 이름으로 기도하고 먹으면 괜찮습니다.

그러나 문제가 있습니다. 오랫동안 우상의 세계 속에 살아온 사람은 우상에게 바친 제물을 볼 때 그것에 귀신이 붙었다고 생각합니다. 따라서 이와 같은 생각을 가지고 먹는다면 죄가 됩니다. 그러면 마귀는 벌써 그 생각을 통해서 들어오게 되는 것입니다. 우리 그리스도인들은 기쁨과 확신으로 먹어야지 거리낌을 가지고 음식을 먹으면 안 됩니다. 거리낌이 있다면 먹지 말아야 합니다.

우리는 우상이 아무것도 아니라는 것도 압니다. 우상이란 나무나 돌로 깎아 세워 놓은 것이지 결코 우리의 구원과는 아무 상관도 없다는 확실한 지식을 가지고 대하면 괜찮습니다. 그러나 거리끼는 마음으로 대하면 반드시 문제가 생겨납니다. 양심의 고통을 당하고, 하나님께 기도가 나오지 않고, 마귀의 참소를 받게 됩니다. 이렇기 때문에 우리가 지식은 있지만 교만하지 않도록 해야 합니다. 내 자신의 신앙의 집을 세우고 남에게는 덕을 끼치며 하나님의 교회를 세우기 위해서 절대적으로 필요한 것이 사랑입니다.

그러므로 하나님께 영광이 되지 않고 내 자신과 남에게도 사랑의 덕이 되지 않는다면 우리는 과감하게 행하지 말아야 할 것입니다. 안다는 지식으로 말미암아 잘못하면 넘어지기 쉽습니다.

2절 만일 누구든지 무엇을 아는 줄로 생각하면 아직도 마땅히 알 것을 알지 못하는 것이요

지식은 교만하게 하며 사랑은 덕을 세운다고 말한 사도 바울은 지식의 한계에 대하여 말하고 있습니다. 사람이 무슨 일에 있어서든지 자신이 그것을 아는 줄로 생각하면 아직도 중요한 것을 모르고 있다는 것입니다. 그러므로 아는 줄로 생각하는 지식은 참다운 지식이 아닙니다.

참다운 지식은 그 사람의 무지(無知)를 깨닫게 합니다. 더 나아가 사랑으로 실천하게 합니다. 소크라테스(Socrates)는 아무것도 알지 못한다는 것밖에 아는 것이 없다고 했습니다. 벼가 익으면 익을수록 점점 더 고개를 숙이듯이 지식이 쌓여 갈수록 겸손해집니다. 계속해서 모르는 것이 더 드러나기 때문입니다. 그러나 빈 수레가 요란하듯이 얕은 지식을 가진 사람이 더 교만하여 큰 소리를 칩니다. 그러므로 우리는 더 알고 확신하는 데 거할수록 주님 앞에 더욱 더 겸손해져야 합니다.

주님 앞에 더 깨어지고 낮아져야 합니다. 우리 신앙생활에 있어서 깨어진다는 것은 복된 일입니다. 하나님께서 깨어진 사람을 쓰시기 때문입니다. 자신이 무엇을 안다고 하면서 깨어지지 않는 사람을 하나님께서는 쓰실 수가 없습니다.

그렇기 때문에 하나님께서는 쓰시기를 원하는 사람을 자꾸 깨뜨리십니다. 하나님은 지식이 많고 인간적으로 똑똑한 사람보다 깨어진 사람을

필요로 하십니다. 깨뜨리기 위해서 시험과 환난을 보내십니다. 그러므로 하나님께로부터 환난과 시험을 당하는 사람은 하나님께 감사해야 합니다. 그 이유는 하나님께서 쓰려고 하시기 때문입니다. 하나님께서 아브라함을 깨뜨리는데 25년이 걸렸고, 야곱은 20년, 요셉은 13년, 모세는 무려 40년이 걸렸습니다. 예수님을 믿는 사람은 한편으로는 하나님의 축복을 받으며, 다른 한편으로는 끊임없이 시험과 환난을 통과합니다. 우리가 예수님을 잘 믿어 하나님께로부터 축복받는 것은 중요합니다. 그러나 그 축복을 잘 감당한다는 것은 더 중요한 일입니다. 만약 우리가 하나님의 축복을 잘 감당하지 못한다면 그 축복이 도리어 화(禍)가 될 수가 있기 때문입니다. 교만으로 말미암아 자신이 잘나서 그렇게 된 줄로 알고 행동할 수가 있습니다. 그렇게 되면 점점 세상으로 흘러가게 되고 마귀의 올무에 걸리게 됩니다.

그렇기 때문에 하나님께서는 우리가 하나님 중심으로 생활하도록 하시기 위해서 여러 가지 방법으로 깨뜨리십니다. 어떤 때는 물질로 깨뜨리십니다. 어떤 때는 사람으로 깨뜨리십니다. 어떤 때는 우리의 평화로운 환경을 깨뜨리시기도 합니다. 이렇게 하나님의 깨뜨리심을 받을 때는 너무나 아프고 슬픕니다. 하나님의 뜻을 이해할 수가 없을 때도 있습니다. 그러나 우리는 모든 것을 합력하여 선을 이루어 주시는 하나님을 믿고 있습니다(롬 8:28). 이와 같이 좋으신 하나님을 믿고 있기 때문에 우리는 사도 바울과 같은 신앙 고백을 할 수 있습니다. "우리가 환난 중에도 즐거워하나니 이는 환난은 인내를, 인내는 연단을, 연단은 소망을 이루는 줄 앎이로다"(롬 5:3-4).

여러분, 환난과 시험을 당할 때 하나님 앞에 꿇어 엎드리십시오. 하나님께 맡기십시오. 하나님께서 사용하실 것입니다. 그러므로 우리는 무엇을 안다고 교만하지 말고 항상 주님 앞에 겸손해져야만 합니다.

3절 또 누구든지 하나님을 사랑하면 그 사람은 하나님도 알아주시느니라

"누구든지 하나님을 사랑하면" 이라는 말은 2절에서의 "무엇을 아는 줄로 생각하면" 과 대조가 됩니다. 사도 바울은 2절에서 무엇을 안다고 생각하면 마땅히 알 것을 알지 못하고 있다고 했습니다. 그러나 누구든지 하나님을 사랑하면 하나님께서 아시는 자가 된다고 담대하게 말합니다.

즉, 하나님을 사랑하는 사람을 하나님께서 인정해 주신다는 뜻입니다. 인간은 하나님을 지식으로 알 수가 없습니다. 철학으로도 알 수 없습니다. 오직 사랑으로만 알 수 있습니다. 또 사랑으로만 하나님께 아신 바 됩니다. 결국 사랑 안에 거하는 자는 하나님 안에 거하고 하나님도 그 안에 거하십니다. 그렇게 되면 하나님은 나를 아시게 되고 나도 하나님을 알게 됩니다. 그런데 우리가 하나님을 먼저 알 수가 없습니다. 하나님께서 우리에게 사랑을 주셔야만 하나님을 알 수 있습니다. 그러므로 우리가 하나님을 믿고 알게 된 것은 하나님께서 먼저 우리를 아시고 우리에게 사랑을 주셨기 때문입니다(갈 4:9; 요일 4:19).

이러한 일은 하나님께서 성령을 우리에게 주실 때에만 가능합니다. 성령 안에서만 우리가 하나님 안에, 하나님이 우리 안에 계신다는 것을 깨닫게 됩니다(요일 4:13). 성령 외에는 하나님을 알 수도 없고 하나님의 사랑을 깨달을 수도 없습니다. 결국 우리가 하나님을 아는 것도 중요하지만 하나님께서 우리를 알고 계신다는 것은 더욱 중요한 일입니다. 하나

님이 알아주시고 하나님이 인정하신 사람은 참으로 행복한 사람입니다.

자기 자신의 지식과 교만으로 자신을 높이려는 것보다 만군의 야훼 하나님의 인정을 받는 것이 얼마나 좋은 일입니까? 그러므로 나는 권합니다. 하나님의 인정을 받기 원하는 사람은 하나님을 사랑하십시오. 기도하여 성령 충만함을 받으십시오. 성령 충만함을 받게 되면 하나님의 사랑이 임하게 되고, 하나님의 사랑이 임하게 되면 하나님을 사랑하게 될 것입니다. 하나님을 사랑하게 되면 하나님의 아신 바 되는 놀라운 축복이 임하게 됩니다.

2. 올바른 지식(8:4-6)

**4. 그러므로 우상의 제물을 먹는 일에 대하여는 우리가 우상은 세상
에 아무것도 아니며 또한 하나님은 한 분밖에 없는 줄 아노라 5. 비
록 하늘에나 땅에나 신이라 불리는 자가 있어 많은 신과 많은 주가
있으나 6. 그러나 우리에게는 한 하나님 곧 아버지가 계시니 만물이
그에게서 났고 우리도 그를 위하여 있고 또한 한 주 예수 그리스도께
서 계시니 만물이 그로 말미암고 우리도 그로 말미암아 있느니라**

4절 그러므로 우상의 제물을 먹는 일에 대하여는 우리가 우상은 세

상에 아무것도 아니며 또한 하나님은 한 분밖에 없는 줄 아노라

사도 바울은 첫 번째 부분(1-3절)에서는 지식보다 사랑이 더 중요하다고 설명했습니다. 이제 두 번째 부분(4-6절)에서는 우상의 제물과 교회가 가지고 있는 신앙의 내용에 대하여 말하고 있습니다. 본 절에서 사도 바울은 우상은 세상에 아무것도 아닌 줄을 우리 모두가 안다고 했습니다.

고린도 교회 일부 교인들은 이러한 지식을 이유로 하여 우상의 제물을 서슴지 않고 먹었습니다. 사도 바울도 그들의 우상 제물에 대한 견해를 같이했습니다. 사람의 손으로 만든 우상, 그것은 아무것도 아니라는 것입니다. 사도 바울이 우상의 제물 먹는 일에 대하여 말할 때 이와 같이 말한 이유는 우상이 믿는 자에게 어떠한 영향력도 미치지 못하기 때문입니다. 아무것도 아닌 우상에게 바친 제물에 어떤 영향이 있을 리 만무합니다. 오직 한 분밖에 계시지 않는 하나님께서 음식물도 지으셨기 때문입니다. 하나님만이 이 세상의 모든 물질의 창조자이시며 주인이 되십니다. 디모데전서 4장 4절에 "하나님께서 지으신 모든 것이 선하매 감사함으로 받으면 버릴 것이 없나니"라고 기록되어 있습니다. 우리가 감사함으로 받아들이면 이 세상에서 버릴 것이 없습니다. 그러므로 아무것도 아닌 우상이 하나님의 피조물을 더럽힐 능력이 없습니다.

그런데 여기 문제가 있습니다. 그것은 사람의 마음입니다. 우상에게 귀신이 있는 것이 아니라, 사람이 우상에 귀신이 있다고 믿는 것이 문제입니다. 사람이 우상에 귀신이 있다고 집착함으로 말미암아 귀신을 그 마음에 불러들이게 되기 때문입니다. 우상 그 자체는 아무것도 아니며 두려워할 필요가 없습니다. 그런데 우상을 섬기다가 예수님을 믿게 되어도 부적이나 우상을 내버리지 못하는 사람이 있습니다. 그러나 하나님은

한 분밖에 계시지 않기 때문에 우리가 하나님을 믿으면 우상 따위는 아무것도 아니므로 무서워할 필요가 없습니다. 예수님의 이름으로 기도하고 찬송하면서 과감하게 버려야 합니다.

5절 비록 하늘에나 땅에나 신이라 불리는 자가 있어 많은 신과 많은 주가 있으나

사도 바울은 4절의 주장을 더욱 자세히 설명합니다. 하늘에나 땅에나 신이라 일컫는 자가 있다는 것입니다. 그래서 이 세상에는 많은 신도 있고 많은 주도 있다고 말합니다. 그 당시 헬라 세계나 로마 세계의 도처에는 여러 가지 형태의 우상 숭배 행위가 성행하고 있었습니다. 오늘날도 마찬가지입니다. 그러나 그런 것들은 아무것도 아닙니다. 우상 숭배란 하나님께서 창조하신 피조물을 무엇인가의 형체로 신격화(神格化)하고 예배하는 것을 말합니다. 이와 같이 우상 그 자체는 아무것도 아니지만 그 우상의 배후(背後)에서 역사(役事)하는 마귀의 세력을 조심해야 합니다.

마귀는 사람들에게 자신이 하나님인 체 합니다. 그래서 하늘이나 땅이나 물에서 귀신들이 활동하면서 여러 가지 형태로 사람들을 미혹하게 합니다. 우상에 절하고 섬기는 사람들에게 신(神)으로서 행세합니다. 그러나 우리가 믿는 야훼 하나님만이 신(神)들 중의 신(神)이시며 주(主)들 중의 주(神)가 되시는 것입니다(신 10:17; 대하 2:5; 단 2:47; 계 19:16).

6절 그러나 우리에게는 한 하나님 곧 아버지가 계시니 만물이 그에게서 났고 우리도 그를 위하여 있고 또한 한 주 예수 그리스도께

서 계시니 만물이 그로 말미암고 우리도 그로 말미암아 있느니라

이 세상에는 수많은 잡신(雜神)이 있지만 예수 그리스도를 믿는 사람에게는 오직 한 하나님만이 계십니다. 사도 바울은 많은 신들과 많은 주들에 대하여 한 하나님 아버지와 한 주 예수 그리스도를 말하고 있습니다. 이것은 하나님의 유일성에 대하여 말한 것입니다. 그런데 한 하나님, 곧 아버지에 대한 신앙 고백과 더불어 한 주 예수 그리스도에 대한 신앙 고백을 하고 있습니다.

이것은 주 예수 그리스도를 아버지 하나님과 동위(同位)에 놓고 주 예수 그리스도의 신성(神性)을 말한 것입니다. 사도 바울은 우리가 믿는 한 하나님 곧 아버지는 만물을 만드신 창조주시요, 만물을 지배하시는 분이시라고 했습니다. 또 예수 그리스도에 대하여는 만물이 그로 말미암고 우리도 그로 말미암았다고 말합니다(롬 11:36). 이것은 예수 그리스도께서 중보자(仲保者)이심을 가리킨 말입니다. 하나님과 인간의 중보자는 오직 예수 그리스도 한 분뿐이십니다. 많은 중보자가 있는 것이 아닙니다. 그렇기 때문에 예수 그리스도는 모든 사람이 '주' 라고 고백해야 할 분이 되시는 것입니다. 하나님께서는 독생자 예수 그리스도를 통하여 만물을 창조하셨고(요 1:3; 골 1:16), 그를 믿음으로 하나님의 자녀가 되는 길을 열어 놓으셨습니다(요 1:12). 그러므로 우리가 한 하나님 아버지와 한 주 예수 그리스도를 안다는 것은 참으로 중요한 일입니다. 우리가 창조주 하나님을 알고 있기에 이 세상의 잡신(雜神)을 두려워할 필요가 없습니다.

예수님께서 말씀하시기를 "내가 너희에게 뱀과 전갈을 밟으며 원수의 모든 능력을 제어할 권능을 주었으니 너희를 해칠 자가 결코 없으리라"(눅 10:19)고 했습니다. "믿는 자들에게는 이런 표적이 따르리니 곧 그들이

내 이름으로 귀신을 쫓아내며 새 방언을 말하며"(막 16:17)라고 했습니다. 그러므로 우리는 귀신들을 제어할 권세를 가지고 있고 쫓아낼 능력도 있습니다. 그런데 귀신들이 하나님의 흉내를 냅니다. 오늘날도 잘못하여 귀신에게 사로잡히면 스스로 "나는 하나님이다, 나는 성령이다."라고 말합니다. 이렇게 자기를 증명하려고 하는 것은 귀신이 하는 짓입니다. 하나님은 절대자이십니다. 그렇기 때문에 스스로를 변명하지도 않으시고 스스로를 증명할 필요도 없으십니다. 하나님은 말씀하실 뿐입니다. 그리고 우리는 하나님의 말씀에 대하여 "아멘!" 하고 순종할 따름입니다.

3. 약한 형제에 대한 배려(8:7-13)

**7. 그러나 이 지식은 모든 사람에게 있는 것은 아니므로 어떤 이들은
지금까지 우상에 대한 습관이 있어 우상의 제물로 알고 먹는 고로 그
들의 양심이 약하여지고 더러워지느니라 8. 음식은 우리를 하나님
앞에 내세우지 못하나니 우리가 먹지 않는다고 해서 더 못사는 것도
아니고 먹는다고 해서 더 잘사는 것도 아니니라 9. 그런즉 너희의
자유가 믿음이 약한 자들에게 걸려 넘어지게 하는 것이 되지 않도록
조심하라 10. 지식 있는 네가 우상의 집에 앉아 먹는 것을 누구든지
보면 그 믿음이 약한 자들의 양심이 담력을 얻어 우상의 제물을 먹게
되지 않겠느냐 11. 그러면 네 지식으로 그 믿음이 약한 자가 멸망하
나니 그는 그리스도께서 위하여 죽으신 형제라 12. 이같이 너희가**

형제에게 죄를 지어 그 약한 양심을 상하게 하는 것이 곧 그리스도에게 죄를 짓는 것이니라 13. 그러므로 만일 음식이 내 형제를 실족하게 한다면 나는 영원히 고기를 먹지 아니하여 내 형제를 실족하지 않게 하리라

7절 그러나 이 지식은 모든 사람에게 있는 것은 아니므로 어떤 이들은 지금까지 우상에 대한 습관이 있어 우상의 제물로 알고 먹는 고로 그들의 양심이 약하여지고 더러워지느니라

'이 지식' 이란 4절부터 6절까지의 말씀을 말합니다. 즉, 우상은 아무것도 아니며 하나님은 한 분밖에 없다는 사실을 아는 것을 가리킵니다. 이러한 지식을 사람마다 다 가지고 있는 것이 아니라고 사도 바울은 말합니다.

그 당시 어떤 사람들은 예수 그리스도를 믿고 난 후에도 옛적에 우상을 섬기던 습관을 버리지 않았습니다. 그들은 우상의 제물이 귀신으로 말미암아 더럽혀진 줄로 생각하면서 먹었습니다. 즉, 우상의 제물은 귀신이 먹으며 귀신이 붙어 있다는 미신적인 생각으로 먹는다는 것입니다 그렇게 되니 그들의 양심이 약하여지고 더러워집니다. 결국 양심에 거슬리면서 먹게 되어 하나님께 죄를 짓게 됩니다. 이와 같이 음식물 자체에 문제가 있는 것이 아니라 그 음식물을 먹는 인간의 마음에 문제가 있습니다. 그들이 우상은 아무것도 아니며 오직 하나님밖에 계시지 않음에도 불구하고 마음에 거리낌을 가지고 제물을 먹기 때문에 시험에 든다는 것입니다. 우상 숭배의 마음으로 제물을 먹으면 죄를 짓게 됩니다. 이 세상의 모든 그리스도인들이 우상은 아무것도 아니며 우상의 제물이 어떤 영

향으로 불결하게 된 것이 아니라는 올바른 지식을 갖고 있는 것은 아닙니다.

그러므로 우리가 우상의 제물을 먹을 때 신앙이 약한 사람이 보고 따라 먹게 됩니다. 그렇게 되면 신앙이 약한 사람은 우상에 대한 올바른 지식이 부족하므로 양심이 약해지고 더러워져서 시험에 빠집니다. 그 결과 기도도 안 나오고 신앙생활에 큰 상처를 입고 맙니다. 이렇기 때문에 우리는 언제나 지식만 가지고 인생을 살아서는 안 됩니다. 사랑을 가지고 살아야 합니다. 비록 내가 올바른 지식을 가지고 살지라도 다른 사람에게 상처를 입혀서는 안 됩니다. 나 자신이 우상의 제물을 먹게 될 경우에 남에게 시험이 될 것 같으면 먹지 말아야 합니다.

8절 음식은 우리를 하나님 앞에 내세우지 못하나니 우리가 먹지 않는다고 해서 더 못사는 것도 아니고 먹는다고 해서 더 잘사는 것도 아니니라

그 당시 고린도 교회 교인들 중에 어떤 사람들은 우상의 제물을 먹는 것을 자랑으로 여겼습니다. 그들은 우상의 제물을 먹지 못하는 자들은 믿음이 연약하기 때문이라고 생각했습니다. 반면에 그들 자신은 우상의 제물을 아무 거리낌 없이 먹음으로, 먹지 못하는 사람보다 더 믿음이 낫다고 자만했습니다.

이러한 사람들을 향하여 음식물이 우리를 하나님 앞에 세우지 못한다고 사도 바울은 단호하게 말합니다(롬 14:17). 음식물 그 자체가 근본적인 문제가 아니기 때문입니다. 그래서 우상의 제물을 두려워하여 먹지 못하는 약한 사람들에게 "먹지 않는다고 해서 더 못사는 것도 아니다."라

고 말합니다. 또 우상의 제물을 거리낌 없이 먹으면서 스스로 신앙이 성장했다고 자부하는 사람들에 대하여는 "먹는다고 해서 더 잘사는 것도 아니니라." 고 밝히고 있습니다. 이와 같이 신앙과 음식물과는 아무 관계가 없습니다.

예수님께서도 말씀하시기를 "무엇이든지 밖에서 사람에게로 들어가는 것은 능히 사람을 더럽게 하지 못하되 사람 안에서 나오는 것이 사람을 더럽게 하는 것이니라"(막 7:15-16)고 하셨습니다. 음식을 먹었다고 해서 신앙에 도움이 되는 것이 아니요, 음식을 먹지 않았다고 해서 신앙에 손해가 되는 것도 아닙니다. 음식물은 우리의 육체를 유지하고 건강하게 하는 것이고 음식 그 자체가 우리의 신앙을 성장시키는 것이 아닙니다. 그러므로 어떤 이단에서 말하듯이 거룩한 성수(聖水)를 마시라는 소리나 거룩한 음식을 먹으라고 하는 소리는 다 잘못된 것입니다. 그런 것은 먹어도 우리에게 풍성함이 없고 먹지 않아도 부족함이 없습니다.

9절 그런즉 너희의 자유가 믿음이 약한 자들에게 걸려 넘어지게 하는 것이 되지 않도록 조심하라

신앙과 음식물과는 아무 상관이 없으므로 자신의 올바른 판단에 따라(4-6절) 우상에게 바친 음식을 먹는 것은 괜찮습니다. 그러나 우리의 지식적인 판단만 믿고 조심하지 않는다면 우상의 제물을 먹음으로써 신앙이 약한 자들에게는 걸려 넘어지는 것이 됩니다. 잘못하면 그들로 하여금 우상 숭배자가 되게 하고 하나님 품을 떠나도록 하기 쉽습니다. 우리는 주님의 백성을 실족하게 하는 것이 얼마나 큰 죄인가를 명심해야 합니다(마 18:6).

결코 우리의 지식을 과시하지 말고 함부로 특권을 남용하지 말아야 합니다. 형제를 실족하게 할 염려가 있기 때문입니다. 중요한 것은 지식이 아니며 음식물이 아닙니다. 바로 그리스도 안에서 한 하나님의 백성 된 형제인 것입니다. 형제를 위하여 우리는 매사에 조심하는 사랑의 수고를 해야 합니다. 이러한 신앙 태도는 불신자들에게도 마찬가지입니다. 우리는 예수님의 공로로 구원받았지만 언제 구원받을지 모르는 다른 사람들을 생각해야 합니다. 교회에서야 마음껏 기도하고 찬송해도 괜찮습니다. 그러나 구역 예배를 드릴 때에는 사랑으로 행하고 덕으로 행해야 합니다.

예배를 드린다고 하면서 남에게 혐오감을 주어서는 안 됩니다. 항상 이웃을 생각하고 사랑과 덕으로 행하지 않으면 복음을 전파하기가 어렵습니다. 아무리 뜨거운 열심히 있다고 해도 사랑과 덕이 없는 전도는 열매 맺기가 어렵기 때문입니다. 도리어 예수 그리스도를 모욕되게 하는 경우도 있습니다. 자기 생각에는 주님을 위하여 훌륭한 일을 했다고 생각할지 모르지만 결과적으로 하늘나라에 크게 상처를 입히는 결과만 초래합니다. 그러므로 우리는 신앙적으로 약한 자들에게나 불신자들에게 덕이 되지 않는 신앙생활은 하지 말아야 할 것입니다.

10절 지식 있는 네가 우상의 집에 앉아 먹는 것을 누구든지 보면 그 믿음이 약한 자들의 양심이 담력을 얻어 우상의 제물을 먹게 되지 않겠느냐

사도 바울은 9절에서 언급한 약한 자들이 걸려 넘어지게 되는 경우를 설명하고 있습니다. 우상에 대한 올바른 지식을 가지고 믿음이 있다는

사람이 우상의 집에 태연히 앉아서 우상의 제물을 먹을 때 누군가 그 모습을 본다면 그들도 따라 우상의 제물을 먹지 않겠느냐는 것입니다. '믿음이 있다는 사람들이 우상의 제물을 먹어도 괜찮네.' 라는 생각으로 믿음이 약한 사람도 잘못된 마음에 담력을 얻게 됩니다. 그 결과 우상의 제물을 먹습니다. 우상의 제물에 대해 올바른 지식이 있는 사람은 상관이 없지만 그렇지 못한 약한 형제는 결국 하나님께 범죄하고 맙니다.

11절 그러면 네 지식으로 그 믿음이 약한 자가 멸망하나니 그는 그리스도께서 위하여 죽으신 형제라

믿음이 강하다고 하는 자의 우상에 대한 지식으로 말미암아 신앙이 약한 자가 멸망을 받게 된다는 것입니다. 그런데 실족하여 넘어지는 약한 자도 예수 그리스도께서 피 흘려 죽으시기까지 사랑하는 형제입니다. 조금 알고 있다는 지식으로 인하여 그리스도께서 사랑하시는 형제를 실족시키겠느냐고 사도 바울은 말하고 있습니다(롬 14:15). 이와 같이 그리스도가 죽음으로써 구원하고자 하신 형제는 귀하고 중요한 존재입니다. 그러므로 우리는 그리스도의 피로 산 바 된 형제를 실족하게 하는 것이 얼마나 무서운 일인가를 명심해야겠습니다.

우리는 한 사람 한 사람의 영혼 구원을 중요시해야 합니다. 그리스도의 죽음과 피는 한 사람 한 사람을 위한 것이기 때문입니다. 또한 여기서 사랑이 없는 지식이 얼마나 위험한가를 알아야 합니다. 덕을 끼치지 못하는 지식은 바로 전달되지 못할 경우가 있습니다. 더 나아가 멸망을 초래할 수도 있는 것입니다.

12절 이같이 너희가 형제에게 죄를 지어 그 약한 양심을 상하게 하는 것이 곧 그리스도에게 죄를 짓는 것이니라

형제에 대하여 죄를 짓는 것은 결국 그리스도에게 죄를 짓는 것이라고 사도 바울은 강력하게 말합니다. 약한 자를 위하여 그리스도께서 피 흘려 죽으셨는데 사랑 없는 지식으로 약한 자를 멸망시키게 된다면 결국 그리스도께 범죄가 된다는 것입니다. 그리스도 안에서 형제 된 사람에게, 특히 믿음이 약한 형제에게 상처를 주면 결국 그리스도에게 상처를 주는 것이 됩니다. 예수 그리스도는 양들을 위하여 목숨까지도 버린 선한 목자가 되십니다(요 10:11). 그렇기 때문에 주님께서는 양들에 대하여 지대한 관심을 가지고 그들을 보호하십니다.

어느 누구도 예수님의 손에서 양들을 빼앗을 수가 없습니다(요 10:28). 이와 같이 주님의 양을 실족시킨다는 것은 주님을 대적하는 결과가 됩니다. 이 얼마나 무서운 범죄입니까? 그러므로 우리는 사랑 없는 지식을 함부로 남용하지 말아야 합니다. 우리는 항상 내 자신의 신앙도 검토해 봄으로 나 자신뿐만 아니라 남에게도 신앙의 덕을 세우고 있는지 유의해야 합니다.

13절 그러므로 만일 음식이 내 형제를 실족하게 한다면 나는 영원히 고기를 먹지 아니하여 내 형제를 실족하지 않게 하리라

사도 바울은 교회에 대하여 권고만 해 주는 것이 아닙니다. 자신이 스스로 실행했습니다. 본 절은 다음에 이어지는 9장 전체의 결론적인 말로써 사도 바울 자신의 신앙 태도를 나타내고 있습니다. 그가 고기를 먹음으로 형제를 실족하게 한다면 영원히 고기를 먹지 않음으로 형제를 실족

하지 않도록 하겠다고 했습니다. 이와 같은 강한 결심은 그리스도를 사랑하는 마음에서 나옵니다. 그리스도를 사랑하기 때문에 그리스도의 피로 산 바 된 형제도 사랑하게 되어 자신의 지식을 남용하지 않겠다는 것입니다. 이와 같은 사도 바울의 형제에 대한 사랑은 지식을 능가하는 것입니다. 사랑이 있는 그의 지식은 덕을 쌓았고 그리스도의 몸 되신 교회를 세웠습니다. 우리는 사도 바울의 사랑의 강도(强度)를 "나는 영원히 고기를 먹지 아니하여" 라는 말에서 다시 한 번 확인할 수 있습니다. 형제를 사랑하여 실족하지 않게 하기 위하여 자신의 자유를 포기하고 먹고 싶은 음식도 금했습니다. 이와 같은 사도 바울의 도덕률(道德律)은 참으로 위대한 것입니다.

참으로 사도로서 손색이 없습니다. 오늘날 그리스도인들은 이와 같은 사도 바울의 신앙 태도를 본받아야 할 것입니다. 나만 예수 잘 믿으면 되고 우리 교회만 잘되면 되지 않느냐는 생각은 하고 있지 않은지 반성해 보아야 합니다. 우리에게는 죄가 되지 않는 일일지라도 형제에게 덕이 되지 않으면 포기할 줄도 알아야 합니다. 그리스도께서 죽으심으로 구속하신 형제들입니다. 이러한 형제의 멸망을 초래하면서까지 우리의 지식을 오용(誤用)하여 권리를 잘못 행사해서는 안 될 것입니다.

제 9 장

오직 복음만을 위하여 힘쓴 바울

바울의 사도로서의 권리와 희생	9:1-14
사도 바울의 복음 전하는 태도	9:15-18
오직 복음을 위하여 행한 바울	9:19-23
썩지 아니할 면류관	9:24-27

A COMMENTARY ON
THE FIRST EPISTLE TO
THE CORINTHIANS

사도 바울은 앞 장에서, 그 당시 고린도 교회에서 크게 문제가 되었던 우상의 제물을 먹는 일에 관하여 가르쳤습니다. 바울은 여기에서 지식보다는 사랑을 따라 행하라고 하였습니다. 이제 사도 바울은 본 장에서, 바울이 사도가 아니라고 비난하는 자들에게 자신을 변호하고 이의 근거로 복음을 위해 모든 부분에서 절제하는 자신의 삶을 제시했습니다. 먼저 사도 바울은 자신의 사도적 사명과 권위를 주장했습니다. 그러나 사도로서의 권위를 자랑하지는 않았습니다. 왜냐하면 사도로서 복음을 전하는 일은 부득불 할 일이었고, 만일 복음을 전하지 않으면 화가 있을 것이라고 알고 있었기 때문입니다. 바울은 많은 자들을 구원하기 위하여 자신이 누릴 수 있는 여러 가지 권리를 스스로 포기했고, 또 여러 모양의 삶의 태도를 취했습니다. 바울은 오직 복음을 위하여 모든 일을 행한 모범적인 사도였습니다.

1. 바울의 사도로서의 권리와 희생(9:1-14)

1. 내가 자유인이 아니냐 사도가 아니냐 예수 우리 주를 보지 못하였
느냐 주 안에서 행한 나의 일이 너희가 아니냐 2. 다른 사람들에게
는 내가 사도가 아닐지라도 너희에게는 사도이니 나의 사도 됨을 주
안에서 인 친 것이 너희라 3. 나를 비판하는 자들에게 변명할 것이
이것이니 4. 우리가 먹고 마실 권리가 없겠느냐 5. 우리가 다른 사
도들과 주의 형제들과 게바와 같이 믿음의 자매 된 아내를 데리고 다
닐 권리가 없겠느냐 6. 어찌 나와 바나바만 일하지 아니할 권리가
없겠느냐 7. 누가 자기 비용으로 군 복무를 하겠느냐 누가 포도를
심고 그 열매를 먹지 않겠느냐 누가 양 떼를 기르고 그 양 떼의 젖을
먹지 않겠느냐 8. 내가 사람의 예대로 이것을 말하느냐 율법도 이것
을 말하지 아니하느냐 9. 모세의 율법에 곡식을 밟아 떠는 소에게
망을 씌우지 말라 기록하였으니 하나님께서 어찌 소들을 위하여 염
려하심이냐 10. 오로지 우리를 위하여 말씀하심이 아니냐 과연 우리
를 위하여 기록된 것이니 밭 가는 자는 소망을 가지고 갈며 곡식 떠
는 자는 함께 얻을 소망을 가지고 떠는 것이라 11. 우리가 너희에게

신령한 것을 뿌렸은즉 너희의 육적인 것을 거두기로 과하다 하겠느냐 12. 다른 이들도 너희에게 이런 권리를 가졌거든 하물며 우리일까보냐 그러나 우리가 이 권리를 쓰지 아니하고 범사에 참는 것은 그리스도의 복음에 아무 장애가 없게 하려 함이로다 13. 성전의 일을 하는 이들은 성전에서 나는 것을 먹으며 제단에서 섬기는 이들은 제단과 함께 나누는 것을 너희가 알지 못하느냐 14. 이와 같이 주께서도 복음 전하는 자들이 복음으로 말미암아 살리라 명하셨느니라

1절 내가 자유인이 아니냐 사도가 아니냐 예수 우리 주를 보지 못하였느냐 주 안에서 행한 나의 일이 너희가 아니냐

사도 바울은 자신의 사도직에 대한 근거로 네 가지를 제시합니다. 그 중에 먼저 든 것이 자신은 자유인이라는 것입니다. 여기서 자유인이란 율법의 의식에 묶이지 않고 예수 그리스도 안에서 완전한 자유를 얻은 사람을 말합니다. 사도 바울은 예수 그리스도를 믿음으로 율법으로부터 자유를 얻어 복음의 자유를 누리며 살고 있었습니다. 그런데 당시 고린도 교회 교인들이 사도 바울의 사도직까지 의심하고 나왔습니다. 그들의 의심에 대하여 사도 바울은 자신이 "자유인이 아니냐?" 라는 말로 그들에게 반문하고 있는 것입니다.

예수님이 오시기 전의 구약 시대 사람들은 율법의 의식에 묶여 있었습니다. 그러나 예수님은 인생들을 자유하게 하시려고 이 세상에 오셨습니다. 우리는 오직 예수 그리스도를 믿음으로 모든 속박에서 풀려나 자유를 얻게 되었습니다(요 8:36). 여러분! 이 자유가 얼마나 큰 축복인지 아십니까? 또한 이방 종교들은 얼마나 무서운 구속(拘束)인지 아십니까? 이슬람교도들은 하루에 다섯 번씩 메카를 향하여 엎드려 기도해야 됩니다.

만일 하루에 다섯 번씩 시간을 정해놓고 기도를 안 한다면 이슬람교도가 될 수 없습니다. 또 일생에 한 번은 사우디아라비아에 있는 메카에 직접 참배를 가야 합니다. 그러니 이슬람교도가 된다는 것은 쉬운 일이 아닙니다. 이슬람교뿐만 아니라 이 세상에 있는 대다수의 종교는 이와 같은 율법과 의식에 얽매여 있습니다.

그러나 우리 기독교는 율법 행위로 구원받는 것이 아닙니다. 의식을 지킴으로 구원받는 것도 아닙니다. 오직 예수 그리스도를 믿는 믿음으로 구원을 받습니다(요 3:16; 롬 1:17; 3:24,28). 우리가 예수 그리스도를 구주로 믿어 구원을 받으면 이 세상 모든 것에 대해 자유인이 되는 것입니다. 죄에서 자유롭게 됩니다. 마귀에게서 자유롭게 됩니다. 물질과 세상에 대하여, 죽음과 지옥에 대하여 자유롭게 됩니다. 예수 믿는 사람은 진정한 자유인인 것입니다(요 8:36).

사도 바울은 두 번째로 자신이 "사도가 아니냐?"라고 묻고 있습니다. 사도 바울이 받은 하나님의 종으로서의 사명은 사도직이었습니다. 이 사도직은 일회적(一回的)인 직분이었습니다. 예수님께서 직접 택하신 열두 제자들이 기독교의 근본적인 기초를 놓은 사람들로서 사도들인 것입니다. 물론 열두 제자 중에 가룟 유다는 예수님을 배반한 뒤 자살하여 그 대신 맛디아를 사도로 보충했습니다(행 1:23-26). 사도란 원래 실제로 예수님을 보고, 예수님의 말씀을 듣고, 예수님을 체험한 사람이어야 했으며, 예수님께서 죽었다가 부활하신 것을 목격하고 부활하신 예수님과 친히 만나서 대화를 한 사람이어야 했습니다. 그러므로 사도로 부름을 받은 사람들은 성령의 특별한 은혜를 받아 예수 그리스도의 사건을 사실 그대로 전하는 사명을 받았습니다.

그런데 바울은 다메섹 도상에서 예수님을 친히 보고, 예수님의 말씀을 듣고, 예수님을 체험한 사람이었으며, 부활하신 예수님과 직접 대화한 사람이었고, 예수님께로부터 직접 사도직을 받은 사람이었습니다. 이러므로 바울은 자신이 사도라고 담대히 말하고 있는 것입니다.

사도 바울은 세 번째로 자신이 예수 그리스도를 보았다고 말하고 있습니다. 바울은 다메섹 도상에서 친히 주님의 말씀을 듣고 주님을 보고 주님과 대화하였습니다. 그러나 바울과 동행하던 사람들은 소리만 들었지 아무도 예수님을 보지 못하고 놀라서 아무 말도 없이 서 있었습니다. 이와 같이 사도 바울은 다메섹 도상에서 부활하신 예수님을 만나 보았습니다(행 9:3-9). 뿐만 아니라 아라비아에 있었던 3년 동안(갈 1:17-18) 바울이 성경 말씀의 깊은 진리를 깨달을 때도 예수님과 종종 만났을 것입니다. 그래서 바울은 담대히 말하고 있는 것입니다. "내가 예수 우리 주를 보지 못하였느냐?" 바울의 사도직은 예수님께서 직접 주신 것입니다. 예수님은 열두 사도를 택하셨고, 바울 역시 사도로 택해 주셨습니다.

사도 바울은 그의 사도직에 대한 권리의 네 번째 주장으로 확실한 증거를 내세우고 있습니다. 고린도 교회는 사도 바울 자신이 그리스도의 복음을 전파하여 개척하여 세운 그의 열매였습니다. 그렇기 때문에 바울은 "내가 사도적인 주권을 가지고 복음을 증언해서 너희와 같은 신자들을 만들지 않았느냐? 고린도 교회를 내가 개척하지 않았느냐? 누가 나를 보고 사도가 아니라고 비난하느냐? 주 안에서 행한 나의 일이 바로 너희가 아니냐?" 하며 강하게 묻고 있는 것입니다. 사도 바울이 이렇게 네 가지로 나누어 강하게 변호한 것은 고린도 교회 교인들로 하여금 그의 사도직에 대하여 조금도 의심하지 못하도록 하기 위함이었습니다.

2절 다른 사람들에게는 내가 사도가 아닐지라도 너희에게는 사도이니 나의 사도 됨을 주 안에서 인 친 것이 너희라

바울은 1절에 이어 본 절에서 고린도 교회 교인들에게 더욱 강력한 증거를 내세우고 있습니다. 본 절을 다시 말하면 다음과 같습니다. "다른 사람들은 나를 보고 사도라 하지 않을지라도 고린도 교회 교인인 너희들만은 나를 사도라고 할 수밖에 없다. 왜냐하면 내가 사도적인 권위를 가지고 너희에게 복음을 증언해서 바로 너희 교회를 세웠기 때문이다. 너희들은 나를 통하여 복음을 받아들이지 않았느냐? 그렇기 때문에 다른 사람들은 나를 보고 사도가 아니라고 할지라도 너희들은 그렇게 말할 수 없을 것이다. 너희야말로 내가 사도라는 것에 대한 증명의 인장이다."

아무도 고린도에 와서 예수 그리스도의 복음을 전하지 않았을 때, 바울이 사도로서 고린도에 제일 먼저 교회를 개척하고 복음을 전하였습니다. 그러므로 고린도 교회는 사도 바울의 사도 됨을 부인할 수 없습니다. 만일 그들이 사도 바울의 사도직을 부인한다면 그들의 신앙 자체도 부인되고 말 것이기 때문입니다.

3절 나를 비판하는 자들에게 변명할 것이 이것이니

바울이 사도가 아니라고 트집 잡아 비난하는 사람들은 이렇게 말했을 것입니다. "만일 바울이 정말로 사도 같으면 왜 저렇게 고생을 하느냐? 사도의 권리를 사용하여 당당하게 선교 헌금도 거두고 연보도 거두어 물질의 여유를 가지고 복음을 전파하지, 저렇게 고생해 가며 천막을 만들고 자기 비용으로 하는 까닭이 무엇이냐? 바울이 사도가 아니기 때문이 아니냐?" 여기에 대하여 바울은 4절 이하에서 자신도 다른 사도들과 마

찬가지로 권위를 가지고 있음을 밝히고 있습니다.

4절 우리가 먹고 마실 권리가 없겠느냐

바울은 사도였기 때문에 교회에서 대접받을 권리가 있었습니다. 그럼에도 불구하고 바울은 이 권리를 사용하지 않았습니다. 오히려 바울은 자신이 수고하여 자기 비용으로 복음을 전하였습니다(4:12). 바울이 이렇게 한 이유는 아무에게도 폐를 끼치지 아니하려는 마음 때문입니다. 또 사도로서 스스로 본을 보여 사도의 바른 정신을 본받게 하기 위해서입니다. 바울은 결코 교회에서 보수를 받을 권리가 없는 사람이 아니었습니다(살후 3:8-9). 그러나 그 당시 많은 사람들이 이러한 사도 바울의 마음을 모르고 그의 사도직을 헐뜯었습니다. 사도라면 정당하게 보수도 받고 교회에서 대접도 받아야 되는 것이 아니냐는 것입니다. 여기에 대해 사도 바울은 사도로서 복음을 전하고 난 뒤에, 교인들의 헌금이나 연보를 가지고서 먹고 마시고 복음 전할 권한이 왜 없었겠느냐고 말하고 있는 것입니다.

5절 우리가 다른 사도들과 주의 형제들과 게바와 같이 믿음의 자매 된 아내를 데리고 다닐 권리가 없겠느냐

사도 바울은 독신 생활을 하면서 복음을 전했습니다. 이것은 하나님께서 그에게 이러한 은사를 주셨기 때문이며 하나님의 특별한 섭리에 의한 것이었습니다. 그러나 그 당시 다른 사도들은 결혼 생활을 하면서 복음을 전했습니다. 그리고 교회에서는 사도의 부양가족의 생활비까지 모두 책임져 주었습니다. 그러나 사도 바울은 독신이었고 아무런 보수도 받지 않았습니다. 이것은 결코 그가 사도로서의 권한이 없어서가 아니었습니다. 그러므로 바울은 여기에서 '우리도 다른 사도들과 같이 아내를 데리고 다닐 권리가 얼마든지 있다.' 고 주장하고 있습니다. 즉, 다른 사도들과 같이 결혼 생활을 하면서 복음을 전할 수도 있고 아내와 자녀들의 부양을 교회로부터 요구할 권리도 있다는 것입니다.

여기서 자매 된 아내란 그리스도를 믿는 아내를 말합니다. 그 당시 사도들은 결혼하여 아내를 두고 있었습니다. 아직도 가톨릭에서는 베드로는 독신이었고 부인이 없었다고 주장하고 있습니다. 그러나 분명히 베드로는 결혼을 했었고 아내도 있었습니다. 베드로는 사도가 되기 전에 이미 장모가 있었는데 아내가 없을 리 만무한 것입니다(마 8:14-15). 베드로는 본 절의 말씀과 같이 아내와 함께 다니며 복음을 전했습니다.

그러므로 사도 바울의 일행 역시 아내를 데리고 다닐 권리가 있었던 것입니다.

6절 어찌 나와 바나바만 일하지 아니할 권리가 없겠느냐

사도 바울과 바나바는 스스로 노동을 해서 자기 비용으로 복음을 전했습니다. 그런데 다른 사도들은 연보를 거두어서 편안하게 복음을 전하고 세상적인 일은 하지 않았습니다. 이들은 교회로부터 생활비를 받을 만한 권리가 있었음에도 불구하고 스스로 그렇게 한 것입니다. 그런데 그 당시 어떤 사람들은 사도 바울이 사도가 아니기 때문에 연보도 거두고 월급도 받으며 목회할 자격이 없다고 말했습니다. 이에 대하여 바울은 어찌 나와 바나바가 다른 사도들과 같이 월급을 받으며 복음을 전할 권한이 없겠느냐고 말하고 있는 것입니다.

7절 누가 자기 비용으로 군 복무를 하겠느냐 누가 포도를 심고 그 열매를 먹지 않겠느냐 누가 양 떼를 기르고 그 양 떼의 젖을 먹지 않겠느냐

사도 바울은 일꾼이 보수를 받는 것이 마땅하다는 주장을 하기 위해 군인과 농부와 목자를 예로 들었습니다. 스스로 자신의 양식을 준비해 가면서 보수 없이 군인이 되는 사람은 없을 것입니다. 농부가 포도를 심고 재배하면 그 열매를 먹는 것은 당연합니다. 마찬가지로 양 떼를 기르는 목자는 얼마든지 양의 젖을 짜서 먹을 수 있습니다. 이와 같이 하나님께 부르심을 받은 사도 또한 하나님의 일을 하는 자로서 보수를 받는 것이 당연합니다.

그런데 사도 바울이 군인과 포도원 농부와 양 치는 목자를 예로 든 이면에는 상당한 의미가 있습니다. 사도 바울은 주의 종을 하나님께로부터 모집된 군사로 생각했습니다(딤후 2:3-4). 주의 종은 하나님의 군사로 부름을 받아서 주의 백성들에게 때를 따라 양식을 공급하며 그들을 마귀에게서 지켜주며 보호하기 때문입니다. 하나님의 나라는 교회요, 하나님의 군사들의 군자금은 성도들이 내는 십일조와 헌물입니다. 하나님은 교회의 확장과 보호를 위하여 군사 된 주의 종들을 십일조와 헌물로 먹이고 입히고 돌보아 주십니다.

또 사도 바울은 주의 종을 포도원에서 일하는 농부로 비유했습니다. 이스라엘에서는 포도 농사가 농업의 큰 부분을 차지합니다. 그 많은 농부 중에 자기 포도밭에 포도를 심어 놓고 그 포도밭의 포도를 따 먹지 않을 사람이 있겠느냐는 말입니다.

또한 사도 바울은 주의 종을 양 치는 목자에 비유하였습니다. 성도는

양이요, 주의 종은 목자입니다(요 21:15). 목자는 양을 보호하고 양을 푸른 초장으로, 잔잔한 시냇가로 이끌어 주어야 합니다. 그러므로 바울은 이러한 신령한 군사요, 농부요, 목자인 주의 종을 교회에서 대접하는 것은 마땅한 일이라고 말하고 있는 것입니다.

8-10절 내가 사람의 예대로 이것을 말하느냐 율법도 이것을 말하지 아니하느냐 모세의 율법에 곡식을 밟아 떠는 소에게 망을 씌우지 말라 기록하였으니 하나님께서 어찌 소들을 위하여 염려하심이냐 오로지 우리를 위하여 말씀하심이 아니냐 과연 우리를 위하여 기록된 것이니 밭 가는 자는 소망을 가지고 갈며 곡식 떠는 자는 함께 얻을 소망을 가지고 떠는 것이라

7절의 예가 일반적이라면 바울은 본문에서 더욱 확실한 권위에 호소하고 있습니다. 사도 바울은 일하는 자들이 보수를 받는 것이 정당하다는 것은 군사나 농부나 목자의 예로 알 수 있을 뿐만 아니라 구약 성경도 그것을 말하고 있다는 것입니다.

사도 바울은 자신의 주장을 뒷받침하기 위하여 신명기 25장 4절에 기록된 "곡식 떠는 소에게 망을 씌우지 말지니라"는 말씀을 인용하고 있습니다.

우리 한국과 달리 중동에서는 소를 이용해서 타작을 합니다. 소에게 멍에를 메워서 연자 맷돌을 돌리면서 타작합니다. 그런데 성경은 이 연자 맷돌을 돌릴 때 소에게 망을 씌우지 말라고 했습니다. 이는 소가 연자 맷돌을 메고 돌 때는 얼마든지 먹도록 하여 일하는 소를 배고프게 하지 말라는 것입니다. 유대인들은 평상시에는 소에게 망을 씌워 곡식을 축

내지 못하게 했습니다. 그러나 일할 때에는 소의 망을 벗겨 마음대로 곡식을 먹을 수 있게 하였습니다. 일하는 소를 배고프게 해서는 안 되기 때문입니다. 그런데 이 율법의 말씀은 소에 대한 염려에서 비롯되지 않았습니다. 디모데전서 5장 18절은 다음과 같이 말하고 있습니다. "성경에 일렀으되 곡식을 밟아 떠는 소의 입에 망을 씌우지 말라 하였고 또 일꾼이 그 삯을 받는 것은 마땅하다 하였느니라".

이것은 하나님께서 만드신 기업 윤리(企業倫理)의 중대한 법칙입니다. 오늘날 노동자들에게 저임금(低賃金)을 주면서 많은 물건을 생산하여 부자가 되겠다는 사람들이 있습니다. 이것은 하나님의 법칙에 맞지 않습니다. 저임금을 받으면서 자기 자신의 기업처럼 회사를 위해 알뜰살뜰하게 일해 줄 사람은 거의 없을 것입니다. 그러므로 기업을 운영하고 있는 기업가들은 여기에서 중대한 교훈을 배워야 합니다. 일하는 소에게 망을 씌우지 말고 마음껏 먹이라고 했듯이, 노동자들이 일할 때에는 생활 걱정 하지 않고 마음껏 일할 수 있도록 생계 보장을 해 주어야 합니다. 그렇다고 반드시 기업의 이윤에서 무리하게 나눠주라는 것은 아닙니다. 밥 먹고 살 수 있도록 최소한의 보장을 해 주라는 말입니다.

기업가는 자신의 기업에 이익이 좀 덜 돌아가더라도 일하는 자들이 즐거움으로 일할 수 있도록 만들어 주어야 합니다. 생활 걱정을 하면서 어떻게 효율적으로 일할 수가 있겠습니까? 망을 씌운 소보다 망을 씌우지 않은 소가 곡식을 조금 더 먹을지라도 배가 부르기 때문에 더욱 힘차게 일을 할 것입니다. 결과적으로 보면 잃는 것 보다 얻는 것이 더 많은 것입니다. 일하는 자가 기쁨과 즐거움으로 일할 수 있도록 만들어 주어야 한다는 성경의 교훈은 오늘날 한국의 기업가들이 반드시 명심해야 할 하나의 기업 윤리(企業倫理)입니다.

사도 바울은 이 율법의 말씀이 복음 전도자들을 가리킨다는 의미에서 '밭 가는 자'와 '곡식 떠는 자'를 예로 들었습니다. 밭 가는 자나 곡식 떠는 자는 다 같이 응당한 보수를 받기 위한 소망을 가지고 일합니다. 그러므로 교회는 하나님의 백성들을 돌보는 하나님의 일꾼들에게 일정한 보수를 마땅히 주어야 합니다. 정당한 보수 지급은 기업뿐만 아니라 교회에도 적용되는 말씀입니다. 교회의 형편과 사정에 따라 최대한 교역자를 지원해 주어야 합니다. 그렇다고 교역자에게 교회 재정이 휘청하도록 보수를 주라는 것은 아닙니다. 만일 그렇게 하면 그것은 탐욕이 되고 마는 것입니다. 그러므로 분수에 맞게 보수를 지급하면 됩니다. 교인들은 주의 종이 하나님의 군사요, 포도원지기요, 양 무리를 치는 자요, 곡식을 밟아 떠는 자라는 것을 명심하고 분수에 맞는 한도 내에서 보수를 드려야 합니다. 주의 종이 물질 문제로 생활에 허덕이게 되면 결국 성도들이 축복을 받지 못합니다.

과거 우리 한국 교회 교역자들의 자녀들은 사회에 나가서 축복을 많이 받았습니다. 그러나 신앙적인 면에서 볼 때 물론 좋은 신앙을 가진 사람도 많았지만 살아 있는 신앙을 갖지 못한 자도 많았습니다. 왜 그렇습니까? 아버지가 주의 종인 까닭에 그 밑에서 하도 고생을 많이 했기 때문입니다. 목회자 자녀로서 아버지가 교회를 옮길 때마다 그 자녀도 학교를 자주 옮겨야만 했고, 늘 헐벗고 굶주리며 고등 교육도 제대로 받지 못했습니다. 아버지가 밤낮 꿇어 엎드려 "주여, 주여!" 하며 늘 우는 모습만 보니까 목사가 되면 밤낮 울어야 되는 줄 알고 아예 진절머리를 내고 심지어는 교회 출석마저 하지 않게 된 것입니다.

주의 종이 생활고에 허덕이지 않고 즐거움으로 양 무리를 잘 돌볼 수 있도록 해 주어야 축복을 받습니다. 그리고 주의 종들도 물질에 대한 미련을 버려야 합니다. 아주 물질하고는 인연을 끊어 버려야 합니다. 자신의 신앙 양심상 하나님께 거리낌이 없어야 합니다.

오늘날 큰 문제가 일어나는 것은 많은 주의 종들이 마땅히 해야 할 주의 일보다는 물질에 더 관심을 기울이기 때문입니다. 이런 자들은 다른 교회에서 월급을 조금 더 주겠다고 하면 현재 섬기는 교회를 헌신짝같이 버리고 떠날 삯꾼 목자들인 것입니다.

교역자는 돈을 벌려고 목회하는 것이 아닙니다. 세상적으로 부귀를 얻으려면 세상에 나가서 돈 버는 것이 낫습니다. 하나님의 종은 결코 돈 벌기 위해서 양을 치는 것이 아닙니다. 주님의 부름을 받아 나섰기 때문에 괴로우나 즐거우나 하나님의 종으로서 사명을 다할 뿐입니다.

교역자의 주인은 하나님이십니다. 하나님께서 하나님 나라를 위하여 일하는 종을 친히 먹여 주시고 입혀 주시지 않으시겠습니까? 하나님께 충성하여 열심히 양들을 위하여 수고하면 나머지 일은 하나님께서 책임져 주십니다. 만약 교역자가 물질에 관심을 쏟게 되면 하나님의 일에 전심전력할 수 없게 됩니다. 기도하는 데, 말씀 먹이는 데, 심방하는 데, 전도하는 데 지장이 많게 됩니다. 그렇게 되면 그 교역자는 삯꾼 목자로 전락하고 맙니다. 그 결과 교회는 무서운 시험에 들게 됩니다. 그러므로 성도들은 분수에 맞게 교역자에게 보수를 드려야 하며 교역자는 아무 불평 없이 감사함으로 보수를 받아야 합니다. 교회가 정말 아무것도 없으면 모르겠지만 교회가 힘이 있는 이상, 주의 종의 입에 망을 씌우지 말고 배불리 먹고 기쁨으로 일할 수 있도록 해 주어야 합니다.

11절 우리가 너희에게 신령한 것을 뿌렸은즉 너희의 육적인 것을 거두기로 과하다 하겠느냐

사도 바울은 고린도 교회에 신령한 복음의 씨를 뿌렸습니다. 그러므로 바울은 이 가치 있는 신령한 하늘나라의 말씀을 뿌린 대가로 교인들이 낸 헌금의 일부를 생활비로 쓰는 것이 과하냐고 묻는 것입니다. 결코 과할 수 없습니다.

그런데 본 절을 잘못 이해하여 신령한 예배를 인도했다고 성도들에게 물질을 요구하는 주의 종들이 종종 있습니다. 이것은 크게 잘못된 일입니다. 주의 종은 양들에게 달라고 할 수가 없습니다. 주의 종은 성도들을 섬기고 성도들에게 드리기 위해서 세움을 받은 사람입니다. 주의 종은 하나님의 말씀을 드리고 기도를 드리며 위로를 드리고 사랑을 드리기 위해서 부름을 받은 자입니다. 주의 종이 성도들에게 "차비 달라. 상여금 달라. 물질로 받들라." 고 하면 이 사람은 삯꾼 목자요, 병든 종입니다.

그러면 주의 종은 누구에게 달라고 해야 할까요? 주의 종은 하나님께 달라고 해야 합니다. 왜냐하면 주의 종은 하나님께 고용된 것이지 사람에게 고용된 것이 아니기 때문입니다. 그러므로 하나님께 "아버지! 주시옵소서." 라고 구해야 합니다. 이와 같이 하나님께 달라는 자가 참된 주의 종입니다.

우리는 본 절의 "뿌렸은즉……거두기로" 란 말씀을 통하여 심고 거두는 법칙을 하나님께서 세워 놓으셨다는 것을 알 수 있습니다. 우리가 신령한 것을 위하여 일하면 하나님께서 육신의 것으로 거두게 해 주십니다. 물질에 눈이 어두워 물질을 따라가는 사람들에게는 물질이 따라오지 않습니다. 사람이 돈을 따라가면 돈이 자꾸 도망을 갑니다. 그러므로

돈으로 하여금 사람에게 다가오도록 해야 합니다. 그러면 어떻게 해야 사람에게 돈이 따라오도록 할 수 있을까요? 방법은 이 말씀과 같이 신령한 것을 뿌리는 것입니다.

나는 성령의 인도하심을 따라서 일 년에도 십여 차례 세계 선교를 위해 나갑니다. 대개의 경우 장로님들과 집사님들이 동행을 합니다. 사업하는 분들이 일주일이고 이 주일이고 사업을 뒤로 한 채 나를 따라오는 것입니다. 그리고는 "오늘 집회에 참석한 영혼들 중 몇 사람이 구원받았다. 사람들이 얼마나 성령을 받았다. 병자가 몇 사람 나았다." 등의 말을 하며 나와 함께 웃고 울고 기도합니다. 그들은 사업을 뒤에 두고 왔지만 절대로 사업 걱정이나 돈벌이에 대한 말을 하지 않습니다. 내가 가끔 생각해 보면 어떤 때는 이상하기도 합니다. '저 사업가들이 왜 나를 따라와 가지고 오늘 몇 사람이 구원을 받았다. 어떤 병자들이 고침을 받았다. 내일도 성령의 역사가 일어나도록 열심히 기도를 합시다하며 더 신바람이나 있는가? 저 사업가들이 왜 저러는가?'

이것이 바로 신령한 것으로 뿌리는 것입니다. 신령한 것으로 뿌려 놓으면 하나님께서 물질적인 것까지 거두게 해 주십니다. 예수님께서도 "너희는 먼저 그의 나라와 그의 의를 구하라 그리하면 이 모든 것을 너희에게 더하시리라"(마 6:33)고 말씀하셨습니다. 그러므로 때를 얻든지 못 얻든지 신령한 일에 시간과 물질과 몸으로 뿌리십시오. 신령한 것뿐만 아니라 물질적인 것까지도 풍성히 거두게 될 것입니다. 물질적으로 거두는 것은 절대로 하나님께서 과하다고 말씀하지 않으십니다. 심고 거두는 법칙은 우주의 절대적인 법칙입니다. 심지 않고 거두는 법은 없습니다. 신령한 것으로 심고 물질적인 것으로 거두는 것은 하나님께서 교회에 주신 법칙입니다. 그렇기 때문에 성경은 "사람이 무엇으로 심든지 그대로 거두리라"(갈 6:7)고 말씀하고 있습니다.

12절 다른 이들도 너희에게 이런 권리를 가졌거든 하물며 우리일까 보냐 그러나 우리가 이 권리를 쓰지 아니하고 범사에 참는 것은 그리스도의 복음에 아무 장애가 없게 하려 함이로다

사도 바울이 고린도 교회를 개척한 후에 그의 뒤를 이어 여러 목회자들이 이곳에서 목회를 했습니다. 이들은 신령한 말씀을 나누어 주고, 연보도 거두고 선교비도 거두었습니다. 그러나 사도 바울은 그러한 권리를 사용하지 않았습니다. 모든 일에 인내했습니다. 왜냐하면 그리스도의 복음을 전하는 데 아무런 장애가 없게 하려는 심정에서였습니다. 이러한 마음은 양들을 사랑하는 선한 목자의 심정에서 나오며 복음을 전하는 주의 종으로서 하나님께 대한 충성심에서 나옵니다.

그 당시 사도 바울을 반대하는 사람들은 어떻게 해서든지 사도 바울을 넘어뜨리려고 했습니다. 만일 바울이 물질을 거둔다면 바울을 넘어뜨리려는 원수들이 "바울은 복음을 전하러 온 것이 아니라 돈 벌러 왔다. 우리것을 탈취해서 돈 벌러 온 것이다. 그는 사도가 아니다."라고 공격할 것입니다. 그러므로 사도 바울은 아예 복음 전파에 있어서 원수가 조금도 공격을 못하게 하기 위하여 이 권한을 쓰지 아니하고 처음부터 입을 꽉 다물게 했습니다. 바울 선생은 오직 복음이 방해를 받지 않도록 마땅히 누릴 수 있는 권한을 누리지 아니한 것입니다.

13절 성전의 일을 하는 이들은 성전에서 나는 것을 먹으며 제단에서

섬기는 이들은 제단과 함께 나누는 것을 너희가 알지 못하느냐

구약 성경을 보면 레위인들은 하나님의 성전의 일을 하므로 이스라엘 각 지파 사람들이 성전에 와서 하나님께 짐승을 잡아서 제물을 드리고 가면, 그 짐승의 고기를 먹었습니다(민 18:1-5; 18:21-24). 그중에서도 제사장들은 제단에서 제사를 드리므로 그 제단에 바쳐진 음식을 먹도록 되어 있었습니다(레 10:12-15; 민 18:8-19). 사도 바울은 율법에 의하여 지켜졌던 것을 언급하면서 고린도 교인들에게 왜 이러한 사실을 모르느냐고 묻고 있습니다.

14절 이와 같이 주께서도 복음 전하는 자들이 복음으로 말미암아 살리라 명하셨느니라

사도 바울은 주의 종이 교회로부터 생활비를 받을 수 있는 근거를 두 가지로 제시했습니다. 그 하나는 13절에서 말한 바와 같이 구약 시대에 성전의 일을 했던 레위 사람과 제사장을 예로 든 것입니다. 다른 하나는 본 절에서 언급한 "주께서도 복음 전하는 자들이 복음으로 말미암아 살리라 명하셨느니라"는 예수 그리스도의 말씀입니다. 사도 바울은 복음 전하는 주의 종들이 그 삯을 받음이 마땅하다고 말씀하신 주의 말씀에 최고의 권위를 부여하고 있습니다.

예수님께서는 제자들을 전도 보내실 때 다음과 같이 말씀하셨습니다. "너희 전대에 금이나 은이나 동을 가지지 말고 여행을 위하여 배낭이나 두 벌 옷이나 신이나 지팡이를 가지지 말라 이는 일꾼이 자기의 먹을 것 받는 것이 마땅함이라"(마 10:9-10). 복음 전하는 자는 복음으로 먹고 살아야 한다는 말씀입니다. 그러므로 비록 주의 종이 요구는 안 할지라도 권

리는 가지고 있습니다. 이는 바로 주께서 세우신 것입니다. 만약 주의 종으로부터 말씀도 듣고 기도를 받으면서 주의 종을 섬기지 않는 교회나 성도는 예수님께서 명하신 의무를 어기고 있는 것입니다.

그렇다고 복음 전하는 주의 종이 사람에게서 보수를 기대해서는 안 됩니다. 말씀에 "너희가 거저 받았으니 거저 주라"(마 10:8)고 하셨기 때문에 복음을 거저 주어야 합니다. 하나님께서 주의 백성들을 통하여 갚아주십니다. 주의 종은 항상 자신의 주인이 하나님이시라는 것을 잊지 말아야 합니다.

2. 사도 바울의 복음 전하는 태도(9:15-18)

15. 그러나 내가 이것을 하나도 쓰지 아니하였고 또 이 말을 쓰는 것은 내게 이같이 하여 달라는 것이 아니라 내가 차라리 죽을지언정 누구든지 내 자랑하는 것을 헛된 데로 돌리지 못하게 하리라
16. 내가 복음을 전할지라도 자랑할 것이 없음은 내가 부득불 할 일임이라 만일 복음을 전하지 아니하면 내게 화가 있을 것이로다
17. 내가 내 자의로 이것을 행하면 상을 얻으려니와 내가 자의로 아니한다 할지라도 나는 사명을 받았노라
18. 그런즉 내 상이 무엇이냐 내가 복음을 전할 때에 값없이 전하고 복음으로 말미암아 내게 있는 권리를 다 쓰지 아니하는 이것이로다

15절 그러나 내가 이것을 하나도 쓰지 아니하였고 또 이 말을 쓰는 것은 내게 이같이 하여 달라는 것이 아니라 내가 차라리 죽을지언정 누구든지 내 자랑하는 것을 헛된 데로 돌리지 못하게 하리라

지금까지 사도 바울은 '우리'(5-14절)라는 말을 쓰다가 이제 '나'라는 말로 바꾸어 자신의 복음 전하는 자세를 말하고 있습니다. 바울은 지금까지(5-14절) 고린도 교회로부터 보수를 받는 것이 당연한 일이라고 증명했습니다. 그러나 이제부터는 그러한 정당한 권리도 포기한다고 단호하게 말하고 있습니다.

바울은 복음 전하는 자로서 마땅히 그 수고의 대가를 받을 권리가 있었음에도 불구하고 천막 만드는 직업을 가지고 자기 비용으로 했습니다. "하나도 쓰지 않았다"는 것은 그가 보수 받을 권리를 사용한 일이 한 번도 없었음을 강조하는 말입니다. 그렇다고 연보와 선교비를 거두어 달라고 미리 암시하는 것도 아니었습니다. 그는 차라리 죽을지언정 자기 비용으로 복음 전하는 이 일만을 포기할 수가 없다고 단호하게 말하고 있습니다. 그는 보수 받을 권리를 포기하고 자기 비용으로 복음 전하는 것을 자랑으로 여겼습니다. 그렇기 때문에 그런 자랑을 헛된 데로 돌리고 싶지 않았던 것입니다.

사도 바울이 이렇게 말한 것은 그가 교만하기 때문에서가 아닙니다. 그 당시에 사도 바울이 고린도 교회로부터 보수를 받는다는 것은 사역에 지장이 되었습니다. 그를 반대하는 사람들이 어떤 모양으로든지 트집 잡아 바울의 사도로서의 권위를 꺾으려고 했기 때문에 그는 자신의 반대파들이 교회로부터 받는 보수 문제를 들고 나올 때 생기는 문제를 우려했습니다. 바울은 그들이 무서워서가 아니라 복음 전파에 방해가 되기 때문

에 자기 비용으로 전도한 것입니다. 바울은 복음을 사랑했습니다(롬 1:16). 그렇기 때문에 복음을 전하는 데 있어서 조금이라도 방해를 받지 않으려고 노력했습니다. 그래서 사도로서의 마땅한 권리를 포기하고 자기 비용으로 전도했던 것입니다. 당시의 사도 바울에게는 그렇게 하는 것이 적합하였습니다. 그러나 오늘날에는 이것이 환영할 만한 일이 못 됩니다.

나는 외국에서 이런 일들을 종종 보았습니다. 주의 종들 중에는 부모로부터 재산을 많이 물려받은 종들도 있고 또 큰 사업을 해서 돈을 많이 버는 종들도 있습니다. 그런 사람 중에 어떤 사람은 자기 비용으로 목회를 합니다. 따라서 교회에서 사례비를 받지 않습니다. 그렇게 하다 보니 겸손한 마음이 없습니다. 성도들을 대할 때 주의 종으로서 성도들을 섬기려는 자세로 대하기보다는 오히려 성도들 위에 군림하려는 자세로 대합니다. 결국 성도들에게 덕을 끼치지 못합니다. 그러므로 주의 종은 교회에서 사례비를 받아야 합니다. 사례비를 탈 때에 미안한 마음과 겸손한 마음이 생깁니다. 그래서 한 번 기도할 것 두 번 하게 되고 한 번 심방할 것 두 번 심방하게 됩니다. 그리고 좀 더 열심히 공부하고 설교 준비하여 양들에게 풍성한 꼴을 먹이려고 더욱 노력하게 됩니다. 또한 사례비를 받을 때에 주님께 감사하는 마음도 생기게 되고 생명을 걸고 열심히 주의 일을 해야겠다는 다짐도 새로이 하게 됩니다.

그러므로 자기 비용으로 복음 전하는 교역자가 교회를 맡게 되면 결과적으로 성도들이 손해를 봅니다. 교역자 자신의 것으로 생활을 하기 때문에 미안한 마음도 없고, 아무리 각오하였다 하여도 자연히 목회하는 일에 전력을 기울이지 않게 되고 교만하게 되기가 쉽습니다. 사도 바울도 고린도 교회에서는 보수를 받지 않았지만 마게도니아 교회에서는 도움을 받았습니다. 마게도니아 교회는 사도 바울에게 종종 선교비를 보내어 하나님의 역사에 동참했습니다. 사도 바울은 이 선교비를 감사한 마음으로 받았고 축복 기도까지 해 주었던 것을 우리는 성경을 통해 알 수 있습니다(빌 4:15-19).

16절 내가 복음을 전할지라도 자랑할 것이 없음은 내가 부득불 할 일임이라 만일 복음을 전하지 아니하면 내게 화가 있을 것이로다

사도 바울은 복음을 전하는 데 있어서 교회로부터 보수를 받을 수 있는 권리를 자랑으로 여겼습니다(15절). 그러나 복음 전하는 그 자체에 대하여는 자랑할 수가 없었습니다. 왜냐하면 그 일은 하나님께서 그에게 맡기신 절대 사명이었기 때문입니다. 바울이 사도가 된 것은 자신이 원해서도 아니요, 더구나 보수를 받기 위한 것도 아닌 하나님의 명령이었습니다. 이 사명은 그가 다메섹 도상에서 받았고 성령의 은혜로 말미암아 더욱 확신하였습니다. 그는 모태(母胎)로부터 택정함을 받았고(갈 1:15) 그리스도 예수께 사로잡힌 바 되었습니다(빌 3:12). 그래서 그는 당연히 복음을 전해야 했던 것입니다. 복음을 전할 사명이 비단 사도 바울에게만 있는 것이 아닙니다. 우리 모두에게도 복음을 전할 사명이 있습니다. 그러나 복음 전하는 것을 결코 자랑해서는 안 됩니다.

복음을 전하는 어떤 사람들은 "나는 이 바쁜 시간에도 내 일 안 하고 시간 내어서 복음을 전했다."고 자랑을 합니다. 이것은 하나님 앞에서 참으로 부끄러운 공치사입니다. 목사나 장로나 권사나 집사나 구역장이나 절대로 복음 전하는 일에는 공치사를 할 수 없습니다. 왜냐하면 우리에겐

복음을 전해야 할 사명이 주어졌기 때문입니다. 예수님께서는 우리를 구원하시려고 하늘 보좌와 그 영광을 다 버리고 이 땅에 오셔서 머리 둘 곳도 없이 돌아다니면서 복음을 전하시다가 십자가에 못 박혀 살을 찢기고 피를 흘리며 돌아가셨는데, 이 사랑을 값없이 받은 우리가 어떻게 공치사를 할 수 있겠습니까? 우리는 죽도록 일하고 난 다음에도 고개를 들 수가 없습니다. 이삭 왓츠(Issac Watts)가 작곡한 찬송가에 이런 가사가 있습니다.

"늘 울어도 눈물로써 못 갚을 줄 알아 몸밖에 드릴 것 없어 이 몸 바칩니다"(찬송가 141장 5절).

우리가 무슨 말을 할 수 있겠습니까? 복음을 위하여 묵묵히 우리 몸을 드릴 뿐입니다. 여기 사도 바울 선생께서 하는 말이 바로 그 말인 것입니다. 바울은 내가 복음을 전할지라도 자랑할 것이 없음은 내가 부득불 할 일이라고 했습니다. 부득불 해야 된다고 했습니다. 이 말은 내가 구원받았으면 원하든지 원하지 않든지 복음을 전해야 한다는 말입니다.

그리스도로부터 복음 전도자로 부름을 받은 사도 바울이 주의 명령인 복음을 전하는 일을 게을리 하면 화가 있을 것이라고 말합니다. 하나님께로부터 사명을 받았으면서도 그 사명을 회피하면 하나님의 명령을 어기는 것이 됩니다. 그 결과 화를 받게 되는 것입니다. 어느 누구도 예외일 수가 없습니다. 왜냐하면 우리는 하나님의 큰 구원이 우리 앞에 곧 다가올 줄을 알기 때문입니다. 여러분! 여러분들이 밤길을 지나가다가 어느 집에 불이 난 것을 보았다고 합시다. 그 집안 식구들은 모르고 그냥 자고 있는데, 자기 집이 아니라고 해서 그냥 지나갈 수 있겠습니까? 그 집안 식구들 깨우는 것이 귀찮다고 그냥 지나칠 수 있겠습니까? 지금 집에 불이 붙고 있는 것을 보았다면 그 집안 식구들을 결사적으로 깨워야 합니다. 고함을 치든지, 문을 발길로 차든지, 돌을 던지든지 결사적으로 깨워야 합니다. 최선을 다해서 깨워야 하는 것입니다.

장차 이 땅이 열렬한 불에 탈 것입니다. 하늘이 큰 소리로 떠나가고 땅이 열렬한 불에 녹아질 것입니다. 우리는 알지 못하지만 심판의 날이 다가오고 있습니다. 곳곳에 기근과 지진이 일어나고 있습니다. 나라와 나라가 싸움을 하고 민족이 민족을 대적하여 일어나고 있습니다(마 24:6-8). 사람들이 바다의 파도 소리만 들어도 간이 덜컹 내려앉는다고 했는데 그 시대가 지금 다가오고 있는 것입니다. 그리스도의 재림 전에 일어날 진통이 온 세계를 엄습해 오고 있는 것입니다. 그러나 세상 사람들은 예수님의 재림을 준비하지 않습니다. 그들은 세상에 도취하여 깨닫지 못하고 있는 것입니다. 그러나 우리는 길이요 진리요 생명 되시는 예수님이 재림하신다는 것과, 하나님의 심판이 멀지 않았다는 것도 알고 있습니다. 먼저 아는 자로서 모르는 사람에게 반드시 전해 주어야 합니다. 전해 줄 사명이 우리에게 있는 것입니다(행 1:7-8). 사도 바울은 이런 심정으로 이 글을 썼던 것입니다.

17절 내가 내 자의로 이것을 행하면 상을 얻으려니와 내가 자의로 아니한다 할지라도 나는 사명을 받았노라

사도 바울은 만일 자신이 자진해서 복음을 전했다면 상을 얻었을 것이라고 말하고 있습니다. 그러나 바울은 하나님께로부터 사도의 직분을 받아서 하는 일이기 때문에 복음 전하는 것이 당연하다고 말하고 있습니다. 복음 전도자의 사명은 개인적인 감정에 의하여 좌우될 수 없습니다.

하나님께로부터 사명이 주어졌다면 반드시 사명을 감당해야 합니다. 이는 바로 자기에게 맡겨진 일이기 때문입니다. 그러므로 부름 받은 주의 종에게는 오직 순종과 충성이 있을 뿐입니다.

18절 그런즉 내 상이 무엇이냐 내가 복음을 전할 때에 값없이 전하고 복음으로 말미암아 내게 있는 권리를 다 쓰지 아니하는 이것이로다

사도 바울은 주의 종으로 부름을 받았기 때문에 복음을 전파하는 일은 자신이 마땅히 할 일이라고 생각했습니다. 그렇다면 복음 전파를 당연한 일로 여기는 사도 바울의 상은 과연 무엇일까요? 사도 바울이 사도로서 마땅히 받아야 할 대가를 받지 않고 자기 비용으로 사역을 해 가면서 복음을 전한 일입니다. 바울은 하나님께서 이것을 상으로 돌려주실 것이라고 말하고 있습니다. 권리를 사용할 수 있었음에도 불구하고 복음 전파에 장애를 받지 않도록 하기 위해서 그 권리를 포기했습니다. 그것은 자발적인 의사에서 우러나온 사랑의 표현이며 사도 바울 자신의 자랑거리였습니다. 그의 권리 포기는 하나님께로부터 받을 상이었던 것입니다. 그는 주님의 나라와 주님의 의를 위하여 자신이 누릴 권리도 포기했고 희생까지 각오했습니다. 이러한 사도 바울의 신앙 자세를 우리는 배워야 할 것입니다. 내가 마땅히 사용할 권리를 사용하지 않고 주님의 복음을 위하여 포기할 때 주님께서는 반드시 응당한 상을 주십니다.

3. 오직 복음을 위하여 행한 바울(9:19-23)

19. 내가 모든 사람에게서 자유로우나 스스로 모든 사람에게 종이 된 것은 더 많은 사람을 얻고자 함이라 20. 유대인들에게 내가 유대인과 같이 된 것은 유대인들을 얻고자 함이요 율법 아래에 있는 자들에게는 내가 율법 아래에 있지 아니하나 율법 아래에 있는 자같이 된 것은 율법 아래에 있는 자들을 얻고자 함이요 21. 율법 없는 자에게는 내가 하나님께는 율법 없는 자가 아니요 도리어 그리스도의 율법 아래에 있는 자이나 율법 없는 자와 같이 된 것은 율법 없는 자들을 얻고자 함이라 22. 약한 자들에게 내가 약한 자와 같이 된 것은 약한 자들을 얻고자 함이요 내가 여러 사람에게 여러 모습이 된 것은 아무쪼록 몇 사람이라도 구원하고자 함이니 23. 내가 복음을 위하여 모든 것을 행함은 복음에 참여하고자 함이라

19절 내가 모든 사람에게서 자유로우나 스스로 모든 사람에게 종이 된 것은 더 많은 사람을 얻고자 함이라

사도 바울은 사도로서 마땅히 취할 수 있는 보수도 포기했습니다. 더 나아가 이제는 자유인의 특권도 포기하고 모든 사람의 종이 되었다고 말하고 있습니다. 사도 바울은 자유인으로 태어났고 어느 누구의 종도 아니었으나 스스로 모든 사람에게 종처럼 행동했습니다. 그 이유는 더 많은 사람에게 복음을 전파하여 그리스도인이 되도록 하기 위해서였습니

다. 바울은 태어날 때부터 자유로웠지만 주의 종으로서 많은 사람을 주께로 인도해야 하기 때문에 자신을 낮추고 그들의 종과 같이 살았습니다. 영혼에 대한 뜨거운 사랑이 그로 하여금 사람들의 종과 같은 태도를 취하게 했던 것입니다.

이러한 태도는 예수 그리스도에게서 볼 수 있습니다. 예수님은 모든 사람을 구원하시기 위해서 인간의 형상을 입고 이 세상에 오셔서 우리와 같은 인간으로까지 낮아지셨습니다(빌 2:6-8). 이와 같이 복음을 전파하고 영혼들을 주께로 인도하려면 희생이 필요합니다. 비록 주의 종은 자유로운 위치에 있지만 주의 복음을 위하여 스스로 종의 위치로까지 낮아져야 하는 것입니다.

20절 유대인들에게 내가 유대인과 같이 된 것은 유대인들을 얻고자 함이요 율법 아래에 있는 자들에게는 내가 율법 아래에 있지 아니하나 율법 아래에 있는 자같이 된 것은 율법 아래에 있는 자들을 얻고자 함이요

이제 바울은 모든 사람에게 종이 된 특별한 예를 들고 있습니다. 물론 사도 바울은 유대인이었습니다(빌 3:5). 그러나 그리스도를 안 후에는 혈동적인 유대인에서 영적인 유대인이 되었습니다. 다시 말해 그리스도인이 된 것입니다. 그리스도인이 된 바울은 유대인들을 그리스도에게로 이끌기 위하여 유대인들과 같이 있을 때에는 유대인들과 같이 행동했습니다.

또한 사도 바울 자신은 그리스도를 믿음으로 율법 아래 있지 않고 은혜 아래 있었습니다(롬 6:14). 그러나 율법 아래 있는 자들과 같이 있을 때

에는 율법 아래 있는 자들과 같이 행동했습니다. 왜냐하면 율법 아래 있는 자들을 그리스도께 인도하기 위해서였습니다. 사도 바울은 유대인이 먹는 음식도 먹고 그들이 입는 옷도 입었습니다. 율법을 지키는 사람을 구원시키기 위해서 하나님께 죄가 되지 않는 한 율법도 지켰습니다. 그래서 그는 사랑하는 제자인 디모데에게 할례를 행하였습니다(행 16:1-3). 바울은 전도 여행에 디모데와 함께 가기를 원했습니다. 그런데 전도하려는 지방의 사람들이 디모데의 부친이 헬라인인 것을 알고 있었습니다. 그래서 바울이 그 지방의 유대인들을 얻고자 디모데에게 할례를 주고 디모데와 함께 그 지방으로 떠났던 것입니다.

바울이 유대인들의 전통과 습관을 따른 것은 결코 유대인을 두려워해서도 아니요, 율법에 미련이 있어서도 아니었습니다. 오직 그들을 그리스도에게 인도하기 위해서였습니다. 실로 사도 바울은 하나님께 죄가 되지 않는 범위 내에서 지혜로운 태도를 취했던 것입니다.

21절 율법 없는 자에게는 내가 하나님께는 율법 없는 자가 아니요 도리어 그리스도의 율법 아래에 있는 자이나 율법 없는 자와 같이 된 것은 율법 없는 자들을 얻고자 함이라

여기서 '율법 없는 자'란 이방인을 의미합니다. 사도 바울은 이방인들을 그리스도께로 인도하기 위해서 이방인에게는 자신이 마치 이방인인 것처럼 행동했습니다. 그러나 그는 그리스도 안에 있었기 때문에 그리스도의 율법을 지켰습니다. 결코 그리스도의 법을 어기면서까지 전도하지는 않았습니다. 바울은 하나님께 죄가 되지 않는 한도 내에서 이방인들을 그리스도께 인도하기 위해서 그들과 같이 행동했던 것입니다.

예수 그리스도의 복음은 천하 만민에게 준 복음입니다. 그렇기 때문에 예수 그리스도의 복음을 우리가 영접하면 그 복음이 우리의 속사람을 구원시킵니다. 그러나 죄가 되지 않는 이상 생활 습관과 전통은 버릴 필요가 없습니다. 오히려 그 생활 속에서 복음을 받아들여야 효과가 있습니다. 서양에서 복음이 들어왔다고 해서 우리의 생활 습관까지 서양식으로 한다면 그것은 큰 비극입니다. 사도 바울은 죄가 되지 않는 범위에서 유대인과 같이 행동하고 이방인과 함께 섞여서 그들의 생활 습관과 전통을 존중하면서 복음을 전파했습니다.

우리도 미국에 가면 미국 사람들의 습관을 존중하면서 복음을 전파해야 합니다. 또 미국 사람이 한국에 오면 한국의 전통과 습관을 존중하면서 복음을 전파해야 합니다. 그러나 오직 변할 수 없는 것은 '예수 그리스도가 우리의 주' 라는 사실입니다. 하나님을 섬기고 하나님의 말씀대로 사는 것은 변할 수가 없지만 어느 곳에 가든 생활 습관과 환경에 기민하게 적응을 해서 복음을 전해야 하는 것입니다. 이것이 바로 기독교 신앙의 토착화입니다. 서양 사람들이 기독교를 한국에 전파해 놓고 전통과 습관을 서양식으로 뜯어 고치려고 한다면 이는 큰 잘못입니다. 또한 서양 사람의 전통과 습관은 좋은 것이고, 우리 민족의 전통과 습관은 뒤진 것이라고 생각하는 것도 큰 잘못입니다. 우리의 유구(悠久)한 민족적인 전통에는 서양보다 훨씬 좋은 것들이 얼마든지 있습니다. 일례로 부모를 공경하는 전통을 들 수 있습니다. 미국에 가면 아버지와 자녀들 사이는, '너와 나' 사이입니다. 서양은 개인주의적인 사회입니다. 그러나 한국은 동방예의지국입니다. 정초가 되어도 서양 사람들은 부모에게 인사하러 가서 "How are you?"(안녕하십니까?) 하며 악수를 합니다. 그러나 한국 사람이 부모에게 세배하러 가서 "How are you?" 하면서 악수를 청했다가는 불호령이 떨어집니다. 이것은 한국 습관이 아닙니다. 한국 습관은 "새해 복 많이 받으십시오." 하면서 공손히 엎드려 절하는 것입니다. 서양 사람은 악수를 하며 부모를 공경하지만 우리는 절을 하면서 공경합니다. 물론 이 두 가지는 모두 부모를 공경하는 표입니다.

바울은 복음의 토착화를 여기서 암시하고 있습니다. 죄가 되지 않는 이상 유대인과도 섞이고 이방인과도 섞여서 그들의 생활 습관과 전통 속에 복음을 심어 주려고 생각했습니다. 이 얼마나 훌륭한 선교의 자세입니까? 율법 없는 이방인들을 대할 때 바울 자신은 그리스도의 율법 아래 있는 자였지만, 율법 없는 이방인들을 구원하고자 자신이 율법 없는 이방인과 같이 처신했던 것입니다.

22절 약한 자들에게 내가 약한 자와 같이 된 것은 약한 자들을 얻고자 함이요 내가 여러 사람에게 여러 모습이 된 것은 아무쪼록 몇 사람이라도 구원하고자 함이니

여기서 '약한 자들' 이란 믿음이 약한 자들을 가리킵니다. 사도 바울은 믿음이 강하여 모든 것을 할 수 있었지만 믿음이 약한 자들과 함께 있을 때에는 그들의 믿음에 거리낌을 줄 수 있는 그 어떤 행동도 하지 않았습니다(8:13). 왜냐하면 그들을 그리스도께로 인도하여 구원시키기 위해서였습니다. 사도 바울은 로마서에서도 음식물 때문에 믿음이 약한 자가 교회에서 무시되어서는 안 된다고 강조했습니다(롬 14장). 만일 믿음이 약한 자들이 고기를 먹으면 안 된다고 생각하고 있으면 사도 바울도 그들을 얻기 위해서 고기를 먹지 않고 채소만 먹겠다고 했습니다. 바울은 그

들의 약함을 조소(嘲笑)하지 않고 그들과 같이 행동함으로써 그들이 실족하지 않게 했던 것입니다.

또한 사도 바울은 20절부터 22절까지 말한 것을 요약하여 "내가 여러 사람에게 여러 모습이 된 것은 아무쪼록 몇 사람이라도 구원하고자 함이니"라고 말하고 있습니다. 그는 모든 사람을 대할 때 그들에게 맞추어서 행동했습니다. 이는 그들의 영혼을 구원시키려는 목자의 심정에서 나온 행동이었습니다. 바울은 남들을 위하여 자신의 권리를 포기하기도 했으며 자신의 생활을 자유자재로 바꾸기도 했던 것입니다. 그런데 19절부터 22절까지에서 '얻고자 함이요' 란 말이 다섯 번이나 나옵니다. 이는 사도 바울이 얼마나 영혼 구원에 대하여 뜨거운 마음을 가졌는가를 잘 나타내 주는 말입니다.

23절 내가 복음을 위하여 모든 것을 행함은 복음에 참여하고자 함이라

주의 종으로서 사도 바울은 많은 사람들을 주께로 인도하려고 노력했습니다. 바울은 이 모든 노력을 오직 복음을 위하여 행했다고 말하고 있습니다. 그리고 자신도 복음에 참여하기 위하여 모든 것을 행했다고 말하고 있습니다. 이로써 우리는 자신의 구원의 완성을 위하여 노력했음을 알 수 있습니다. 사도 바울은 복음 안에서만 살고 오직 복음의 전파를 위하여 계속 전진하는 태도를 취했습니다. 이와 같이 복음을 전하는 자는 믿지 않는 자를 주님께 인도하여야 하고, 또 자신의 영혼도 계속 성장하도록 해야 합니다. 이것은 모든 믿는 자의 의무이며 영적인 투쟁인 것입니다. 우리 모두는 바울을 본받아 그리스도 예수의 날까지 복음 전파를 계속해야겠습니다(빌 1:6).

4. 썩지 아니할 면류관(9:24-27)

24. 운동장에서 달음질하는 자들이 다 달릴지라도 오직 상을 받는 사람은 한 사람인 줄을 너희가 알지 못하느냐 너희도 상을 받도록 이와 같이 달음질하라 25. 이기기를 다투는 자마다 모든 일에 절제하나니 그들은 썩을 승리자의 관을 얻고자 하되 우리는 썩지 아니할 것을 얻고자 하노라 26. 그러므로 나는 달음질하기를 향방 없는 것같이 아니하고 싸우기를 허공을 치는 것같이 아니하며 27. 내가 내 몸을 쳐 복종하게 함은 내가 남에게 전파한 후에 자신이 도리어 버림을 당할까 두려워함이로다

24절 운동장에서 달음질하는 자들이 다 달릴지라도 오직 상을 받는 사람은 한 사람인 줄을 너희가 알지 못하느냐 너희도 상을 받도록 이와 같이 달음질하라

많은 사람에게 오직 복음을 전하기 위해서 노력하는 사도 바울은 이제 신앙생활을 경주(競走)에 비유하여 말하고 있습니다. 그는 여기에서 경기에 참여하는 것과 승리를 얻는 것은 별개이므로 끝까지 열심히 뛰라고 권면합니다. 우리는 신앙의 경주를 하는 사람들입니다(빌 3:10-14; 딤후 4:7; 히 12:1-4). 그러므로 우리는 하나님께서 정하신 규칙에 입각하여 푯대를 향하여 열심히 뛰어야 하고 끝까지 뛰어가야 합니다. 도중에 포기하면 승리의 상을 받을 수가 없습니다.

그런데 '오직 상을 받는 사람은 한 사람' 이라고 말했는데 그 뜻은 구원받을 자가 하나뿐이라는 의미는 결코 아닙니다. 이 말은 최선을 다하여 열심히 뛰라는 것입니다. 하나님의 뜻대로 신앙생활을 끝까지 잘한 성도들은 모두 상을 타게 됩니다. 그러나 이 상이 모두 똑같지는 않을 것입니다. 경기할 때에도 일 등, 이 등, 삼 등이 있듯이 신앙의 경주에도 상의 등급이 있습니다.

25절 이기기를 다투는 자마다 모든 일에 절제하나니 그들은 썩을 승리자의 관을 얻고자 하되 우리는 썩지 아니할 것을 얻고자 하노라

그 당시 고린도 지방에서 열리는 운동 경기에 참여하는 운동선수는 모든 일에 절제를 해야 했습니다. 오늘날에 있어서도 마찬가지입니다. 잠자는 시간, 음식, 생활 등을 절제해야 합니다. 그렇게 하는 것은 승리를 얻기 위해서입니다. 그 당시 승리자는 면류관을 썼고 오늘날의 승리자는 메달을 목에 겁니다. 그러나 그들의 면류관은 세월이 흐름에 따라 썩어 없어지며 녹슬어 버리고 맙니다. 그러나 성도들이 받을 천국의 면류관은 영원히 썩지 않고 녹슬지 않습니다. 그런 면류관을 쓰기까지 우리는 모든 일을 절제하며 우리의 적(敵)인 마귀와 죄와 싸워서 이겨야 합니다. 영원한 면류관을 위하여 모든 일에 절제하는 것은 결코 헛된 일이 아닙니다. 우리는 영원한 상급을 바라보고 모든 일에 절제해야 할 것입니다. 그런데 세상 사람들은 썩어질 것을 위해 혈안이 되어 노력합니다. 세상 사람들도 썩어질 것을 위하여 이렇게 노력하는데 하물며 우리가 영원한 상급을 위하여 노력하는 것은 당연한 일입니다. 어떠한 일이 있더라도 우리가 절제하지 못함으로 영원한 상급을 놓치는 일이 있어서는 안

될 것입니다. 절제하지 못함으로 영원한 상급을 놓치게 된다면 그 얼마나 불쌍한 일이겠습니까?

26절 그러므로 나는 달음질하기를 향방 없는 것같이 아니하고 싸우기를 허공을 치는 것같이 아니하며

사도 바울은 자신이 달음질하는 목표가 분명하다고 말하고 있습니다. 그래서 그 목표를 향하여 자신은 전심전력(全心全力)한다는 것입니다. 사도 바울은 복음을 위하여 뛰는 목표를 분명히 알았고, 싸울 상대방의 정체도 분명히 알고 있었습니다. 그러면 우리 성도들이 달려갈 목표는 무엇이며, 싸울 상대는 누구일까요? 우리의 궁극적 목표는 천국이며 우리의 싸울 상대는 원수 마귀입니다(엡 6:12). 우리가 사업을 하고 장사를 하고 정치를 하면서 다른 사람과 섞여서 살지라도 우리의 목표는 흔들리지 말아야 합니다. 겉으로 보기에는 세상 사람들과 같은 것 같지만 우리는 중심이 잡힌 사람들입니다. 어디서 와서 무엇 때문에 살며 어디로 가는지를 알며 그 과정에서 싸워야 할 대상도 알기 때문에 흔들리지 않고 전진할 수 있습니다. 세상 사람들은 향방 없이 허공을 치는 싸움을 하고 있지만 성도들은 뚜렷한 목표를 향해 싸워 나가는 사람들입니다.

27절 내가 내 몸을 쳐 복종하게 함은 내가 남에게 전파한 후에 자신이 도리어 버림을 당할까 두려워함이로다

사도 바울은 신앙생활을 운동 경기에 비유해서 말한 후(24-26절) 이를 자신에게 적용시키고 있습니다. 그는 자신의 몸을 복종시켜 절제와 극기를 한다는 것입니다. 그 이유는 남에게 복음을 전파한 후에 자신이 도리

어 버림을 받게 될까 두려워하기 때문이라고 말하고 있습니다. 이와 같이 절제의 생활을 하는 것은 복음 전도자에게 반드시 필요합니다.

물론 예수님을 믿고 구원을 받은 사람은 버림을 받지 않습니다(요 10:28-29, 엡 1:4-6). 하나님께서 창세전에 미리 아신 바 되어서 하나님의 절대 주권적인 의지로 우리를 정하시고 택하셨기 때문에 우리를 버리시지 않습니다. 하나님이 버리시지 않는 이상 우리가 타락할 수 없습니다. 그러나 성경은 타락할 수 있는 가능성이 있다는 것을 보여 줍니다(마 12:31-32; 히 6:3-6). 그러므로 우리들도 스스로 늘 조심해야 합니다. 우리 스스로 신앙생활을 함에 있어 게을러지거나 바람직한 신앙에서 떨어지지 않도록 애쓰며 노력해야 합니다. 구원은 예수를 믿음으로 받았기 때문에 구원받으려고 애쓸 필요는 없습니다. 그러나 우리가 더욱 예수님의 형상을 닮고 영적으로 성장하기 위해서는 힘쓰고 애써야 합니다.

사도 바울은 하늘나라의 썩지 아니할 면류관을 생각했습니다. 그래서 끝까지 목표를 향해 선한 싸움을 싸우고 믿음을 굳게 지키려고 노력했습니다. 구원은 믿음으로 받지만 하늘나라의 상급은 행함으로 받습니다. 그러므로 우리들도 하늘나라의 영원한 상급을 바라는 바울과 같이 자신의 육신을 쳐서 복종하기까지 하나님께 충성해야 하겠습니다.

제 10 장

그리스도의 몸과 우상의 제물에 관한 문제

A COMMENTARY ON
THE FIRST EPISTLE TO
THE CORINTHIANS

사도 바울은 8장에서 언급한 우상의 제물을 먹는 문제에 대하여 본 장에서 결론적인 교훈을 주고 있습니다. 바울은 먼저 이스라엘 백성들이 우상 숭배를 하다가 멸망한 예를 들면서 말세를 사는 우리들도 우상 숭배를 단호히 피하라고 가르치고 있습니다. 바울은 그리스도를 믿는 자들은 모든 것을 감사함으로 먹을 수 있다고 했습니다. 그러나 우상의 제물을 먹음으로 다른 사람이 시험에 들어 넘어지게 해서는 안 된다는 것입니다. 바울은 우리가 무엇을 하든지 모든 사람들이 구원에 이르러 하나님께 영광이 되도록 행해야 한다고 가르치고 있습니다.

1. 말세를 사는 우리들에게 주신 경계(10:1-13)

1. 형제들아 나는 너희가 알지 못하기를 원하지 아니하노니 우리 조
상들이 다 구름 아래에 있고 바다 가운데로 지나며 2. 모세에게 속
하여 다 구름과 바다에서 침례를 받고 3. 다 같은 신령한 음식을 먹
으며 4. 다 같은 신령한 음료를 마셨으니 이는 그들을 따르는 신령
한 반석으로부터 마셨으매 그 반석은 곧 그리스도시라 5. 그러나 그
들의 다수를 하나님이 기뻐하지 아니하셨으므로 그들이 광야에서
멸망을 받았느니라 6. 이러한 일은 우리의 본보기가 되어 우리로 하
여금 그들이 악을 즐겨 한 것같이 즐겨 하는 자가 되지 않게 하려 함
이니 7. 그들 가운데 어떤 사람들과 같이 너희는 우상 숭배 하는 자
가 되지 말라 기록된바 백성이 앉아서 먹고 마시며 일어나서 뛰논다
함과 같으니라 8. 그들 중의 어떤 사람들이 음행하다가 하루에 이만
삼천 명이 죽었나니 우리는 그들과 같이 음행하지 말자 9. 그들 가
운데 어떤 사람들이 주를 시험하다가 뱀에게 멸망하였나니 우리는
그들과 같이 시험하지 말자 10. 그들 가운데 어떤 사람들이 원망하
다가 멸망시키는 자에게 멸망하였나니 너희는 그들과 같이 원망하

지 말라 11. 그들에게 일어난 이런 일은 본보기가 되고 또한 말세를 만난 우리를 깨우치기 위하여 기록되었느니라 12. 그런즉 선 줄로 생각하는 자는 넘어질까 조심하라 13. 사람이 감당할 시험밖에는 너희가 당한 것이 없나니 오직 하나님은 미쁘사 너희가 감당하지 못할 시험 당함을 허락하지 아니하시고 시험 당할 즈음에 또한 피할 길을 내사 너희로 능히 감당하게 하시느니라

1절 형제들아 나는 너희가 알지 못하기를 원하지 아니하노니 우리 조상들이 다 구름 아래에 있고 바다 가운데로 지나며

사도 바울은 언제나 강조할 때에는 "너희가 알지 못하기를 내가 원하지 아니하노니"라는 어법을 사용하였습니다. 이 말은 너희가 꼭 알기를 원한다는 말입니다. '타산지석'(他山之石)이라는 말이 있습니다. 남의 산에 있는 하찮은 돌멩이일지라도 우리가 잘만 사용하면 유용한 돌이 되는 것처럼, 남의 경험을 내가 받아들이면 그 경험을 통해서 내게 큰 유익이 될 수 있다는 것입니다.

여기서 '우리 조상들'이란 유대 민족을 말합니다. 바울은 9장에 이어 계속하여 유대 민족인 이스라엘 백성의 실례(實例)를 들어 교훈하고 있습니다. 이스라엘 민족은 다른 민족보다 먼저 하나님의 부르심을 받고도 하나님께 순종하지 못함으로 버림을 받았던 민족입니다. 이스라엘 민족이 모두 다 애굽으로부터 탈출하여 홍해를 건넜습니다(출 14:22). 낮에는 구름 기둥이 그들을 덮어 주었고 밤에는 불기둥이 그들을 비춰 주었습니다(출 13:21-22). 하나님의 성령께서는 우리가 이 어려운 세상을 지날 때 소망과 믿음과 사랑의 밝은 빛으로 우리에게 비춰 주십니다. 이스라엘

민족이 구름 기둥과 불기둥 없이 광야를 지날 수 없었던 것처럼 오늘날도 성령님 없이 인생의 광야를 무사히 지난다는 것은 거의 불가능합니다. 또한 성령님 없이 예수님을 믿는다는 것도 불가능한 일입니다. 성령님이 우리를 도와서 하나님 아버지를 알게 하고 예수님을 믿게 해 주시기 때문에 우리는 시시각각으로 성령님을 인정하고 환영하고 모셔 들이고 의지해야 합니다.

이스라엘 백성들 앞에 엄청난 홍해가 가로막고 있었지만 하나님께서 물을 가르시자 이스라엘 백성이 홍해 가운데를 마치 육지같이 건넜습니다. 이것은 하나의 신화적인 이야기가 아닙니다. 애굽에서 430년 동안 종살이하던 이스라엘 백성이 젖과 꿀이 흐르는 가나안 땅으로 가기 위해 광야에 진입할 때 실제로 있었던 일입니다. 이스라엘 백성이 애굽에서 광야로 나오기 위해서는 홍해를 통하지 않고는 불가능하였습니다. 홍해에는 다리도 없었고 이스라엘 백성들은 배를 가지고 있지도 않았습니다. 그런데 그들이 홍해를 통과해 광야로 나왔다는 사실은 바로 하나님이 홍해를 갈라놓으셨다는 것을 입증해 줍니다. 하나님께서 역사하지 않으셨다면 이스라엘 민족은 멸망할 수밖에 없었습니다.

우리의 삶도 마찬가지입니다. 우리가 하나님께 순종하고 하나님을 의지하여 살아가면 우리 앞에 어떤 홍해가 있을지라도 하나님께서 능히 가르실 것입니다.

2절 모세에게 속하여 다 구름과 바다에서 침례를 받고

하나님은 모세를 통하여 이스라엘 민족을 인도해 내셨기 때문에 그들은 모세의 지시를 따랐으며 모세에게 속하여 침례를 받았습니다. 그러나 우리는 그리스도 예수와 합하여 침례를 받았습니다(롬 6:3; 갈 3:27). 그들은 율법에 속한 사람들이었지만 우리는 은혜에 속한 사람들입니다. 그들은 육신으로써의 하나님의 선민(選民)이지만 우리는 영으로써의 하나님의 선민입니다. 그러므로 그들은 이 세상에서 번창할 것을 약속받았지만 우리는 천국에서 영원토록 그리스도의 신부가 되어 영광을 누릴 것을 약속받았으니, 육의 선민과 영의 선민이 다른 점이 바로 여기 있는 것입니다.

그런데 이스라엘 백성들은 구름과 바다에서 침례를 받았다고 했습니다. 이스라엘 백성들이 구름 속에 있었다고 해서 구름을 덮어쓴 것도 아니고, 바다를 지났다고 해서 바닷물을 덮어쓴 것도 아닌데, 그들이 침례를 받았다는 것은 침례에 특별한 의미가 있음을 말해 줍니다. 침례란 다른 사람과 특별히 구별되는 것을 뜻합니다. 우리는 예수님을 믿고 난 다음 침례를 받습니다. 침례를 받음으로 세상 사람과 구별됩니다. 우리가 침례를 안 받아도 구원은 받습니다. 그러나 침례 의식을 통하여 하나님 앞과 마귀 앞과 사람 앞과 성도 앞에서 세상과 성별되어 하나님께 속하게 되었음을 공포하는 것입니다. 그러므로 이스라엘 백성이 구름과 바다에서 침례를 받았다는 것은 성령의 인도와 물을 통해서 그들이 애굽 사람들과 구별되었음을 뜻하는 것입니다. 애굽 사람들은 구름 기둥의 보호 아래에 들어오지 못했습니다. 그들은 홍해를 건너다가 다 죽어 버렸습니다(출 14:19-29). 하나님은 이스라엘 백성을 애굽 사람들에게서 구별해 내셨던 것입니다.

3-4절 다 같은 신령한 음식을 먹으며 다 같은 신령한 음료를 마셨으

니 이는 그들을 따르는 신령한 반석으로부터 마셨으매 그 반석은 곧 그리스도시라

출애굽 한 이스라엘 백성은 한 사람도 빠짐없이 모두 신령한 음식을 먹었습니다. 신령한 음식이란 이스라엘 백성들이 광야에서 먹은 '만나'를 가리킵니다(출 16:12-18). 그들은 하나님께서 하늘에서 기적적으로 주신 만나를 먹으면서 광야 생활을 했던 것입니다. 그런데 그들이 먹은 만나는 사람마다 먹으면 영생을 얻게 하는 참떡의 모형입니다.

그러면 오늘날 우리의 신령한 음식은 무엇일까요? 그것은 바로 예수 그리스도이십니다. 예수님께서 말씀하시기를 "내가 곧 생명의 떡이니라"(요 6:48)고 하셨습니다. 그러므로 누구든지 하늘에서 내려온 생명의 떡 되시는 예수 그리스도를 먹으면 값없이 영생을 얻게 됩니다(요 6:32-33). 출애굽 한 이스라엘 백성들은 광야에서 만나를 먹고도 죽었지만 하늘에서 내려오신 생명의 떡 되시는 예수 그리스도를 먹으면 영생합니다(요 6:50-51).

그러면 우리가 어떻게 예수님을 먹을 수 있을까요? 예수님은 요한복음 6장 51절에서 "나는 하늘에서 내려온 살아 있는 떡이니 사람이 이 떡을 먹으면 영생하리라 내가 줄 떡은 곧 세상의 생명을 위한 내 살이니라"고 말씀하셨습니다. 예수님은 우리를 위하여 그의 살을 십자가에서 찢으시고 피를 흘려 주셨습니다. 이는 예수님의 살을 우리에게 주시기 위해서였습니다. 그러므로 우리가 예수님을 믿고 그의 말씀을 먹으며 그의 살과 피로 성찬을 떼면 예수님을 먹는 것이 되는 것입니다(막 14:22-24; 요 3:16).

"다 같은 신령한 음료를 마셨으니". 이스라엘 백성들은 광야를 가다가

목이 말랐을 때 모세를 원망했습니다. 이에 모세가 하나님께 부르짖자 하나님께서 지팡이로 반석을 치라고 명하셨습니다. 그래서 모세가 바위를 치니 바위에서 물이 솟아 나왔습니다(출 17:1-6). 이 물이 바로 신령한 음료입니다.

본 절의 '저희를 따르는 신령한 반석' 이란 말은 신령한 반석이 물을 공급하기 위하여 이스라엘 백성을 따라다녔다는 뜻이 아닙니다. 반석은 한 군데 있지, 따라다니지를 못합니다. 이것은 신령한 반석이 되시는 예수 그리스도께서 함께하신 것을 말합니다. 그러므로 이스라엘 백성들이 마신 반석의 물은 그들과 동행하신 예수님께서 주신 것입니다. 오늘날에도 그리스도는 교회의 반석이 되십니다. 그러므로 모든 성도들은 그리스도에게서 넘쳐 나오는 생수를 마실 수 있습니다(요 4:14).

5절 그러나 그들의 다수를 하나님이 기뻐하지 아니하셨으므로 그들이 광야에서 멸망을 받았느니라

사도 바울은 앞에서 이스라엘을 향한 하나님의 은혜에 대하여 말했습니다(1-4절). 그러나 본 절에서는 이스라엘 백성이 하나님의 은혜를 저버림으로 하나님께 심판을 받은 사실을 강조하고 있습니다. 처음에 출애굽할 때 이스라엘 백성은 유아(乳兒) 외에 보행하는 장정만 60만 명가량이었습니다(출 12:37). 그러나 그들 중 다수가 하나님의 진노하심을 사서 가나안에 들어가지 못하고 광야에서 죽었습니다(민 14:26-35). 이스라엘 백성은 분명히 아브라함과 이삭과 야곱의 자손으로 하나님이 선택하신 백성입니다(출 2:24-25; 3:6). 그들은 구름과 바다를 통하여 침례를 받아 다른 민족과 구별되었습니다. 그리고 신령한 음식도 먹고 신령한 음료도 마셨

습니다. 그럼에도 그들은 하나님을 배도(背道)하고 말았습니다. 하나님을 거부하는 배도로 인하여 그들의 다수가 죽었던 것입니다.

하나님은 우리가 원망하고 불평하며 탄식하는 것을 참으실 수 있습니다. 그러나 배도할 때에는 택하신 선민(選民)이라도 버리십니다. 오늘날 우리도 하나님의 택함을 받았습니다. 하나님께서 택하시지 않고는 예수님을 믿을 수가 없습니다. 그러나 이렇게 택함을 받은 우리들이라도 하나님을 배도하면 버림을 당합니다. 이는 하나님이 우리를 버리시는 것이 아니라, 우리가 하나님을 배도하여 스스로 버림을 당하게 되는 것입니다. 그러므로 우리는 배도의 죄는 절대로 짓지 말아야 합니다. 설령 배도를 했을지라도 곧장 회개하고 돌이켜야 할 것입니다.

6절 이러한 일은 우리의 본보기가 되어 우리로 하여금 그들이 악을 즐겨 한 것같이 즐겨 하는 자가 되지 않게 하려 함이니

사도 바울은 이스라엘의 출애굽 사건이 우리의 본보기가 된다고 했습니다. 이스라엘 백성이 하나님께로부터 은혜를 받았음에도 불구하고 죄에 빠져서 멸망 당한 일은 우리의 모범, 즉 거울이 된다는 것입니다. 그러면서 이스라엘 범죄의 근원은 악을 즐겨 했기 때문이라고 말하고 있습니다. 이스라엘 백성이 악을 즐겨 한 것은 광야 생활을 하는 동인 애굽의 향락을 그리워하면서 탐욕을 품었기 때문입니다(민 11:4-5). 우리도 예수님을 믿으면서 과거의 불신 생활을 그리워하며 탐욕을 품으면 하나님께 악을 행하는 것이 됩니다. 그러므로 우리는 그들의 멸망을 교훈 삼아 악을 즐겨 하지 말아야 할 것입니다.

오히려 우리는 선한 일에 본보기가 되도록 힘써야 합니다. 신앙생활

을 하면서 많은 시련과 환난과 고통을 당한 사람들의 간증이나 설교를 들으면 배울 것이 많습니다. 왜냐하면 우리 또한 그들과 같은 인생길을 걸어가면서 많은 시련과 환난과 고난을 당하기 때문에 그들의 경험을 통해서 어떻게 살 것인가를 배울 수 있습니다. 그러므로 우리는 악을 즐겨 하는 자의 본보기가 아니라, 선한 일에 충성하는 자들의 대명사가 되어 하나님의 영광을 드러내는 일에 최선을 다해야 할 것입니다.

7절 **그들 가운데 어떤 사람들과 같이 너희는 우상 숭배하는 자가 되지 말라 기록된바 백성이 앉아서 먹고 마시며 일어나서 뛰논다 함과 같으니라**

이제 사도 바울은 이스라엘의 구체적인 죄를 열거하면서 교훈하고 있습니다. 그 첫째는 우상 숭배의 죄입니다. 그는 이스라엘 백성들 중에 어떤 사람들과 같이 우상 숭배하는 자가 되지 말라고 경계하면서 출애굽기 32장 6절의 말씀을 인용했습니다. 그 당시 우상 숭배는 우상 앞에서 제사를 지내고 난 후, 그 제물을 먹고 마시며 춤을 추는 것이었습니다.

모세는 시내 산에 올라가서 사십 주(晝) 사십 야(夜)를 금식하면서 하나님의 계명을 받았습니다. 같은 시기에 이스라엘 백성들은 시내 산 밑에서 금송아지를 만들어 놓고 그 앞에서 먹고 마시고 춤추면서 뛰놀았습니다(출 32:1-6). 이와 같은 우상 숭배의 죄는 하나님이 가장 미워하시는 죄입니다. 하나님을 섬기지 않고 다른 신을 섬기는 것은 십계명 중에 제1계명을 어기는 것이 됩니다(출 20:3). 이스라엘이 결국 멸망을 받은 것도 바로 이 우상 숭배의 죄 때문이었습니다. 우상 숭배는 하나님을 배도하는 것 중에 가장 무서운 배도입니다. 이것은 마치 혼인한 여인이 남편을 두고 간음하는 것과 마찬가지입니다. 남편치고 부인이 간음하는 것을 허용할 자가 어디 있겠습니까? 다른 죄는 다 용서해 줄지언정 간음죄만큼은 용서하지 못할 것입니다. 하나님은 우리의 영적인 남편이 되십니다(렘 3:14; 31:32; 호 2:16). 그러므로 우리는 하나님을 배도하는 우상 숭배의 무서운 죄를 결코 범해서는 안 될 것입니다.

8절 그들 중의 어떤 사람들이 음행하다가 하루에 이만 삼천 명이 죽었나니 우리는 그들과 같이 음행하지 말자

사도 바울은 두 번째로 음행하지 말라고 경고하고 있습니다. 이 음행의 죄는 고린도 교회 교인들 중에도 있었습니다(5:1). 또한 오늘날에도 우리들을 무섭게 유혹하고 있는 죄입니다. 이스라엘이 모압 평지에 이르렀을 때 모압 왕 발락이 이스라엘이 오면 도저히 감당할 수 없기 때문에 이방 선지자 발람을 돈을 주고 매수해서 이스라엘을 저주하려고 무수히 애를 썼습니다. 그러나 발람에게 성령이 임하여서 처음에는 이스라엘 백성을 축복할 수밖에 없었습니다. 그러다 결국 발람이 물질에 유혹되어 발락 왕에게 이스라엘 백성을 죄에 빠뜨릴 계책을 제공하였던 것입니다.

그 당시 모압 사람들은 바알브올이라는 신을 섬기고 있었습니다. 그들이 바알브올에게 제사를 드릴 때에는 남녀노유 할 것 없이 제사를 드린 후 제물을 먹고 춤을 추는데 이 장소에 이스라엘 백성을 청하라고 했습니다. 그리고 이스라엘 백성들에게 떡과 술을 먹이고 우상에게 절하게 하고 아리따운 모압 여자들과 음행하도록 하면 하나님께서 틀림없이 이스라엘을 멸할 것이라는 계책을 발락 왕에게 제공해 주었던 것입니다. 발락은 이 계획에 따라 이스라엘 백성들이 모압 평지에 오자마자 화

해를 제의했습니다. 그리고 바알브올에게 제사를 드리기 위하여 모압의 족장들이 진수성찬과 아리따운 여자들을 준비해 놓은 후 이스라엘 사람들을 청했습니다. 이 초청에 이스라엘 남자들이 무수히 갔습니다. 모압 족장은 이스라엘 사람들에게 고기와 술을 먹게 하고 우상에게 절하도록 했습니다. 그래서 이스라엘 사람들이 바알에게 절을 하고 그 자리에서 간음했던 것입니다. 그 결과 우상 숭배한 수많은 이스라엘 백성들이 하나님의 진노로 내린 염병으로 죽었습니다. 그때 염병으로 죽은 자가 2만 4천 명이었습니다(민 25:1-9).

이스라엘은 전쟁을 해서 참패한 것이 아니라 바로 여자들의 꾐에 빠져 우상에 절을 하고 간음함으로 멸망했습니다. 하나님의 백성들도 물질이나 권력이나 이성에 매혹되면 타락해 버리고 맙니다. 이러므로 가장 무서운 것이 우상 숭배와 음란입니다. 이것만은 주님께서 절대로 타협하지 않으십니다. 우상 숭배와 더불어 음란이 고린도 교회에 있었기에 사도 바울은 이에 대해서 경고하고 있는 것입니다.

9절 **그들 가운데 어떤 사람들이 주를 시험하다가 뱀에게 멸망하였나니 우리는 그들과 같이 시험하지 말자**

바울은 세 번째로 주를 시험하지 말라고 경고하고 있습니다. 이스라엘 백성들은 호르 산에서 진행하여 홍해에 이르는 길을 따라 갔습니다. 그런데 그들의 진행을 가로막는 에돔이 있었습니다. 그래서 이스라엘 백성들은 에돔 땅을 피하여 돌아가게 되었는데 그 길이 하도 험하여 투덜거리기 시작했습니다. 그들은 하나님과 모세를 향하여 원망하면서 애굽을 그리워했습니다. 먹을 음식도 없고 물도 없다고 불평했습니다. 이스라엘 백성들은 살아 계신 하나님께서 주신 만나를 먹었고 구름 기둥과 불기둥을 눈앞에 분명히 보았고, 방금 바위에서 터져나오는 물을 충분히 마셨는데도 하나님을 원망했습니다. 만나 같은 하찮은 음식이 싫다고 했습니다. 하나님의 은혜와 보호하심을 의심하였으며 약속의 말씀을 믿지 않았습니다. 이에 하나님께서는 불뱀을 보내어 이스라엘 백성들을 물게 하셨습니다. 결국 그들은 주님을 시험하다가 많은 사람이 불뱀에 물려 죽었던 것입니다(민 21:4-9). 그러나 불뱀에 물린 자 가운데 모세의 말을 듣고 하나님의 은혜로 만들어 놓은 놋뱀을 쳐다보는 자들은 살아났습니다.

오늘날에도 이스라엘 백성과 같이 하나님을 시험하는 사람들이 있습니다. 하나님께서 과거에는 은혜를 주셨는데 현재는 축복해 주시지 않는다고 과거의 은혜를 까맣게 잊어버리고 하나님께 원망과 불평하며 약속의 말씀을 의심하는 태도는 하나님을 시험하는 일입니다. 우리는 결코 이와 같은 태도로 하나님을 시험하지 말아야겠습니다.

10절 그들 가운데 어떤 사람들이 원망하다가 멸망시키는 자에게 멸망하였나니 너희는 그들과 같이 원망하지 말라

네 번째로 사도 바울은 원망하는 하나님께 죄를 짓지 말라고 경고하고 있습니다. 이스라엘 백성은 광야를 지나는 동안 거듭해서 모세와 하나님을 원망했습니다. 그 결과 그들은 하나님께 징계를 받아 광야에서 죽임을 당했던 것입니다.

그 대표적인 예가 민수기 14장과 16장에 나옵니다. 하나님께서는 모세에게 가나안 땅을 정탐하도록 명령하셨습니다. 그래서 열두 정탐꾼을 뽑아서 가나안 땅으로 정탐을 보냈습니다. 그들은 40일 동안 정탐한 후

에 모세와 아론과 이스라엘 백성의 온 회중에게 보고했습니다. 그들 중 열 명은 부정적인 보고를 했고 갈렙과 여호수아 두 사람만 긍정적인 보고를 했습니다. 부정적인 보고를 한 사람들은 가나안 땅을 악평(惡評)하여 이렇게 말했습니다. "우리가 두루 다니며 정탐한 땅은 그 거주민을 삼키는 땅이요 거기서 본 모든 백성은 신장이 장대한 자들이며 거기서 네피림 후손인 아낙 자손의 거인들을 보았나니 우리는 스스로 보기에도 메뚜기 같으니 그들이 보기에도 그와 같았을 것이니라"(민 13:32-33). 이 보고를 들은 백성들은 소리를 높여 부르짖으며 밤새도록 통곡했습니다. 그리고 모세와 아론을 원망했습니다. 그들은 새로운 지휘관을 세워 다시 애굽으로 돌아가자고 야단법석을 떨었습니다. 결국 그들은 이러한 원망으로 인하여 하나님의 진노를 사고 말았습니다(민 14:20-35).

이스라엘 백성들은 어려움이 닥칠 때마다 원망했고 하나님께서 세우신 지도자들에게 대항했습니다. 그리고 그들을 대신하여 새로운 지도자를 뽑아 애굽으로 돌아가자고 했습니다. 그것은 하나님을 배도하는 일입니다. 하나님께서 그 이튿날 회막에 나타나셔서 이스라엘 백성을 광야로 다시 돌이키라고 하셨습니다. 그래서 여호수아와 갈렙만을 제외하고 하나님을 원망한 모든 백성들은 40년 동안 광야를 유리하다가 모두 죽었고, 그들의 자녀들만이 가나안에 들어갈 수 있었습니다. 이 사실을 통하여 우리가 알아야 할 가장 중요한 교훈은 우상 숭배하는 것과 원망하는 것, 이 두 가지를 금해야 한다는 것입니다. 그런데 고린도 교회 교인들은 우상의 제물을 먹었고 또 원망하는 죄를 범했습니다. 이에 사도 바울은 그들을 향하여 경고하고 있는 것입니다. 그러므로 우리도 바울의 경고를 마음에 새겨서 하나님을 배도하는 우상 숭배와 하나님을 원망하는 죄를 범하지 말아야 할 것입니다.

11절 그들에게 일어난 이런 일은 본보기가 되고 또한 말세를 만난 우리를 깨우치기 위하여 기록되었느니라

사도 바울은 6절에서 말한 교훈을 다시 한 번 강조하고 있습니다. 여기서 '이런 일' 이란 1절부터 10절까지 기록된 내용을 말하고 있습니다. 광야에서 범죄 한 네 가지 죄, 즉 우상 숭배, 음행, 하나님 시험, 원망의 죄로 말미암아 이스라엘 백성은 멸망을 받게 되었고, 그 사건은 우리에게 거울이 된다는 것입니다. 더군다나 이러한 것은 예수님의 재림을 기다리고 있는 사람을 위하여 기록되었다고 말하고 있습니다. 즉, 이스라엘의 출애굽 사건은 하나의 역사적 사건만이 아니고 시간과 장소를 초월한 하나님의 교훈이라는 말입니다.

이와 같이 성경의 모든 말씀은 과거와 현재와 미래에 모두 관계되는 예언이며 교훈입니다. 사도 바울이 살고 있던 시대에도 교훈이 되는 말씀이며 오늘을 사는 우리에게도 교훈이 되는 말씀인 것입니다. 얼마나 감사한 일입니까? 하나님께서는 약 40명의 손을 빌어 1,500여 년에 걸쳐서 성경을 완성하여 우리들에게 전해 주셨습니다. 그러므로 고린도 교회뿐만 아니라 오늘을 사는 우리들도 위에서 말한(6-10절) 네 가지 죄를 짓지 않도록 주의해야 합니다.

12절 그런즉 선 줄로 생각하는 자는 넘어질까 조심하라

사도 바울은 우상의 제물에 대한 지식이 있다고 해서 자만한 고린도 교회 교인들에게 '넘어질까 조심하라' 고 교훈하고 있습니다. 그들은 스

스로 선 줄로 생각하고 교만했던 것입니다. 그들은 자신들이 무엇을 아는 줄로 생각하고 있었으나 마땅히 알 것을 알지 못하고 있었습니다(8:1-2). 그런 교인들을 향하여 사도 바울은 넘어질까 조심하라고 경고하고 있습니다.

우리도 선 줄로 생각하면 큰일 납니다. 왜냐하면 우리가 서 있는 것은 하나님의 은혜와 예수님의 공로의 덕택이기 때문입니다. 스스로 이만하면 되겠지 하고 자만(自慢)하면 그때부터는 내리막길로 접어들고 맙니다. 우리가 우리 자신을 바라보고 안심하여 방심하면 머지않아 넘어지는 것입니다. 그러므로 우리는 자신을 바라보지 말고 오직 예수님을 바라보아야 합니다.

이 말씀은 예수님을 믿는 사람에게만 적용되는 것이 아닙니다. 모든 사람에게 적용됩니다. 정치가는 국민을 쳐다보고 국민과 국가의 유익을 앞세워야지, 자기의 유익을 앞세우면 그때부터 내리막길입니다. 사업가도 자신이 가난하고 헐벗었을 때를 생각하고 늘 경성해야지, 이만하면 되겠다고 자부하고 주지육림(酒池肉林) 속에 들어가면 그때로부터 넘어지기 시작하여 결국 망하고 마는 것입니다. 그러므로 사람은 누구든지 겸손해야 합니다. 더군다나 예수님을 믿는 사람은 항상 주님을 바라보고 겸손해야 합니다. 지금 서 있는 것을 자랑하지 말고 넘어지지 않을까 조심해야 합니다. 베드로가 주님을 쳐다보고 있을 때는 물 위로 걸어갈 수 있었지만 바람과 파도와 자기 자신을 바라보았을 때에는 물에 빠지고 말았습니다(마 14:28-30).

13절 사람이 감당할 시험밖에는 너희가 당한 것이 없나니 오직 하나님은 미쁘사 너희가 감당하지 못할 시험 당함을 허락하지 아니하시고 시험 당할 즈음에 또한 피할 길을 내사 너희로 능히 감당하게 하시느니라

사도 바울은 엄한 경고(6-12절)를 한 뒤에 이제 위로의 말을 하고 있습니다. 시험에는 마귀가 성도들을 죄악으로 유혹하는 시험과 하나님께서 성도들을 연단시키기 위하여 주시는 시험, 두 가지가 있는데 여기서의 시험은 후자를 가리킵니다. 하나님께서는 우리들에게 물을 통과하고 불을 통과하는 시험을 겪게 하십니다. 왜냐하면 우리들이 게으르지 않고 열심을 품고 주를 섬기게 하기 위해서입니다. 우리들은 등 따습고 배 부르면 게을러지기 쉽습니다. 이럴 때에 하나님께서 물과 불의 시험을 통과하게 하심으로 우리를 깨뜨리십니다. 이와 같이 시험을 이겨내고 무사히 통과하는 자는 자신에게 연단이 되고 믿음이 성장하게 되는 것입니다.

시험을 주시는 하나님은 신실하시기 때문에 우리가 감당하지 못할 시험은 허락지 아니하십니다. 사탄은 거짓말쟁이요, 거짓의 아비이지만 하나님은 신실하십니다. 하나님은 창조에서도, 역사의 섭리에서도, 우리의 구원에서도 모두 신실하십니다. 세상이 다 부패하고 믿을 수 없을지라도 오직 하나님은 신실하십니다. 그러므로 우리는 예수님의 재림도 믿을 수 있습니다. 나아가 천년왕국과 새 하늘과 새 땅도 하나님께서 이루실 것을 믿습니다. 언젠가는 정의를 물같이, 공의를 마르지 않는 강같이 흐르게 하실 것입니다(암 5:24). 이와 같이 우리가 신실하신 하나님을 믿는 이상 우리에게 어떠한 시험이 다가와도 겁나지 않습니다. 신실하신 하나님께서 감당하지 못할 시험을 허락하시지 않을 것이기 때문입니다.

하나님은 우리에게 분량대로 믿음을 주셨습니다(롬 12:3). 하나님은 믿음이 적은 자에게는 적은 시험으로 훈련을 시키시고 믿음이 큰 자에게는 큰 시험으로 훈련을 시키십니다. 결코 감당하지 못할 시험을 허락하지 않으십니다. 성경은 "너희 중에 고난당하는 자가 있느냐 그는 기도할 것이요 즐거워하는 자가 있느냐 그는 찬송할지니라"(약 5:13)고 했습니다.

우리가 기도를 통하여 시험을 통과하게 되면 그릇이 커지고 신앙이 자라게 됩니다. 그리고 그다음에는 반드시 시험과 동등하거나 혹은 그 이상의 축복을 받게 되는 것입니다. 이것이 하나님의 섭리입니다. 시험이란 마치 천사가 탈을 쓰고 다가오는 것과 같습니다. 시험의 탈을 쓰고 왔다가 우리가 시험을 통과하면 시험의 탈을 벗어 던지고 우리에게 축복을 안겨 주는 것입니다. 우리는 시험과 환난이 마치 주님께서 타고 오신 수레와 같다는 사실을 잊지 말아야겠습니다. 우리가 시험의 홍수를 당할 때 주님은 홍수 위에 좌정(坐定)하여 오시는 것입니다(시 29:10).

우리가 시험 당할 때에는 신실하신 하나님께서 또한 피할 길도 열어주십니다. 이렇게 하시는 것은 우리로 하여금 시험을 능히 감당하게 하시기 위해서입니다. 하나님은 우리가 어느 정도의 시험을 감당할 수 있는가를 잘 아십니다. 하나님은 전지하시기 때문에 그 전지하신 지혜로써 우리의 인내의 정도를 한눈에 꿰뚫어 보십니다. 또한 하나님께서는 시험으로 인하여 우리가 쓰러지는 것을 원하지 않으십니다. 그렇기 때문에 피할 길도 반드시 마련해 놓으시는 것입니다. 그러므로 우리가 시험을 당할 때는 바로 기도해야 합니다. 우리가 기도할 때 시험을 무사히 지날 수 있는 길이 열리게 됩니다.

하나님께서는 우리의 신앙의 나태함을 깨우실 때, 그리고 우리 믿음의 그릇을 크게 하시려고 할 때 시험을 통하게 하십니다. 그런데 우리가 잊지 말아야 할 사실은 우리에게 다가오는 모든 시험은 감당할 수 있는 시험이라는 사실입니다. 하나님께서는 우리가 시험을 피할 길도 미리 예비하셔서 우리로 능히 감당하게 하십니다. 하나님은 참으로 신실하십니다.

2. 우상 숭배를 피하라(10:14-22)

14. 그런즉 내 사랑하는 자들아 우상 숭배하는 일을 피하라 15. 나는
지혜 있는 자들에게 말함과 같이 하노니 너희는 내가 이르는 말을 스
스로 판단하라 16. 우리가 축복하는바 축복의 잔은 그리스도의 피
에 참여함이 아니며 우리가 떼는 떡은 그리스도의 몸에 참여함이 아
니냐 17. 떡이 하나요 많은 우리가 한 몸이니 이는 우리가 다 한 떡에
참여함이라 18. 육신을 따라 난 이스라엘을 보라 제물을 먹는 자들
이 제단에 참여하는 자들이 아니냐 19. 그런즉 내가 무엇을 말하느
냐 우상의 제물은 무엇이며 우상은 무엇이냐 20. 무릇 이방인이 제
사하는 것은 귀신에게 하는 것이요 하나님께 제사하는 것이 아니니
나는 너희가 귀신과 교제하는 자가 되기를 원하지 아니하노라 21.
너희가 주의 잔과 귀신의 잔을 겸하여 마시지 못하고 주의 식탁과 귀
신의 식탁에 겸하여 참여하지 못하리라

14절 그런즉 내 사랑하는 자들아 우상 숭배하는 일을 피하라 앞에서도 언급한 바와 같이 주님께서 가장 혐오하시는 것 중 하나가 바로 우상 숭배입니다. 하나님께서 이스라엘 백성들이 가나안 땅에 들어갈 때 가나안의 칠 족을 남녀노유 할 것 없이 짐승들까지라도 다 멸하라고 하신 이유는 그들이 우상의 종이 되어 있었기 때문입니다. 그들은 바알이나 아세라를 섬기는 우상의 족속들이기 때문에 하나님께서 하나도 남김없이 다 멸하라고 명하신 것입니다.

어느 나라, 어느 민족이든 우상을 섬기면 하나님께서 기뻐하지 아니하십니다. 더구나 하나님이 선택하신 이스라엘 같은 선민, 그리고 우리와 같은 영적인 선민이 우상을 섬기는 것을 하나님은 결단코 용납하시지 않습니다. 우리는 이미 영적으로 예수 그리스도의 신부가 된 사람들입니다. 우상 숭배는 영적인 간음입니다. 거룩하신 주님께서는 영적인 간음죄를 짓는 사람과 함께하실 수 없습니다. 그러므로 영적인 신부 된 우리들은 마음을 다하고 뜻을 다하고 정성을 다하고 목숨을 다하여 예수 그리스도를 사랑하고 섬겨야 합니다.

'우상' 이라고 하면 현실적으로 눈에 보이는 금이나 은이나 동이나 나무나 흙으로 만든 것들을 떠올리는데, 실제 눈에 안 보이는 우상도 굉장히 많습니다. 눈에 안 보이는 우상이란, 하나님보다 내가 더 사랑하는 것입니다. 하나님이나 예수님보다도 자식을 더 사랑하면 그 자식이 우상이 됩니다. 남편도 우상이 될 수 있고 아내도 우상이 될 수 있습니다. 취미가 좋아서 그것을 하나님보다도 더 섬긴다면 그것도 우상이 되는 것입니다. 그러므로 우리는 눈에 보이는 우상은 말할 필요도 없거니와 눈에 안 보이는 우상도 경계해야 됩니다. 하나님보다 더 사랑하는 것은 그 무엇이든 우상이 되는 것입니다.

이스라엘의 역사를 통하여 교훈한 사도 바울은 이제 고린도 교회에 대하여 직접적인 교훈을 하고 있습니다. 고린도 교회 교인들을 향하여 "내 사랑하는 자들아" 라고 하면서 바울은 주 안에서 깊은 사랑으로 충고를 하고 있습니다. 그 충고의 내용은 우상을 숭배하는 일에서 피하라는 것입니다. 고린도 교회 교인들 중에 어떤 사람들은 우상 숭배하는 장소에 거리낌 없이 가기도 하며 그 제물을 먹기도 했습니다(6:10). 바울은 이스라엘 백성을 들어 우상 숭배의 죄가 얼마나 무서운 죄인가를 교훈하였습니다. 바울은 이 우상 숭배하는 일에서 단호히 피하라고 엄중하게 말하고 있습니다.

15절 **나는 지혜 있는 자들에게 말함과 같이 하노니 너희는 내가 이르는 말을 스스로 판단하라**

'지혜' 란 사리를 판단하고 문제를 해결할 수 있는 능력으로, 지혜에는 두 종류가 있습니다. 세상의 지혜가 있고 영적인 지혜가 있는데, 세상의 지혜는 바로 아담과 하와를 꾄 뱀의 지혜입니다. 바로 사탄의 지혜인 것입니다. 하나님 없는 세계로 인도하는 세상적이고 육신적인 지혜는 모두 사망으로 인도하는 사탄의 지혜입니다.

반대로 영적인 지혜는 믿는 자들에게 주신 하나님의 지혜입니다. 그렇기 때문에 사도 바울은 신앙이 있는 고린도 교인들에게 영적인 지혜로써 자신이 이르는 말을 스스로 생각해 보라고 말하고 있는 것입니다.

16절 **우리가 축복하는바 축복의 잔은 그리스도의 피에 참여함이 아니며 우리가 떼는 떡은 그리스도의 몸에 참여함이 아니냐**

본 절에서 사도 바울은 그 자신이 마치 고린도 교회에서 성찬 예식을 거행하고 있는 것같이 "우리가 축복하는바" 라고 말하며 성찬의 의미를 묻고 있습니다. 그가 주의 이름으로 축복한 축복의 잔은 그리스도의 피에 참여한 것이 아니며 또 그가 떼는 떡은 그리스도의 몸에 참여하는 것이 아니냐는 것입니다. 참여한다는 것은 교제(交際)를 의미합니다. 그러므로 그리스도의 피에 참여한다는 것은 그리스도의 피와 교제하는 것이고 그리스도의 몸에 참여한다는 것은 그리스도의 몸과 교제하는 것을 의미합니다.

그렇다면 우리가 성찬을 통하여 예수님의 피와 교제하고 예수님의 몸과 교제하면 무슨 일이 생기게 될까요? 예수님의 피와 교제하면 우리의 죄가 용서함을 받습니다. 그리고 우리가 거룩해집니다. 예수님의 피는 우리의 죄를 사하여 주시고 거룩하게 해 주시는 힘이 있습니다. 그러므로 우리가 성만찬 때 주의 종이 축복하는 잔을 마시면 예수님의 피와 교제하는 것이 됩니다. 하나님께서 우리가 잔을 마실 때 성령으로 말미암아 예수님의 피를 마시는 것과 똑같은 효과가 나타나도록 하셨습니다. 또한 우리가 성찬의 떡을 떼면 예수님의 몸과 교제하는 것이 됩니다. 혈루증으로 앓던 여인은 예수님의 옷자락만 잡아도 병이 나았는데, 우리가 예수님의 몸과 교제하게 되면 질병이 치료되고 귀신이 쫓겨 나갑니다. 그러므로 우리가 회개하고 주의 떡을 뗄 때 예수님의 치료와 부활의 생명이 들어오고 저주는 물러가고 축복이 다가오는 것입니다. 그러므로 성찬의 잔과 성찬의 떡을 장난으로 마시고 먹으면 병들거나 심지어 죽기까지 합니다. 왜냐하면 그리스도의 피와 살을 범하는 죄가 되기 때문입니다(11:27-29). 실로 성찬의 잔과 떡을 받는다는 것은 그리스도의 피와 살에 동참하여 교제하는 것을 의미하며, 그리스도와 일치가 되는 연합을 의미합니다(요 6:53-57).

17절 떡이 하나요 많은 우리가 한 몸이니 이는 우리가 다 한 떡에 참여함이라

예수님은 우리의 죄악을 대속하시고 질병과 가난의 저주에서 우리를 자유하게 하시기 위해 몸 찢고 피 흘리시며 십자가를 지셨습니다. 그러므로 우리가 그리스도의 몸을 상징하는 떡을 먹는 것은 그리스도의 고난을 기억하며 예수 그리스도와 한 몸으로 연합한다는 의미를 갖는 것입니다. 성찬의 떡을 떼는 사람은 예수 그리스도와 하나가 됐으므로 우리는 다 그리스도 안에서 한 형제자매 입니다. 뿔뿔이 흩어진 것이 아닙니다. 한 몸에 참여한 것입니다.

바울은 그리스도와 그리스도인과의 일치에 관하여 말한 후(16절) 이제 주 안에서 그리스도인들끼리의 상호 일치를 말하고 있습니다. 초대 교회에서는 성만찬 때 큰 떡 덩어리 하나를 가지고 와서 조금씩 떼어 먹었습니다. 그리고 잔도 큰 잔 하나로 돌아가면서 마셨습니다. 이와 같이 한 떡과 한 잔을 나누어 먹었던 의미는 주 안에서 한 몸이 되는 것을 뜻합니다. 성찬의 떡을 떼는 자는 그리스도의 지체요, 바로 그 지체들이 모여서 그리스도의 몸을 형성하는 것입니다. 그러므로 그리스도인들이 모여서 성찬에 참여하는 것은 성도로서의 권리이며 의무입니다. 그리스도인들이 성찬에 참여할 때 주 안에서 하나가 되는 가장 뚜렷한 체험을 하게 되는 것입니다.

18절 육신을 따라 난 이스라엘을 보라 제물을 먹는 자들이 제단에 참여하는 자들이 아니냐

이스라엘 백성은 육적인 선민(選民)입니다. 제사장이나 대제사장은 그들이 야훼 하나님 앞에 희생 제물을 드리면 그 제물을 분깃으로 받아서 피는 제단에 뿌리고 그 고기는 구워서 먹었습니다. 그 제물을 먹는 사람들은 제단에서 사역을 하는 사람들입니다. 일반 사람들은 화목제로 드려진 것 외에는 제물을 먹을 수 없었습니다. 대제사장이나 제사장의 가족들만이 하나님의 성물을 나누어 먹을 수 있었습니다.

앞에서 사도 바울은 성찬에 참여함으로 이루어지는 그리스도와의 교제와 그리스도인들끼리의 일치를 말하였습니다. 본 절에서는 이스라엘의 제사를 예로 들어 참여로 말미암은 일치를 밝히고 있습니다. 앞서 말한 것처럼 이스라엘 백성은 육신의 선민입니다. 그러나 제단에 드려진 제물은 오직 제사장 또는 레위인들만 먹을 수 있었습니다. 대제사장이나 제사장들은 제물(祭物)을 받아서 제사 드리는 일을 하였고 제단(祭壇)의 일에 참여하였기 때문에 제물을 먹을 수 있었습니다. 그들은 제물을 먹음으로써 제단과 함께하고 하나님과 교제했던 것입니다(레 7:15; 10:12-15; 신 12:18). 결국 사도 바울은 이스라엘의 제사를 인용하면서 주의 성찬에 참여하는 것이 얼마나 중요한가를 강조하고 있습니다.

19절 그런즉 내가 무엇을 말하느냐 우상의 제물은 무엇이며 우상은 무엇이냐

예수 그리스도를 믿는 우리의 관점으로 볼 때 우상은 아무것도 아닙니다. '우상' 이란 나무나 돌이나 금이나 은과 같은 재료에 여러 가지 형상

이나 모양을 조각해서 만들어 놓은 허수아비와도 같은 물건입니다. 그럼에도 많은 사람들이 스스로 일어나지도 못하고 눈으로 보지 못하고 귀가 있어도 듣지 못하는 아무 쓸모없는 것들을 우상으로 섬기고 있습니다. 이처럼 우상은 아무것도 아닙니다.

우상의 제물로 차려 놓은 음식들도 마찬가지입니다. 먹으면 하나같이 배설물이 될 뿐입니다. 그러나 정신적으로 우상을 신이라고 느끼고, 우상에 드린 제물을 그 우상이 먹었다고 생각하는 사람에게 그 제물은 우상이 먹는 제물로서 그 우상과 함께 자기가 제사에 참여한다고 생각을 합니다. 그것은 자기 최면에 빠진 심각한 착각입니다. 우상의 제물은 아무 효력도 없고 우상 역시 아무 능력이 없습니다. 이 세상의 모든 우상은 실로 아무것도 아니며 오직 하나님 한 분만이 존재하고 계십니다(8:4).

20절 무릇 이방인이 제사하는 것은 귀신에게 하는 것이요 하나님께 제사하는 것이 아니니 나는 너희가 귀신과 교제하는 자가 되기를 원하지 아니하노라

주의 잔과 주의 떡에 참여한 사람은 주님의 살과 피의 실제적인 효력이 나타나 주와 연합되었습니다. 사도 바울은 이미 주와 연합하여 하나가 된 자가 귀신과 교제하는 일은 있을 수 없다고 말하고 있습니다. 이방인들, 곧 불신자들이 제사하는 것은 귀신에게 하는 것이지 하나님께 제사하는 것이 아니기 때문입니다. 사람들이 우상에게 절할 때 돌이나 나무로 만든 우상 그 자체에 절하고 경배하는 것이 아닙니다. 그들의 마음 속으로는 돌멩이나 나무를 신(神)의 상징으로 생각하고 숭배하는 것입니다. 이러한 우상 숭배는 참하나님에게만 마땅히 돌려야 할 영광을 도둑

질하는 것이므로 일차적으로 악한 것이며 또한 인간이 하나님 이외의 다른 대상에게 예배함으로써 악한 영의 세력들과 밀접한 관계를 맺게 되는 것이므로 악한 것입니다.

그러므로 우상에게 절한다는 것은 바로 귀신에게 절하는 것이 됩니다. 귀신에게 절하고 난 다음에 귀신에게 바쳐진 고기와 술과 떡을 먹으면 귀신과 교제하는 것이 되고 맙니다. 즉, 귀신의 잔에 참여하고 귀신의 떡에 참여함으로 귀신과 교통이 이루어지고 마는 것입니다. 이것은 마치 주의 잔과 주의 떡을 마시고 먹으면 주와 연합하게 되는 것과 같은 원리입니다(16절). 귀신과 교통이 되면 귀신의 지배를 받게 되고 귀신에게 괴롭힘을 당합니다. 하나님의 성도가 어찌 이러한 귀신과 교제할 수가 있겠습니까? 그러므로 사도 바울은 이방 귀신에게 제사한 제물을 먹지 말라고 강경하게 말하고 있는 것입니다.

21절 너희가 주의 잔과 귀신의 잔을 겸하여 마시지 못하고 주의 식탁과 귀신의 식탁에 겸하여 참여하지 못하리라

그리스도의 잔을 마시고 그리스도의 떡을 떼는 것은 그리스도와 교제하는 것이 됩니다. 또 우상에게 바쳐진 귀신의 잔을 마시고 귀신의 떡을 먹는 것은 귀신과 교제하는 것이 됩니다. 이것은 동시에 이루어질 수 없는 일입니다. 주님과 교제하면서 귀신과 교제한다는 것은 있을 수 없습니다. 우리는 하나만을 선택해야 합니다. 결코 우리는 두 주인을 섬길 수 없습니다(마 6:24). 교회에 와서는 성찬에 참여해서 주님과 교제하고 사회에 나가서는 우상에게 가서 귀신의 떡과 잔을 먹고 마심으로 귀신과도 교제하는 일은 절대로 안 된다는 것입니다. 그리스도와 교제하는 자들은

귀신과의 교제를 단호하게 끊어야만 합니다. 결코 하나님의 성전과 우상의 전각이 공존할 수 없습니다. 우리는 바로 살아 계신 하나님의 성전인 것입니다(고후 6:16).

22절 그러면 우리가 주를 노여워하시게 하겠느냐 우리가 주보다 강한 자냐

사도 바울은 우리가 주의 잔과 귀신의 잔에 겸하여 참여한다는 것은 당치도 않은 일이라고 말하고 있습니다. 우리가 믿는 주님은 사랑의 하나님이시면서 동시에 질투하시는 하나님이십니다. 우리가 하나님의 말씀에 순종하여 살면 하나님께서는 한없는 사랑을 베풀어 주시지만 우리가 우상을 숭배할 때는 노여워하십니다. 이스라엘 백성들이 광야 생활을 하면서 우상 숭배를 함으로 그들은 주님을 노엽게 했습니다. 그 결과 그들은 하나님의 채찍을 맞았던 것입니다(신 32:21).

고린도 교회 교인들 중에 어떤 사람들은 우상의 제물을 먹고도 예사로이 생각했습니다. 사도 바울은 그들을 향하여 주의하라고 경고하고 있습니다. 주님은 우상 숭배의 죄를 결코 용납하지 않으십니다. 우상 숭배는 하나님의 맹렬한 진노를 불러 일으킬 뿐입니다. 누가 하나님의 진노 앞에 설 수 있겠습니까? 어느 누가 하나님과 겨룰 사가 있겠습니까? 그러므로 우리는 우상과 담을 쌓아야 합니다. 아예 가까이 가지도 말아야 합니다. 마귀는 생각을 통해서 들어옵니다. 우상에게 바쳐진 음식인 것을 알고 이것이 우상의 잔이며 우상의 떡이라고 생각하면서 그 음식을 먹으면 그 생각을 통해서 마귀가 들어오게 되는 것입니다.

3. 그리스도인의 윤리적인 생활 태도(10:23-33)

23. 모든 것이 가하나 모든 것이 유익한 것은 아니요 모든 것이 가하
나 모든 것이 덕을 세우는 것은 아니니 24. 누구든지 자기의 유익을
구하지 말고 남의 유익을 구하라 25. 무릇 시장에서 파는 것은 양심
을 위하여 묻지 말고 먹으라 26. 이는 땅과 거기 충만한 것이 주의 것
임이라 27. 불신자 중 누가 너희를 청할 때에 너희가 가고자 하거든
너희 앞에 차려 놓은 것은 무엇이든지 양심을 위하여 묻지 말고 먹으
라 28. 누가 너희에게 이것이 제물이라 말하거든 알게 한 자와 그 양
심을 위하여 먹지 말라 29. 내가 말한 양심은 너희의 것이 아니요 남
의 것이니 어찌하여 내 자유가 남의 양심으로 말미암아 판단을 받으
리요 30. 만일 내가 감사함으로 참여하면 어찌하여 내가 감사하는
것에 대하여 비방을 받으리요 31. 그런즉 너희가 먹든지 마시든지
무엇을 하든지 다 하나님의 영광을 위하여 하라 32. 유대인에게나
헬라인에게나 하나님의 교회에나 거치는 자가 되지 말고 33. 나와
같이 모든 일에 모든 사람을 기쁘게 하여 자신의 유익을 구하지 아니
하고 많은 사람의 유익을 구하여 그들로 구원을 받게 하라

23절 모든 것이 가하나 모든 것이 유익한 것은 아니요 모든 것이 가하나 모든 것이 덕을 세우는 것은 아니니

사도 바울은 앞에서 우상 숭배하는 일을 피하라고 교훈하였습니다(14-22절). 그리고 이제부터는 우상의 제물에 대한 실제적인 교훈을 하고 있습니다(23-33절).

사도 바울은 모든 것이 가하다고 했습니다. 그러나 모든 것이 가하다고 하여도 반드시 유익한 것은 아니며 반드시 덕을 세우는 것도 아닙니다. 그러므로 사도 바울은 우리에게 허락된 일에 있어서도 우리의 자유를 제한할 것을 권유하고 있습니다. 우리에게 허락된 자유를 사용하는 일이 때로는 남에게 해가 될 수도 있고 덕이 안 되는 경우도 있습니다. 그러므로 우리는 무슨 일을 하든지 예수 그리스도의 복음에 유익이 되고 덕이 되는지를 살펴보아야 합니다.

우리는 지식이 있고 믿음이 있어서 그까짓 우상의 제물은 아무것도 아니라고 생각하여 먹을 수 있습니다. 그러나 믿음이 약한 사람에게는 우리가 먹는 것이 유익이 되지 않고 덕이 되지 않을 수도 있습니다. 때문에 우리는 자신의 양심에 아무 거리낌 없이 먹을 수 있다 할지라도 믿음이 약한 다른 사람을 생각해서 먹는 자유를 제한해야 합니다. 우리가 하나님을 믿는 이상 우리의 일거수일투족(一擧手一投足)을 조심해야 합니다. 우리의 일거수일투족이 다른 사람에게 유익이 되고 덕이 되게 해야 합니다. 그리스도인으로서 성경에서 금하고 있는 것은 말할 것도 없으려니와 남에게 유익이나 덕이 안 되는 것은 삼가는 것이 마땅합니다. 이것은 개인 신앙생활의 윤리적인 원칙입니다.

24절 누구든지 자기의 유익을 구하지 말고 남의 유익을 구하라

사도 바울은 누구든지 자기의 유익만을 구하는 자기중심적인 생활을 하지 말라고 권하고 있습니다. 더 나아가 적극적으로 남의 유익을 구하는 생활을 하라고 말하고 있습니다. 자기의 유익을 구하지 않는 좋은 길은 항상 남의 유익을 먼저 생각하는 것입니다.

이는 바로 남의 유익을 위해서 자신의 유익을 삼가는 사랑의 생활 원리입니다. 예수님은 우리에게 하나님을 사랑하고 이웃을 내 몸과 같이 사랑하라고 가르쳐 주셨습니다(레 19:18; 신 6:5; 눅 10:27). 그러므로 우리는 신앙이 약한 이웃들에게 걸림돌이 되지 않도록 늘 조심하여 사랑으로 섬겨야 할 것입니다. 하나님께서는 이기적인 신앙생활을 기뻐하시지 않습니다. 그러므로 우리는 우리 자신의 유익보다는 남의 유익을 먼저 생각해야 되겠습니다.

25절 무릇 시장에서 파는 것은 양심을 위하여 묻지 말고 먹으라

사도 바울은 이제 24절의 원칙에 따라 구체적인 교훈을 말씀하고 있습니다. 먼저 시장에서 파는 음식물은 양심을 위하여 묻지 말고 먹으라고 했습니다. 당시 고린도 지방에서는 우상에게 바쳐졌던 고기들이 상품화되어서 시장에 나왔습니다. 이에 바울은 일단 상품화되어서 시장에 나온 것은 제물인가 묻지 말고 사서 먹으라는 것입니다. 만일 음식물이 우상에게 바쳐졌다고 생각하면 마음에 거리낌이 생기기 때문에 그 거리낌을 타고 마귀가 따라 들어옵니다. 그러므로 시장에서 고기를 사먹을 때는 이것이 마귀의 제물이냐 제물이 아니냐는 의문을 제기하지 말고 그대로 먹으라는 것입니다.

26절 이는 땅과 거기 충만한 것이 주의 것임이라

사도 바울은 이제 시장에 나온 음식물을 묻지 말고 먹어도 괜찮은 이유를 밝히고 있습니다(시 24:1). 왜냐하면 이 땅과 그 안에 있는 모든 것이 다 하나님의 것이기 때문입니다. 하나님께서는 만물을 지으시고 보시기

에 심히 좋다고 하셨습니다(창 1:31). 그러므로 하나님께서 지으신 모든 것이 선합니다(딤전 4:4). 만물이 모두 주의 것이고 만물이 선(善)하므로 우리가 하나님께 감사함으로 받으면 버릴 것이 없습니다. 왜냐하면 하나님의 말씀과 기도로 거룩해지기 때문입니다(딤전 4:4-5). 그러나 음식에 우상이 들어 있다고 믿고서 양심에 꺼림칙한 상태로 먹으면 양심이 계속하여 정죄를 받게 됩니다. 성경은 "의심하고 먹는 자는 정죄되었나니 이는 믿음을 따라 하지 아니하였기 때문이라 믿음을 따라 하지 아니하는 것은 다 죄니라"(롬 14:23)고 말하고 있습니다. 믿음으로 먹지 않고 꺼림칙한 상태로 먹으면 그것이 항상 문제가 되는 것입니다.

27절 불신자 중 누가 너희를 청할 때에 너희가 가고자 하거든 너희 앞에 차려 놓은 것은 무엇이든지 양심을 위하여 묻지 말고 먹으라

사도 바울은 앞에서 시장에서 파는 것은 양심을 위하여 묻지 말고 먹으라고 했습니다(25절). 바울은 이제 불신자의 집에 초대되었을 때의 경우를 말하고 있습니다. 개인의 집에서 음식을 차려 놓고 사람을 청할 때에는 손님 접대를 위한 것이지 결코 우상 숭배를 하기 위한 것이 아닙니다. 그러므로 불신자의 잔칫상에 무엇이 나오든지 묻지 말고 먹으라는 것입니다. 만물은 하나님께서 지으신 것이므로 하나님께 기도하고 감사하면서 먹으면 버릴 것이 없는 것입니다. 바울은 시장에 상품화되어 나온 음식물을 양심을 위하여 묻지 않고 자유로이 사서 먹을 수 있듯이, 불신자의 가정에 초청을 받았을 경우에도 역시 묻지 않고 먹을 수 있다고 주장했습니다. 사도 바울은 불신자의 집에 초대받아 가는 것을 금하지 않았습니다. 그러나 "너희가 가고자 하거든" 이라고 말함으로써 가지 않

는 것이 더 좋은 방법임을 암시하고 있습니다. 우리는 죄의 유혹을 받지 않도록 주의해야 하기 때문입니다. 그러나 다른 사람의 양심에 거리낌이 되거나 덕이 되지 못할 경우에는 초청에 대하여 바른 자세를 가지고 참석해야 할 것입니다. 그러므로 항상 믿음의 분량대로 지혜롭게 생각하면서 살아가야 하겠습니다(롬 12:3).

28절 누가 너희에게 이것이 제물이라 말하거든 알게 한 자와 그 양심을 위하여 먹지 말라

초대받았을 때 차려 놓은 음식이 우상의 제물인 줄 모르고 먹는 것은 괜찮습니다. 그러나 어떤 사람이 상에 차려 놓은 음식이 제사를 지낸 제물이라고 알려 주면 알게 한 자와 그의 양심을 위하여 먹지 말아야 합니다. 믿음이 강하다고 자처하는 사람이 우상의 제물인 줄 알고도 먹으면 믿음이 약한 사람에게 유익도 안 되고 덕도 안 될 뿐더러, 믿음이 약한 자를 시험에 들게 하기 때문입니다. 그러므로 우리가 우상의 제물이라는 것을 알았을 경우에는 그 즉시로 단호하게 거절해야 합니다.

29절 내가 말한 양심은 너희의 것이 아니요 남의 것이니 어찌하여 내 자유가 남의 양심으로 말미암아 판단을 받으리요

'내가 말한 양심' 이란, 상에 차려 놓은 음식이 우상의 제물이라고 말한 사람의 양심과 믿음이 약한 사람의 양심을 가리킵니다. 이것이 우상의 제물이라는 말을 듣고도 믿음이 있다고 하여 그대로 제물을 먹으면 제물이라고 말한 사람의 양심이 시험에 들게 됩니다. 또한 옆에서 보고 있는 믿음이 약한 자의 양심도 시험에 들게 됩니다. 그리고 그들의 양심은

우상의 제물을 먹는 사람을 정죄하고 판단하기 시작합니다. 그러므로 기도하고 감사함으로 먹을 수 있는 믿음과 자유가 있더라도 남의 양심을 시험에 들게 하고 비난을 받으면서까지 먹을 필요는 없다는 것입니다. 그러므로 성경은 "너희의 선한 것이 비방을 받지 않게 하라"(롬 14:16)고 말씀하고 있습니다. 그리스도인은 남을 시험에 들게 하거나 자신이 판단을 받을 정도로 자유를 남용해서는 안 됩니다.

30절 만일 내가 감사함으로 참여하면 어찌하여 내가 감사하는 것에 대하여 비방을 받으리요

내가 하나님께 감사한 마음으로 기도하고 먹었으면 그 음식을 은혜 중에 받은 것이 됩니다. 그러나 감사함으로 받았다 할지라도 그것이 우상의 제물인 것이 믿음 약한 사람에게 알려지면 비방을 받을 수 있습니다. 그러므로 다른 사람 앞에서는 삼가야 합니다.

31절 그런즉 너희가 먹든지 마시든지 무엇을 하든지 다 하나님의 영광을 위하여 하라

사도 바울은 결론적으로 우상의 제물 문제뿐만 아니라 그리스도인의 전 생애를 통하여 오직 하나님의 영광을 위하여 살라고 말하고 있습니다. 즉, 그리스도인들은 먹든지 마시든지 무슨 일을 하든지 먼저 하나님께 영광이 되는가를 생각해 보라는 것입니다. 우상의 제물을 먹는 것이 결국 하나님의 영광을 가리는 일이면 먹지 말아야 합니다. 먹고 안 먹는 여부가 중요한 것이 아니라 하나님께 영광이 되느냐가 중요하기 때문입니다. 먹어서 하나님께 영광이 되면 먹고, 먹지 않는 것이 하나님께 영광

이 되면 먹지 말아야 합니다. 이 말씀은 우리 모든 그리스도인들이 지켜야 할 생활 태도입니다.

우리가 무엇을 하든지 하나님의 영광을 먼저 생각하고 그 영광을 위하여 살면 우리의 삶의 기준이 뚜렷해집니다. 하나님 중심으로 살면 인간관계, 물질 관계, 세상 관계가 바로 정립되는 것입니다. 우리가 하나님의 영광을 위하여 살아갈 때, 경우에 따라 남들의 비난을 받을 수도 있습니다. 또 우리 스스로 자신이 누릴 수 있는 자유를 포기해야 될 때도 있습니다. 여러 사람에게 여러 모양으로 대해 주어야 할 때도 있습니다. 그러나 우리가 이렇게 하는 것은 오직 하나님의 영광 때문입니다. 성경은 "우리가 살아도 주를 위하여 살고 죽어도 주를 위하여 죽나니 그러므로 사나 죽으나 우리가 주의 것이로다"(롬 14:8)라고 말하고 있습니다. 우리는 주의 것이기 때문에 주의 것이 된 이상 우리는 살아도 주의 영광을 위하여 살고, 죽어도 주의 영광을 위하여 죽는다는 삶의 태도를 가져야겠습니다. 우리 인생의 목적은 주의 영광을 드러내는 데 있습니다.

32절 유대인에게나 헬라인에게나 하나님의 교회에나 거치는 자가 되지 말고

사도 바울은 하나님의 영광을 위하여 거치는 자가 되지 말라고 말하고 있습니다. 거치는 자가 되어서는 하나님께 영광이 되지 못하기 때문입니다. 그는 성경이 죄라고 지적하지 않는 이상 교회 밖의 유대인 사회에서나, 헬라인의 사회에서나 남에게 훼방거리가 되지 말라고 했습니다. 또 하나님께서 세우신 교회 내에서도 다른 성도들에게 훼방거리가 되어서는 안 된다는 것입니다. 그렇다고 그리스도인들이 유대인이나 헬라인의 사

상에 타협한다거나 잘못된 신앙생활을 하는 주위 사람들에게 동조하라는 뜻은 아닙니다. 어디까지나 하나님 영광 중심으로 서서, 할 수만 있으면 양보하고 참아서 다른 사람에게 신앙의 덕을 끼치라는 말입니다. 내가 마음대로 누릴 수 있는 것일지라도 유대인을 구원하기 위해서, 헬라인을 구원하기 위해서, 하나님의 교회에 덕을 세우기 위해서 스스로 다른 사람을 위하여 절제하고 양보하는 사랑의 미덕을 가져야 하겠습니다.

33절 나와 같이 모든 일에 모든 사람을 기쁘게 하여 자신의 유익을 구하지 아니하고 많은 사람의 유익을 구하여 그들로 구원을 받게 하라

사도 바울은 자신의 신앙의 모범을 말하고 있습니다. 그 자신이 모범적으로 행함으로 인하여 그의 권고는 언제나 힘이 있습니다. 그는 모든 일에 모든 사람을 기쁘게 해 주었습니다. 그는 자신의 유익을 구하기보다는 다른 사람의 유익을 구했습니다. 바울이 그렇게 신앙생활을 했던 이유는 그들로 하여금 구원을 얻도록 하기 위해서입니다.

바울의 생활 태도는 고린도 교회 교인들뿐만 아니라 우리도 본받아야 할 것입니다. 우리도 다른 사람들이 부담 없이 주님 앞에 나와 구원받을 수 있도록 자신을 양보하며 남을 기쁘게 하고 유익하게 해야 합니다. 그런데 여기서 '모든 사람을 기쁘게 하고 유익하게 한다는 것' 은 무조건적으로 그렇게 한다는 의미가 아닙니다. 어디까지나 주님의 영광과 하나님의 말씀인 성경에 기초를 두고서 그 안에서만 행해야 합니다. 사도 바울은 사람의 종이 아니고 그리스도의 종이었습니다. 그가 사람을 기쁘게 하는 것도 어디까지나 그리스도 안에서만 가능한 것이었습니다. 그

렇기 때문에 그는 갈라디아서 1장 10절에서 "내가 지금까지 사람들의 기쁨을 구하였다면 그리스도의 종이 아니니라" 고 담대하게 말할 수 있었던 것입니다.

제 11 장

여성도의 두발과 성찬의 참의미

너희는 나를 본받는 자가 되라	11:1
여성도의 머리에 쓰는 문제	11:2-16
잘못된 성찬 의식에 대한 책망	11:17-22
성찬의 참된 의미	11:23-26
성찬을 합당하지 않게 먹고 마시는 자의 벌	11:27-34

A COMMENTARY ON
THE FIRST EPISTLE TO
THE CORINTHIANS

사도 바울은 본 장을 통하여 당시 고린도 교회에서 크게 문제 되었던 여성도의 머리에 무엇을 쓰는 문제와 성찬의 참된 의미에 대하여 교훈하고 있습니다. 바울은 기도나 예언 같은 하나님을 섬기는 일을 할 때 남자는 머리에 무엇을 쓰지 말아야 되고, 여자는 반드시 써야 한다고 가르쳤습니다. 이것은 교회의 질서를 유지하기 위해서였습니다. 그리고 여기에 대한 일체의 변론을 용납하지 않았습니다. 또한 바울은 고린도 교회에서 잘못 거행하고 있는 성찬을 책망하면서 자신이 주님께로부터 직접 받은 교훈을 가르치고 있습니다. 이 교훈에 따르면 성찬을 행하는 것은 주님의 몸과 피를 먹는 것과 똑같습니다. 그러므로 주님의 몸과 피를 분변하지 못하고 먹고 마시는 자의 벌이 중한 것입니다.

1. 너희는 나를 본받는 자가 되라(11:1)

1. 내가 그리스도를 본받는 자가 된 것같이 너희는 나를 본받는 자가 되라

1절 내가 그리스도를 본받는 자가 된 것같이 너희는 나를 본받는 자가 되라

본 절은 10장에서 계속 이어지는 구절로 10장의 결론과도 같습니다. 본문을 볼 때 사도 바울은 그리스도의 사도로서 그리스도를 본받는 생활을 했음을 알 수 있습니다. 그는 그리스도 안에서 부끄럼 없는 생활을 했기 때문에 담대하게 자신을 본받는 자가 되라고 말할 수 있었습니다. 바울은 결코 고린도 교인들에게 맹목적으로 자기를 순종하도록 강요하지 않았습니다. 오히려 자신이 먼저 그리스도를 본받는 생활을 했던 것입

니다. 사도 바울은 하나님이시면서 종의 형체를 가져 사람들과 같이 되신 그리스도의 사랑의 정신을 본받았습니다(빌 2:7). 그래서 그는 우상의 제물 문제에 대한 올바른 지식을 가지고 있었지만 약한 자에 대한 사랑 때문에 누릴 수 있는 자유를 포기했던 것입니다. 바울은 이러한 그리스도의 사랑의 정신을 본받으라고 말하고 있습니다.

설교에는 '언어 설교' 와 '행동 설교' 가 있습니다. 말로만 하는 언어 설교는 누구나 할 수 있습니다. 그러나 행동 설교는 쉽지 않습니다. 설교자의 삶과 행동까지 뒤따라야 하기 때문입니다. 목회자가 행동이 뒤따르지 않는 언어 설교만 한다면 그 설교는 생명력이 없습니다. 행동 없는 설교는 하나의 웅변에 불과할 뿐 결코 하늘나라의 생명력을 주지 못하기 때문입니다.

예수님께서도 "그들의 열매로 그들을 알지니"(마 7:16)라고 말씀하셨으며, "나더러 주여 주여 하는 자마다 다 천국에 들어갈 것이 아니요 다만 하늘에 계신 내 아버지의 뜻대로 행하는 자라야 들어가리라"(마 7:21)고 말씀하셨습니다. 또한 성경은 "영혼 없는 몸이 죽은 것같이 행함이 없는 믿음은 죽은 것이니라"(약 2:26)고 말씀하고 있습니다. 참된 믿음에는 반드시 행함의 열매가 따르기 마련입니다.

밭에 콩을 심으면 콩이 나고 팥을 심으면 팥이 나듯이 우리가 진실로 예수 그리스도를 마음속에 모셔 들이면 예수 그리스도의 형상을 닮은 행동이 밖으로 나오게 됩니다. 그리스도인은 그의 생애 속에 그리스도를 본받으려고 애쓰는 마음이 있습니다. 왜냐하면 그리스도의 영인 성령께서 우리 마음속에 들어와 언행심사(言行心思)에 예수님을 본받고 싶은 소원을 일으켜 주시기 때문입니다. 이런 변화는 우리 자신의 힘에 의해서가 아니라 성령의 능력으로 일어납니다. 현재는 온전히 그리스도를 본받는 생활을 못할지라도 마음속으로는 항상 그리스도를 본받고 싶어 하는 간절한 욕망이 솟구쳐 올라옵니다. 이것은 하나님이 주시는 거룩한 욕망인 것입니다.

한편 사람은 이 세상을 살아가는 동안 특정 인물을 모델로 선택하여 그 모델을 따라 살아가게 됩니다. 그런데 심리학에 의하면 한 사람에게 가장 큰 영향을 주는 사람은 바로 '부모' 라고 합니다. 왜냐하면 사람이 일생을 살아갈 그 인격적 바탕은 태어나서 여섯 살 무렵까지 거의 다 형성되기 때문입니다. 이렇게 자녀들은 어릴 때부터 부모님의 일거수일투족을 본으로 삼아 자라갑니다. 그래서 대개 아들은 장성해 갈수록 아버지를 닮아 가고 딸은 어머니를 닮아 가게 됩니다. 어릴 때 무의식 가운데 보고 들은 것이 커가면서 점점 밖으로 나타나는 것입니다. 사람들이 대개 며느리나 사위를 택할 때 그 어머니나 아버지를 살펴보는 것도 이러한 이유 때문입니다. 그러므로 모델의 중요성은 이루 말할 수 없습니다.

나 역시 목회할 때에 마음속에 모델을 두었습니다. 개척 교회 시절에는 영락교회 한경직 목사님을 목회의 모델로 삼았습니다. 영락교회보다 더 큰 교회를 세우겠다는 생각에 서대문에 우리 교회 건물을 지을 때 영락교회보다 장의자를 한 줄 더 넣기도 하였습니다. 또한 설교에 있어서는 빌리 그래함 목사님을 모델로 삼았습니다. 그래서 처음부터 핏대를 올려 큰 소리로 말하는 빌리 그래함 목사님의 설교를 따라 하다가 기운이 미치지 못해서 쓰러질 뻔한 적도 있었습니다. 오랄 로버츠 목사님 역시 나의 목회와 설교의 모델이었습니다. 이렇게 사람은 자기보다 앞선 모델을 따라하기 마련입니다. 또 그렇게 해야 발전이 있습니다.

한편 대부분의 성도들은 본인이 의식하지 않아도 자신이 출석하는 교회의 주의 종을 닮아갑니다. 재미있는 것은 신앙만 닮는 것이 아니란 점입니다. 전에 한 텔레비전 방송에서 우리 교회 성도들이 다 나를 따라서 "믿씁니다!"라고 시옷 발음을 강하게 한다고 평론하는 것을 본 적이 있습니다. 그것은 다른 교회 역시 마찬가지입니다. 다른 성도들을 만나서 이야기를 해 보면 어느 목사님이 담임하는 교회에 출석하는지 대강 알 수 있습니다. 오랜 세월 동안 한 교회에 출석하면서 한 목사님의 말씀을 듣고 그 목사님의 언어, 심사, 행동을 자연스레 따라하기 때문입니다. 그러므로 주의 종은 굉장히 조심스럽게 살아야 합니다. 누군가가 나를 본받고 있기 때문입니다. 비단 주의 종뿐 아니라 장로, 권사, 집사, 구역장 또 이미 신앙이 깊어진 평신도에 이르기까지 올바른 신앙을 갖고 모범을 보인다는 것이 얼마나 중요한지 모릅니다. 우리 주위의 사람들은 우리의 입에서 나오는 말 한 마디뿐만 아니라 우리의 행동도 자세히 살피고 있습니다.

오늘 우리 기독교 신자들이 한국 사회를 이끌어 가지 못하고 한국에 영향력을 미치지 못하는 이유는 우리 성도들이 정말로 그리스도를 본받지 못하였기 때문입니다. 우리가 세상에서 비난받는 것도 윤리와 도덕성에 있어서 그리스도를 본받고 있지 않기 때문입니다. 또한 우리 한국 교회는 정치, 사회적으로 정의를 실천하는 모델이 되지 못했습니다. 정치는 정치이고 종교는 종교라는 '정교 분리(政敎分離)'의 원칙을 내세우다 보니 마치 약자 편에 서지 않고 독재자 편에 섰다는 오해를 받는 것입니다. 이 점에 있어서 우리는 우리의 중심을 살펴 회개하고 자복해야 하는 것입니다.

한 가정에서도 마찬가지입니다. 먼저 예수 믿은 가족 중 누군가가 좋은 모델로서 은연 중에 감화 감동을 주면 다른 가족들도 그 사람을 따라 예수 믿고 싶은 마음이 들지만, 예수를 믿는다고 하면서도 그 언행심사가 삐뚤면 누가 그를 따라 예수를 믿겠습니까? 이웃과의 관계에서도 다르지 않습니다. 의식적으로 무의식적으로 우리의 이웃들은 신자들을 눈여겨보는 것입니다.

나는 솔직히 바울 사도처럼 "나를 따르라." 고 말할 자신이 없습니다. 그러므로 여러분은 나를 따르지 말고 예수님과 바울 같은 분을 따르십시오. 우리의 신앙은 그저 최종적으로 예수 그리스도를 모델로 삼아 끊임없이 사모하고 배우고 따르려고 노력하는 것입니다. 그래서 우리는 어찌하든지 사도 바울처럼 예수님을 본받고 따라감으로 "내가 예수님을 따라가니까 너희도 나를 따르라." 고 담대히 말할 수 있는 자들이 되어야 할 것입니다.

2. 여성도의 머리에 쓰는 문제(11:2-16)

2. 너희가 모든 일에 나를 기억하고 또 내가 너희에게 전하여 준 대로 그 전통을 너희가 지키므로 너희를 칭찬하노라 3. 그러나 나는 너희가 알기를 원하노니 각 남자의 머리는 그리스도요 여자의 머리는 남

자요 그리스도의 머리는 하나님이시라 4. 무릇 남자로서 머리에 무엇을 쓰고 기도나 예언을 하는 자는 그 머리를 욕되게 하는 것이요 5. 무릇 여자로서 머리에 쓴 것을 벗고 기도나 예언을 하는 자는 그 머리를 욕되게 하는 것이니 이는 머리를 민 것과 다름이 없음이라 6. 만일 여자가 머리를 가리지 않거든 깎을 것이요 만일 깎거나 미는 것이 여자에게 부끄러움이 되거든 가릴지니라 7. 남자는 하나님의 형상과 영광이니 그 머리를 마땅히 가리지 않거니와 여자는 남자의 영광이니라 8. 남자가 여자에게서 난 것이 아니요 여자가 남자에게서 났으며 9. 또 남자가 여자를 위하여 지음을 받지 아니하고 여자가 남자를 위하여 지음을 받은 것이니 10. 그러므로 여자는 천사들로 말미암아 권세 아래에 있는 표를 그 머리 위에 둘지니라 11. 그러나 주 안에는 남자 없이 여자만 있지 않고 여자 없이 남자만 있지 아니하니라 12. 이는 여자가 남자에게서 난 것같이 남자도 여자로 말미암아 났음이라 그리고 모든 것은 하나님에게서 났느니라 13. 너희는 스스로 판단하라 여자가 머리를 가리지 않고 하나님께 기도하는 것이 마땅하냐 14. 만일 남자에게 긴 머리가 있으면 자기에게 부끄러움이 되는 것을 본성이 너희에게 가르치지 아니하느냐 15. 만일 여자가 긴 머리가 있으면 자기에게 영광이 되나니 긴 머리는 가리는 것을 대신하여 주셨기 때문이니라 16. 논쟁하려는 생각을 가진 자가 있을지라도 우리에게나 하나님의 모든 교회에는 이런 관례가 없느니라

2절 너희가 모든 일에 나를 기억하고 또 내가 너희에게 전하여 준 대로 그 전통을 너희가 지키므로 너희를 칭찬하노라

우리는 이곳에서 사도 바울이 얼마나 그리스도를 따라가고 그리스도에게 온전히 목숨을 바친, 그리스도의 그림자로서 살았는가 하는 사실을 알 수 있습니다. 사도 바울은 "내가 너희들 가운데에서 어떻게 복음을 전

했고 어떻게 살았는지를 잘 기억하고, 그 기억을 살려서 신앙생활을 하라."고 말한 것입니다. 그가 얼마나 흠 없고 점 없는 올바른 신앙생활을 했는지를 볼 수 있습니다. 사도 바울은 이와 같이 정의롭고 정직하고 성실하고 충성스럽고 탐욕을 버린, 용서와 사랑, 권위와 겸손을 가진 좋은 모델로서 좋은 기억을 남겨 놓았습니다.

사람은 언제나 다른 사람에게 '인상'을 남겨 놓게 됩니다. 그 사람은 지나가도 그 사람의 인상, 즉 삶의 발자취는 남아 있는 것입니다. 그러기에 외모나 언어나 성격 등 모든 면에서 단정하고 좋은 사람이라는 인상을 남겨 두는 것은 중요한 일입니다. 신앙인인 우리는 무엇보다 사도 바울처럼 "그 사람만 생각하면 예수님이 떠오른다."는 말을 들을 수 있도록 모든 면에서 예수 그리스도의 인상을 남겨 놓는 사람들이 되어야 할 것입니다.

본 절을 보면 사도 바울이 고린도 교회에 교훈하기에 앞서 먼저 그들을 칭찬하고 있습니다. 고린도 교회의 교인들은 모든 일에 있어서 사도 바울을 기억했습니다. 또 그들은 사도 바울이 전해 준 대로 전통을 잘 지켰습니다. 비록 교회의 일부 신자들이 복음을 올바로 받아들이지 못하여 탈선하고 부패했지만 대부분의 신자들은 교회 안에서 좋은 점을 유지하고 있었습니다.

본문에서 말하는 '전통'이란 조상 대대로 내려오는 교훈을 의미하는 것이 아니라 구전(口傳)으로 전승(傳承)된 하나님의 계시의 말씀을 의미합니다. 사도 바울은 고린도 교회를 개척할 당시에 예수 그리스도의 생애와 교훈과 부활에 대하여 증언했습니다(15:1-4). 또 그리스도인으로서 어떻게 살 것인가도 가르쳤습니다. 그 당시에는 구약 성경은 있었지만 신약 성경은 없었습니다. 그래서 많은 하나님의 계시가 사도의 입을 통하여 전달되었습니다. 이와 같이 구전에서 구전으로 전달된 하나님의 계시를 고린도 교회 교인들이 잘 지켰던 것입니다. 사도 바울은 바로 이 점을 칭찬하고 있습니다.

사실 고린도 교회는 분열, 다툼, 분쟁, 음란, 방탕 등과 같은 결점들이 많았습니다. 그럼에도 불구하고 사도 바울은 우선 칭찬을 하고 난 후 부족한 부분들을 지적하고 있는데, 이것은 오늘날의 모든 인간관계 및 목회에 많은 시사점을 줍니다. 요한계시록에도 보면 예수님께서 소아시아 일곱 교회를 향해 먼저 좋은 점을 칭찬하신 다음에 잘못된 점을 고치라고 지적하셨습니다.

부부간을 비롯해 모든 인간관계에서 상대방에게 무슨 교훈을 하고 싶을 때에는 우선 상대방의 좋은 점을 칭찬해야 합니다. 칭찬으로 마음을 푸근하게 만들어 놓은 후 고쳐야 될 점을 말하면 그 상대방은 충고를 쉽게 받아들입니다. 반면, 처음부터 바로 단점을 말하면 "당신은 잘해?" 라는 역반응만 나올 뿐입니다.

이와 같이 칭찬은 마치 기름을 치는 것과 같습니다. 기계를 돌릴 때 기름을 치지 않고 기계를 빡빡하게 돌리면 기계가 고장 나는 것처럼, 사람 사이에도 언제나 칭찬이라는 기름을 치면서 관계해야 좋은 관계를 유지할 수 있습니다. "한 방울의 꿀이 한 말의 쓸개보다 파리를 더 많이 잡는다."는 말처럼 좋은 말로 칭찬하는 것이 나쁜 말로 비난하고 공격하는 것보다 더 감화력 있게 사람을 변화시키는 것입니다. 어떠한 사람도 다 장단점이 있습니다. 온전히 칭찬을 받을 만한 인격을 가진 사람은 오직 예수님밖에 없습니다. 그러기에 먼저 칭찬의 기름을 친 다음 메스를 들고 안 좋은 부분을 수술해야 하는 것입니다. 위인전을 보아도 어머니의 칭찬이 자녀의 일생을 바꾸어 놓은 예들이 허다합니다.

목회도 마찬가지입니다. 목사가 강단에서 복음을 전파할 때도 먼저 그리스도의 은혜의 복음을 전하고 이 은혜를 받은 사람을 하나님의 율법으로 변화시켜야지, 은혜를 받지도 못했는데 초신자를 처음부터 율법으로 때리고 마음에 상처를 입히면 교회 왔다가 따스한 은혜와 사랑 한 번 받아 보지 못하고 떠나가고 맙니다. 사도 바울도 고린도 교인들에게 앞으로 상당한 양의 교훈을 하려고 작정하고 있습니다. 그러기에 그 전에 고린도 교인들이 잘한 부분에 대해 칭찬을 하면서 기름을 치는 것입니다.

3절 그러나 나는 너희가 알기를 원하노니 각 남자의 머리는 그리스도요 여자의 머리는 남자요 그리스도의 머리는 하나님이시라

이제 바울의 교훈이 시작되고 있습니다. 바울은 언제나 강조할 때 "나는 너희가 알기를 원하노니"라는 형식의 말을 썼습니다. 고린도 교회는 하나님을 아는 지식이 넘치고 사도 바울이 전해 준 전통은 잘 지켰지만 신앙 세계의 질서에 대하여 잘 모르고 있었습니다. 그래서 바울은 그들이 신앙 세계의 질서에 대하여 알기를 원한다고 강조하여 말하고 있습니다.

하나님은 그리스도의 머리며 그리스도는 남자의 머리며 남자는 여자의 머리입니다. 이것은 하나님께서 우주에 세워 놓으신 권세의 순서입니다. 하나님은 우주를 다스리실 때 권세를 가지고 다스리십니다. 하나님은 이 절대 주권적 권세에 따라 눈에 보이지 않는 세계나 눈에 보이는 세계를 지배하십니다. 또한 하나님 아버지께서 절대 권세자로서 우리

주 예수 그리스도와 함께 만물을 창조하셨습니다. 그 권세를 그리스도께서 남자에게 주어서 남자들이 이것을 집행했으며, 남자는 이 권세를 전달해 주어서 여자가 이 권세를 사용하게 되었습니다.

하나님께서는 남자를 한 가정의 머리로 세우셨습니다. 가정의 머리인 까닭에 남자의 통솔력이 매우 중요합니다. 통솔력이 올바르고 강하면 그 가정이 굳건히 서게 됩니다. 그러나 통솔력이 올바르지 못하고 약하면 그 가정은 흔들리게 됩니다. 한편 부인은 남편이 부인과 자녀들로 하여금 하나님을 반역하게 하고 죄를 짓게 하지 않는 이상, 남편이 좀 어리석은 일을 할지라도 순종하는 것이 좋습니다. 왜냐하면 하나님이 세우신 질서이기 때문입니다. 반대로 부인이 남편의 뜻을 따르지 않고 무시함으로 하나님께서 세우신 질서에 도전하면 결국 하나님께 도전하는 것이 되어 그 가정은 하나님의 축복이 떠나고 행복할 수가 없습니다.

그러므로 부인은 남편에게 순종해야 하며 남편은 하나님께서 주신 권세를 올바르게 사용해야 합니다. 남편은 권세를 올바르게 사용해서 온 가족을 잘 이끌어 하나님을 사랑하게 하고 온 가정에 사랑과 화목과 질서를 가져와야 합니다. 그렇지 않고 권세를 잘못 사용하여 술이나 먹고 방탕하게 되면 그 가정은 불행하게 되고 맙니다. 그래서 한 가정의 가장인 남편들은 자신이 항상 그리스도에게 순종하는 책임감 있는 삶을 살고 있는지 돌아보아야 할 것입니다. 권세는 곧 책임이기 때문입니다.

한번은 한 자매님이 내게 와서 "성경에 나오는 하나님은 항상 남자가 되어 남자 편에만 섰습니다. 인구를 조사할 때도, 오병이어의 기적을 베푸실 때도 남자만 세지 않았습니까? 하나님은 남자만 사랑하시는 것 같습니다. 그래서 저는 교회를 그만 다니겠습니다."라고 말하는 것이었습니다.

성경에는 하나님이 남자라는 말이 없습니다. 하나님은 영이시지 육체가 아닙니다. 그러므로 하나님은 남자도 여자도 아닙니다. 우리 영혼이 하나님의 형상과 모양대로 지음 받았지 우리 육체가 하나님의 형상과 모양대로 지음 받은 것은 아닙니다. 남자의 수만 세었던 이유는 그 당시 히브리 민족의 관습을 반영한 것일 뿐입니다. 성경의 기본 정신은 남녀를 비롯한 모든 사람이 하나님 앞에서 평등하다는 것입니다. 마찬가지로 예수님께서 남자의 몸을 입으신 것도 당시 시대와 문화, 관습을 사용하신 것이지 예수님을 통해 남성을 편애하려는 것은 아닙니다.

그리고 대체로 교회 다니는 사람의 60% 이상이 여자 성도들입니다. 이러한 통계는 우리 한국뿐만 아니라 세계 다른 나라도 마찬가지입니다. 이는 남성들보다 여성들이 훨씬 더 천국에 많이 간다는 뜻입니다. 게다가 대체적으로 남성들의 수명은 여성들보다 10년 정도 짧습니다. 아마도 가장으로서 가족 부양의 책임감과 일로 인한 스트레스가 커서 그런 것 같습니다. 그래서 나는 오히려 하나님께서 여성들을 더 사랑하시는 것 같다는 생각이 들 때가 있습니다. 그렇기 때문에 여성분들은 여성으로 태어난 것을 절대 후회하지 마십시오. 사람이 위기에 처할 때나 마지막 숨을 거둘 때 누구의 이름을 부릅니까? 다들 "엄마!" 하지 "아빠!" 하지 않습니다. 그만큼 어머니는 사랑을 받고 존경을 받습니다. 그러므로 하나님이 편벽되게 남자만 사랑하신다는 생각은 잘못입니다. 하나님은 남자, 여자 모두 똑같이 사랑하시는데, 사회생활을 위한 위계질서로서 남자를 여자의 머리로 두신 것입니다. 삼위일체에서 아버지와 아들과 성령이 다 같은 위(位)로서 동등한 하나님이심에도 불구하고, 아버지에게서 아들이 나오시고 아버지와 아들에게서 성령이 나오시기에 예수 그리스도의 머리는 성부 하나님이라고 말하는 것입니다. 마찬가지로 질서상 남자의 머리는 예수 그리스도이시고, 여자의 머리는 남자입니다. 하나님께서 질서와 역할상 남녀를 구분하신 것일 뿐, 그 본질적 측면에서는 남녀가 동등하며 어느 누구도 열등한 존재가 아닙니다.

4절 무릇 남자로서 머리에 무엇을 쓰고 기도나 예언을 하는 자는 그 머리를 욕되게 하는 것이요

사도 바울은 그리스도와 하나님과의 관계에 비추어 남자와 여자 간의 질서를 말한 후 이제 남녀 각자에게 교훈을 하고 있습니다. 먼저 남자는 기도나 예언을 할 때 머리에 무엇을 쓰지 말라고 했습니다. 머리에 무엇을 쓰는 것은 자기의 머리를 욕되게 하는 것이요, 나아가 자기의 머리 되신 그리스도를 욕되게 하기 때문입니다. 여기에 예언한다는 것은 하나님의 말씀을 대언(代言)하는 것과 가르치는 것을 의미합니다.

그 당시에는 예배 시에 남자는 머리에 무엇을 쓰지 않았고, 여자나 종은 수건 같은 것을 썼습니다. 이는 자기보다 권세가 높은 사람에 대한 순종의 표시로 머리에 무엇을 썼던 것입니다. 그런데 남자에게는 그리스도 외에 머리가 있을 수 없으므로 남자가 머리에 무엇을 쓴다는 것은 결국 그리스도 외에 그 누구에게 순종한다는 뜻이 됩니다. 따라서 남자가 머리에 무엇을 쓰고 예배에 참석하여 기도나 말씀을 가르치는 것은 그리스도를 욕되게 하는 결과가 됩니다.

5절 무릇 여자로서 머리에 쓴 것을 벗고 기도나 예언을 하는 자는 그

머리를 욕되게 하는 것이니 이는 머리를 민 것과 다름이 없음이라

이제 여자에 대하여는 기도나 예언을 할 때에 머리에 무엇을 쓰고 하라고 바울이 교훈하고 있습니다. 여자가 머리에 쓴 것을 벗고 기도나 예언을 하면 그 머리를 욕되게 하는 것이 되고 마치 머리를 민 것과 다름이 없다는 것입니다. 남자에게 그리스도라는 머리가 있듯이 여자에게는 남자라는 머리가 있으므로(3절) 여자는 남자에 대한 순종의 표시로 머리에 무엇을 써야 합니다.

사도 바울은 여자가 머리에 쓴 것을 벗는 일은 마치 머리를 민 것과 다름이 없다고 했는데, 당시에는 여자가 간음죄를 범했을 때 머리를 깎았습니다. 그래서 여자가 머리를 밀거나 짧게 깎는 것은 수치스러운 일이었습니다. 그러므로 그리스도에 대한 순종의 표시로 그 당시 고린도 교회에 다니는 여자 성도는 머리에 무엇을 써야 했던 것입니다.

한편 1세기경 헬라와 중동 지방의 공공장소에서 여자가 머리에 수건을 쓰는 것은 남자와 구별하기 위한 전체적인 사회 인습이었으며, 또한 그 여성의 정숙과 순결을 상징하는 것이었습니다. 그렇기 때문에 여자가 머리에 수건을 쓰지 않는 것은 남편을 무시하거나 다른 남자의 눈길을 끄는 의도로 해석되었습니다. 바울은 이러한 관습이 하나님의 창조 질서에 어긋나지 않기 때문에 받아들인 것입니다. 물론 이런 관습은 시대를 반영한 문화적 현상이기에 오늘날 21세기 여성들은 머리에 수건을 쓸 수도, 안 쓸 수도 있으며 머리 길이 역시 자유롭게 할 수 있는 것입니다.

6절 만일 여자가 머리를 가리지 않거든 깎을 것이요 만일 깎거나 미는 것이 여자에게 부끄러움이 되거든 가릴지니라

바울은 여자가 머리에 무엇을 쓰지 않으려면 머리를 깎거나 밀라고 했습니다. 당시 여자가 머리를 깎거나 미는 것은 굉장한 수치였기 때문입니다. 바울은 결국 이러한 수치와 모욕을 받기 싫거든 머리에 무엇을 쓰라고 교훈한 것입니다.

7절 남자는 하나님의 형상과 영광이니 그 머리를 마땅히 가리지 않거니와 여자는 남자의 영광이니라

여자가 교회에서 머리에 무엇을 쓸 것을 강조한 사도 바울은 이제 그 이유를 창조의 원리에서 설명하고 있습니다. 바울은 창세기 1장 26절부터 27절 말씀을 근거로 하여 남자는 하나님의 형상이며 영광이 되기 때문에 마땅히 머리를 가리지 말아야 한다는 것입니다. 만일 남자가 머리에 무엇을 쓰면 하나님의 영광을 가리는 것이 됩니다. 그렇기 때문에 남자는 자신의 권위자인 그리스도와 하나님에 대한 순종의 상징으로 머리에 무엇을 쓰지 말아야 합니다. 그러나 여자는 남자의 권세 아래 있다는 표시로 머리에 무엇을 써야 한다는 것입니다. 이것이 남자를 영광스럽게 하는 일이기 때문입니다.

또한 여자가 남자의 영광이라고 하는 말에는 그만큼 남편이 자기 아내를 소중히 여기고 행복하게 해 주어야 한다는 의미도 들어 있습니다. 목회하다 보면 다른 사람들 앞에서 자기 아내를 무시하고 쥐어박아 아내의 기를 완전히 꺾어 버리는 남편들을 가끔 보게 됩니다. 옛날에는 교회 중직자 중에도 그런 사람들이 있었는데, 본인은 남자답다고 생각할지 모르지만 그것은 정말 남자답지 못할 뿐 아니라 아주 무식한 짓이요, 자기 얼굴에 침을 뱉는 것입니다. 그러나 어떤 사람은 다른 사람들 앞에서 자기

아내를 칭찬하고 자랑합니다.

얼마 전에도 한 장로님 부부와 식사를 하는데, 그 장로님이 이런 말을 했습니다.

"목사님, 사실 나는 우리 집사람하고 결혼해서 출세했습니다. 나는 교육도 많이 못 받고 집안도 별로 좋지 못한데, 제 아내는 저보다 교육도 많이 받고 좋은 집안에서 자라 제가 말하고 행동하는 법을 일일이 코치하고 가르쳐 주어서 제가 지금처럼 세련된 사람이 되었습니다. 아내는 정말 우리 집 보배입니다."

그러자 그 옆에 앉아 있던 부인의 얼굴이 장미꽃같이 피어오르며 이렇게 말하는 것이었습니다.

"목사님, 아니에요. 우리 남편이 너무나 사랑하고 돌보아 주기 때문에 그렇게 한 것뿐이지 뭐 제가 한 것이 있나요? 우리 남편이야말로 훌륭한 사람이에요. 저 같은 사람의 말도 잘 들어 주고 귀를 기울여 주니까요."

칭찬을 하니까 칭찬이 나오는 것입니다. 이렇게 되니까 그 장로님이 돋보였습니다. 자기 부인을 목사 앞에서 칭찬하고 인정해 주는 모습에 '저분 참 대단한 분이구나.' 라는 생각이 들어 평소에 좀 깐깐해 보이던 그 장로님에 대한 인상도 달라져 버렸습니다. 그러므로 아내를 영화롭게 하면 남편이 영화로워지고 영광을 받습니다. 그러나 아내를 짓밟아 버리면 자기 자신이 아주 몹쓸 사람이 되고 맙니다.

8절 남자가 여자에게서 난 것이 아니요 여자가 남자에게서 났으며

계속해서 사도 바울은 남자와 여자의 관계를 창조의 기원의 측면에서 설명하고 있습니다. 아담과 하와의 후예는 남자나 여자나 모두 여자에

게서 태어나지만, 하나님께서 아담을 만드신 후 보시기에 남자 혼자 있는 것이 좋지 않았기 때문에 돕는 배필을 지을 것을 생각하셨습니다. 하나님께서는 아담을 깊이 잠들게 하신 후에 그의 갈빗대 하나를 취하여 그것으로 여자를 만드셨습니다. 그러므로 남자가 여자로부터 난 것이 아니고 여자가 남자로부터 난 것입니다.

한편 남자의 옆구리에 있는 갈비뼈를 취해 여자를 만들었다는 것은 상징적인 의미가 있습니다. 즉, 남자와 여자의 태어난 순서는 앞서거니 뒤서거니 하지만 인간으로서의 인격은 동등하다는 것입니다. 또한 심장에 가까운 갈비뼈를 취한 것은 남녀의 관계가 '율법적 관계' 가 아니라 '사랑의 관계' 라는 것을 말해 줍니다. 그러기에 부부 간에 서로 논쟁이 생겨도 애정과 용서와 이해와 동정으로 해결해야지 법적으로 해결하면 안 됩니다.

남자가 한 가정의 리더가 되는 것은 가정에 필요한 질서를 위함이지, 인격적인 주종 관계를 말하는 것은 아닙니다. 모두가 리더가 될 수는 없지 않습니까? 가정이라는 수레를 앞에서 끌어 주고 뒤에서 밀어 줘야 되는데, 남자가 먼저 지음 받았기에 앞에서 끄는 리더가 된 것뿐입니다.

9절 또 남자가 여자를 위하여 지음을 받지 아니하고 여자가 남자를 위하여 지음을 받은 것이니

하나님께서 남자를 지으신 후에 돕는 배필로 여자를 지으셨습니다. 재미있는 것은 남자에게 여자를 도우라고 하지 않고 여자에게 남자를 도우라고 하신 것입니다. 이는 남자가 여자의 도움 없이 완전할 수 없으며 남자에게 있어서 여자는 반드시 필요한 존재라는 의미입니다. 독신주의자

들은 혼자 살겠다고 하는데, 창조의 원리로 말하자면 완전한 남자로서의 인생을 살기 위해서는 돕는 배필인 여자가 도와주어야 합니다.

그러므로 돕는 배필은 중요합니다. 여자가 기도와 좋은 조언, 물심양면으로 협조해 줘야 남자가 훌륭한 남편, 훌륭한 아버지, 훌륭한 사회인으로서 살아갈 수 있습니다. 돕는 배필을 잘못 만나면 남자의 일생이 망가집니다. 남자가 '나무'라면 여자는 '물'이라고 할 수 있습니다. 나무는 보이고 물은 안 보이지만 물이 없으면 나무는 말라 버립니다. 그래서 남자들은 좋은 아내를 만나도록 많이 기도해야 합니다.

본래 돕는 자는 도움을 받는 자보다 더 지혜롭습니다. 부모가 자녀를 돕고, 교사가 학생을 돕는 것과 같이, 여자가 남자를 돕기에 여자가 더 우수하다고 말할 수 있습니다. 여성이 갖고 있는 직감과 판단력은 뛰어납니다. 그러므로 남편들은 부인의 말을 들어야 합니다. 부인과 의논하고 선택의 폭을 넓혀야 합니다. 하나님께서 깜짝 놀랄 만한 지혜를 가진 일류 비서를 주셨는데 그 비서를 무시하고 자기 혼자 독단적으로 판단하고 행동하는 것은 하나님의 섭리에도 맞지 않을 뿐만 아니라 어리석은 짓입니다. 그리고 옛날 육체노동의 시대에는 여자보다 힘이 센 남성이 사회생활을 더 잘 했습니다. 하지만 21세기는 좋은 머리와 섬세함이 요구되는 디지털 시대로, 여자가 훨씬 더 유리합니다. 21세기는 여성의 시대가 된 것입니다. 그러므로 여자들이 남자보다 못하다고 생각하면 큰 오산입니다.

10절 그러므로 여자는 천사들로 말미암아 권세 아래에 있는 표를 그 머리 위에 둘지니라 바울은 창조의 증인인 천사들이 보고 있기에 예배 시에 여자는 그 머리 위에 무엇을 쓰라고 말합니다. 천사들은 하나님께서 남자를 창조하신 것을 보았습니다. 또 남자의 갈비뼈를 취하여 여자를 만드는 것도 보았습니다. 그래서 천사들은 남자가 먼저 지음을 받고 여자가 나중에 지음을 받았으며, 남자가 여자를 위하여 있는 것이 아니라 여자가 남자를 위하여 만들어졌다는 것도 알고 있습니다. 그들은 하나님께서 세워 놓으신 권세의 질서에 대하여 너무나 잘 알고 있습니다. 이러한 천사들이 하나님께 드리는 공적 예배에 함께 참여하여 지켜보고 있습니다. 그러니 만일 여자들이 기도를 할 때나 말씀을 가르칠 때 머리에 아무것도 쓰지 않고 한다면 천사들이 어떻게 생각하겠습니까? 하나님께서 세우신 우주의 창조 질서를 무시한다고 생각할 것입니다. 천사는 증인입니다. 아담과 하와가 지음을 받을 때 증인이었고, 오늘도 우리가 예배드릴 때 우리 가운데 와서 증인으로 지켜보고 있습니다. 그렇기 때문에 증인 된 천사들 앞에서 우리는 올바르게 행동해야 합니다. 그러므로 바울은 하나님께서 세우신 질서를 지키는 것을 보고 천사들이 함께 기뻐할 수 있도록 여자는 권세에 복종한다는 표시로 머리에 무엇을 써야 한다고 권면했습니다.

11절 그러나 주 안에는 남자 없이 여자만 있지 않고 여자 없이 남자만 있지 아니하니라

사도 바울은 남자가 여자의 머리라는 말로 인해 남자가 독재적으로 행동할 것을 우려해 한 가지를 강조하고 있습니다. 즉, 인권상으로는 주 안에서 남자나 여자나 다 평등하다는 것입니다. 단지 질서의 순서상 남자가 여자보다 우위에 있지, 결코 남자의 인권이 여자의 인권보다 우위에

있지 않다는 것입니다. 이와 같이 믿음, 소망, 사랑 안에서 주님과 함께 사는 사람은 누구나 인권이 평등하기 때문에 남자라고 해서 더 나을 것이 없습니다. 단지 남자가 여자의 우위에 있다는 것은 생활의 질서를 위함입니다.

12절 이는 여자가 남자에게서 난 것같이 남자도 여자로 말미암아 났음이라 그리고 모든 것은 하나님에게서 났느니라

창조 시에는 여자가 남자에게서 났으나 그 이후에는 남자가 여자인 어머니에게서 태어났습니다. 이와 같이 남자와 여자는 서로 의존하고 서로 상대방을 태어나게 합니다. 그러나 사도 바울은 한 단계 더 나아가 남자도 여자도 이 세상의 모든 것도 다 하나님에게서 비롯되었다는 가장 근원적인 근본을 밝히고 있습니다. 모든 것이 다 하나님께로부터 나왔기 때문에 차별 대우 하지 말라는 것입니다. 남녀의 인권은 동등합니다.

13절 너희는 스스로 판단하라 여자가 머리를 가리지 않고 하나님께 기도하는 것이 마땅하냐

이제 사도 바울은 고린도 교인들 자신의 이성으로 판단해 보라고 말하고 있습니다. 이성으로 스스로 판단해 볼 때 여자가 머리에 쓰지 않고 하나님께 기도하는 것이 마땅하겠느냐고 묻습니다. 당연히 마땅치 않다는 것입니다.

14절 만일 남자에게 긴 머리가 있으면 자기에게 부끄러움이 되는 것을 본성이 너희에게 가르치지 아니하느냐

이제 사도 바울은 본성에 호소하고 있습니다. 인간의 도덕적인 본성에 입각하여 볼 때 남자가 긴 머리를 하면 자신에게 부끄러움이 된다는 것입니다. 여기서 '긴 머리'라 함은 남자인지 여자인지 구별하기 어려울 정도의 긴 머리를 말합니다. 그러므로 남자는 여자와 구별되지 못할 정도로 머리를 길게 해서는 안 됩니다. 남녀의 구별은 하나님의 창조 질서에 입각한 것이기 때문입니다.

물론 성경의 '나실인'은 온전히 하나님께 바쳐진 사람으로서 포도주나 독주를 마시지 않고 머리에 삭도를 대지 않아 남자라도 자연히 머리카락이 길 수밖에 없습니다. 이런 경우를 제외한 일반 남자들은 여자와 구별되게 머리를 짧게 깎는 것이 바람직하다는 것입니다.

15절 만일 여자가 긴 머리가 있으면 자기에게 영광이 되나니 긴 머리는 가리는 것을 대신하여 주셨기 때문이니라

사도 바울은 여자가 긴 머리를 한다는 것은 창조의 질서에 합당한 일이며 자신의 존엄성과 영광을 드러내는 일이라고 말합니다. 또한 바울은 여자의 긴 머리는 머리에 무엇을 쓰는 것을 대신한다고 말합니다. 그러므로 바울은 여자는 머리에 무엇을 쓰든지, 아니면 머리를 길게 해야 한다고 말하는 것입니다.

한편 여성의 긴 머리는 당시 사회의 도덕 및 관습적 의미에서 여성의 존엄성을 나타내지만, 시대를 초월한 미학적 의미도 갖고 있습니다. 흔히 바람에 머리카락을 날리며 걸어가는 여성의 이미지는 긴 머리가 여성의 영광임을 미학적으로 보여 주는 예입니다.

16절 논쟁하려는 생각을 가진 자가 있을지라도 우리에게나 하나님의 모든 교회에는 이런 관례가 없느니라

사도 바울은 위에서 말한 내용(2-15절)에 대하여 논쟁하려는 자들에게 사도 바울에게나 하나님의 교회에 그러한 규례가 없다고 단호하게 말하고 있습니다. 즉, 여자가 머리에 무엇을 쓰지 않고 예배에 참석하여 기도하거나 말씀 전하는 규례가 사도들에게나 모든 하나님의 교회에는 없다는 것입니다. 이렇게 단정적으로 말한 것은 더 이상 논쟁을 못하게 하기 위해서였습니다.

지금까지 사도 바울은 예배에 참석할 때 여자들의 머리에 무엇을 쓰는 문제에 관하여 교훈하였습니다. 바울의 교훈은 단적으로 말하면 여자는 항상 누군가의 권위 아래에 있다는 표를 지녀야 한다는 것입니다. 그런데 그 표시는 교회 안에서도 질서를 위하여 지켜져야 했습니다. 바울은 이러한 질서를 위한 교훈에 대하여, 논쟁을 위한 논쟁을 하려는 자들을 책망하고 있습니다.

3. 잘못된 성찬 의식에 대한 책망(11:17-22)

17. 내가 명하는 이 일에 너희를 칭찬하지 아니하나니 이는 너희의 모임이 유익이 못 되고 도리어 해로움이라 18. 먼저 너희가 교회에

모일 때에 너희 중에 분쟁이 있다 함을 듣고 어느 정도 믿거니와 19.
너희 중에 파당이 있어야 너희 중에 옳다 인정함을 받은 자들이 나타
나게 되리라 20. 그런즉 너희가 함께 모여서 주의 만찬을 먹을 수 없
으니 21. 이는 먹을 때에 각각 자기의 만찬을 먼저 갖다 먹으므로 어
떤 사람은 시장하고 어떤 사람은 취함이라 22. 너희가 먹고 마실 집
이 없느냐 너희가 하나님의 교회를 업신여기고 빈궁한 자들을 부끄
럽게 하느냐 내가 너희에게 무슨 말을 하랴 너희를 칭찬하랴 이것으
로 칭찬하지 않노라

17절 내가 명하는 이 일에 너희를 칭찬하지 아니하나니 이는 너희의 모임이 유익이 못 되고 도리어 해로움이라

사도 바울은 여성도의 머리에 쓰는 문제에 이어 이제부터는 성찬에 대한 교훈을 하고 있습니다. 여기서 '이 일' 이란 교회에 모여서 갖는 만찬을 가리킵니다. 사도 바울은 고린도 교회가 갖는 만찬에 대하여 칭찬할 수 없다고 말하고 있습니다. 왜냐하면 그들의 모임이 유익이 되지 못하고 결과적으로 도리어 해를 끼쳤기 때문입니다.

우리가 본문의 말씀을 더 잘 이해하기 위해서는 당시의 배경을 알아야 합니다. 그 당시에는 성도들이 집에서 음식을 마련해 가지고 와서 온 교우들이 한 자리에 모여서 음식을 먹은 후, 거기에 겸해서 성찬의 떡을 떼고 성찬의 잔을 마셨습니다. 요사이도 미국의 조그마한 교회에서는 그렇게 하고 있습니다. 교인들이 전부 점심을 만들어 차에 싣고 옵니다. 그리고 예배 후에 교회 식당에 모여서 가지고 온 음식을 서로 나누어서 먹습니다. 만찬을 갖는 것입니다.

고린도 교회도 이와 같은 만찬을 갖고 난 후에 성찬을 떼었는데 가난한 교인과 부유한 교인이 준비해 온 음식이 다름으로 문제가 생기곤 했습니다. 부유한 교인들은 잘 준비해 오고 가난한 교인은 그렇지 못함으로 교인들 사이에 공평한 나눔이 이루어지지 않았습니다. 차별 있는 만찬을 한 뒤에 성찬 의식을 거행하니 올바른 성찬도 되지 못했고 은혜도 사라졌던 것입니다.

성도는 교회에 모일 때 주님 안에서 성령의 은혜와 말씀으로 모여야 합니다. 먹고 마시는 것으로 모이면 마음에 시험이 들게 됩니다. 구역 예배도 마찬가지입니다. 부유한 성도 집에서 구역 예배를 드리면 아무래도 잘 차리게 됩니다. 그러나 가난한 집에서는 잘 차릴 수가 없습니다. 그러니 자연히 가난한 성도는 마음에 열등의식과 좌절감이 생겨 결국 구역 예배에 모이기를 꺼려하게 됩니다. 그러므로 구역 예배 후에 먹고 마시는 일에 조심해야 합니다. 그 이유는 사도 바울이 고린도 교회로 하여금 만찬을 못하게 했던 이유와 같습니다. 절대로 구역 예배를 먹고 마시는 위주의 모임으로 만들어서는 안 됩니다. 먹고 마시는 모임으로만 모이면 결코 하나님의 은혜를 체험할 수가 없습니다. 그러므로 구역 예배는 영의 양식인 하나님의 말씀을 먹고 마시는 모임이 되어야 하며 세상적으로 먹고 마시는 모임과 구별이 되어야 합니다. 성도들의 모임인 교회는 오직 신령한 말씀과 은혜로 충만해지는 본질적인 것에 치중해야 합니다.

18절 먼저 너희가 교회에 모일 때에 너희 중에 분쟁이 있다 함을 듣고 어느 정도 믿거니와

고린도 교회에는 분쟁이 있었습니다. 여기서 '분쟁' 이란 분열 또는 당

파를 의미합니다. 그 당시 고린도 교회 성도들 중에는 부유층과 빈곤층이 있었을 것이고 그들 사이에 예배 후에 갖는 만찬을 둘러싼 분쟁이 있었을 것입니다.

사실 사람이 모이는 곳마다 분쟁이 있기 마련입니다. 형제 간에도 분쟁이 있지 않습니까? 우리 형제도 아홉 명이나 되었기에 어릴 때 밤낮으로 싸웠습니다. 특히 옛날에는 모든 것이 풍성하지 않던 시절이라, 밥 먹을 때도 서로 더 먹으려고 눈을 번쩍거리고, 학용품을 고를 때도 서로 더 가지려고 으르렁거리고, 잠잘 때도 하나밖에 없는 이불을 덮고 자다 보니 한 놈이 몸부림치다 이불을 다 감아 버리면 다른 형제들은 전부 다 이불 없이 자야 됩니다. 그래서 이불을 서로 잡아당기는 싸움을 끊임없이 했습니다. 또한 서로 다툰 다음에 부모님께 늘 일러바칩니다. 그럴 때마다 우리 어머니께서는 "다른 집 애들은 서로 사랑하고 화목한데 너희들은 왜 싸우느냐?" 고 꾸중하셨습니다. 그러나 지금 생각해 보니 그것은 거짓말이었습니다. 알고 보니 다른 집도 싸우기는 마찬가지였습니다.

사람에게는 누구나 더 편안하게 살려는 마음이 있기에 생존 경쟁은 불가피합니다. 그래서 서로 밀고 당기고 싸우는 것입니다. 이 경쟁이 심해지면 나라와 나라 사이에 전쟁이 일어나지 않습니까? 자기 나라 잘살겠다고 남의 나라를 침략하고 자기 국민 편해지려고 남의 국민을 노예로 삼는 전쟁을 일으키는 것입니다.

교회도 사람이 모이는 곳이기에 분쟁이 있기 마련입니다. 왜냐하면 교회에 모이는 사람들은 연령, 사회 계층, 교육 수준, 성격 등의 면에서 다 다릅니다. 이렇게 각양각색의 사람들이 모이다 보니 서로 분쟁이 일어나게 되는 것입니다. 그러나 교회가 다른 모임과 다른 것은 교회에는 예수 그리스도의 사랑과 성령의 하나 되게 하시는 역사가 있다는 점입니다. 성경은 "아무 일에든지 다툼이나 허영으로 하지 말고 오직 겸손한 마음으로 각각 자기보다 남을 낫게 여기고"(빌 2:3), "성령이 하나 되게 하신 것을 힘써 지키라"(엡 4:3)고 말씀하십니다. 그러므로 교회는 예수 그리스도의 십자가 사랑으로 말미암아 남을 나보다 낫게 여기고 남의 의견을 존중하고 성령의 은혜 가운데에서 하나 되게 하신 것을 지키려고 애를 써야 합니다.

19절 너희 중에 파당이 있어야 너희 중에 옳다 인정함을 받은 자들이 나타나게 되리라

본 절에서 사도 바울은 고린도 교회에 분쟁이 있는 것을 어느 정도 믿는 이유를 밝히고 있습니다. 교회 안이라고 해서 다 조용한 것은 아닙니다. 교회 안에서도 옳은 측의 의견이 드러나기 위해서는 때로 성도들끼리의 의견 대립도 있을 수 있다는 것입니다.

예컨대 당회가 열리게 되면 의견 대립이 가끔 일어납니다. 어떤 토의사항이 당회에 나오게 되면 "이것이 좋습니다."라고 주장하는 그룹이 있고, 이에 맞서서 "저것이 더 좋습니다."라고 주장하는 그룹이 있습니다. 서로 의견의 차이를 가지고 열렬한 토의를 합니다. 그리고 결국에는 더 나은 의견을 선택하게 됩니다. 이것은 하나님의 나라를 위하여 의견을 교환하고 하나님의 의를 위하여 토의하는 것이 됩니다. 그러므로 교회 내에서 열렬한 의견을 교환하는 것은 결코 나쁜 일이 아닙니다. 교회 학교는 교회 학교대로, 성가대는 성가대대로, 남선교회는 남선교회대로, 여선교회는 여선교회대로 서로 좋은 의견을 제시하고 열렬히 토론을 해

야 합니다. 그와 같이 하여 제시된 모든 의견을 종합해서 최상의 결론을 얻은 후에는 그 결론을 놓고 하나님 앞에 기도하고 예수님의 사랑으로 하나로 뭉쳐야 합니다. 그리고 혹 열띤 토론 중에 마음이 상한 사람은 모든 것을 잊어버려야 합니다. 그러므로 문제들을 해결하기까지는 보다 나은 결론을 얻기 위해 열렬한 논쟁을 하게 되지만 문제가 해결되면 다시 주 안에서 하나로 연합해야 하는 것입니다. 자신의 의견이 통과되지 않았다 할지라도 등을 돌려서는 안 됩니다. 서로 의견이 달라서 충돌할 수 있겠지만 결정이 난 다음에는 일치단결하여 하나로 밀고 나가야 합니다. 그래야만 하나님께서 기뻐하시고 마귀는 무서워하게 됩니다. 또 세상 사람들이 볼 때에도 덕이 되는 것입니다. 그러므로 잘못된 것은 토의를 통하여 제하여 버리고 잘된 것은 택하여 그리스도 안에서 사랑으로 단결하여 나가야겠습니다.

20절 그런즉 너희가 함께 모여서 주의 만찬을 먹을 수 없으니

교회 내에서 교인들끼리 분쟁(18절)과 파당(19절)이 있는 상태로는 교인들이 함께 모여서 주의 성찬을 뗄 수 없다는 것입니다. 주의 성찬을 뗄 때에는 주 안에서 하나 된 마음으로 해야 되기 때문입니다. 분쟁과 파당이 계속되는 한 결코 일치가 될 수 없으며 하나님의 사랑이 나타날 수 없습니다.

더 나은 결론 도출을 위해 다양한 의견들을 제시하는 일시적인 분열이나 분쟁은 있을 수 있지만 이것이 장기화되어서는 안 됩니다. 분열되어 있는 곳에는 마귀가 틈을 타기 때문입니다. 교회 내에서 처음에는 건전한 목적으로 의견을 달리해도 이 상태가 지속이 되어 자꾸 골이 깊어지면 서

로 비방, 시기, 질투하게 되어 파당이 생기고, 성령의 역사는 사라지고 은혜가 떨어지면서 교회 부흥 역시 중단되는 것입니다. 예수님께서도 "스스로 분쟁하는 나라마다 황폐하여질 것이요 스스로 분쟁하는 동네나 집마다 서지 못하리라"(마 12:25)고 하셨습니다. 분쟁하는 나라, 분쟁하는 사회, 분쟁하는 가정은 망할 수밖에 없습니다. 그러므로 교회나 교회 내의 모든 모임은 성령의 하나 되게 하신 것을 힘써 지켜야 합니다.

21-22절 이는 먹을 때에 각각 자기의 만찬을 먼저 갖다 먹으므로 어떤 사람은 시장하고 어떤 사람은 취함이라 너희가 먹고 마실 집이 없느냐 너희가 하나님의 교회를 업신여기고 빈궁한 자들을 부끄럽게 하느냐 내가 너희에게 무슨 말을 하랴 너희를 칭찬하랴 이것으로 칭찬하지 않노라

사도 바울은 고린도 교인들이 함께 모여서 주의 성찬을 먹을 수 없는 이유를 설명하고 그들을 책망했습니다. 앞에서 설명한 바와 같이 고린도 교회 교인들은 스스로 식사를 지참해 가지고 교회에 왔습니다. 부유한 사람은 좋은 음식을 많이 가지고 와서 먹고 마시고 취하곤 했습니다. 그러나 가난한 사람은 음식도 제대로 준비해 오지 못했습니다. 그러니 식사도 제대로 못하고 시장하기까지 했던 것입니다. 이러한 혼잡한 분위기 속에서 올바른 주의 성찬이 이루어질 리가 없었던 것입니다. 결국 이것은 성찬 예식이 아니라 위화감과 갈등을 부추기는 모임이 되고 만 것입니다.

이에 바울은 사도로서 그들의 잘못을 단호하게 꾸짖고 있습니다. 그는 고린도 교인들의 잘못을 세 가지로 지적하고 있습니다.

첫째, 성찬 모임을 집에서와 같은 단순히 먹고 마시는 모임으로 전락

시켜서 신성한 교회를 문란하게 만들었습니다. 둘째로, 자기 만찬에 그토록 취함으로 주의 성찬의 의미를 잃어버리고 하나님의 교회를 업신여기게 되었습니다. 셋째로, 먹고 마시는 것으로 가난한 성도들이 부끄럽게 느끼도록 만들었습니다. 그렇기 때문에 바울은 그들의 행위를 결코 칭찬할 수 없다는 것입니다.

하나님의 교회는 말씀을 나누고 기도와 찬양을 드리며 침례와 성찬식을 베푸는 곳입니다. 결코 먹고 마시는 곳이 아닙니다. 교회 안에서 먹고 마시는 것으로 부자와 가난한 사람이 갈등을 느껴서는 안 됩니다. 만일 먹고 마시는 문제로 교회가 문란해진다면 예수님께서는 징계의 채찍을 드실 것입니다.

성경을 보면 "내 사랑하는 형제들아 들을지어다 하나님이 세상에서 가난한 자를 택하사 믿음에 부요하게 하시고 또 자기를 사랑하는 자들에게 약속하신 나라를 상속으로 받게 하지 아니하셨느냐"(약 2:5)라고 말하고 있습니다. 믿음이 약한 자가 보호함을 받아야 함과 같이(8:9-13) 물질이 가난한 자도 보호를 받아야 합니다. 주 안에서 빈부(貧富)의 문제로 차별을 두어서는 안 됩니다. 그러므로 부유한 성도는 더욱 조심해서 넉넉치 못한 성도가 시험에 들지 않도록 해야 합니다. 그리고 넉넉하지 못한 성도라고 해서 위축될 필요는 없습니다. 주 안에서는 부유한 자나 가난한 자나 다 한 형제자매이기 때문입니다.

4. 성찬의 참된 의미(11:23-26)

23. 내가 너희에게 전한 것은 주께 받은 것이니 곧 주 예수께서 잡히
시던 밤에 떡을 가지사 24. 축사하시고 떼어 이르시되 이것은 너희
를 위하는 내 몸이니 이것을 행하여 나를 기념하라 하시고 25. 식후
에 또한 그와 같이 잔을 가지시고 이르시되 이 잔은 내 피로 세운 새
언약이니 이것을 행하여 마실 때마다 나를 기념하라 하셨으니 26.
너희가 이 떡을 먹으며 이 잔을 마실 때마다 주의 죽으심을 그가 오
실 때까지 전하는 것이니라

23절 내가 너희에게 전한 것은 주께 받은 것이니 곧 주 예수께서 잡히시던 밤에 떡을 가지사

사도 바울은 앞에서 주의 성찬을 둘러싸고 생긴 혼란을 꾸짖었습니다. 그러나 본 절부터는 주의 성찬에 대한 기원과 의미와 질서에 대하여 말하고 있습니다. 사도 바울이 성만찬에 대하여 고린도 교회뿐만 아니라 전 교회에 권한 것은 바로 주께로부터 직접 계시받은 것입니다. 그는 다메섹에서 주님을 만난 후 아라비아에서 3년간 칩거하며 기도하는 동안 하나님으로부터 많은 계시를 받았습니다. 사도 바울은 이렇게 계시 받은 것은 조금도 가감(加減)하지 않고 고린도 교인들에게 그대로 전했던 것입니다. 열두 제자들은 예수님과 함께 성만찬을 가졌지만, 사도 바울

은 부활하신 예수님께로부터 직접 성찬에 대한 계시를 받았습니다. 그러므로 성찬은 예수님이 이 세상이 계실 때뿐만 아니라 예수님이 부활 승천하여 하나님 보좌 우편에 앉아 계시는 지금도 매우 중요한 것입니다.

예수님께서는 잡히시던 밤에 떡을 가지사 그 제자들과 함께 성찬을 떼셨습니다. 이 밤은 예수님께서 로마 군병들에게 잡히시던 밤이었습니다. 사도 바울은 고린도 교회 교인들이 주의 성찬을 경홀히 여긴데 대하여 주님께서 잡혀가시던 날 밤의 광경을 상기시키시고 있습니다. 결코 성찬은 그들이 생각하는 것과 같이 경홀히 여길 것이 아니라는 것을 일깨우고 있습니다.

24절 축사하시고 떼어 이르시되 이것은 너희를 위하는 내 몸이니 이것을 행하여 나를 기념하라 하시고

사도 바울은 여기서 예수님께서 성찬을 직접 주관하셨음을 말함으로써 성찬이 얼마나 중요한 것인가를 깨우쳐 주고 있습니다. 성찬의 창시자는 바로 예수 그리스도이시며 성찬이 시작된 때는 주님께서 잡히시던 밤입니다. 예수님은 이 세상에서의 마지막 유월절을 제자들과 함께 보내셨습니다. 그것도 로마 군병들에게 잡히시기 바로 직전이었습니다. 예수님께서는 분명히 떡을 떼시면서 "이것은 너희를 위하는 내 몸이니"라고 말씀하셨습니다. 예수님께서는 "이것은 너희를 위하는 내 몸의 상징이니"라고 말씀하지 않으셨습니다. 그런데 오늘날 대다수의 교회에서는 성찬의 떡은 그리스도의 몸을 상징한 것이라고 말하고 있습니다. 그러나 나는 이 말을 좋아하지 않습니다. 왜냐하면 성도들이 '상징'이라는 마음을 갖고 성찬에 참여할 때 성찬의 의미를 격하시키는 결과를 초래하기 때

문입니다.

나도 신학교에서 배울 때 '성찬의 떡은 그리스도의 몸을 상징한다.' 고 배웠습니다. 그러나 그 이후 내가 아무리 성경을 보아도 이것은 '너희를 위한 내 몸' 이라고 하셨지 '내 몸의 상징' 이라고 말씀하지 않으셨습니다.

우리가 비록 떡을 떼지만 떡을 가지고 주님 앞에서 축사하면 떡에 하나님의 능력이 임합니다. 그 결과, 그 성찬의 떡을 먹으면 예수 그리스도의 살을 직접 먹는 것과 똑같은 효과를 나타내게 되는 것입니다.

가톨릭에서는 이 성찬의 떡과 포도주가 직접 예수의 살과 피로 변한다는 '화체설' (化體說)을 주장하지만 나는 그렇게 말하지 않습니다. 그러나 우리가 떡 조각을 떼면서 주의 이름으로 축사할 때 주님의 살을 먹는 것과 똑같은 효과가 나타나게 됩니다. 결코 상징이 아닙니다. 그렇다고 예수님의 직접적인 몸과 피로 변화되는 것도 아닙니다. 예수님의 몸과 피를 먹고 마시는 동일한 효과가 있을 뿐입니다.

예수님은 성찬을 행하면서 "나를 기념하라" 고 말씀하셨습니다(눅 22:19). 여기서 '기념하라' 란 뜻은 '기억하라' (remember)' 는 의미입니다. '왜 나의 몸이 찢기게 되었는지 그 의미를 기억하라' 는 것입니다. 그리고 '나의 살 찢김의 은총을 헛되이 하지 말고 감사함으로 받아 마땅히 누릴 은총을 취하라' 는 것입니다. 우리는 하나님의 말씀을 통하여 예수님의 찢기신 몸의 의미를 알고 있습니다. 성경은 "그가 찔림은 우리의 허물 때문이요 그가 상함은 우리의 죄악 때문이라 그가 징계를 받으므로 우리는 평화를 누리고 그가 채찍에 맞으므로 우리는 나음을 받았도다" (사 53:5)라고 말씀하고 있습니다. 그러므로 우리가 주의 떡과 잔을 먹고 마심으로 이러한 은총을 누리게 됩니다. 우리의 허물, 우리의 죄악, 우리의 저주, 우리의 병은 다 고침을 받게 되는 것입니다.

나는 예수 그리스도의 피와 살을 생각하면 출애굽 당시 이스라엘 백성들이 떠오릅니다. 그들의 수를 3백만이라고 추정해 보았을 때, 그 안에 병자가 얼마나 많았겠습니까? 그래서 떠나기 전에 그들 사이에는 다음과 같은 얘기들이 오갔을 것입니다.

"아버지, 할아버지는 중풍으로 누워 계신데 어떻게 합니까?"

"걱정 마라. 모세가 말하기를 어린양이 해답이라고 하더라."

"아버지, 어머니는 장님인데 어떻게 광야 여행을 하시죠?"

"걱정 마라. 어린양이 해답이라고 하더라."

"여보, 우리 아이는 소아마비인데 그 머나먼 길을 어떻게 업고 가지요?"

"걱정 마시오. 어린양이 해답이라고 하지 않소."

그래서 그들은 저녁에 양을 잡고 그 피를 문설주에 바르고 양을 구워 먹었습니다. 그런데 중풍 걸린 할아버지가 고기 한 점을 뜯어 드시더니 벌떡 일어나 버렸습니다. 장님인 엄마도 고기 한 점을 먹고 눈이 밝아졌습니다. 소아마비였던 아들도 고기 한 입 먹고 소아마비를 고침 받았습니다. 그들은 예수 그리스도를 상징하는 유월절 어린양의 살을 먹고 고침을 받은 것입니다.

만일 이스라엘 백성들이 그냥 광야를 지나가려고 했더라면 수백 대의 앰뷸런스, 휠체어, 들것이 필요했을 것입니다. 그런데 성경은 "마침내 그들을 인도하여 은 금을 가지고 나오게 하시니 그의 지파 중에 비틀거리는 자가 하나도 없었도다"(시 105:37)라고 말합니다. 어린양의 고기를 먹은 사람들은 모든 병과 약함을 다 고침 받고 또한 애굽 사람들로부터 은과 금을 얻어 전부 부자가 되어 나가게 된 것입니다.

그리스도의 살은 우리를 위해서 깨어졌습니다. 우리는 이와 같은 하나님의 은총을 결코 잊지 말아야 합니다. 우리는 주님의 성찬에 참여할 때마다 주님께서 우리를 위하여 이루어 놓으신 은혜를 기억하고 감사하며 소유하고 누려야 합니다. 우리가 하나님의 이 놀라운 은총을 마음속 깊이 영접할 때 하나님께 다음과 같은 찬양을 드리게 될 것입니다. "내 영혼아 야훼를 송축하라 내 속에 있는 것들아 다 그의 거룩한 이름을 송축하라 내 영혼아 야훼를 송축하며 그의 모든 은택을 잊지 말지어다 그가 네 모든 죄악을 사하시며 네 모든 병을 고치시며 네 생명을 파멸에서 속량하시고 인자와 긍휼로 관을 씌우시며 좋은 것으로 네 소원을 만족하게 하사 네 청춘을 독수리같이 새롭게 하시는도다"(시 103:1-5).

25절 식후에 또한 그와 같이 잔을 가지시고 이르시되 이 잔은 내 피로 세운 새 언약이니 이것을 행하여 마실 때마다 나를 기념하라 하셨으니

예수님께서 떡은 식사 도중에 떼어 주시고, 잔은 식사 후에 주셨습니다. 그런데 "이것은 많은 사람을 위하여 흘리는 나의 피 곧 언약의 피"라고 말씀하셨습니다(막 14:24). 예수님께서는 이 잔이 나의 피를 '상징'한다고 말씀하지 않으시고, 이 잔은 바로 '나의 피', 곧 '언약의 피'라고 말씀하셨습니다. 그러므로 우리가 주님 앞에 축사하고 그의 잔을 마실 때에 주님의 피를 직접 마시는 것과 똑같은 효과가 발생하는 것입니다. 이는 기도할 때 하나님의 성령의 능력으로 일어나는 역사입니다. 이것은

성찬의 떡을 뗄 때에도 마찬가지입니다. 그러니 성찬의 떡과 잔을 먹고 마신다는 것이 얼마나 중대한 일인지 모르겠습니다. 예수님의 깨어진 몸과 흘리신 보혈의 효과가 떡과 잔에 그대로 나타나기 때문입니다. 비록 예수님께서 2천 년 전에 십자가에서 살을 찢기시고 피를 흘리셨지만, 우리가 성찬의 의미를 바로 알고 참여할 때 우리에게도 찢기신 몸과 흘리신 피의 동일한 효과가 발생하는 것입니다. 이것은 시간과 공간을 초월한 하나님의 놀라운 권능의 역사인 것입니다.

그런데 예수님은 성찬의 잔을 특히 '내 피로 세운 새 언약' 이라고 말씀하셨습니다(눅 22:20). 구약 시대에는 짐승의 피를 가지고 언약을 맺었습니다. 그러나 신약 시대에 와서는 예수님의 보혈로 언약하셨습니다. 예수님은 하나님과 인간 사이에서 보혈을 흘리심으로 하나님과 인간 사이에 막힌 장벽을 허무시고 언약을 맺어 주셨습니다. 그러므로 예수 그리스도를 구주로 모신 사람에게는 그리스도의 언약의 피가 흐르고 있는 것입니다. 이 예수님의 피가 구원을 보장해 줍니다. 우리가 그리스도의 피로 언약을 받았기 때문에 예수님의 피가 무효가 될 수 없습니다. 이러므로 예수님의 피를 의지하는 사람마다 결코 멸망하지 않고 영생을 얻게 되는 것입니다.

주님께서는 이 잔을 마실 때마다 자신을 '기념하라', 즉 '기억하라' 고 하셨습니다. 여기에 '기억하라' 는 말씀은 '왜 주님께서 피를 흘리셨는지 그 의미를 기억하라' 는 말입니다. 그리고 그 은총을 바로 알아 감사함으로 받아 누리라는 말입니다.

그러면 우리가 주님의 잔을 대할 때 무엇을 기억해야 할까요? 우리가 주의 잔을 대할 때마다 기억해야 할 것은 4가지로 구분할 수 있습니다.

첫째로, 주님께서 겟세마네 동산에서 흘리신 보혈, 즉 피로 변한 땀방울을 기억해야 합니다. 이 보혈은 하나님의 뜻에 불순종하는 인류를 순종하도록 하기 위해 대신 흘리신 '순종의 피' 인 것입니다. 둘째로, 우리는 빌라도의 뜰에서 채찍에 맞으시며 흘리신 보혈을 기억해야 합니다. 이 보혈은 우리를 질병에서 건지시기 위해서 대신 흘려 주신 '치료의 피' 입니다. 셋째로 우리는 가시관을 쓰시고 흘리신 보혈을 기억해야 합니다. 이 보혈은 인류의 모든 저주를 청산하시기 위하여 흘리신 '축복의 피' 입니다. 넷째로, 우리는 십자가에서 흘리신 보혈을 기억해야 합니다. 이 보혈은 멸망 받을 수밖에 없던 인류를 죽음으로부터 구해 준 '구원의 피' 인 것입니다. 우리는 주님의 잔을 대할 때 이와 같은 4가지 보혈의 의미를 기억해야 합니다.

그리고 우리는 이 보혈의 은총을 실제로 누려야 합니다. 주님께서 이미 우리가 순종할 수 있도록 피를 흘려 주셨기 때문에 이 사실을 믿고 하나님의 뜻에 순종해야 합니다. 또한 주님께서 이미 채찍에 맞으셨기 때문에 주님의 잔을 마실 때 치료를 나의 것으로 받아들일 수 있습니다. 또한 주님께서 가시관을 쓰셔서 우리의 저주를 제하여 주셨으므로 우리가 주님의 잔을 마실 때 마땅히 축복을 누려야 할 것입니다. 그리고 주님께서 영원한 멸망에서 인류를 건져 주시기 위해서 십자가에서 구원의 피를 흘려 주셨으므로 오늘날 누구든지 예수님의 피를 믿고 나오는 사람은 구원을 얻게 되는 것입니다. 성찬은 상징이 아닙니다. 성찬은 살아 있는 능력입니다.

우리 교회에 모 방송사 카메라맨으로 일하는 성도가 있었습니다. 그런데 어느 날 수중 촬영을 위해서 산소통을 어깨에 메고 카메라를 들고 물 속에 들어가다 그만 머리가 바닥에 부딪히는 바람에 목 신경이 끊어져 하반신 마비가 되고 말았습니다. 이로 인해 교회 나가는 가족을 박해하던 그 성도의 아버지는 회개하고 교회에 나와 눈물로 통회 자복하고 예배 시간에 나눈 성찬 떡과 포도주를 병원에 있는 아들에게 가져갔습니다. 내가 전화로 아들에게 성찬에 담긴 치료와 용서와 축복의 의미를 설명하고 기도해 준 후에 부모님은 눈동자만 돌아가는 아들의 입에 성찬의 떡과 포도주를 넣어 주었습니다. 그런데 바로 그 뒤로 이 아들이 회복되어 지금 다시 카메라맨으로서 열심히 활동하고 있습니다.

이렇게 성찬에는 큰 의미와 능력이 있습니다. 그러므로 성찬을 뗄 때 우리 안에 큰 은혜의 역사가 일어날 것을 믿고 대하면 성령의 회오리바람이 역사하는 것입니다. 그러나 성찬에 대해 아무 것도 모르고 성찬을 그냥 콩 주워 먹듯이 집어 먹고 홀짝 마시면 아무 유익도 없거니와 잘못하다가는 하나님의 진노로 심판을 받습니다. 하나님의 아들의 몸과 피를 망령되게 대하므로 하나님께서 진노하시는 것입니다.

26절 너희가 이 떡을 먹으며 이 잔을 마실 때마다 주의 죽으심을 그가 오실 때까지 전하는 것이니라

사도 바울은 본 절에서 주님이 말씀하신 성찬의 목적을 설명하고 있습니다. 그것은 성찬의 떡을 먹고 성찬의 잔을 마실 때마다 예수님께서 우리를 위하여 죽으셨다는 것을 예수님께서 다시 오실 때까지 전하는 것입니다. 여기서 우리는 몇 가지 교훈을 받을 수 있습니다.

첫째로, 주의 성찬은 자주 행해야 한다는 것입니다. 왜냐하면 우리가 성찬을 대하는 것이 예수님께서 우리를 위하여 죽으셨다는 사실을 전하

는 것이 되기 때문입니다. 초대 교회에서는 모일 때마다 떡을 떼었다고 했습니다(행 2:42, 46).

둘째로, 주의 성찬을 대할 때마다 주님의 죽으심을 기념해야 합니다. 즉, 왜 주님이 죽으셨는가의 의미를 깨달아야 한다는 것입니다. 성찬식은 단지 그리스도의 죽음 그 자체만을 기념하는 것이 아닙니다. 주의 죽으심에 대한 내용과 결과를 바로 알고 믿으며 생활에 적용해야 합니다. 그리고 주님의 은총을 항상 감사해야 하는 것입니다.

셋째로, 주의 성찬은 주님이 오실 때까지 행해야 합니다. 믿는 자를 구원하고 세상을 심판하시기 위하여 주님이 재림하실 때까지 주의 성찬을 거행해야 하는 것입니다. 주의 재림 때에 그리스도의 신부들이 예수님과 혼인 잔치를 갖게 됩니다(계 19:7-8). 그러므로 주의 성찬은 앞으로 있을 천국 잔치를 준비하는 예비적인 행사입니다.

예수님께서도 "그러나 너희에게 이르노니 내가 포도나무에서 난 것을 이제부터 내 아버지의 나라에서 새것으로 너희와 함께 마시는 날까지 마시지 아니하리라"(마 26:29)고 말씀하셨습니다. 그러므로 우리가 하늘나라에 가서 주님과 마주 대할 때까지 주의 성찬을 거행해야 하는 것입니다.

넷째로, 우리는 주님의 구속의 은총을 널리 전해야 합니다. 예수님께서 우리 죄를 사하시기 위해서, 우리의 성령 충만과 거룩함을 위해서, 우리의 병을 치료하시기 위해서, 우리의 저주를 제거해 주시기 위해서, 우리에게 영생을 주시기 위해서 십자가에 못 박혀 찢기고 피 흘려 죽으셨다는 소식을 널리 전파해야 하는 것입니다. 성찬에는 이와 같은 내용과 축복이 들어 있습니다.

5. 성찬을 합당하지 않게 먹고 마시는 자의 벌(11:27-34)

27. 그러므로 누구든지 주의 떡이나 잔을 합당하지 않게 먹고 마시는
자는 주의 몸과 피에 대하여 죄를 짓는 것이니라 28. 사람이 자기를
살피고 그 후에야 이 떡을 먹고 이 잔을 마실지니 29. 주의 몸을 분별
하지 못하고 먹고 마시는 자는 자기의 죄를 먹고 마시는 것이니라
30. 그러므로 너희 중에 약한 자와 병든 자가 많고 잠자는 자도 적지
아니하니 31. 우리가 우리를 살폈으면 판단을 받지 아니하려니와
32. 우리가 판단을 받는 것은 주께 징계를 받는 것이니 이는 우리로
세상과 함께 정죄함을 받지 않게 하려 하심이라 33. 그런즉 내 형제
들아 먹으러 모일 때에 서로 기다리라 34. 만일 누구든지 시장하거
든 집에서 먹을지니 이는 너희의 모임이 판단 받는 모임이 되지 않게
하려 함이라 그 밖의 일들은 내가 언제든지 갈 때에 바로잡으리라

27절 그러므로 누구든지 주의 떡이나 잔을 합당하지 않게 먹고 마시는 자는 주의 몸과 피에 대하여 죄를 짓는 것이니라

바울은 지금까지 성찬의 기원과 중요성에 대하여 설명했습니다. 이제부터는 성찬에 참여할 때 어떠한 태도로 참여해야 될 것인지에 관해 교훈하고 있습니다.

사도 바울은 다시 고린도 교회의 현실에 대하여 잘못된 점을 지적하면

서 훈계와 권유를 하고 있습니다. 고린도 교회는 앞에서 살펴본 바와 같이 주의 성찬에 대하여 올바르게 이해하지도 못한 채 가난한 형제에 대하여 관심도 두지 않고 자기중심적인 태도로 성찬에 참여했습니다. 그리고 그들 사이에는 분쟁이 있었습니다. 이런 그들에게 주의 성찬의 중요성을 말한 사도 바울은 누구든지 주의 떡이나 잔을 합당하지 않게 먹고 마시지 말라고 교훈하고 있습니다. 그렇게 하는 것은 주의 몸과 피를 범하는 죄가 되기 때문입니다.

하나님의 아들인 예수 그리스도의 몸과 피를 범하는 죄가 얼마나 큰 죄인지 모릅니다. 성경은 "하나님 아들을 짓밟고 자기를 거룩하게 한 언약의 피를 부정한 것으로 여기고 은혜의 성령을 욕되게 하는 자가 당연히 받을 형벌은 얼마나 더 무겁겠느냐 너희는 생각하라"(히 10:29)고 경고하고 있습니다.

그러면 어떻게 하는 것이 합당하지 않게 먹고 마시는 것일까요? 첫째로, 예수님을 믿지도 않으면서 아무 생각 없이 그저 교회에 와서 장난삼아 성찬의 떡과 잔을 먹는 경우를 말합니다. 둘째로, 예수님을 믿는다 하면서 여전히 죄악된 생활을 하며 회개하지 않고 주의 떡과 잔을 먹는 경우입니다. 성찬은 반드시 예수님을 믿는 사람이 해야 하며, 하나님께 잘못한 죄를 통회하고 회개한 진실한 마음으로 떼어야 합니다. 일반 교회의 전통으로는 침례 받은 교인들만 성찬에 참여하라고 합니다. 그러나 성경에는 침례 교인만 성찬에 참여하라는 말은 없습니다. 성찬은 예수님을 구주로 모시고 예수님을 사랑하는 사람이 그의 죽으심을 다시 오실 때까지 전하기 위해서 참여하는 것입니다. 그러므로 비록 침례를 받지 않았다 해도 주님을 믿고 주님을 사랑하며 주님의 은총을 전하는 사람이라면 성찬에 참여해서 주님의 떡과 잔을 마실 수 있습니다. 침례 교인만 성찬을 뗄 수 있다는 것은 사람의 전통이지 결코 하나님께서 말씀하신 것은 아닙니다.

28절 사람이 자기를 살피고 그 후에야 이 떡을 먹고 이 잔을 마실지니

잘못하면 성찬으로 말미암아 주의 몸과 피를 범하는 죄를 지을 수 있기 때문에 성찬을 떼기 전에 먼저 자신을 살펴보아야 합니다. 자기 자신을 살핀 후 양심에 거리낌이 없을 때 주의 떡과 잔을 마셔야 한다는 것입니다. 여기서 '자기를 살핀다' 는 뜻은 성찬에 참여하기 합당한 자격이 있는가를 살펴보라는 것입니다. 다시 말하면 예수님을 믿지 않았던 사람은 회개하여 예수님을 구주로 모시고, 예수님을 믿었지만 불순종한 교인은 회개하여 죄 사함을 받은 후에 성찬을 떼야 합니다. 죄 가운데 빠져 있으면서 주의 떡과 잔을 받을 수는 없습니다. 결코 불신자나 죄 짓는 생활을 하는 사람은 주의 성찬에 참여할 수 없는 것입니다. 또한 예수를 믿었지만 그리스도의 깨어진 몸과 흘리신 피의 의미를 전혀 이해하지 못하는 사람 역시 성찬에 참여할 수 없습니다. 먼저 이에 대한 지식을 가져야 합니다. 성찬에 대한 올바른 지식과 믿음이 없이 성찬을 대하면 안 되는 것입니다. 우리 교회가 성찬식 전에 통성 기도를 하는 이유도 자기를 살피는 이러한 시간을 갖기 위해서입니다.

29절 주의 몸을 분별하지 못하고 먹고 마시는 자는 자기의 죄를 먹고 마시는 것이니라

'주의 몸을 분별하지 못하고 먹고 마시는 자' 라는 말은 성찬의 의미를

모르고 먹고 마시는 자를 일컫는 말입니다. 왜 예수님의 몸이 깨어졌는지, 왜 예수님께서 피를 흘리셨는지, 그 의미를 모르고 형식적으로, 의식적으로 장난삼아 먹고 마시면 이것은 자기의 죄를 먹고 마시는 것이라고 했습니다. 왜냐하면 이미 예수님께서 살을 찢기시고 피를 흘리심으로 자기가 용서받았다는 사실도 모를 뿐 아니라 그 위에 주의 몸을 범하는 죄를 더하기 때문입니다. 결국 성찬은 생명의 양식과 음료이자, 사망의 양식과 음료가 되는 것입니다. 성찬을 올바르게 떼면 영혼이 살고 육체가 살고 범사가 삽니다. 반면 성찬을 잘못 떼면 영혼이 죽고 육체가 죽을 수 있습니다.

그러므로 우리는 성찬의 의미를 바로 알고 참여해야겠습니다. 그리스도의 깨어진 몸과 흘리신 피를 통회하고 자복하는 마음으로 대해야 합니다. 이 성찬을 대함으로 질병에서 고침 받고, 저주에서 놓여날 것을 믿으면서 떨리고 감격스러운 마음으로 대해야 합니다. 아무 의미도 모르고 불경건하게 먹고 마시면 오히려 주님 앞에 죄짓는 모임이 되고 마는 것입니다.

30절 그러므로 너희 중에 약한 자와 병든 자가 많고 잠자는 자도 적지 아니하니

고린도 교회 교인들 중에는 성찬을 뗄 때 주의 몸을 분별하지 못하고 먹고 마시는 자들이 있었습니다. 그 결과 하나님의 심판을 받아 어떤 자들은 허약하고 어떤 자들은 병이 들기도 하고 어떤 자들은 죽기까지 했습니다. 사도 바울은 주의 떡이나 잔을 합당하지 않게 먹고 마시는 죄가 얼마나 무서운가를 고린도 교회 교인들 가운데서 실례를 들어 설명하고

있습니다.

이와 같이 성찬의 의미도 모르고 불경건하게 먹고 마시면 오히려 병들고 심지어 하나님으로부터 죽음의 징계까지도 받을 수 있습니다. 하나님께서 성찬을 이렇게 중요하게 여기시는 이유는 우리를 위하여 하나님의 독생자 예수 그리스도께서 희생되셨기 때문입니다. 어느 부모치고 자식이 죽는 것을 볼 때 가슴이 아프지 않을 부모가 있겠습니까? 십자가에서 독생자가 몸 찢기고 피 흘릴 때 하나님의 마음이 어떠했겠습니까? 우리가 떼는 성찬에는 예수님의 절대 헌신과 순종과 희생이 들어 있기 때문에 성찬을 합당하지 않게 대하는 사람은 하나님 앞에 죄를 짓는 것과 같습니다. 그렇기 때문에 성찬의 의미를 잘 알고 바로 떼는 자에게는 하나님께서 성찬을 통하여 치료와 축복의 은혜를 주십니다. 그러나 그렇지 못한 사람에게는 하나님의 심판이 임하여 육신이 허약하게 되고 병들게 되고 심지어 죽기까지 하는 것입니다.

31절 우리가 우리를 살폈으면 판단을 받지 아니하려니와

우리 자신을 철저히 살펴 주의 몸을 분별할 수 있으면 하나님의 심판을 받지 않습니다. 우리가 우리 자신을 살펴 하나님께 지은 죄를 회개하고 성찬을 떼면 괜찮다는 말입니다. 만일 30절에 언급된 사람들이 하나님께 회개하고 주의 성찬을 대했더라면 하나님의 심판을 받지 않았을 것입니다.

32절 우리가 판단을 받는 것은 주께 징계를 받는 것이니 이는 우리로 세상과 함께 정죄함을 받지 않게 하려 하심이라

바울은 하나님의 백성이 하나님께로부터 받는 판단의 성격에 대해 말하고 있습니다. 우리가 하나님께 죄를 범했을 때 하나님께서 판단, 즉 징계하시는 이유는 우리를 회개시켜 구원을 받게 하시기 위해서입니다. 하나님은 그리스도의 피로 사신 바 된 주님의 백성들을 사랑하십니다. 그렇기 때문에 그리스도인이 죄를 지으면 하나님께서 징계를 내리십니다. 결코 미워하기 때문에 징계하는 것이 아닙니다. 세상과 함께 정죄함을 받아 멸망당하지 않도록 하기 위해서 징계하시는 것입니다.

이와 같이 징계는 하나님이 사랑하는 자에게 주시는 하나님의 매입니다. 성경은 "내 아들아 주의 징계하심을 경히 여기지 말며 그에게 꾸지람을 받을 때에 낙심하지 말라 주께서 그 사랑하시는 자를 징계하시고 그가 받아들이시는 아들마다 채찍질하심이라"(히 12:5-6)고 말씀하고 있습니다.

그러므로 우리가 하나님께 징계의 매를 맞을 때는 회개할 때입니다. 철야 기도, 새벽 기도, 금식 기도 등으로 하나님께 통회 자복하고 회개해야 합니다. 하나님은 우리를 멸망시키기 위해서 징계를 하시는 것이 아니라 회개시키려는 수단으로서 징계하신다는 것을 명심해야겠습니다. 징계를 당하는 당시에는 즐거워 보이지 않고 슬퍼 보여도 그로 말미암아 돌이키는 자는 의의 열매를 맺게 되는 것입니다(히 12:10-11).

33-34절 그런즉 내 형제들아 먹으러 모일 때에 서로 기다리라 만일 누구든지 시장하거든 집에서 먹을지니 이는 너희의 모임이 판단 받는 모임이 되지 않게 하려 함이라 그 밖의 일들은 내가 언제든지 갈 때에 바로잡으리라

사도 바울은 이제 고린도 교인들을 부드러운 호칭으로 부르며 결론적인 권면을 하고 있습니다. 고린도 교회 교인들 중의 일부는 교회에 음식을 준비해 와서 먼저 먹었습니다. 가난한 교인들이 오기도 전에 먼저 좋은 음식을 배불리 먹고 마셨던 것입니다. 그로 인하여 가난한 교인들이 열등감을 느끼고 교회가 서로 하나 되지 못했습니다. 그래서 사도 바울은 부유한 교인들에게, 먹으러 모일 때에는 기다리고 있다가 전부 모이거든 주 안에서 음식을 같이 나누어 먹으라고 권유하고 있는 것입니다.

정말 배가 고픈 사람은 차라리 집에서 먹고 교회에 와야 합니다. 집에서 가족들과 함께 먹는 것은 판단을 받지 않기 때문입니다. 그러나 교회에 음식을 가지고 와서 잘못 먹고 마시면 하나님의 판단을 받습니다. 사도 바울은 그러면서 그 나머지 성찬에 관한 보다 세밀한 것은 고린도 교회에 가서 직접 교훈하겠다고 말하였습니다.

고린도 교회 교인들은 성찬을 경건하게 거행하기보다는 먹고 마시는 자기들의 만찬으로 거행하곤 하였습니다. 이러한 잘못된 전통은 고쳐야만 합니다. 오늘날도 교회 내에 우리 인간이 만들어 놓고 지키는 잘못된 전통은 고쳐야 합니다. 우리가 잘못하면 외식(外飾)하기 쉽고 주님께 꾸중을 받기 쉽습니다.

어느 날 예수님이 제자들과 함께 계실 때에 제자 중에 몇 사람이 부정한 손, 곧 씻지 아니한 손으로 떡을 먹었습니다. 이때 예수님을 헐뜯을 기회만 보고 있던 바리새인들과 서기관들이 예수님을 공격했습니다. "왜 당신들의 제자들이 장로들의 전통을 지키지 않고 부정한 손으로 떡을 먹었느냐?"는 것입니다. 그 당시 유대인들은 장로들의 전통에 따라 손을 씻지 않으면 먹지 않았고 그 외에도 여러 가지를 지키고 있었습니다. 이러한 장로들의 전통을 어긴 데 대하여 바리새인들과 서기관들이 공격을 했던 것입니다. 이에 예수님은 이사야 선지자의 예언의 말씀을 인용하면서 호되게 꾸짖으셨습니다. "이사야가 너희 외식하는 자에 대하여 잘 예언하였도다 기록하였으되 이 백성이 입술로는 나를 공경하되 마음은 내게서 멀도다 사람의 계명으로 교훈을 삼아 가르치니 나를 헛되이 경배하는도다 하였느니라"(막 7:6-7).

그러므로 우리는 입술로만 하나님을 믿지 말고 마음과 뜻과 정성을 다하여 바로 행하며 믿어야 합니다. 잘못된 인간의 계명을 교훈 삼아서 지키려고 하다가 하나님의 계명을 저버리는 어리석은 일이 없도록 해야겠습니다(막 7:8-9). 오직 창세기부터 요한계시록까지의 말씀을 바로 지키려고 노력해야 합니다. 예수 그리스도의 이름으로 모이는 모임은 하나님께 칭찬과 축복을 받는 모임이 되어야지 결코 하나님의 판단을 받는 모임이 되어서는 안 되는 것입니다.

제 12 장

영적 은사에 대한 가르침

A COMMENTARY ON
THE FIRST EPISTLE TO
THE CORINTHIANS

사도 바울은 본 장에서 고린도 교회에 풍성히 주어진 영적 은사에 대하여 교훈하고 있습니다. 바울은 여러 가지 은사를 열거하면서 이 모든 은사의 출처가 한 성령이심을 밝히고 있습니다. 그리고 이 은사를 몸의 각 지체로 비유하여 성도는 바로 그리스도의 몸이요, 지체의 각 부분이라고 설명하였습니다. 즉, 그리스도의 몸이 하나인 것같이 모든 성도는 그리스도 안에서 하나가 되어야 한다는 말입니다. 하나님께서는 이 일을 위하여 각자에게 적절한 은사를 주셨습니다.

1. 성령으로 말미암은 신앙(12:1-3)

1. 형제들아 신령한 것에 대하여 나는 너희가 알지 못하기를 원하지 아니하노니 2. 너희도 알거니와 너희가 이방인으로 있을 때에 말 못하는 우상에게로 끄는 그대로 끌려갔느니라 3. 그러므로 내가 너희에게 알리노니 하나님의 영으로 말하는 자는 누구든지 예수를 저주할 자라 하지 아니하고 또 성령으로 아니하고는 누구든지 예수를 주시라 할 수 없느니라

1절 형제들아 신령한 것에 대하여 나는 너희가 알지 못하기를 원하지 아니하노니

사도 바울은 복음을 듣고 믿어 예수 그리스도 안에서 함께 구원을 받은 고린도 교회 교인들을 '형제' 라고 불렀습니다. 그리고 하나님의 신령한 것을 그들도 알기를 원한다고 하였습니다. 사실 성도 개개인은 모두

성(性)도 다르고 가문과 혈통도 다릅니다. 그러나 예수 그리스도의 영을 받아 하나님을 아버지로 모셨기 때문에 실제적으로 한 형제이며 한 자매인 것입니다. 이와 같이 하나님의 한 자녀가 된 성도들은 이제 신령한 생활을 해야 됩니다. 그러기 위해서는 신령한 것이 무엇인가를 먼저 알아야 합니다. '신령한 것' 이란 헬라어로 '프뉴마티콘' (πνευματικῶν)이라고 하는데, '하나님께서 주시는 모든 신령한 은혜들' 을 말합니다. 즉, 인간의 형식과 의식이 아닌 하나님의 성령으로 말미암는 하나님의 은혜들을 말하는 것입니다. 그렇기 때문에 성령이 있음도 알지 못하는 사람은 당연히 신령한 것이 무엇인지 알지 못하는 자입니다.

오늘날 많은 교회와 성도들이 신령한 것에 대하여 너무나 모르고 있습니다. 하나님의 백성이 되었으면서도 신령한 것을 모르고 있다면 무엇인가 잘못되어 있는 것입니다. 신령한 것을 모르는 주의 종들은 설교를 할 때에도 세상적인 문제, 사회적인 문제를 주 내용으로 하여 설교합니다. 세상과 관련된 내용을 전혀 말하지 말라는 것은 아니지만 교회의 주 목적은 신령한 하나님의 은혜를 공급하는 것이기 때문에 주의 종은 신령한 하나님의 말씀을 전해야 합니다. 교회에서 성경을 말하지 않고 쓸데없는 세상 이야기를 하는 것은 시간의 낭비이고, 또 성도들로 하여금 신령한 은혜 속으로 들어오지 못하게 하고 세상에 관심을 두게 해서 세상에 물들게 만듭니다.

교회는 성삼위일체(聖三位一體) 되신 하나님이 계신 곳이며, 하늘로부터 내려온 말씀을 성령을 통하여 듣고 하나님께 기도해서 응답받는 신령한 역사가 일어나는 곳입니다. 그렇기 때문에 살아 있는 교회는 신령한 것에 대하여 반드시 알아야만 되고 살아 있는 성도들은 신령한 은혜들을 체험해야 하는 것입니다. 이렇게 될 때 성도들은 이 세상에 살면서도 하늘나라의 생활을 체험하며 살아갈 수 있습니다.

바울은 고린도 교회 교인들에게 이러한 신령한 것에 대하여 "너희가 알지 못하기를 원하지 아니하노니."라고 말했습니다. 이렇게 바울이 항상 강조할 때에는 "너희가 알지 못하기를 원하지 않는다."는 표현을 썼습니다. 결국 이 말은 신령한 것에 대하여는 꼭 알아야 된다고 강조하는 말입니다.

2절 너희도 알거니와 너희가 이방인으로 있을 때에 말 못 하는 우상에게로 끄는 그대로 끌려갔느니라

먼저 사도 바울은 고린도 교회 교인들로 하여금 예수 그리스도를 믿기 전의 그들의 생활을 상기시키고 있습니다. "너희 스스로 알고 있는 바와 같이 너희가 예수님을 믿기 전에는 우상이 끄는 대로 생활하지 않았느냐?"는 것입니다. 고린도 교회 교인들은 예수 그리스도를 구주로 모시기 전에는 이방인의 위치에 있었습니다. 그리고 말 못 하는 우상을 신으로 믿고 제사도 드리고 소원도 아뢰며 우상이 시키는 대로 행하며 살았습니다. 그러나 우상은 그들의 기도를 들어주지 않았고 그들의 영혼을 어루만져 주지 않았습니다. 이처럼 사도 바울이 하나님의 신령한 것과 우상을 비교한 것은 예수님을 믿는 신앙은 우상 숭배와 확실히 다르다는 것을 깨우쳐 주기 위함입니다. 우상을 섬기는 자들은 우상에게 아무리 말을 하고 부르짖어도 아무런 대답도 들을 수 없지만, 하나님의 자녀들이 하나님께 기도하면 하나님은 반드시 들으시고 응답하시며 우리의 생활 속에 나타나셔서 친히 역사해 주십니다.

우리 집안도 예수 믿기 전에는 대대로 불교를 섬겼습니다. 특히 우리 할머니는 아주 독실한 불교 신자로서 '극락화' 라는 불교식 이름까지 갖고 있었습니다. 우리 아버지 역시 불교 철학을 통달한 어른이었고 우리 가족의 이름은 전부 다 양산 통도사에 등록이 되어 있었습니다. 나도 절에 갈 때면 어른들 따라 엎드려 절을 했습니다. 그때 나는 대웅전에 앉은 부처상이 얼마나 무섭게 보이든지 복은 고사하고 벌이라도 내리지 말아 달라는 심정으로 절을 했습니다.

또한 나는 학교에서 집으로 오는 길에 있던 공동묘지가 너무 무서워서 그 묘지를 향해서도 항상 절을 했습니다. 그뿐이 아닙니다. 불신자들은 하나님을 모르니까 온갖 잡귀들을 다 섬깁니다. 불교 믿는 사람치고 불교만 믿는 것 보았습니까? 칠성단도 쌓아 놓고 용왕도 믿고 산신령도 믿고 온갖 것을 다 믿습니다. 그러니 예수 믿기 전 그 옛날에는 너무 복잡했습니다. 할머니는 저에게 장독간에 가면 장독간 귀신이 있어 부정을 타면 장맛이 싹 변하기 때문에 반드시 장독 귀신에게 인사를 하라고 하고, 화장실 가면 화장실 귀신이 있기 때문에 반드시 왼발로 먼저 들어가고 대소변을 각각 따로 보아야 귀신이 화를 내지 않는다고 말했습니다. 또 8월 대보름에는 달을 보고 절했습니다. 이처럼 우리가 하나님을 알지 못했을 때에는 온갖 귀신들과 우상이 끄는 대로 끌려 다녔습니다. 우리는 과거에 다 그런 자들이었습니다. 그런데 우리가 살아 계신 하나님을 알고 그 아들 예수를 믿고 진리를 알고 나니 정신이 들고 깨끗해지고 참다운 인간의 모습을 회복하게 된 것입니다.

3절 그러므로 내가 너희에게 알리노니 하나님의 영으로 말하는 자는 누구든지 예수를 저주할 자라 하지 아니하고 또 성령으로 아니하고는 누구든지 예수를 주시라 할 수 없느니라

바울은 고린도 교회 교인들에게 신앙의 기본이 되는 가르침을 말하고 있습니다. 즉, 하나님의 성령이 임하시면 누구든지 예수님을 저주할 자라고 말하지 않는다는 것입니다. 그러므로 예수님을 저주받을 자라고 말하며 예수님을 저주하는 것은 결코 성령의 역사가 아니라는 것입니다. 성경은 "예수를 시인하지 아니하는 영마다 하나님께 속한 것이 아니니 이것이 곧 적그리스도의 영이니라"(요일 4:3)고 말씀하고 있습니다. 예수님을 시인하지 않고 저주하는 것은 적그리스도의 영인 마귀의 역사입니다. 아무리 신령한 은사를 받았고 굉장한 환상을 본다고 할지라도 예수님을 구주로 인정하지 않는다면 그것은 악령의 역사인 것입니다.

마호메트가 동굴에서 기도하다 가브리엘 천사를 통해 알라 신에 관한 계시를 받아 만든 종교가 이슬람교입니다. 그러나 이슬람교는 예수 그리스도가 하나님이신 것을 부인합니다. 그러므로 결국 그가 보았다는 가브리엘 천사는 사탄이 가장한 것이었습니다. 고린도후서 11장 14절에 "사탄도 자기를 광명의 천사로 가장하나니" 라고 기록된 것이 바로 이런 경우 입니다.

하나님의 영은 이 땅에 오셔서 언제나 예수 그리스도를 드러내십니다(요 14:26; 16:14). 그러므로 하나님의 영은 항상 예수님에 대하여 증거 하며, 예수님을 하나님의 아들로 시인하고, 예수님을 통하지 않고는 구원받을 수 없다고 말합니다. 그러나 예수님을 부인하고 인간을 내세우거나 다른 신을 내세우는 것은 아버지께로부터 온 영이 아닙니다. 요한일

서 5장 12절은 "아들이 있는 자에게는 생명이 있고 하나님의 아들이 없는 자에게는 생명이 없느니라" 고 했습니다. 하나님은 예수님을 통하여 우리에게 영생하는 생명을 주십니다. 그런데 하나님 아버지와 예수님은 하나이십니다. 그렇기 때문에 아버지의 영인 성령은 예수 그리스도를 나타내시며 성령 충만은 곧 예수 충만이 되는 것입니다.

성령이 함께 하는 사람은 예수를 저주할 자라고 말하지 않고 예수를 주(主)라고 고백합니다. 오직 성령의 역사로만 예수님을 주님이라고 고백할 수 있습니다. 성도들이 그렇게 부르니까 믿지도 않으면서 장난삼아 따라할 수도 있겠지만 그런 종류의 고백은 진실한 신앙고백이 아닙니다. 우리가 진실한 마음으로 "예수 그리스도는 나를 위하여 십자가 위에서 중한 고초를 당하셨다. 나를 위하여 피를 흘리시고 몸을 찢기시고 죽으셨다. 그리고 나를 위하여 부활하셨다. 예수님은 나의 주님이시다."라는 절실한 신앙고백을 하게 되는 것은 오직 성령께서 오셔서 이러한 사실을 깨우쳐 주시기 때문입니다. 마태복음 16장 16절부터 17절을 보면, 시몬 베드로가 "주는 그리스도시요 살아 계신 하나님의 아들이시니이다" 라고 고백하였을 때 예수님은 "이를 네게 알게 한 이는 혈육이 아니요 하늘에 계신 내 아버지시니라" 고 말씀하셨습니다. 이와 같이 성령께서 우리의 마음을 열어 주셔야만 예수님을 주님으로 깨닫게 됩니다.

또한 사도행전 16장 11절부터 15절까지 보면 사도 바울이 빌립보에 이르러 안식일에 기도처를 찾고 있었습니다. 어디에 기도처가 있는가 하여 문 밖 강가에 나가 물어보았습니다. 그때 두아디라 시(市)의 자주색 옷감 장사인 루디아를 만나게 되었는데 주님께서 루디아의 마음을 열어 사도 바울의 말을 따르게 하였다고 기록하고 있습니다.

오늘날도 예수 그리스도를 구주로 믿게 되는 것은 바로 하나님께서 성령을 통해서 그 사람의 마음을 열어 주셨기 때문입니다. 이것은 학교에서 아무리 공부를 하여도 깨달을 수가 없습니다. 오히려 지식이 많은 사람은 예수를 주로 깨닫기가 더욱 어렵습니다. 왜냐하면 그들의 많은 지식으로 예수를 이해하려고 하기 때문입니다. 그러나 학문이나 지식으로는 결코 구원에 이를 수 없습니다. 구원은 오직 성령의 역사로만 가능합니다. 성령께서 오셔서 우리를 그리스도께로 인도해 주시고 그리스도를 주라고 고백시켜 주셔야 구원을 받게 됩니다. 예수님께서도 "나를 보내신 아버지께서 이끌지 아니하시면 아무도 내게 올 수 없으니"(요 6:44)라고 말씀하셨습니다. 이러므로 전도하기 전에 먼저 성령으로 하여금 마음 문을 여시도록 기도해야 합니다. 그래야만 그 열린 마음 밭에 예수 그리스도의 복음을 심을 수 있는 것입니다.

그런데 웬일인지, 웬 은혜인지 하나님께서 우리의 마음을 열어 주셔서 우리가 예수님을 믿게 되었습니다. 하나님을 아바 아버지라고 부를 수 있게 되었습니다. 이 얼마나 큰 축복입니까? 이 세상에서 가장 귀한 것은 성령께서 마음 문을 여셔서 예수님을 구주로 고백할 수 있도록 해 주시는 것입니다. 이 땅을 떠날 때에 천국 가는 것은 말할 것도 없고 이 땅에 사는 동안에도 참다운 행복을 맛보며 살 수 있습니다. 그렇기 때문에 하박국 선지자는 "비록 무화과나무가 무성하지 못하며 포도나무에 열매가 없으며 감람나무에 소출이 없으며 밭에 먹을 것이 없으며 우리에 양이 없으며 외양간에 소가 없을지라도 나는 야훼로 말미암아 즐거워하며 나의 구원의 하나님으로 말미암아 기뻐하리로다"(합 3:17-18)라고 고백했던 것입니다.

2. 성령의 나타남(12:4-11)

4. 은사는 여러 가지나 성령은 같고 5. 직분은 여러 가지나 주는 같으며 6. 또 사역은 여러 가지나 모든 것을 모든 사람 가운데서 이루시는 하나님은 같으니 7. 각 사람에게 성령을 나타내심은 유익하게 하려 하심이라 8. 어떤 사람에게는 성령으로 말미암아 지혜의 말씀을, 어떤 사람에게는 같은 성령을 따라 지식의 말씀을, 9. 다른 사람에게는 같은 성령으로 믿음을, 어떤 사람에게는 한 성령으로 병 고치는 은사를, 10. 어떤 사람에게는 능력 행함을, 어떤 사람에게는 예언함을, 어떤 사람에게는 영들 분별함을, 다른 사람에게는 각종 방언 말함을, 어떤 사람에게는 방언들 통역함을 주시나니 11. 이 모든 일은 같은 한 성령이 행하사 그의 뜻대로 각 사람에게 나누어 주시는 것이니라

4절 은사는 여러 가지나 성령은 같고

사도 바울은 3절에서 "성령으로 아니하고는 누구든지 예수를 주시라 할 수 없느니라" 고 했습니다. 예수를 '주'(主)라고 고백하게 하는 이는 오직 성령이라고 했습니다. 그런데 이 동일한 성령께서 여러 가지 은사를 각사람에게 맞게 나누어 주십니다. 그 은사들은 각각 다르지만 그것들은 모두 한 성령께로부터 나온 것입니다.

5절 직분은 여러 가지나 주는 같으며

은사는 한 성령께서 나누어 주시지만, 여러 직분은 한 분 예수님께서 나누어 주십니다. 즉, 직분은 여러 가지가 있지만 그것들은 다 같은 주(主)로부터 나온다는 것입니다.

예수님은 그리스도인들에게 사도의 직분, 선지자의 직분, 복음 전하는 자의 직분, 목사의 직분, 교사의 직분 등을 주십니다. 또 장로의 직분, 권사의 직분, 집사의 직분, 구역장의 직분도 주십니다. 주님께서는 우리가 이러한 직분을 통하여 하나님께 영광 돌리기를 원하십니다. 이 직분은 봉사하는 자리입니다. 주님께로부터 이러한 직분을 얻고도 봉사하지 아니하면 그 직분은 이름뿐이고 아무 소용이 없게 됩니다.

또한 예수님은 직분을 능력 있게 감당하도록 하기 위해서 성령의 은사를 주십니다. 그런데 주님이 주시는 직분은 자원한다고 주어지는 것이 아닙니다. 마치 팔이 자원해서 팔이 된 것도 아니고, 눈이 자원해서 눈이 된 것이 아닌 것과 같습니다. 그러므로 직분은 예수님께로부터 주어지는 것이고 직분을 맡은 사람은 오직 맡겨진 직분에 충성할 뿐입니다. 주님은 우리가 맡은 직분을 잘 감당하는지를 감찰하고 계십니다. 그 주어진 직분을 통하여 열매 맺지 못하면 포도나무에서 열매 맺지 못하는 가지를 자르듯이 직분을 다시 거두어 가실 것입니다. 예수님께로부터 직분을 받았다가 불충성하여 빼앗겨 버리면 그 사람만큼 불쌍한 사람은 없습니다. 더구나 주의 종인 경우에는 이 세상에서도 아무 가치 없는 천물(賤物)이 되고 마는 것입니다.

6절 또 사역은 여러 가지나 모든 것을 모든 사람 가운데서 이루시는 하나님은 같으니 사도 바울은 사역은 여러 가지이지만 그 역사를 이루시는 하나님은 한 분이라고 말합니다. 하나님께서 이루시는 사역은 각양각색입니다. 그러나 그 사역을 주관하시는 분은 하나님이시라는 것입니다. 여기서 사역이란 교회를 세운다든지, 선교사를 파송한다든지, 전도 집회를 열어 영혼을 구원하는 일 등을 말합니다. 즉, 능력 있는 은사는 성령으로 말미암고 봉사의 직분은 예수님으로 말미암고, 하늘나라의 사역은 하나님 아버지로 말미암는다는 것입니다. 하나님 아버지께서 사역의 방향을 정해 놓으시면, 그것을 이루는 직분은 예수님이 주시고, 그것을 실천하는 능력은 성령님이 주시는 것입니다. 결국 성삼위일체 하나님의 역사로써 하나님의 사업이 이루어집니다.

7절 각 사람에게 성령을 나타내심은 유익하게 하려 하심이라

예수 그리스도를 믿는 사람에게는 성령의 나타나심이 있습니다. 그런데 성령의 역사가 각 사람에게 나타나는 이유는 각 사람에게 유익을 주고 교회 전체에 유익을 주기 위함입니다. 새 한 마리가 앉았다가 날아가도 그 흔적으로 깃털이 남습니다. 하물며 천지와 만물을 지으신 하나님의 영이신 성령께서 우리에게 와 계시는데 성령의 나타나심이 없다면 그것은 무엇인가 잘못된 것입니다. 우리 성도에게는 알든지 모르든지 성령의 나타나심이 있습니다. 각 사람에게 정도의 차이는 있지만 성령의 은사는 모두에게 있습니다.

그런데 우리가 꼭 알아야 할 사실은 우리가 성령의 은사를 받았다 할지라도 우리 마음대로 그 은사를 쓸 수 있는 것이 아니라는 것입니다. 우리 자신은 그릇이고 성령의 은사는 그릇에 넣어진 보화와 같습니다. 그

러므로 우리가 스스로 나타내는 것이 아니고 성령이 우리를 통하여 나타내시는 것입니다. 흔히 사람들이 이런저런 은사를 가졌다고 말하지만 사실 엄밀히 말하자면 그것은 모두 거짓말입니다. 정확히 말하면, 은사는 성령이 갖고 계신 것이며 성령이 그 기쁘신 뜻대로 사람을 통해서 그때그때 나타내시는 것뿐입니다.

많은 사람들이 크게 잘못하는 것 중 하나가 바로 성령을 '부리려고' 하는 것입니다. 사람이 하나님이신 성령을 부리려고 하는 것처럼 불경스러운 일이 어디 있겠습니까? 그럼에도 소위 "나는 예언의 은사를 받았으니 줄 서시오. 마음껏 예언해 주겠소."라고 말하는, 하나님의 이름으로 점을 치는 '점쟁이' 들이 우리 주변에 있는 것을 봅니다. 성령께서는 자신의 의지에 따라 능력을 나타내시기 때문에 우리는 항상 성령 앞에 깨어져서 경건한 성령의 도구가 되도록 기다려야 합니다. 우리는 그저 하나님을 모시고 섬기고 기다리는 자입니다. 그러므로 은사가 나타나는 것은 내가 성령을 사용하는 것이 아니라 성령이 나를 사용하셔서 나를 통해 나타나신 것입니다. 이것을 다시 한 번 명심해야 하겠습니다.

그리고 성령의 역사가 우리 자신에게 나타나면 절대 교만하지 말고 하나님께 감사하며 겸손해야 합니다. 절대로 자기 자신이 은사를 가진 것이 아니기 때문입니다. 그런데 성령의 은사를 받아 예언한다고 하면서 자신의 말을 안 들으면 큰일 난다고 협박 공갈하는 사람들이 있습니다. "언제까지 돈 얼마 가져오지 않거나, 언제까지 무엇을 하지 않으면 하나님께서 징계하실 것이다." 등의 말을 합니다. 믿음이 약하거나 말씀에 깊이 뿌리를 박지 못한 사람은 이런 말을 들으면 곧 시험에 빠지고 맙니다. 그 말이 진짜 하나님의 말씀인 줄 알고 번민하며 갈등하게 됩니다. 협박 공갈은 사탄이 하는 일입니다. 결코 하나님은 협박하거나 공갈하지 않으십니다. 하나님은 회개할 수 있도록 사랑과 온유함으로 권면하십니다.

성경은 분명히 말씀하시기를 "성령을 나타내심은 유익하게 하려 하심이라"고 했습니다. 즉, 성령의 나타내심을 받아들이는 사람에게 유익이 되고 교회에도 유익이 되며 하나님께도 유익이 된다는 말입니다. 하나님의 영은 언제나 살리는 영이시기 때문에 우리를 치료하고 우리를 살리고 우리의 덕을 세워 주십니다. 이에 반하여 악령은 죽이고 파괴하고 덕이 되지 않게 합니다. 오늘날 성령을 받았다고 하면서 유익을 가져오지 않고 파괴하는 사람들이 많습니다. 교회를 무너뜨리고 구역을 무너뜨리며 신앙이 약한 사람을 괴롭힙니다. 이것은 결코 성령의 역사가 아니라 악령의 역사인 것입니다. 사람이 마음대로 성령을 사용하는 것이 아닙니다. 성령께서 그 뜻대로 나타내십니다. 사람은 성령이 사용하시는 그릇에 불과한 것입니다.

8절부터 10절까지는 성령의 아홉 가지 은사가 열거되어 있습니다. 이 아홉가지 은사는 다음과 같이 세 가지로 분류될 수 있습니다.

첫째, 계시의 은사로 지혜의 말씀의 은사와 지식의 말씀의 은사와 영 분별의 은사가 이에 속합니다.

둘째, 발성의 은사로 방언의 은사와 방언 통역의 은사와 예언의 은사가 이에 속합니다.

셋째, 권능의 은사로 믿음의 은사와 병 고치는 은사와 능력 행함의 은사가 이에 속합니다.

이제부터 각 은사에 대하여 살펴보겠습니다.

8절 **어떤 사람에게는 성령으로 말미암아 지혜의 말씀을, 어떤 사람에게는 같은 성령을 따라 지식의 말씀을,**

성령의 은사는 그것이 어떠한 은사이든 간에 인간 스스로 노력해서 소유하게 되는 것이 아니고 성령께서 나누어 주시는 은혜입니다. 그렇기 때문에 '지혜의 말씀의 은사' 도 어떤 인간적인 지혜를 말하는 것이 아닙니다. 성령께서 주시는 지혜를 말합니다. 즉, 지혜의 말씀의 은사는 '성령께서 주시는 문제 해결의 능력' 으로, 우리가 특정 문제에 부딪혔을 때 성령께서 그것을 해결할 수 있는 지혜를 순간적으로 주시는 것을 말합니다. 그렇기 때문에 한 경우에 문제를 해결했던 그 순간적 지혜가 다른 경우에는 잘 적용되지 않습니다. 다음에 문제가 생겼을 때에는 또 기도해야 합니다. 기도할 때 하나님의 성령께서 새로운 지혜를 주시는 것입니다. 그러므로 어떤 성도가 특히 총명하다거나 명철하다고 해서 지혜의 말씀의 은사를 받은 사람이라고 말할 수 없습니다.

성경에는 하나님의 지혜의 말씀의 은사를 사용한 예가 많이 나옵니다. 하나님께서 솔로몬에게 놀라운 지혜를 주셔서 역사하신 예를 우리는 열왕기상 3장을 통해 잘 알고 있습니다. 두 여자가 한 집에 살면서 사흘 간격으로 아기를 낳았습니다. 그런데 그중에 한 아기가 어머니 잘못으로 죽었습니다. 나머지 살아 있는 한 아기를 두고 두 어머니는 서로 자기의 자식이라고 주장했습니다. 결국 그들은 이 문제를 솔로몬 왕에게까지 가져왔습니다. 이때 솔로몬 왕은 하나님의 지혜로 멋있게 해결하여 진짜 어머니에게 아기를 돌려주었습니다. 이와 같은 지혜는 솔로몬이 태어날 때부터 가진 것이 아닙니다. 성경의 "이는 하나님의 지혜가 그의 속에 있어"(왕상 3:28)라는 말씀과 같이 하나님께서 성령의 능력으로 그때에 필요한 지혜를 주셨던 것입니다.

또한 예수님의 공생애 사역에서도 지혜의 말씀의 은사가 사용된 예를 찾아볼 수 있습니다. 마태복음 22장을 보면, 바리새인들이 예수님을 말의 올무에 걸리게 하려고 "로마의 황제 가이사에게 세금을 바치는 것이 옳으냐?" 고 물었습니다. 이것은 만약 예수님께서 "가이사에게 세금을 바치면 안 된다." 고 대답하면, 예수님을 납세를 거부하는 정치범으로 몰아 로마 당국에 고발하려는 그들의 계략이었습니다. 반대로 예수님께서 "가이사에게 세금을 바쳐야 한다." 라고 대답하면 예수님을 유대 민족의 반역자로 몰아 여론의 뭇매를 맞도록 하여 대중으로부터 외면을 당하게 하려는 간교한 술책이었습니다. 참으로 사람으로 하여금 옴짝달싹하지 못하게 하는 질문인 것입니다. 이때 예수님께서는 그들의 교묘한 의도를 아시고 "가이사의 것은 가이사에게, 하나님의 것은 하나님께 바치라." 라는 아주 절묘한 대답을 하셨습니다. 즉, 세상 권력에 대한 세금 납부의 의무도 다하고 십일조와 헌물 등의 납부와 같은 신앙의 의무도 다하라는 것입니다. 이러한 예수님의 지혜로운 대답에 바리새인들은 할 말을 잊어 그냥 물러가고 말았습니다. 이것이 지혜의 말씀의 은사를 활용한 예입니다.

그리고 마가복음 13장 11절을 보면, 예수님께서 제자들에게 "사람들이 너희를 끌어다가 넘겨줄 때에 무슨 말을 할까 미리 염려하지 말고 무엇이든지 그때에 너희에게 주시는 그 말을 하라 말하는 이는 너희가 아니요 성령이시니라" 고 말씀하셨습니다. 우리가 복음으로 말미암아 박해당할 때도 성령께서 지혜의 말씀의 은사를 주셔서 우리가 미처 생각지도 못한 적절한 대답을 하게 될 것이라는 말입니다.

한편, '지식의 말씀의 은사' 는 '아는 것', 즉 '정보' 에 관한 은사입니다. 그런데 성경은 '지식의 은사' 라고 하지 않고 '지식의 말씀' 이라고 했습니다. 이것은 하나님께서 알고 계시는 모든 지식 중에서 사람에게 알려 주기 원하시는 부분적인 말씀만을 계시해 주시기 때문입니다. 그렇기 때문에 지식의 말씀을 계시받았다고 해서 하나님처럼 모든 것을 다 아는 것은 아닙니다. 또한 학문적 연구의 결과로 얻게 되는 것도 아닙니다. 지식의 말씀은 하나님의 나라와 그리스도의 복음을 위하여 그의 자녀에게 반드시 알려야만 할 일이 있을 때 하나님께서 성령을 통하여 혹은 묵시와 꿈을 통하여 또는 환상을 통하여 부분적인 지식을 성도에게 주시는 것입니다. 이는 사람을 통하거나 사람의 노력에 의하지 않고 직접적인 성령의 계시로 말미암아 초자연적인 방법으로 주어지는 지식입니다.

성경에는 지식의 말씀에 관한 사건이 많이 기록되어 있습니다. 사무엘상 9장을 보면 사울과 그와 함께한 사람들이 잃어버린 암나귀를 찾는 장면이 나옵니다. 그들은 그 암나귀를 찾다가 찾지 못하여 사무엘에게 문의하러 갔습니다. 사무엘은 사울에게 "사흘 전에 잃은 네 암나귀들을 염려하지 말라 찾았느니라"(삼상 9:20)고 말했습니다. 사무엘은 사울이 오기 전에 성령의 지식의 말씀을 받아 미리 알고 있었던 것입니다.

이 지식의 말씀은 구약 시대뿐만 아니라 신약 시대에도 많이 나타났습니다. 사도행전 5장에는 초대 교회 성도들 중에 아나니아와 삽비라 부부가 나옵니다. 그들은 서로 의논하여 소유를 팔아 그 값에서 얼마를 감추고 그 나머지를 마치 전부인 것처럼 사도들에게 가지고 왔습니다. 그들은 그 비밀을 자신들만 알고 있는 줄로 생각했습니다. 그런데 놀랍게도 베드로는 아나니아에게 다음과 같이 말했습니다. "아나니아야 어찌하여 사탄이 네 마음에 가득하여 네가 성령을 속이고 땅 값 얼마를 감추었느냐 땅이 그대로 있을 때에는 네 땅이 아니며 판 후에도 네 마음대로 할 수가 없더냐 어찌하여 이 일을 네 마음에 두었느냐 사람에게 거짓말한 것이 아니요 하나님께로다"(행 5:3-4). 베드로는 지식의 말씀의 은사로 그 비밀을 안 것입니다.

나에게도 이 지식의 말씀의 은사를 활용한 경우가 있었습니다. 한번은 군 사령관으로 복직하고 있던 초등학교 동창의 부대에 위문을 간 적이 있습니다. 그런데 가는 날이 장날이라고 막상 가 보니 부대 전체가 비상이었습니다. 일선 철책을 지키던 사병 한 명이 탈영을 하여 철조망을 넘어 북한으로 도망갔다는 것이었습니다. 내 친구는 이 사건으로 문책을 받아 승진은커녕 옷을 벗어야 될지도 모른다는 생각에 사색이 되어 있었습니다. 그런데 참 신기한 것이, 내가 그 부대를 방문하기 전날 밤 꿈에 한 사병이 부대를 탈출하여 근처 야산의 나무 밑에 총을 들고 쪼그리고 앉아 있는 것을 보았던 것입니다. 막상 꿈을 꾸었을 때는 '참 별난 꿈이다.' 라고 생각했지만, 부대에 도착하고 보니 하나님께서 이 일을 위해 나에게 미리 보여 주셨다는 것을 알게 되었습니다. 그래서 내가 친구에게 "그 탈영병이 철조망을 넘지는 않았다. 근처 야산에 숨어 있으니 찾아보라." 고 조언해 주었습니다. 아닌 게 아니라 수색을 해 보니 그 탈영병은 근처 야산 나무 밑에서 총을 들고 졸고 있었다고 합니다. 다행히 그 친구는 위기를 모면하고 계속 진급하여 나중에 사성장군까지 되었습니다. 이렇게 내가 모르는 일들을 그때그때 알게 되는 것이 성령께서 주시는 지식의 말씀의 은사인 것입니다.

오늘날도 성령께서는 기도하는 사람에게 필요할 때 지식의 말씀의 은사를 주십니다. 그렇다고 지식의 말씀이 임하면 성경을 다 안다거나 공부를 안 해도 세상의 학문을 모두 알 수 있는 것은 결코 아닙니다. 학문적인 지식은 사람이 연구하고 공부해서 깨달을 수 있지, 철야 기도하고 금식 기도 한다고 해서 얻어지는 것이 아닙니다. 이 은사는 우리에게 어떤 위기가 다가오게 될 때 지식의 말씀을 주셔서 우리로 하여금 그 위기를 벗어나게 합니다. 이러한 은사 없이 위기를 벗어나기 위해 아무리 연구하고 공부해도 필요한 지식의 말씀은 주어지지 않습니다.

지혜의 말씀과 지식의 말씀이 다른 점은, 지혜의 말씀은 문제가 해결이 안 될 때 이를 해결할 수 있도록 순간적으로 지혜를 주시는 것이고, 지식의 말씀은 내가 모르는 감추어져 있는 사실을 성령께서 필요에 따라 알려 주시는 것입니다. 그러므로 이 은사가 오면 사용하십시오. 그리고 교만하지 말고 주님께 감사하십시오. 하나님은 필요에 따라 성도를 통하여 이 은사를 나타내심으로 문제를 해결하시고 영광을 받으시는 것입니다.

9절 **다른 사람에게는 같은 성령으로 믿음을, 어떤 사람에게는 한 성령으로 병 고치는 은사를,**

사람들은 누구나 일반적인 믿음을 가지고 있습니다. 또한 예수를 믿는 사람은 신령한 믿음을 가지고 있어서 성경을 믿고 하나님을 믿습니다. 그러나 여기서 말하는 믿음이란, 기도하다가 도저히 인간의 생각으로는 믿을 수 없는 것이 믿어지는 믿음을 말합니다. 이 믿음은 일반적인 믿음이 아니라 성령께서 순간적으로 주시는 은사로서의 믿음입니다. 이 은사가 임하게 되면 통상적인 인간으로서는 상상할 수도 없는 강렬하고

도 초인적인 믿음이 생겨나 기적을 발생하게 하는 것입니다.

예수님께서는 마태복음 17장 20절에서 "진실로 너희에게 이르노니 만일 너희에게 믿음이 겨자씨 한 알 만큼만 있어도 이 산을 명하여 여기서 저기로 옮겨지라 하면 옮겨질 것이요 또 너희가 못할 것이 없으리라"고 말씀하셨습니다. 여기에서의 믿음이 은사로 주어진 믿음의 대표적인 예입니다. 이 은사로서의 믿음은 인간의 이성으로 생각하면 도저히 불가능한 상태일지라도 틀림없이 이루어진다는 요동하지 않는 확신이 오는 것을 말합니다. 이러한 믿음은 성령께서 믿음의 은사를 주실 때만이 가질 수 있습니다. 그러므로 성령으로 말미암은 믿음이 올 때 이 믿음을 붙잡고 기다리면 믿음 그대로 기적이 일어나는 것입니다.

주의 종이 강단에서 말씀을 전할 때에도 믿음의 은사가 주어집니다. 여러분 중에서도 어떤 말씀을 듣자마자 갑자기 마음이 뜨거워지며 믿음이 생겨날 때가 있을 것입니다. 전에는 아무리 말씀을 들어도 마음이 움직이지 않았는데, 어느 말씀을 듣자마자 마음속에 뚜렷이 믿음이 생겨난 것입니다. 이 믿음이 바로 은사로서의 믿음입니다.

믿음의 은사가 주어졌을 때 이 믿음을 붙잡고 인내하며 기다리면 반드시 이루어지고야 마는 것입니다. 그러나 이러한 믿음이 임하였는데도 인내하지 못하고 이 믿음을 거부해 버리면 하나님의 역사는 일어나지 않습니다. 그러므로 우리에게 지식의 말씀이 부딪쳐 왔을 때 그것을 "믿습니다!" 하고 받아들이면 그것이 믿음의 은사로 변화되는 것입니다. 그리고 이 믿음은 기적을 창조합니다.

대체로 이러한 은사로서의 믿음은 극한의 위기와 문제 앞에서 하나님께 간절히 기도할 때나 말씀을 듣는 중에 생겨납니다. 그런데 성령께서 어떤 특정한 사람을 택하셔서 필요할 때에 이 은사를 주시기도 합니다. 물론 하나님의 영광을 위해서, 그리고 주님의 교회의 유익을 위해서 주십니다. 이렇게 믿음의 은사를 받으면 인간의 생각으로는 도저히 불가능한 일도 기도만 하면 '할 수 있다! 하면 된다!' 는 열화(熱火) 같은 믿음이 생겨나서 기적을 창조하고야 마는 것입니다. 이 믿음은 사람의 믿음이 아니라 성령께서 주시는 믿음입니다.

1969년에 우리 교회의 당회가 그 당시 허허벌판이었던 여의도로 나오는 문제로 의논을 할 때, 장로님들은 모두 독립문에 있는 산으로 가자고 했습니다. 그런데 그때 내게는 성령이 주시는 믿음의 은사가 있었습니다. 그래서 나는 "아닙니다. 우리 교회는 앞으로 만 명이 들어가는 민족제단을 지어 5백 명 이상의 선교사를 파송할 것입니다. 또한 머지않아 우리나라에도 '마이카(My Car) 시대' 가 올 것이기에 넓은 주차장을 마련해야 합니다. 그러기 위해서는 여의도로 나가서 그 정도 규모의 교회를 지어야 합니다." 라고 말했습니다. 그러자 한 장로님은 "목사님, 우리 세대에는 마이카 시대가 안 옵니다. 우리나라는 자동차 만들 줄도 모르고 자동차 살 돈도 없습니다. 우리 세대에 '마이 자전거 시대' 만 와도 좋겠습니다. 그러니 자동차 주차장은 필요 없습니다." 라고 말하며 웃으셨습니다.

사실 당시 우리 교회의 성도는 8천 명이었지만 너무도 가난한 사람들만 모인 교회라 건축을 위해 5년에 3만 원 내지 5만 원 붓는 적금조차도 감당하지 못하는 상황이었습니다. 반면 예상 건축 비용은 그때 돈으로 약 10억 원이었으며 이는 우리 형편으로서는 상상하기도 힘든 천문학적인 숫자였습니다. 그러니 현실적으로는 눈에 아무 증거도 안 보이고 귀에 아무 소리도 안 들리고 손에 잡히는 것 없고 앞길이 칠흑같이 어둡고 너무도 불가능한 일인데도, 이상하게 기도만 하면 마음에 믿음이 꽉 들어오면서 이 모든 것이 믿어졌습니다. 즉, 눈을 뜨면 안 믿어지고 눈을 감으면 믿어지는 것이었습니다. 그래서 여의도에 교회를 짓기로 한 것입니다.

그런데 기공식 날 내리붓는 비바람이 암시해 주기라도 하듯, 건축이 진행되는 동안 죽을 고비를 얼마나 많이 넘겼는지 모릅니다. 정말 앞으로도 뒤로도 못 가는 진퇴유곡 같은 상황들이 계속되었는데, 이 역시 엎드려 기도만 하면 "할 수 있거든이 무슨 말이냐 믿는 자에게는 능히 하지 못할 일이 없느니라"(막 9:23)는 말씀이 떠오르며 믿음이 생기는 것이었습니다. 눈만 뜨면 절망인데 눈을 감으면 희망인 것이었습니다. 결국 하나님께서 기적을 베푸셔서 마침내 1974년에 여의도에 '일만 제단' 을 헌당하게 되어 오늘에 이르고 있습니다. 그때 만약 여의도로 나오는 것을 포기했다면 그 뒤 우리 교회는 늘어나는 교인 수를 감당하지 못해 예배 및 교육 공간 부족, 주차 문제 등으로 엄청난 어려움을 겪어야 했을 것이며 하나님의 기적을 경험하지 못했을 것 입니다.

지금 돌아보면 제 나이 겨우 30대에 어떻게 그런 배포가 나올 수 있었는지 모르겠습니다. 결국 이 믿음은 제 것이 아니었습니다. 즉, 제가 믿음을 붙든 것이 아니라 성령이 주시는 믿음의 은사가 저를 붙들어 주신 것이었습니다. 이처럼 사람으로는 도무지 할 수 없으되 하나님으로는 할 수 있는 것, 이것이 믿음의 은사인 것입니다.

또한, 이 지상에 그리스도의 몸 된 교회가 있는 이상 '신유의 은사' 도 계속 있을 것입니다. 예수님께서 이 세상을 떠나 하늘로 올라가시기 전에 다음과 같이 말씀하셨습니다. "또 이르시되 너희는 온 천하에 다니며 만민에게 복음을 전파하라 믿고 침례를 받는 사람은 구원을 얻을 것이요 믿지 않는 사람은 정죄를 받으리라 믿는 자들에게는 이런 표적이 따르리니 곧 그들이 내 이름으로 귀신을 쫓아내며 새 방언을 말하며 뱀을 집어 올리며 무슨 독을 마실지라도 해를 받지 아니하며 병든 사람에게 손을 얹은즉 나으리라 하시더라"(막 16:15-18). 예수님이 이 세상에 계실 때에 감당하신 사역의 3분의 2가 병자를 고치는 일이었고, 이 세상을 떠나 하늘로 올라가실 때에도 그 일을 우리에게 부탁하셨습니다.

구약에서부터 우리가 믿는 하나님은 '치료하시는 하나님'으로 알려져 있습니다(출 15:26). 다윗은 하나님을 칭송하여 "그가 네 모든 죄악을 사하시며 네 모든 병을 고치시며"(시 103:3)라고 고백했습니다. 뿐만 아니라 말라기에는 "내 이름을 경외하는 너희에게는 공의로운 해가 떠올라서 치료하는 광선을 비추리니 너희가 나가서 외양간에서 나온 송아지같이 뛰리라"(말 4:2)고 기록하고 있습니다. 이사야 선지자는 예수님의 대속에 관해 예언하는 중에 질병의 대속도 예언했습니다(사 53:5).

신약에서 마태는 예수님의 병 고치는 능력을 보고 이사야의 예언이 성취되었음을 기록하였으며(마 8:16-17), 베드로는 예수님께서 채찍에 맞으셨기 때문에 우리는 나음을 얻었다고 말했습니다(벧전 2:24). 야고보는 병든 자가 있으면 그를 위하여 기도해 주라고 말했습니다(약 5:14-16). 이와 같이 하나님께서는 병 고치기를 원하십니다. 성령의 은사 중에 병 고치는 은사를 두신 것을 보아도 하나님께서 얼마나 병 고치시기를 원하셨는가를 알 수 있습니다. 그러므로 예수님을 믿는 사람은 병자를 위하여 기도해야 합니다. 그중에도 특별히 하나님께 병 고치는 은사를 받은 성도는 병 고치는 은사를 더욱 능력 있게 사용하여 하나님께 영광을 돌려야 합니다.

그러면 병 고치는 은사가 내게 있는지 여부를 어떻게 알 수 있을까요? 먼저 병 고치는 은사가 있는 사람은 병자를 위해서 자꾸 기도해 주고 싶은 마음이 생깁니다. 그리고 기도해 주면 또 병이 낫습니다. 이런 사람은 성령으로부터 병 고치는 은사가 주어진 것입니다. 그런데 병 고치는 은사가 나타나는 사람이 반드시 알아야 할 사항은 그 병 고침의 능력이 자기에게서 나온 것이 아니고 성령께서 주셨다는 사실입니다. 자기가 병을 낫게 했다고 자신을 내세우기 시작하면 그때부터 성령의 역사는 그치고 마는 것입니다. 병 고치는 은사를 받았다고 해서 그 은사를 마음대로 쓸 수 있는 것은 아닙니다. 오직 성령께서 시키시는 시간과 장소에서 사용할 수 있는 것입니다. 왜냐하면 그 은사는 내가 가진 것이 아니고 성령님께 속하였기 때문입니다. 그러므로 병 고치는 은사를 받은 사람은 성령께서 자신을 도구로 사용하셔서 병자를 치료하신다는 사실을 잊지 말아야 합니다. 주님께서는 다른 사람도 얼마든지 사용하실 수 있습니다. 주님께서는 적절한 사람들을 사용하셔서 주님의 교회를 2천 년 동안이나 잘 보존하셨습니다. 주님께서는 그의 나라가 이루어질 때까지 계속해서 적절한 일꾼들을 세우실 것입니다. 주님께 부름 받은 자는 겸손히 충성해야 되고 은사를 선물로 받은 자는 겸손한 마음으로 주님의 교회와 성도들의 유익을 위해 열심히 봉사해야 하는 것입니다. 은사는 우리를 통해서 나타나는 것이지 우리의 것은 아닙니다. 은사의 주인은 성령님이십니다.

나의 경우는 신유의 은사보다는 믿음의 은사를 활용하여 병자들을 고칩니다. 나는 많은 질병을 앓았기 때문에 개인적으로 치유에 관한 성경의 약속의 말씀을 붙들고 기도했습니다. 또한 내가 아파 보니 병든 사람이 세상에서 제일 불쌍해 보였습니다. 그래서 나는 성경에 기록된 약속의 말씀을 믿는 믿음으로 병자를 위해 간절히 기도합니다. 이렇게 기도하고 나면 하나님께서 지식의 말씀의 은사를 주셔서 어떤 병이 나았는지를 가르쳐 주십니다. 마치 텔레비전에 영상이 떠오르듯 제 마음에 '암이 나았구나, 관절염이 나았구나.' 등의 생각이 떠오릅니다. 그러면 저는 그대로 선포를 합니다. 어떤 경우는 아무 것도 떠오르지 않을 때가 있는데, 그럴 때는 어쩔 수 없습니다. 저 역시 입을 다물 수밖에 없습니다. 성령께서 가만히 계시면 저도 가만히 있을 수밖에 없습니다. 이 믿음의 은사와 지식의 말씀의 은사 역시 성령님이 그 주인이시기 때문입니다.

10절 어떤 사람에게는 능력 행함을, 어떤 사람에게는 예언함을, 어떤 사람에게는 영들 분별함을, 다른 사람에게는 각종 방언 말함을, 어떤 사람에게는 방언들 통역함을 주시나니

"어떤 사람에게는 능력 행함을". '능력 행함' 은 기적을 행하는 은사를 말합니다. 기적은 우리가 일반적으로 아는 자연법칙을 뛰어넘어 하나님께서 직접 관여하심으로 상상을 초월하여 놀라운 일이 이루어지는 상태를 말합니다.

성경에는 이러한 기적들이 수없이 기록되어 있습니다. 아브라함과 사라가 이삭을 낳은 기적은 능력 행함의 기적입니다(롬 4:18-22; 히 11:11-12). 또 모세가 하나님께 기도하여 지팡이를 들고 홍해를 갈라지게 함으로 이스라엘 백성들이 바다를 육지같이 건너가게 한 사건도 능력 행함의 기적입니다. 또한 우리는 여호수아의 생애 속에서도 놀라운 기적의 은

사가 나타남을 볼 수 있습니다. 여호수아가 이스라엘 백성들을 이끌고 가나안으로 들어갈 때 아모리 사람들과의 전투가 벌어졌습니다. 싸움이 계속되는 동안 날이 점점 어두워지기 시작했습니다. 만약 밤이 오면 이스라엘은 전쟁을 종결시킬 수가 없었습니다. 전쟁을 끝내기 위해서는 시간이 필요했던 것입니다. 그때 여호수아에게 능력 행함의 은사가 임했습니다. 그는 소리 높여 태양을 향하여 이렇게 외쳤습니다. “태양아 너는 기브온 위에 머무르라 달아 너도 아얄론 골짜기에 그리할지어다”(수 10:12). 여호수아가 이렇게 외칠 때에 태양이 중천(中天)에 머물고 달도 움직임을 멈추었습니다. 그래서 이스라엘 백성은 아모리 족속을 멸망시킬 수 있었습니다. 이것은 하나님께서 자연의 법칙을 일시적으로 멈추시고 신적인 섭리를 나타내신 대표적인 기적입니다.

이와 같은 능력 행함은 이 은사를 받은 사람이 기도할 때에 나타납니다. 능력 행함의 은사를 받은 사람이 기도할 때 기후가 변화되기도 하며, 환경이 달라지기도 합니다. 청교도들이 처음에 미국에 건너가서 농사를 지었는데 메뚜기 떼가 새까맣게 몰려와서 곡식을 해치기 시작했습니다. 그래서 성도들이 모여서 하나님께 부르짖어 기도하였습니다. 그런데 어디서 날아왔는지 갈매기 떼가 온 하늘을 덮었습니다. 그리고 그 갈매기 떼가 메뚜기 떼를 다 잡아 먹음으로 곡식을 구했던 것입니다. 이것은 인간의 힘으로는 할 수 없었던 하나님의 기적인 것입니다.

미국의 텍사스 주 달라스에서 목회하시는 목사님의 이야기도 있습니다. 그분이 2차 세계 대전 때 미군 공정대원으로 참여하게 되었습니다. 그런데 미군들이 하늘에서 낙하산을 타고 내려오는데 독일 병사들이 미리 기다리고 있다가 땅에 내리기가 무섭게 기관총으로 마구 쏘아 죽였습니다. 미군들도 총 한 번 제대로 못 쏘아 보고 죽어 갔습니다. 이 목사님도 낙하산으로 땅에 내리니까 바로 앞에 독일 병사가 참호 속에서 기관총을 자기에게 겨누고 있더랍니다. 얼마나 급했던지 총을 쏠 겨를이 없어서 참호 속의 기관총을 보고 "나사렛 예수 이름으로 명하노니 기관총 구멍은 막힐지어다!"라고 외쳤답니다. 그런데 놀랍게도 독일 병사가 아무리 방아쇠를 당겨도 총알이 나가지 않더랍니다. 독일 병사의 기관총이 그 순간 고장이 났던 것입니다. 그래서 이 목사님이 극적으로 생명을 구했다는 실화가 있습니다. 이것은 인간의 과학과 이성을 초월한 기적이요, 능력 행함인 것입니다.

한편, 폐병이나 암, 관절염 등의 병이 낫는 것은 신유의 은사로 낫는 것이지만, 짧은 다리가 길어지고 중풍 병자가 일어나고, 안 보이는 눈과 들리지 않던 귀가 보이거나 들리게 되는 것처럼 장애를 가진 사람이 고침받는 기적은 능력 행함의 은사로 가능합니다. 이와 같은 능력 행함은 오늘날도 하나님의 영광과 성도들의 유익을 위하여 끊임없이 나타나고 있습니다.

"어떤 사람에게는 예언함을". 우리는 '예언' 이라고 말하면 일반적으로 미래에 관한 하나님의 계시의 말씀을 가리키는 것으로 알고 있습니다. 그러나 이와 같은 미래사(未來事)에 대한 예언은 주로 구약 시대에 나타났고 신약 시대에 와서는 사람들에게 덕을 세우며 권면하고 위로하는 형태로 나타났으며, 설교의 형태로도 나타났습니다. 이에 대하여 성경은 "예언하는 자는 사람에게 말하여 덕을 세우며 권면하며 위로하는 것이요"(14:3)라고 말하고 있습니다.

사실 나는 목회를 시작할 때부터 몸이 아팠기 때문에 하나님께 신유의 은사를 구했습니다. 반면 예언의 은사는 잘못 사용하면 점쟁이가 된다고 생각하여 겁이 나서 구하지 않았습니다. 하지만 은사는 내 마음대로 되는 것이 아니라 성령님의 뜻대로 되는 것이기에, 나의 경우에는 신유 대신 예언의 은사가 주어지는 경우가 많았습니다.

천막 교회 시절이었습니다. 그날도 엎드려 신유의 은사를 달라는 기도를 하고 있었는데 자꾸 내 입에서 예언이 나오는 것이었습니다. "너는 온 천하 만민에게 다니며 복음을 전할 것이다."라고 하나님께서 자꾸 말씀하시는 것이었습니다. 그러나 그때 나의 처지는, 다 떨어진 천막 교회에 가마니 몇 장 깔아 놓고 사흘에 죽 한 그릇도 못 먹고 차비가 없어 불광동에서 서대문까지 매일 걸어 다니는 가난한 전도사에 불과했습니다. 그래서 나는 "아이고 하나님, 저를 웃기지 마세요! 어느 정도 될 만한 말씀을 하셔야지요. 제 영어 실력이나 세상 학벌로 볼 때 가당치도 않습니다. 또 정부에서 여권을 내주기나 하겠습니까?"라고 말하며 웃었습니다. 그런데 그 뒤 기도하는 중에 하나님께서 갑자기 "일어서라!"고 하시기에 벌떡 일어났습니다. 일어나니까 내 팔이 날개처럼 쫙 펴지는 것이었습니다. 그리고는 내가 그 천막 교회를 미친 듯이 돌아다니는 것이었습니다. 그때 제 입에서 또 예언이 나오는데, "너는 얼마 있지 않아 이렇게 은빛 날개를 타고 온 천하만국을 돌아다닐 것이다." 하는 것이었습니다. 당시로서는 내가 정말 미친 사람 같았습니다. 그러나 돌아보니 그 예언 그대로 다 이루어졌습니다.

또 내가 서대문에서 목회를 할 때 기도만 하면, "너는 세계 최대의 교회를 세울 것이다."라는 예언이 나와 참 기가 막혔습니다. 그때 우리 교회 정황으로는 세계 최대 교회가 아니라 어디 조그만 예배당이라도 들어갈 데만 있으면 좋겠다고 생각하던 시절이었습니다. 그런데 기도만 하면 "네가 꿈을 크게 품어라. 세계 최대의 교회가 된다."라고 하나님께서 말씀하시는 것이었습니다. 그 당시는 영락교회가 장로 교회 중 세계 최대 교회였습니다. 나 같은 사람은 그 위대한 한경직 목사님과 감히 비교할 수도 없었는데 예언은 자꾸 그렇게 나왔습니다. 그러나 지금 돌아보니 당시 그렇게 황당하게만 여겨졌던 예언들이 결국은 다 이루어졌습니다.

예언의 은사는 특히 오늘날 목회자들과 복음 증거자들이 사모해야 할 은사입니다. 이 은사를 활용하여 말씀을 증거하면 성도들이 위로와 권면을 받기도 하며 "좌우에 날선 어떤 검보다도 예리하여 혼과 영과 및 관절과 골수를 찔러 쪼개기까지"(히 4:12) 하는 능력을 나타내어 복음의 성과를 거둘 수 있습니다. 그래서 나는 주일이 오기를 굉장히 고대합니다. '이번 주일도 성령께서 내 입술을 통해 과연 무슨 말씀을 주실까?' 하고 기대가 됩니다. 내가 미처 예상하지 못했던 말씀이 전광석화와 같이 떠올라 입으로 선포될 때 누구보다도 설교자인 내가 먼저 은혜를 받기 때문입니다. 내 입에서 나오는 성령의 음성을 통해 내가 먼저 도전을 받고 회개하며 용기와 믿음, 위로를 얻기 때문입니다. 그러므로 예언의 은사는 참으로 유익한 은사입니다. 예언의 은사로 많은 사람들을 살릴 수 있기 때문입니다. 그래서 사도 바울도 "특별히 예언을 하려고 하라"(14:1), "내 형제들아 예언하기를 사모하며"(14:39)라고 말했던 것입니다.

그럼에도 불구하고 예언을 할 때 조심해야 할 것이 있습니다. 예언은 말로써 들리는 것이므로 마귀가 거짓 예언을 많이 만들어 낸다는 사실입니다. 처음에 성령께서 주신 예언의 은사를 받고 난 다음에 자꾸 예언이 나오는 사람이 있습니다. 그런데 이때 조심해야 합니다. 그 예언을 분별하지 못하면 성령께서 주시는 말도 하고 마귀의 말도 하고 자기 자신의 말도 하게 되어 어느 것이 하나님의 말씀인지 모르게 됩니다. 잘못하면 마귀의 올무에 빠져 자신뿐만 아니라 그것을 듣는 사람들도 시험에 들게 됩니다. 그렇기 때문에 예언을 하려면 하나님의 말씀을 잘 알고 신앙이 좀 더 깊어져 자신의 입에서 나오는 예언이 하나님의 말씀에 합당한 것인지 그렇지 않은 것인지를 분별할 줄 알 때 이 은사를 사용해야 합니다. 왜냐하면 신앙이 깊지 않아 영 분별을 못 하는 사람에게 점치는 귀신이 자꾸 달라붙어 훼방하기 때문입니다.

다시 강조하지만, 예언은 하나님의 말씀으로 반드시 분별해 보아야 합니다. 예언의 은사는 잘만 사용하면 좋은 결과를 가져오지만, 오늘날 많은 사람들이 이 은사를 잘못 사용하거나 남용하고 있습니다. 복음의 정도(正道)를 떠나서 마치 점쟁이같이 남의 장래를 점쳐 주는 일을 하는 경우가 빈번히 있습니다. 이런 사람들 중에는 점치는 귀신의 대변자가 되어 일하는 사람들도 있습니다. 이 예언의 은사는 다른 은사와 마찬가지로 오직 그리스도의 복음을 나타내고 교회에 덕을 세우고 권면하고 위로하는 데 사용되어야만 합니다. 결코 개인의 탐욕이나 영달(榮達)의 수단이 되어서는 안 됩니다.

"어떤 사람에게는 영들 분별함을". 이 우주에는 하나님께 속한 영들과 마귀에게 속한 영들이 있습니다. 그리고 교회에서 말할 때에는 성령이나 악령이 아닌 인간의 영으로 말할 때도 있습니다. 그러므로 '영들 분별함'이란 하나님의 영으로 말미암느냐, 인간의 영으로 말미암느냐, 그렇지 않으면 악령으로 말미암느냐를 분별하는 것을 말합니다.

이 영들 분별함의 은사는 구약 성경뿐만 아니라(왕상 22장) 신약 성경에도 많이 나타나 있습니다. 마태복음 16장을 보면 예수님께서 장차 예루살렘에 올라가 장로들과 대제사장들과 서기관들에게 많은 고난을 받고 죽임을 당한 후에 3일 만에 살아나야 할 것을 제자들에게 말씀하셨습니다. 이에 베드로는 예수님을 붙잡고 "주여 그리 마옵소서 이 일이 결코 주께 미치지 아니하리이다"(마 16:22)라며 간청했습니다. 베드로는 예수님을 위하는 마음에서 이 말을 했던 것입니다. 그러나 주님께서는 영 분별함의 은사를 통하여 베드로의 영혼을 꿰뚫어 보시고 "사탄아 내 뒤로 물러가라 너는 나를 넘어지게 하는 자로다 네가 하나님의 일을 생각하지 아니하고 도리어 사람의 일을 생각하는도다"(마 16:23)라고 무섭게 꾸짖으셨습니다. 예수님은 베드로의 뒤에서 역사하고 있는 사탄을 보셨던 것입니다.

사도행전 8장을 보면 빌립이 사마리아에 내려가 전도를 하여 수많은 사람들이 그리스도의 복음을 듣고 구원함을 받고 병 고침과 침례를 받은 기록이 나옵니다. 사마리아인들이 하나님의 말씀을 영접했다는 소식을 전해 들은 예루살렘에 있는 사도들은 베드로와 요한을 그곳으로 파송했습니다. 이에 두 사도가 가서 사마리아인들에게 안수를 해주니 성령이 그들에게 임하게 되었습니다. 그때 마술사인 시몬이 성령 받게 할 수 있는 권능을 베드로에게 돈을 주고 사려고 했습니다. 이에 베드로는 영들 분별하는 은사를 통하여 "내가 보니 너는 악독이 가득하며 불의에 매인 바 되었도다"(행 8:23)라고 시몬의 정체를 밝히면서 꾸짖었습니다.

또 사도행전 16장 16절부터 18절까지에 다음과 같은 내용이 기록되어 있습니다.

"우리가 기도하는 곳에 가다가 점치는 귀신 들린 여종 하나를 만나니

점으로 그 주인들에게 큰 이익을 주는 자라 그가 바울과 우리를 따라와 소리 질러 이르되 이 사람들은 지극히 높은 하나님의 종으로서 구원의 길을 너희에게 전하는 자라 하며 이같이 여러 날을 하는지라 바울이 심히 괴로워하여 돌이켜 그 귀신에게 이르되 예수 그리스도의 이름으로 내가 네게 명하노니 그에게서 나오라 하니 귀신이 즉시 나오니라".

남들이 볼 때에는 그 여종이야말로 하나님의 시키심을 받아 주의 종들을 돕는 일을 하고 있다고 여겼을 것입니다. 그러나 사도 바울은 영들 분별함의 은사를 통하여 그 여종의 정체를 꿰뚫어 보고 정체를 폭로시킨 것입니다.

이와 같은 현상은 오늘날 교회 내에도 얼마든지 있습니다. 남들이 보기에는 신앙이 좋은 것 같고 하나님께 충성하는 듯하지만 사실은 악령의 조종을 받는 사람이 있습니다. 그리하여 결국 교회를 분열시키고 성도들의 신앙을 도둑질해 갑니다. 이것은 보통 사람의 눈으로는 분간해 낼 수 없습니다. 하나님께로부터 영들 분별함의 은사를 받을 때에만 분간이 가능합니다.

내가 대조동에서 목회를 할 때 우리 교회의 한 자매가 은사를 받았습니다. 그런데 이 자매가 자꾸 "조용기는 틀렸다. 하나님이 더 좋은 주의 종을 보내 주실 것이다."라며 나를 대적하는 것이었습니다. 또 그 당시 나는 단벌 신사로 봄, 여름, 가을, 겨울 없이 양복 한 벌로 버텼습니다. 그나마 그 양복이 닳을까 봐 예배 시간이 끝나면 빨리 벗어 걸어 놓고 집에서는 속옷 차림으로 살았습니다. 이런 나를 불쌍히 여겨서 부인회에서 옷을 한 벌 해 주었는데, 그 자매는 이것을 가지고 "주의 종에게 왜 옷을 해 주느냐? 주의 종을 교만하고 오만한 사람으로 만들었구나. 옷을 당장 빼앗아라." 고 말하는 것이었습니다. 그때 나는 눈물이 왈칵 쏟아졌습니다. 그래서 울면서 하나님께 물었습니다. "하나님, 이렇게 무정한 하나님이셨습니까? 저 자매가 정말 성령의 감동으로 말했다면 하나님은 너무나 무정한 분이십니다! 제가 현재 입고 있는 옷도 알고 보니 도둑이 남의 옷 훔쳐 판 것을 동대문 시장에서 값싸게 도로 산 옷이라는데, 부인회에서 양복 한 벌 해 주는 것이 그렇게 심술이 나십니까?"

그런데 나중에는 성도들이 아예 그 자매에게 몰려가 "아침에 장사를 갈까요, 말까요?", "시집갈까요, 말까요?" 등 온갖 것을 시시콜콜하게 다 묻기 시작하는 것이었습니다. 만일 이런 일들이 성령의 역사라면 내가 반대하는 것이 하나님의 성령을 거스르는 일이 되지 않겠습니까? 그래서 나는 하나님께 매달리면서 "하나님, 천막 교회를 그만두라시면 그만두겠습니다. 그러나 이곳에 주의 종으로 온 이상, 이 일이 하나님의 역사인지 악령의 역사인지 분별은 해야 되지 않겠습니까? 주님, 알려 주시옵소서." 라고 기도했습니다. 그러자 내가 꿈을 꿨는데, 꿈에 우리 교회 종각 밑에 '똥구덩이' 가 있는 것이었습니다. 그런데 그 자매가 목만 내놓고 똥구덩이에 들어가 똥을 탁 탁 던지면서 목욕을 하고 있었습니다. 깨끗한 물에 앉아 있었더라면 성령의 역사였을 것입니다. 그러나 더러운 똥구덩이에 앉아 있다는 것은 더러운 귀신의 역사라는 것입니다. 이렇게 그 자매 안에 역사하는 영을 분별하게 되자 나는 강단에서 "사탄아, 물러가라!" 고 담대히 외쳤습니다. 아닌 게 아니라 그 자매는 나에게 삿대질을 하면서 "거짓 선지자, 물러가라!" 고 고함치는 것이었습니다. 그러나 나는 끝까지 담대하게 "이미 너의 정체는 밝혀졌다! 하나님께서 영 분별을 해 주셨다. 그 속에서 역사하는 사탄은 나사렛 예수의 이름으로 물러가라!" 고 외치자, 그 자매가 막 거꾸러져 뒹구는 것이었습니다. 그 자매가 나간 뒤 교회는 안정을 찾게 되고 참신앙으로 자라기 시작했습니다.

지금도 한국 교계에는 미혹하는 영과 귀신의 가르침을 좇아 수많은 영혼들을 잘못된 길로 인도하는 무리가 많습니다. 자칭 '재림 예수' 라 하고, '어린양' 이라 하며, '의인' 이라고 하는 자들이 수많은 무리를 미혹하고 있습니다. 지금이야말로 모든 성도들이 하나님께 영들 분별함의 은사를 부어달라고 기도해야 할 때입니다. 영들 분별함의 은사는 분명한 계시나 묵시나 꿈이나 환상을 통해서 옵니다. 이를 통하여 하나님의 역사와 귀신의 역사를 구분케 됩니다. 오늘날 하나님의 성령의 역사를 훼방하기 위하여 귀신의 역사도 날로 많아집니다. 그러므로 우리는 성령께서 우리에게 영들 분별함의 은사를 부어 주사 참영과 거짓 영을 구별하여 우리의 신앙생활이 잘못되지 않도록 기도해야겠습니다.

"다른 사람에게는 각종 방언 말함을". '방언' 은 '표적 방언' 과 '은사 방언' 으로 대별(大別)할 수 있습니다. 사도행전에 나타난 방언들은 성령 침례의 결과 외적 표적으로 나타난 방언이 대부분입니다. 즉, 성령이 충만히 임해서 성령이 말하게 하심을 따라 다른 방언으로 말하는 표적 방언을 말합니다.

그러나 여기에 기록된 방언은 은사의 방언인데 이 방언은 성령 충만함을 받은 후 신앙생활의 유익을 위하여 계속되는 방언입니다. 이 은사를 받은 사람은 언제나 당사자가 원하면 믿음으로 곧 방언을 말할 수 있게 됩니다. 이 방언의 은사가 임하면 프랑스 말을 전혀 배우지 않았는데 프랑스 말을 하고, 독일 말을 배우지 않았는데 독일 말을 합니다. 일본어,

영어, 중국어, 이태리어 등 이 지상에서 알려진 각종 방언을 말합니다. 또 어떤 사람은 이 지상의 말이 아닌 천상(天上)의 말을 하기도 합니다. 이 모든 것은 오직 성령으로 말미암습니다.

그런데 만일 자기가 아는 말을 한다면 그것은 방언이 아닙니다. 자기가 전혀 알지 못하는 말을 해야 은사의 방언이 되는 것입니다. 우리가 이와 같은 방언을 사용할 때 다음과 같은 유익이 있습니다. 첫째로, 하나님과 깊은 영적인 교통이 가능해집니다(14:2). 둘째로, 개인 신앙생활의 향상을 가져옵니다(14:4). 셋째로, 방언은 통역의 은사를 통하여 예언과 동일한 효과를 가져옵니다(14:13). 그리고 넷째로, 방언을 함으로 더 깊은 기도와 찬미를 할 수 있으며 믿지 않는 자들에게 하나님의 살아 계심을 증언할 수 있습니다(14:15,22). 이렇게 방언 기도의 유익은 이루 다 말할 수 없습니다.

방언 기도를 통하여 하나님의 역사를 체험한 간증도 다양합니다. 우리 교회 성도님 중에 남편이 시외버스 기사를 하는 자매님이 있는데, 한번은 이분이 부흥회에 참석했는데 앉자마자 자꾸 기도가 하고 싶어지더라는 것이었습니다. 그래서 설교 듣는 중에도 입을 막고 방언으로 계속 기도하고 집에 와서도 계속 방언 기도를 했는데, 어느 정도 시간이 지나니 마음이 시원해져 기도를 멈추었다고 합니다. 그런데 그날 저녁에 남편이 완전히 사색이 되어 집으로 들어왔습니다. 이유를 물으니, 낮에 버스를 운전하는데 타이어 하나가 펑크가 나는 바람에 경사 길에서 낭떠러지로 떨어질 뻔했다는 것입니다. 그런데 다행히 앞바퀴가 벼랑 끝에 걸리는 바람에 버스가 추락을 하지 않고 벼랑 끝에 달랑달랑 매달려 있었고 그 와중에 사람들은 다 기어 나와 살았다고 합니다. 남편은 "누군지

몰라도 오늘 누가 날 위해 기도했기 때문에 내가 살았지, 기도 안 해 주었으면 오늘 난 죽었다." 고 말했습니다. 누가 기도했습니까? 성령께서 자매님의 마음을 감동하여 기도를 시키신 것입니다. 영문을 모르는 자매에게 성령께서는 방언으로 기도를 시키신 것입니다. 이렇게 성령은 방언을 통해 우리가 미처 알지 못하는 것에 대해 기도하게 하십니다. 우리가 마땅히 기도할 바를 알지 못할 때 우리는 성령의 도우심을 받아 방언으로 기도하는 것입니다.

나는 말로만 기도하라고 했다면 아마 벌써 목회를 포기했을 것입니다. 막다른 골목 같은 위기에 수없이 처할 때마다 이 방언 기도가 나를 살렸습니다. 이사야 28장 11절부터 12절까지 보면 "더듬는 입술과 다른 방언으로 그가 이 백성에게 말씀하시리라 전에 그들에게 이르시기를 이것이 너희 안식이요 이것이 너희 상쾌함이니 너희는 곤비한 자에게 안식을 주라 하셨으나" 라고 말씀합니다. 방언으로 기도하는 것이 우리 영혼에 안식을 주고 상쾌함을 줍니다. 방언 기도는 신자로 하여금 신령한 생활을 하게 해 주고 목사로 하여금 신령한 목회를 하게 해 줍니다.

"어떤 사람에게는 방언들 통역함을 주시나니". 한편 방언은 하나님께서 '통역하는 은사' 를 주셔야만 그 뜻을 알 수 있습니다. 성령으로부터 이 은사가 선물로 주어지면 그 사람에게는 방언을 통역하라는 강력한 지시가 옵니다. 그래서 그 사람이 방언을 통역하게 됩니다.

그런데 방언 통역도 사람을 통하여 나타나는 성령의 은사이기 때문에 모든 방언 통역을 반드시 하나님의 역사라고 생각해서는 안 됩니다. 방언을 통역하는 사람의 신앙 상태, 기도 생활, 하나님과의 영적 교통의 깊이에 따라서 통역이 크게 좌우되기 때문입니다. 또 어떤 때는 통역하는 사람의 개인적인 생각이나 마귀의 훼방 등도 영향력을 미치기 때문에 주의해야 합니다.

또 이 은사를 받았다고 해서 모든 방언을 항상 통역할 수 있는 것은 아닙니다. 오직 하나님께서 통역의 영감을 주실 때에만 가능합니다. 자칭 '은혜자' 라고 하면서 자신은 항상 방언을 마음대로 통역할 수 있다고 말하며 방언하는 사람들의 방언을 통역해 주려고 하는데, 이것은 대개 거짓이며 위험한 일입니다. 하나님의 귀한 은혜가 있을 때에는 마귀도 모조품을 가지고 역사한다는 것을 잊어서는 안 됩니다. 방언 통역은 어느 때에나 자기 마음대로 되는 것이 아닙니다. 반드시 성령님의 지시가 있어야 되는 것입니다.

그러면 방언 통역이 이루어지는 경우를 나의 경험과 세계의 여러 주의 종들의 경험담을 토대로 몇 가지 정리하여 보고자 합니다.

첫째로, 방언을 통역할 때 방언을 통역하라는 성령의 지시가 마음속에 와서 순전히 믿음으로 통역하는 경우가 있습니다. 이때는 분명히 마음속에 하나님의 강권적인 지시가 임합니다. 동시에 성령의 충만한 은혜가 마음에 채워져서 믿음으로 통역할 수 있게 됩니다.

둘째로, 다른 성도가 방언을 말할 때 그 전체적인 뜻이 마음에 알려지는 경우가 있습니다. 방언 한 마디 한 마디가 이해되는 것이 아니라 그 방언 내용의 전체적인 뜻이 갑자기 마음에 깨달아지는 것입니다. 그럴 때 통역하는 자가 자기의 지식과 아는 말로 그것을 풀이해서 말하면 방언 통역이 되는 것입니다.

셋째로, 타인이 방언을 말할 때 그 방언의 일부분의 뜻이 알려질 경우가 있습니다. 이와 같은 경우는 방언의 특정 부분만 그 뜻이 알려지기 때문에 그 부분만 통역해도 연속된 부분이 알려집니다.

넷째로, 방언을 말한 후에 자기도 모르는 사이에 뒤따라서 마치 방언 나오듯 모국어로 통역이 나오는 경우입니다.

다섯째, 직접적으로 방언이 자기 나라 말로 귀에 익숙하게 들리는 경우가 있습니다. 좀처럼 드문 경우이지만 성령께서는 이런 식으로도 역사하십니다.

11절 이 모든 일은 같은 한 성령이 행하사 그의 뜻대로 각 사람에게 나누어 주시는 것이니라

사도 바울은 4절부터 말한 것을 이제 본 절에서 요약하여 정리하고 있습니다. 모든 은사는 한 성령께서 행하시고 성령의 뜻대로 각 사람에게 필요한 대로 나눠 주신다는 것입니다.

성령의 은사는 마치 군인의 무장(武裝)과 같습니다. 군인이 훈련소에서 훈련을 받고 일선으로 배치될 때 무장을 하듯, 성령께서 그리스도인들이 이 세상 마귀와의 전쟁을 잘 수행하도록 우리를 각종 은사로 무장시켜 주시는 것입니다. 주의 종들에게 가장 큰 저주의 말은 "성령 없이 목회하라"는 것입니다. 이는 마치 전장에 나가는 군인에게 "무기 없이 전쟁을 하라"는 말과 같은 것입니다. 하나님의 교회가 부흥하려면 성령의 은사로 무장되어야 합니다. 무장 해제되어서는 안 됩니다. 그래서 나는 성령 침례 받은 지가 40년이 넘지만 날마다 '성령으로 충만하게 채워 주소서. 성령의 충만함 없이는 단 하루도 하나님의 사역을 할 수 없습니다. 내게 주신 은사를 주께서 항상 불 일듯하게 하소서.' 라고 기도합니다.

한편 군인도 육군, 해군, 공군, 포병, 보병, 통신병, 위생병 등 그 역할이 각각 다르고 거기에 맞는 무장의 종류도 각각 다르듯, 우리 그리스도인들의 역할과 은사 역시 각각 다른 것입니다. 그러므로 각자가 성령의 은사로 무장해야 할 뿐만 아니라 다양한 은사로 무장한 그리스도인들과 함께 연합하여 그리스도의 몸 된 교회를 이루어 영적 전쟁에서 싸워 이겨야 하는 것입니다.

성령의 은사는 우리가 소원한다고 받는 것이 아니라 하나님께서 그의 뜻대로 나눠 주십니다. 결코 우리 마음대로 할 수 있는 것이 아닙니다. 그러므로 우리는 은사를 구하는 기도를 하기보다는 하나님께서 내게 어떤 은사를 주셨는가를 살펴보아야 합니다. 그리고 내게 주신 은사를 바로 알아서 하나님의 교회에 유익이 되게 사용하고 감사하면 하나님께서 더욱 많은 은사를 주실 것입니다. 하나님께서 주신 것이라도 쓰지 않고 그대로 놔두면 은사의 능력이 나타나지 않습니다. 그러므로 주어진 은사를 바로 찾아내어서 하나님께 감사하고 유익되게 사용하여야 합니다.

그러면 하나님께서 성령의 은사를 주시는 목적은 무엇일까요?

첫째로, 이 땅 위에서 예수 그리스도의 역사를 나타내시기 위함입니다. 예수님께서는 성령의 은사를 통하여 시공간의 제약을 넘어 수많은 사람들에게 2천 년 전에 행하셨던 기적을 행하실 수 있습니다(요 14:12; 14:16).

둘째로, 복음 진파를 위해시입니다(막 16:15, 행 1:8).

셋째로, 예수 그리스도의 몸 된 교회에 덕을 세우기 위해서입니다(14:26).

넷째로, 교회를 완전하게 하기 위해서입니다(엡 4:11-16). 은사는 봉사를 위한 동력이 되기 때문입니다(벧전 4:10).

다섯째로, 성도들로 하여금 승리의 신앙생활을 하도록 하기 위해서입니다(엡 6:10-11). 성도들이 성령의 은사를 받음으로 마귀와의 싸움에서 승리할 수 있고 신앙이 견고하게 됩니다(롬 1:11). 더 나아가 성령의 은사는 성도들에게 위로함을 줍니다(행 9:31).

3. 한 몸 된 침례(12:12-13)

12. 몸은 하나인데 많은 지체가 있고 몸의 지체가 많으나 한 몸임과 같이 그리스도도 그러하니라 13. 우리가 유대인이나 헬라인이나 종이나 자유인이나 다 한 성령으로 침례를 받아 한 몸이 되었고 또 다 한 성령을 마시게 하셨느니라

12절 몸은 하나인데 많은 지체가 있고 몸의 지체가 많으나 한 몸임과 같이 그리스도도 그러하니라

우리의 몸은 하나이나 많은 지체가 있는 것 같이 예수 그리스도도 한 분이시지만 수없이 많은 지체들이 있습니다. 사도 바울은 몸의 개념을 사용하여 그리스도를 중심으로 교회가 하나 되는 신비를 밝히고 있습니다. 바울은 그리스도와 교회와의 관계를 몸의 지체에 비유하여 그리스도와 교회의 일치성을 강조했던 것입니다.

예수님은 우리의 머리가 되시고 우리는 예수님의 지체가 됩니다. 비록 교파가 다르고 지역이 다르더라도 예수님을 믿는 성도들과 교회는 성령

으로 말미암아 그리스도의 지체가 되는 것입니다. 그렇기 때문에 교회를 박해하던 사울에게 예수님이 나타나셔서 "사울아 사울아 네가 어찌하여 나를 박해하느냐"(행 9:4)라고 말씀하셨던 것입니다. 사울은 예수님을 직접 본 적도 없고 예수님을 직접 박해하지도 않았습니다. 그런데도 예수님께서 그렇게 말씀하신 이유는 성도 한 사람 한 사람이 그리스도께 붙어 있는 지체가 되기 때문입니다. 이와 같이 그리스도와 성도와의 관계는 하나의 종교적, 철학적, 윤리적, 도덕적 관계 이상입니다. 그리스도와 성도는 생명의 일체인 것입니다.

13절 **우리가 유대인이나 헬라인이나 종이나 자유인이나 다 한 성령으로 침례를 받아 한 몸이 되었고 또 다 한 성령을 마시게 하셨느니라**

이 말씀은 그리스도의 교회가 어떻게 해서 하나가 되는 것인가를 말해주고 있습니다. 그리스도를 머리로 하여 모든 지체가 하나 되는 것은 한 성령으로 침례를 받았기 때문이며 주 안에서 다 한 성령을 마시게 되었다는 것입니다. 여기에는 유대인이나 헬라인과 같은 인종상의 구별이나, 종이나 자유자와 같은 신분상의 구별이 없습니다. 침례에는 세 가지의 종류, 즉 중생의 침례, 물 침례, 권능의 침례가 있습니다.

'중생의 침례' 는 모든 그리스도인이 다 받습니다. 성령이 우리를 붙잡아서 예수님께 접붙여서 그리스도의 지체가 되게 하는 것입니다. 성경은 "누구든지 그리스도의 영이 없으면 그리스도의 사람이 아니라"(롬 8:9)고 했습니다. 또 "성령으로 아니하고는 누구든지 예수를 주시라 할 수 없느니라"(3절)고 했습니다. 그러므로 예수님을 구주로 모신 사람에게는 언제나 누구에게나 성령님이 와 계십니다. 그리스도의 영인 성령을 마시면서 사는 것입니다. 기도할 때 마시고, 찬송하면서 마시고, 전도하면서 마십니다. 따라서 우리의 생활 전체가 성령의 은혜 속에서 살게 됩니다. 성령을 마시고 사니 항상 마음속에 성령의 감화 감동이 있습니다. 믿음과 소망과 사랑이 솟아오르며 기도가 감사와 찬송이 흘러나옵니다. 저절로 예수님의 향기를 발하게 되는 것입니다.

두 번째 '물 침례' 는 주의 종을 통해서 받습니다. 주의 종이 성도를 물속에 잠기게 한 다음에 성부와 성자와 성령의 이름으로 침례를 베풉니다. 물 침례는 물속에 들어갈 때 예수님과 함께 죽고, 물속에서 나올 때 예수님과 함께 부활한 것을 하나님과 세상과 마귀 앞에 공포하는 것입니다.

그다음 '권능의 침례' 는 예수님이 베푸시는 침례를 말합니다. 일명 '성령 침례' 라고 합니다. 이 침례는 예수님께서 사용하실 사람에게 베풀어 주십니다. 이 침례를 받으면 하나님의 권능이 뒤따르게 되어서 그 사람을 통하여 하나님의 기적이 나타납니다. 하나님의 일을 하는 사람은 이 권능의 침례를 예수님으로부터 반드시 받아야 합니다.

4. 몸의 지체로 비유된 교회(12 :14-26)

14. 몸은 한 지체뿐만 아니요 여럿이니 15. 만일 발이 이르되 나는 손

이 아니니 몸에 붙지 아니하였다 할지라도 이로써 몸에 붙지 아니한 것이 아니요 16. 또 귀가 이르되 나는 눈이 아니니 몸에 붙지 아니하였다 할지라도 이로써 몸에 붙지 아니한 것이 아니니 17. 만일 온몸이 눈이면 듣는 곳은 어디며 온몸이 듣는 곳이면 냄새 맡는 곳은 어디냐 18. 그러나 이제 하나님이 그 원하시는 대로 지체를 각각 몸에 두셨으니 19. 만일 다 한 지체뿐이면 몸은 어디냐 20. 이제 지체는 많으나 몸은 하나라 21. 눈이 손더러 내가 너를 쓸 데가 없다 하거나 또한 머리가 발더러 내가 너를 쓸 데가 없다 하지 못하리라 22. 그뿐 아니라 더 약하게 보이는 몸의 지체가 도리어 요긴하고 23. 우리가 몸의 덜 귀히 여기는 그것들을 더욱 귀한 것들로 입혀 주며 우리의 아름답지 못한 지체는 더욱 아름다운 것을 얻느니라 그런즉 24. 우리의 아름다운 지체는 그럴 필요가 없느니라 오직 하나님이 몸을 고르게 하여 부족한 지체에게 귀중함을 더하사 25. 몸 가운데서 분쟁이 없고 오직 여러 지체가 서로 같이 돌보게 하셨느니라 26. 만일 한 지체가 고통을 받으면 모든 지체가 함께 고통을 받고 한 지체가 영광을 얻으면 모든 지체가 함께 즐거워하느니라

14절 몸은 한 지체뿐만 아니요 여럿이니

우리의 몸에는 많은 지체가 있습니다. 사도 바울은 몸의 비유라는 평이한 예로써 교회의 신비를 말하고 있습니다. 그리스도는 우리의 몸이고 우리는 그 몸의 지체들입니다. 그러므로 교회에서 예배만 드리면 된다고 생각한다면 큰 잘못입니다. 몸에 붙은 지체치고 필요하지 않은 것이 없습니다. 우리 중에 어떤 사람은 팔의 직분을, 어떤 사람은 눈의 직분을, 어떤 사람은 발의 직분을 맡고 있습니다. 모든 성도가 하나도 예외 없이 예수님께로부터 각 지체로서 직분을 받았습니다. 그러므로 우리는

지체로서의 의무를 다해야 합니다. 우리가 감당해야 할 의무에는 예배의 의무도 있고 십일조의 의무도 있으며 전도의 의무도 있습니다. 또 교회에서의 봉사의 의무도 있습니다. 더 나아가 장로, 집사, 권사, 구역장 등의 직분을 맡았다면 자기에게 주어진 직분에 대하여 열심히 충성을 다할 때 그리스도의 몸 된 교회가 세워지고 하나님의 칭찬과 영광을 받게 될 것입니다.

15-16절 만일 발이 이르되 나는 손이 아니니 몸에 붙지 아니하였다 할지라도 이로써 몸에 붙지 아니한 것이 아니요 또 귀가 이르되 나는 눈이 아니니 몸에 붙지 아니하였다 할지라도 이로써 몸에 붙지 아니한 것이 아니니

발은 발대로, 손은 손대로 각기 맡은 직분이 있습니다. 어떤 사람은 발을 손보다 못한 것으로 여길지 모르지만 발은 몸을 지탱하는 수고를 하고 있고 몸에 붙어 있습니다. 그러므로 몸의 입장에서 볼 때 손 못지않게 발도 반드시 필요한 것입니다. 또 어떤 사람은 귀가 눈보다 덜 유용하다고 생각할지도 모릅니다. 그러나 귀도 몸에 속하여 있습니다. 이처럼 사람들이 덜 소중하게 여기는 직분이나 은사를 받았다고 해서 그리스도에게 속하지 않은 것이 아닙니다. 어떤 직분이나 은사를 받았든지 간에 그리스도의 몸에 있어서는 다 소중합니다.

고린도 교회 교인들 중에는 자신이 맡은 직분이나 성령의 은사에 대한 열등감 때문에 교회에 나오는 것을 꺼려하거나 교회를 떠나가는 사람이 있었습니다. 사도 바울은 이런 사람들에게 발과 귀도 손이나 눈과 같이 한 몸에 속하여 있기 때문에 중요하다고 말하고 있습니다. 우리는 그리

스도의 지체인 까닭에 모두 중요하므로 열등의식을 느낄 필요도 없고 자랑할 필요도 없다는 것입니다.

17절 만일 온몸이 눈이면 듣는 곳은 어디며 온몸이 듣는 곳이면 냄새 맡는 곳은 어디냐

눈이 중요하다고 해서 모든 지체가 눈이 되면 듣는 기능을 하는 지체가 없어집니다. 또 온몸의 지체가 듣는 일만 한다면 냄새 맡는 기능은 어떠한 것으로도 할 수 없습니다. 몸의 각 지체는 그 나름대로 모두 다 필요한 것입니다.

18절 그러나 이제 하나님이 그 원하시는 대로 지체를 각각 몸에 두셨으니

몸의 각 지체의 기능을 정하고 위치를 정하시는 분은 하나님이십니다. 하나님께서 그 원하시는 대로, 기뻐하시는 대로 각 지체를 필요한 곳에 두셨습니다. 이러한 하나님의 절대 주권을 어느 누구도 침해할 수 없습니다. 그리스도의 몸 된 교회에 대하여도 하나님께서는 원하시는 대로 위치와 직분을 정해 주십니다. 또 원하시는 대로 은사를 주십니다 (11절). 그렇기 때문에 자신의 위치나 직분이나 은사에 대하여 불만을 품거나 남의 것을 부러워해서는 안 됩니다. 만약에 불평하거나 시기한다면 그것은 곧 하나님께 불평한 것이 되고 하나님의 뜻을 무시한 것이 됩니다.

19-20절 만일 다 한 지체뿐이면 몸은 어디냐 이제 지체는 많으나 몸

은 하나라

사도 바울은 몸에 있어서 각 지체의 다양성을 인정하는 것이 중요하다고 말하였습니다. 만일 사람의 몸에 한 가지 지체뿐이고 다른 지체가 없다면 얼마나 이상하겠습니까? 한 지체만으로는 몸이 구성될 수가 없습니다. 몸에는 여러 지체가 있어야 하며 서로 기능의 구별이 있어야 합니다.

각 지체는 각각 제 기능을 행하면서 서로 몸 전체를 위하여 존재해야 합니다. 교회 내에서도 다른 직분과 은사를 가진 성도들이 모여서 그리스도의 몸인 교회 전체를 위하여 협력해야 하는 것입니다.

21절 눈이 손더러 내가 너를 쓸 데가 없다 하거나 또한 머리가 발더러 내가 너를 쓸 데가 없다 하지 못하리라

눈이나 머리가 손이나 발을 자기보다 못하다고 생각하여 "너는 쓸 데가 없구나."라고 말할 수 없다는 것입니다. 15절과 20절은 사도 바울이 자신의 위치와 직분에 대하여 열등의식을 느낀 성도들을 위하여 말했지만, 여기서는 자칭 강한 지체라고 여기는 성도에 대해서 경고하고 있습니다. 강하다고 해서 약한 것을 무시해서는 결코 안 된다는 것입니다.

22절 그뿐 아니라 더 약하게 보이는 몸의 지체가 도리어 요긴하고

우리의 몸에서 약하게 보이는 것이 도리어 중요한 역할을 하기 때문에 매우 필요하다는 것입니다. 예를 들어 비행기가 하늘을 나는 데는 수십만 개의 부품이 필요한데, 그중 하나만 빠져도 비행기가 추락할 수 있습니다. 또한 우리 몸의 오장육부 중 하나라도 고장이 나면 우리는 병들지 않습니까? 하찮게 보이는 새끼발가락 하나만 없어도 몸이 자꾸 기울어

져 제대로 서지도, 걷지도 못할 것입니다.

이와 같이 어떤 지위에서 뛰어난 사람이나 특별한 은사를 받았다고 하는 사람들이 보잘것없다고 다른 사람을 무시해서는 안 됩니다. 왜냐하면 어떤 면에서는 보잘것없는 사람들이 더 필요하고 중요할 수가 있기 때문입니다. 이와 같은 사실은 교회에서 약하게 보이는 성도들이 오히려 중요한 역할을 할 때가 많은 것으로 증명할 수가 있습니다. 하나님께서 우리에게 주신 직분과 은사는 어느 하나 귀하지 않은 것이 없습니다. 그러므로 하나님이 주신 직분을 절대로 무시하거나 짓밟아서는 안 됩니다. 직분은 모두 하나님 보시기에 아름다운 것입니다. 직분이 보잘것없어 보인다고 하여 무시해 버리면 그리스도의 몸 된 교회는 균형을 잃게 됩니다.

23-24절 우리가 몸의 덜 귀히 여기는 그것들을 더욱 귀한 것들로 입혀 주며 우리의 아름답지 못한 지체는 더욱 아름다운 것을 얻느니라 그런즉 우리의 아름다운 지체는 그럴 필요가 없느니라 오직 하나님이 몸을 고르게 하여 부족한 지체에게 귀중함을 더하사

우리는 자신의 몸에 스스로 주의를 기울여, 가릴 필요가 있는 것은 가리고 가릴 필요가 없는 것은 가리지 않습니다. 몸의 아름다운 부분은 가리지 않고 그대로 노출시킵니다. 그러나 흉한 부분이나 노출하기 곤란한 부분은 의복으로 아름답게 가려 줍니다. 어떤 때는 덜 귀히 여기는 지체가 오히려 잘 보관되고 보호될 수가 있습니다. 이와 같이 하나님께서도 그리스도의 몸 전체를 고르게 하시기 위하여 오히려 부족한 지체에게

존귀를 더해 주십니다.

그리스도의 몸을 고르게 하는 분은 하나님이십니다. 그렇기 때문에 하나님은 어느 지체에 대하여도 무관심하실 수가 없으며 부족한 지체는 존귀하게 하여 지체 상호 간에 서로 의지하고 조화되게 하십니다. 이것은 마치 약한 자식에게 부모의 관심이 더 가는 것과 같습니다. 교회에서 덜 귀히 여김을 받는 성도에게 하나님의 위로와 격려가 더 임하곤 합니다. 그러므로 하나님께서 주신 직분을 무시하지 말고 오직 맡은바 일에 열심히 충성해야 할 것입니다.

25절 몸 가운데서 분쟁이 없고 오직 여러 지체가 서로 같이 돌보게 하셨느니라

본 절은 하나님께서 부족한 지체에게 존귀를 더하사 서로 조화를 이루게 하시려는 목적이 있음을 밝히고 있습니다. 즉, 소극적인 면에서는 지체끼리 서로 분쟁이 없게 하시기 위함이고, 적극적인 면에서는 서로 조화있게 협력하여 돌아보도록 하시기 위함입니다. 그러므로 하나님의 교회 내에서 서로 직분과 은사가 다를지라도 분쟁하지 말고 협조하라는 것입니다. 사도 바울이 이렇게 말한 이유는 고린도 교회 내에 분쟁과 다툼이 있었고 자신의 지위와 은사에 대하여 우월감을 가진 사람들이 많았기 때문입니다.

26절 만일 한 지체가 고통을 받으면 모든 지체가 함께 고통을 받고 한 지체가 영광을 얻으면 모든 지체가 함께 즐거워하느니라

사도 바울은 각 지체가 어떻게 서로 돌아보는가를 두 가지 면에서 설

명하고 있습니다. 첫째로, 한 지체가 고통을 받으면 모든 지체도 함께 고통을 받는다는 것입니다. 손가락에 가시가 박혀서 손가락이 쑤시면 전체의 몸이 다 편안하지 못합니다. 또 눈에 안질이 걸리면 온몸이 고통을 느끼게 되는 것과 같습니다.

둘째로, 한 지체가 영광을 얻으면 모든 지체도 함께 즐거워한다는 것입니다. 만일 우리가 달리기를 하여 우승을 하면 목에 메달을 걸게 됩니다. 그러면 두 발로 인하여 모든 지체가 영광을 얻게 되는 것입니다.

그리스도의 몸인 지체들도 이와 마찬가지이어야 합니다. 한 성도가 고통을 당하면 다른 성도들도 고통을 나누어야 하며, 한 성도가 영광을 얻으면 다른 성도들도 같이 영광을 나누어야 한다는 것입니다. 그러므로 성도들은 주 안에서 사랑의 띠로 하나가 되어야 합니다(골 3:14).

5. 하나님께서 교회에 세우신 직분(12:27-31)

27. **너희는 그리스도의 몸이요 지체의 각 부분이라** 28. **하나님이 교**
회 중에 몇을 세우셨으니 첫째는 사도요 둘째는 선지자요 셋째는 교
사요 그다음은 능력을 행하는 자요 그다음은 병 고치는 은사와 서로
돕는 것과 다스리는 것과 각종 방언을 말하는 것이라 29. **다 사도이**
겠느냐 다 선지자이겠느냐 다 교사이겠느냐 다 능력을 행하는 자이
겠느냐 30. **다 병 고치는 은사를 가진 자이겠느냐 다 방언을 말하는**

자이겠느냐 다 통역하는 자이겠느냐 31. 너희는 더욱 큰 은사를 사모하라 내가 또한 가장 좋은 길을 너희에게 보이리라

27절 너희는 그리스도의 몸이요 지체의 각 부분이라

앞에서 몸과 지체와의 관계를 설명한 사도 바울은 이제 그 관계를 직접 그리스도의 교회에 적용시키고 있습니다. 예수 그리스도를 믿는 성도들은 그리스도의 몸이며 또 그 몸을 구성하는 각 지체가 된다는 것입니다. 모든 그리스도인들은 교회의 지체이며 서로 협조와 의존 관계에 있습니다. 그러나 교회의 지체인 성도들이 서로 싸우고 시기하고 미워한다면 결국 몸인 교회에 해를 끼치는 것이 됩니다. 그것은 곧 그리스도를 욕되게 하는 것입니다.

28절 하나님이 교회 중에 몇을 세우셨으니 첫째는 사도요 둘째는 선지자요 셋째는 교사요 그다음은 능력을 행하는 자요 그다음은 병 고치는 은사와 서로 돕는 것과 다스리는 것과 각종 방언을 말하는 것이라

하나님께서는 예수 그리스도의 몸인 교회를 돌볼 수 있도록 하기 위해서 머슴들을 세우셨습니다. 바로 주의 종들을 비롯한 교회 직분자들입니다. 그러므로 교회의 주인은 예수 그리스도이시며 성도는 지체이고 주의 종은 성도들을 돌보는 하나님의 머슴입니다.

그 머슴 중에 첫째가 사도입니다. 사도는 하나님의 교회를 세울 능력과 계시를 받아 여기저기에 교회를 세우는 사명을 받은 사람을 말합니

다. 사도는 교회의 가장 중요한 기반을 놓는 주의 종들입니다. 사도는 어느 한 지역에 한정되지 않고 여러 지역을 관할합니다. 오늘날로 말하면 선교사에 해당하는 사람입니다.

둘째로, 하나님은 선지자를 세우셨습니다. 선지자는 성령의 인도하심으로 예언을 하고 성경을 해석하면서 하나님의 교회에 방향을 제시해 주는 일을 합니다. 구약 시대의 선지자는 미래에 일어날 일을 예언하고 병든 사회를 치료하는 데 앞장섰습니다. 그러나 오늘날의 선지자는 하나님의 성령의 능력을 받아서 하나님의 말씀을 풀어 성도들을 위로하고 격려하는 목회자에 해당됩니다.

셋째로, 하나님께서는 교사를 세우셨습니다. 교사의 사명은 가르치는 데 있습니다. 전문적으로 가르치는 일에 종사하는 사도, 선지자, 목사, 전도사 등이 교사에 해당되고, 구역장, 주일 학교 교사 등도 이에 해당됩니다.

하나님께서는 그다음으로 교회에 기적을 행하는 능력의 종을 세우셨습니다. 또 병 고치는 은사를 주셔서 병든 자를 위해서 기도하게 하시고 주의 사랑으로 돌보는 사람도 세우셨습니다. 그리고 교회의 헌금 문제, 교회의 행정 문제를 다스리는 직분을 가진 사람, 각 나라 방언을 말하는 사람도 교회 안에 세우셨습니다. 이와 같이 하나님께서는 성령의 은사를 허락하시고 직분을 주셔서 교회를 세우고 확장하며 성도를 보살피도록 주의 종들을 세우셨습니다. 그러므로 각양각색의 직분을 맡은 주의 종들은 맡겨진 사명에 절대적으로 충성해야 합니다.

오늘날 한국 교회의 문제는 목사나 장로들이 머슴 역할을 하지 않고 주인 역할을 하려고 하는 것입니다. 한국 교회의 부흥이 멈춘 것도 이 교권주의 때문이라고 생각합니다. 교회마다 목사와 장로가 패를 나누어 서로 세력 다툼을 하는 모양새는 교회를 세우는 것이 아니라 훼파하는 마귀에게서 비롯된 것입니다. 우리가 직분을 받은 것은 교회에서 섬김을 받기 위함이 아니라 오히려 교회를 섬기기 위해서입니다. 직분이 높을수록 성도들의 발을 씻기고 성도들을 섬겨야 합니다.

미국의 존 워너메이커는 '백화점 왕'으로 불릴 만큼 유명한 부자였습니다. 그러나 그는 항상 주일이 되면 자신의 시골 교회에 가서 주일 학교 일을 도왔습니다. 코흘리개 아이들의 신발장을 정리하고 청소하고 그들에게 성경 말씀을 가르치는 일을 했습니다. 그런데 미국 대통령이 그를 장관으로 임명하자, 그는 "주일은 주일 학교 봉사를 해야 하기 때문에 장관직을 못하겠습니다."는 이유를 대며 고사(固辭) 했습니다. 그러자 대통령은 주일에는 근무하지 않게 하겠다는 조건을 내걸어 그를 장관으로 발탁하였고 그는 장관이 되어서도 변함없이 주일 학교를 성실히 잘 섬겼다고 합니다.

이처럼 사람은 높아질수록 섬겨야 합니다. 우리가 장차 주님 앞에 설 것인데, 이 세상에서 자꾸 섬김을 받으려 하면 예수님 앞에서 큰 책망을 받을 것입니다.

29절 다 사도이겠느냐 다 선지자이겠느냐 다 교사이겠느냐 다 능력을 행하는 자이겠느냐

주님은 우리를 사도로, 선지자로, 교사로, 능력 행하는 자로 각각 세우셨습니다. 그렇기 때문에 다 사도일 수가 없으며 다 선지자가 될 수 없습니다. 또 다 교사가 될 수 없고 다 능력을 행하는 자가 될 수 없습니다. 하

나님께서 주신 직분은 각각 다른 것입니다.

30절 다 병 고치는 은사를 가진 자이겠느냐 다 방언을 말하는 자이겠느냐 다 통역하는 자이겠느냐

사도 바울은 계속하여 병 고치는 은사도, 방언의 은사도, 통역의 은사도 다 하나님께서 직분에 맞게 주셨다고 주장합니다. 28절의 말씀을 29절과 본 절에서 질문형으로 반복함으로써 성도들 각자가 받은 은사가 다르며 직분도 다르다는 것을 강조하는 것입니다. 그러므로 높은 지위나 많은 은사를 가지고 있다고 자랑하거나 다른 성도를 무시하면 안 됩니다. 오직 그리스도의 몸 된 교회의 지체로서 머슴 생활에 충실해야 합니다. 주님께서 주시는 직분과 은사는 받는 것도 중요하지만 주님께 얼마나 열매를 드리는가가 더욱 중요한 일입니다(요 15:16). 왜냐하면 주님께서는 하나님께서 주신 직분과 은사에 합당한 열매를 반드시 찾으시기 때문입니다(마 25:14-30).

31절 너희는 더욱 큰 은사를 사모하라 내가 또한 가장 좋은 길을 너희에게 보이리라

은사는 하나님의 선물이기 때문에 우리가 사모해야 됩니다. 선물받기를 원하지 않는 사람에게 선물을 줄 리가 만무합니다. 하나님께서는 교회에 여러 종류의 성령의 은사를 주셨습니다. 그리고 그 은사를 활용하여 하나님께 영광을 돌리도록 직분도 주셨습니다. 그러므로 우리는 더욱 충성하기 위하여 큰 은사들을 사모해야 합니다. 하나님은 사모하는 자에게 더 큰 은사들을 주실 것입니다.

사도 바울은 더욱 큰 은사를 사모하라고 권유하면서 '가장 좋은 길' 을 보여주겠다고 말하고 있습니다. 본 절은 본 장과 13장을 연결하는 교량적 역할을 하는 말씀입니다.

그러면 성경이 말하는 가장 좋은 길은 무엇일까요? 그것은 다음 장(13장)에서 말하는 '사랑' 입니다. 그런데 어떤 사람은 말하기를 자신은 하나님께로부터 위에서 말한 아홉 가지 은사는 받은 바 없지만 제일 좋은 '사랑의 은사' 는 가지고 있다고 합니다. 그러나 사랑은 은사가 아닙니다. 흔히 이 본문의 '더욱 큰 은사' 를 사랑의 은사라고 생각하는 사람들이 있는데 그렇지 않습니다. 이 구절의 '은사' 라는 단어는 헬라어 원어로는 복수형입니다. 즉, 더욱 큰 은사들을 사모하라는 것으로, 교회에 더욱 더 큰 유익을 끼칠 만한 은사들을 사모하라는 뜻입니다.

본문에서 말하는 의미는, 사랑이야말로 은사를 사용하기에 가장 좋은 길이요, 우리가 인생을 살아가는 데 가장 좋은 길이라는 것입니다. 은사는 능력이요, 사랑은 길입니다. 능력이 없어도 길이 있으면 갈 수 있지만, 능력이 있어도 길이 없으면 아예 갈 수가 없는 것입니다. 그러므로 우리는 은사를 사모하되 가장 좋은 길인 사랑을 통해서 사랑에 기초해서 이 은사를 사용해야 합니다. 이 사랑은 가장 좋은 길이자 성령의 열매이며(갈 5:22), 사랑으로 은사를 사용할 때 그 은사가 더욱 빛날 수 있기 때문입니다.

제 13 장

사랑의 모든 것

사랑의 중요성	13:1-3
사랑의 특성	13:4-7
사랑의 영원성	13:8-13

A COMMENTARY ON
THE FIRST EPISTLE TO
THE CORINTHIANS

사도 바울은 본 장에서 은사를 사용하는 '가장 좋은 길' 을 제시하고 있습니다. 그것은 '사랑' 이라는 것입니다.

바울은 참된 사랑의 발로에서 하지 않은 방언, 예언, 지식, 믿음, 구제 및 몸의 불사름이 모두 무익함을 여기에서 강조하고 있습니다. 이어서 바울은 참된 사랑의 특성을 구체적으로 15가지로 언급하고 있습니다. 이 사랑은 세상의 모든 것이 사라져도 항상 있을 것이며 믿음, 소망, 사랑 중에 제일 좋은 것이라고 하였습니다.

1. 사랑의 중요성(13:1-3)

1. 내가 사람의 방언과 천사의 말을 할지라도 사랑이 없으면 소리 나는 구리와 울리는 꽹과리가 되고 2. 내가 예언하는 능력이 있어 모든 비밀과 모든 지식을 알고 또 산을 옮길 만한 모든 믿음이 있을지라도 사랑이 없으면 내가 아무것도 아니요 3. 내가 내게 있는 모든 것으로 구제하고 또 내 몸을 불사르게 내줄지라도 사랑이 없으면 내게 아무 유익이 없느니라

1절 내가 사람의 방언과 천사의 말을 할지라도 사랑이 없으면 소리 나는 구리와 울리는 꽹과리가 되고

본 절은 '사랑'과 '방언'을 비교해서 말하고 있습니다.

'사람의 방언'이란 이 세상 여러 나라에서 사용되는 언어, 즉 한국어, 영어, 프랑스어, 중국어, 독일어 등을 말합니다. 사도행전 2장을 보면 온

천하에 흩어졌던 유대인들이 오순절에 예루살렘으로 예배드리러 왔다가 마가의 다락방에 모인 예수님의 제자들이 자기들의 나라 말을 하는 것을 보고 놀라는 장면이 나오는데 이것이 사람의 방언입니다. 즉, 사람의 방언은 사람들이 알아들을 수 있는 방언을 가리킵니다. 이에 비해 '천사의 말' 은 사람들이 성령으로 말미암아 하나님께 비밀로 말하는 하늘나라의 언어, 즉 천국 방언을 가리킵니다. 대개 우리가 성령을 받으면 사람이 알아듣지 못하는 방언을 하는데, 천사의 말이란 이러한 방언을 말합니다.

그러나 사도 바울은 이와 같이 사람이 알아들을 수 있는 땅의 말과 알아들을 수 없는 하늘나라의 말을 유창하게 할 수 있는 은사를 가졌다 할지라도 사랑이 없으면 소리 나는 구리와 울리는 꽹과리가 될 뿐이라고 말했습니다. 여기서 사도 바울이 말하고자 한 바는, 하나님의 은사가 소리 나는 구리와 울리는 꽹과리처럼 된다는 것이 아닙니다. 바로 '내' 가 그렇게 된다는 것입니다. 다시 말하면 아무리 열심히 사람의 방언을 하고 성령으로부터 천사의 말을 유창하게 하는 은사를 받았다 하더라도 내게 사랑이 없으면 아무 쓸모가 없다는 것입니다. 만약 '나는 성령 받았다. 나는 너보다 더 신령하다. 나는 너보다 더 은사가 많다.' 는 식의 교만한 생각으로 다른 사람 보란 듯이 방언을 말한다면, 이러한 방언은 소리 나는 구리와 꽹과리가 울리는 소리와 같습니다. 그렇기 때문에 사람의 방언을 하고 천사의 말을 하는 것 위에 반드시 사랑을 더해야 합니다. 그럴 때 사랑이 이러한 은사들을 안고서 향기를 발하게 되며 남을 섬기게 되고 교회에 덕을 끼치며 융화를 가져오게 되는 것입니다.

2절 내가 예언하는 능력이 있어 모든 비밀과 모든 지식을 알고 또 산을 옮길 만한 모든 믿음이 있을지라도 사랑이 없으면 내가 아무것도 아니요

사도 바울은 방언에 이어서 예언, 지식, 믿음도 사랑이 없이 행할 경우에는 아무것도 아닌 것이 된다고 하면서 사랑의 중요성을 더욱 강조하고 있습니다.

예언이란 인간적인 마음으로는 도저히 깨달아 알 수 없는 비밀을 하나님께서 깨닫게 해 주시는 것을 말합니다. 하나님께서는 예언하는 능력을 주셔서 현재, 혹은 장래의 모든 비밀을 알고 모든 지식을 알게 하십니다. 예를 들면 다니엘이나 요한에게 예언하는 능을 주셔서 장차 일어날 일을 깨닫게 해 주시고 예언하게 하신 사실을 들 수 있습니다. 하나님의 비밀과 하나님의 지식은 우리 인간의 힘으로는 알 수가 없습니다. 하나님의 비밀과 지식은 성령에 의한 예언의 능(能)을 통하여 하나님이 보여주십니다. 그러니 하나님의 성령으로 말미암아 현재와 미래의 역사(歷史)의 비밀을 안다면 얼마나 좋겠습니까?

또한 하나님께서는 때로 산을 옮길 만한 믿음의 은사를 주십니다. 하나님께서 이러한 믿음을 주시면 산 같은 문제도 해결될 수 있습니다. 이 얼마나 굉장한 선물입니까? 그런데 여기서 주의해야 할 조건은 사랑이 있어야 한다는 것입니다. 예언할 때에도 사랑으로 해야 하고 믿음의 역사(役事)를 행할 때에도 사랑으로 해야 합니다. 우리가 성령의 은사를 사랑으로 사용하지 않으면 그 은사가 오래가지도 못할뿐더러 그 은사를 받은 사람이 아무것도 아닌 것이 되어 버립니다.

그러므로 은사를 받은 사람은 사랑으로써 그 은사를 사용할 수 있게

해 달라고 주님께 많이 기도해야 합니다. 절대로 교만과 오만에 빠져 사람을 무시하면 안 됩니다. 성령의 은사는 자랑하라고 주신 것이 아니라, 고통에 처한 사람을 건져 주라고 주신 것입니다. 예언도 사람을 고통에서 건져 주기 위해서, 믿음도 사람들을 고통에서 건져 주기 위해서 주신 것입니다. 그러므로 이러한 은사들은 사랑에 기초해서 사용되지 않는다면 아무 열매도 맺을 수 없게 됩니다.

3절 내가 내게 있는 모든 것으로 구제하고 또 내 몸을 불사르게 내줄지라도 사랑이 없으면 내게 아무 유익이 없느니라

사도 바울은 이제 구제하는 일과 자신의 몸까지 희생하는 경우를 들어 사랑의 중요성을 계속 강조하고 있습니다. 자신의 모든 것을 내주어서 구제하는데 어째서 그것이 사랑이 되지 않을까요? 자신의 몸을 불사르게 내주는데 어째서 그것이 사랑이 되지 않을까요? 그것은 마음의 중심에서 참되고 진실한 사랑이 우러나와서 하는 것이 아니라, 단지 자신의 욕심을 위해서, 자신을 나타내기 위해서 하기 때문입니다.

'아가페' 는 대가를 구하지 않고 무조건적으로 주는 사랑을 말합니다. 대가를 바라고 하는 사랑은 아무 유익이 없습니다. 왜냐하면 그런 행위는 사람들로부터 상급을 다 받았으므로 하나님께로부터 받을 상급이 남아 있지 않기 때문입니다. 은사 자체는 무익한 것이 아닙니다. 그러나 은사를 순수한 사랑으로 선용(善用)하지 않으면 자신에게 아무런 이익도 없고 가치도 없고 유익도 없는 것입니다.

우리 교회는 예전부터 북한 동포 돕기나 심장병 어린이 무료 수술, NGO 등의 구제 및 봉사 사업을 순수한 사랑의 실천 차원에서 조용히 진행해 왔습니다. 그런데 주변에서 대형 교회가 사회에 무슨 기여를 하느냐고 자꾸 공격해 오기 때문에 요즘에 와서는 공개를 하고 있습니다. 하지만 본래 이러한 구제와 선행은 사랑으로 은밀히 해야 하는 것입니다.

2. 사랑의 특성(13:4-7)

4. 사랑은 오래 참고 사랑은 온유하며 시기하지 아니하며 사랑은 자랑하지 아니하며 교만하지 아니하며 5. 무례히 행하지 아니하며 자기의 유익을 구하지 아니하며 성내지 아니하며 악한 것을 생각하지 아니하며 6. 불의를 기뻐하지 아니하며 진리와 함께 기뻐하고 7. 모든 것을 참으며 모든 것을 믿으며 모든 것을 바라며 모든 것을 견디느니라

4절 사랑은 오래 참고 사랑은 온유하며 시기하지 아니하며 사랑은 자랑하지 아니하며 교만하지 아니하며

사랑은 오래 참는 것입니다. 여기서 오래 참는다는 것은 쉽게 화를 내지 않음을 말합니다. 이 오래 참음은 하나님의 성품 중의 하나입니다(롬 2:4). 하나님은 인간들이 회개하고 돌아오기를 오래 참고 기다리십니다. 하나님의 마음을 괴롭게 한 인간일지라도 진노하시기 전에 또 참는 하나

님이십니다.

요즘 젊은 부부들은 오래 참지 못하기에 이혼을 많이 합니다. 이들은 이성 간의 '에로스' 적인 감정적 사랑에 가치를 두고 이 감정이 식으면 사랑이 식은 줄 알고 헤어집니다. 그러나 진짜 사랑은 잠시 파르르 끓다가 금방 식는 '쟁개비 사랑' 이 아니라 빨리 뜨거워지지도 않고 빨리 식지도 않는 '가마솥 사랑' 입니다.

사랑은 온유합니다. 온유는 따뜻하고 부드러운 것을 말합니다. 우리 어머니들의 성품이 이와 같아서, 예로부터 '엄친자모' (嚴親慈母)라 하여 아버지는 엄하시지만 어머니는 항상 따뜻하고 부드러웠습니다. 사랑은 이렇게 어머니처럼 온유한 것입니다. 한편 온유는 길들임을 잘 받았다는 뜻입니다. 우리의 마음과 행동이 하나님의 명령과 뜻에 잘 길들여질 때 우리는 온유한 자가 되는 것입니다.

사랑은 시기하지 않습니다. 시기하지 않는 것은 남이 자기보다 잘되어도 시샘하지 않는 것을 말합니다. 우리 속담에 "사촌이 땅을 사면 배가 아프다" 는 말이 있듯이, 사람들은 대체로 남이 잘되는 것을 싫어합니다. 그런데 신앙의 덕이 점점 자라서 세상에 대한 욕심이 차차 없어지면 시기의 정도도 약해집니다. 주 안에서 참된 행복을 발견하고 참된 성공의 자부심을 얻게 되면 이 세상에 있는 부귀영화와 공명에 미련을 갖지 않게 됩니다. 그렇게 되면 남이 잘되는 데 대하여 시기심이 없어지고 남이 잘될 때 진심으로 박수를 칠 수 있게 되는 것입니다. 우리가 이미 천국을 소유한 자이며 이 세상에서는 잠시 나그네로 살고 있다는 것을 깨달으면 시기가 나지 않는 것입니다.

사랑은 자랑하지 않습니다. 사랑은 남이 잘되는 것을 싫어하지 않는 반면에 자신의 것에 대하여 자랑하지도 않습니다. 자랑을 잘못하면 다른 사람들에게 열등감과 좌절감 같은 깊은 상처를 입히게 되고 시기를 일으키게 됩니다. 아무리 일을 잘했다 할지라도 자랑 한 마디에 모든 공로가 사라질 때가 너무나 많습니다. 자랑은 하나님께서 해 주시고 남이 해 주어야 할 것입니다. 하나님께서는 다윗을 '내 마음에 맞는 사람' 이라고 칭찬하셨고(행 13:22), 욥을 사탄 앞에서 자랑하셨습니다(욥 1:8).

사랑은 교만하지 않습니다. 성경은 "사람의 마음의 교만은 멸망의 선봉이요"(잠 18:12)라고 말씀합니다. 사랑은 진실한 겸손에서 우러나오는 것이지, 결코 자신을 나타내거나 높아지려는 교만에서 나오는 것이 아닙니다. 자신이 이만하면 되었다고 생각할 때 교만이 싹틉니다. 한 국가도, 한 교회도, 한 개인도 마찬가지입니다. 교만이 싹트면 멸망의 길에 들어서게 됩니다. 그러므로 항상 자신의 부족함을 알고 겸손해야 합니다. 이것이 바로 사랑인 것입니다.

5절 무례히 행하지 아니하며 자기의 유익을 구하지 아니하며 성내지 아니하며 악한 것을 생각하지 아니하며

사랑은 올바른 예의를 나타냅니다. 결코 무례하게 행하지 않습니다. 자기보다 높은 사람에게 예의 없이 굴거나 낮은 사람을 무시하는 태도는 사랑이 아닙니다. 우리는 그리스도인으로서 불신자들뿐만 아니라 성도들에게도 예의를 지켜야 하며 하나님께도 경외심을 보여야 합니다. 사람에 대한 예의를 지킬 줄 모르는 자는 하나님을 올바로 섬기고 있다고 할 수 없습니다. 성경은 "보는바 그 형제를 사랑하지 아니하는 자는 보지 못하는바 하나님을 사랑할 수 없느니라"(요일 4:20)고 말씀하고 있습니

다. 우리가 눈에 보이는 형제를 사랑하지 못하면서 눈에 보이지 않는 하나님을 사랑한다고 떳떳하게 말할 수 없는 것입니다. 사랑은 예의로부터 시작됩니다. 예의가 없는 곳에는 결코 사랑이 이루어질 수 없습니다.

사랑은 자신의 유익만을 구하지 않습니다. 오히려 당연히 누릴 수 있는 권리도 남을 위하여 포기합니다. 남에게 받기보다는 주려고 합니다. 자아가 없기 때문에 자기의 유익을 구하지 않는 것이 아닙니다. 사랑의 마음이 있기 때문입니다. 사랑의 마음은 주는 마음이고 희생의 마음입니다. 성경은 "주는 것이 받는 것보다 복이 있다"(행 20:35)라고 말씀합니다. 주는 마음이 있을 때 자기중심적으로 유익을 구하지 않게 됩니다.

그런데 하나님은 "네 이웃을 네 자신과 같이 사랑하라"(막 12:31)고 하셨습니다. 남을 사랑하되 자신과 같이 사랑하라는 것입니다. 그러므로 남을 사랑하려면 먼저 자신을 사랑해야 합니다. 자신을 사랑하지 못하는 사람이 남을 사랑할 수 없습니다. 이와 같이 자기 자신을 사랑하는 것을 자기애(自己愛)라고 합니다. 이것은 모든 것을 자기중심으로 생각하고 행동하는 자기중심적인 생활과는 다릅니다. 자신을 사랑하는 마음이 승화될 때 남을 사랑하게 됩니다. 그러므로 사랑의 순서는 첫째로 하나님께 대한 사랑, 둘째로 내 자신에 대한 사랑 그리고 이웃에 대한 사랑이라고 하겠습니다.

한번은 어떤 청년이 나를 찾아와 현재 사귀고 있는 아가씨와 결혼해야 할지 여부를 물어보았습니다. 그 청년의 말에 의하면 지금 만나는 아가씨는 쳐다보면 황홀할 정도로 얼굴이 예쁘지만, 데이트할 때마다 차로 데리러 오라, 또 데려다 달라, 자기를 공주처럼 대접하라는 등 모든 것을 자기중심으로 한다는 것이었습니다. 나는 그 청년에게 결혼을 해라 또는 하지 마라는 식의 대답은 하지 않았습니다. 다만 사랑은 자기의 유익을 구하지 않는 것인데 그렇게 자신이 원하는 것만 다 해 달라고 요구하는 것을 보니 그 아가씨의 사랑은 진실한 사랑이 아닌 것 같다고 말해 주었습니다.

사랑은 이유 없이 성내지 않습니다. 인간은 남에게서 해를 받거나 마음대로 되지 않을 때 분노합니다. 그러나 우리가 분노하면 하나님의 사랑 속에 거할 수가 없으며 우리의 영적 성장에 막대한 방해를 받게 됩니다. 사랑은 인간의 마음을 가장 긍정적으로 만들지만 성내는 것은 마음을 가장 부정적으로 만듭니다. 성내는 것과 미워하는 것은 인간의 심령을 파괴하는 마귀의 2대 무기입니다. 그러므로 성내려는 감정이 생기면 성내기 전에 시간적인 여유를 갖는 것이 좋습니다. 다음 날 그 일을 다시 생각해 본다거나 일주일쯤 지나서 분이 다 가라앉은 후에 그 일을 다시 생각해 본다면 성낸 것이 오히려 부끄러울 때가 많을 것입니다.

나는 대조동에서 개척을 할 때 이상하게 주일 아침마다 최자실 목사님과 다투게 되었습니다. 그런데 그런 상태로 강단에 서면 성령의 생수 대신 인간의 핫김만 나옵니다. 나는 고함만 꽥꽥 지르고 성도들은 잠만 자는, 은혜는 없는 고통스럽기만 한 예배가 되었습니다. 이런 일이 반복되자 '나는 주의 종의 자격이 없다'는 자괴감이 들어 주의 일을 그만두어야겠다고 생각했습니다. 그러던 어느 날 하나님께서 기도 가운데 "예수의 보혈로 무장하라. 매일 예수의 보혈로 무장하라."고 말씀하셨습니다. 그래서 나는 매일 아침 일어나자마자 "예수님의 보혈로 저를 덮어 주시옵소서. 예수님의 보혈로 저를 무장시켜 주시옵소서."라고 기도하기 시작했습니다. 그런데 정말 그 뒤로 싸움이 없어지기 시작했고 나는 어떤 말에도 상처를 입지 않게 되어 강단에 설 때 성령의 생수가 강같이 흘러나오는 것을 체험하게 되었습니다. 우리의 내면이나 인간관계의 쓴물을 달게 만드는 것은 오직 예수님의 보혈뿐입니다. 그러므로 우리는 날마다 보혈을 의지하여 할 수 있는 한 성내지 않도록 해야 합니다.

사랑은 악한 것을 헤아려 생각하지 않습니다. 사랑의 마음을 갖고 있는 사람은 다른 사람의 드러난 결점을 감싸 주며 숨겨져 있는 약점을 들추어내지 않습니다. 사랑한다면 결코 악한 것을 생각할 수 없는 것입니다. 사랑하는 이웃이 어려운 일을 당해서 잘못되기를 바라는 사람은 없습니다. 사랑의 마음은 남이 잘못되는 것을 생각하지 않으며 남이 잘되기를 바라는 마음입니다.

한편 마귀는 우리의 생각을 통해 악한 것을 집어넣습니다. 그러므로 우리는 떠오르는 생각을 항상 하나님의 말씀으로 검증하여 말씀과 어긋나는 생각은 쫓아내어야 합니다.

6절 불의를 기뻐하지 아니하며 진리와 함께 기뻐하고

사랑은 불의를 기뻐하지 않습니다. 하나님은 의로우신 분이시기 때문에 불의와 함께하실 수 없습니다. 불의는 마귀에게 속하여 있습니다. 그러므로 하나님의 사랑을 받은 사람은 불의를 기뻐하지 않습니다. 사랑이 있는 사람은 불의하면서 부를 축적하거나 권력을 획득하지 않습니다. 자기 혼자만의 유익을 위하여 다른 사람에게 상처를 주면서까지 불의를 행하는 것은 사랑이 아닙니다.

사랑은 소극적으로 불의를 기뻐하지 않고 멀리할 뿐 아니라 적극적으로 진리와 함께 기뻐합니다. 여기서 진리는 예수 그리스도를 가리킵니다

(요 14:6). 더 나아가 말씀, 곧 복음 진리를 말합니다(골 1:5). 그러므로 하나님의 사랑을 받은 사람은 주 예수 그리스도와 함께 기뻐하며 복음 진리의 역사를 기뻐합니다. 사랑이 있는 사람은 사람들이 복음을 듣고 영접하는 것을 기뻐하기 때문에 복음을 전하고 권면하는 생활을 합니다. 나 역시 세월이 지나갈수록 예수님이 너무 좋습니다. 예수님은 진리이시기에 그 예수님을 따라가면 구원의 길, 생명의 길이 보이기 때문입니다.

7절 모든 것을 참으며 모든 것을 믿으며 모든 것을 바라며 모든 것을 견디느니라

하나님을 믿는 사람은 모든 것을 참을 수가 있습니다. 여기서 '참는다' 라는 말은 '덮는다' 라는 의미가 있습니다. 성경은 "사랑은 허다한 죄를 덮느니라"(벧전 4:8)고 말씀합니다. 사랑은 남의 허물과 남의 약점을 덮어 줍니다. 설혹 자신에게 잘못된 일을 행하더라도 사랑이 있다면 능히 상대를 덮어 주고 참을 수 있습니다. 왜냐하면 하나님을 사랑하는 자에게는 어떠한 일이 다가와도 끝에 가서는 모든 것이 합력하여 선이 이루어질 줄 믿기 때문입니다(롬 8:28).

사랑은 믿음을 가지고 사람을 대하며 어떠한 환경 속에서도 하나님을 믿는 신앙을 잃지 않습니다. 우리는 하나님을 사랑하고 또 하나님께서 우리를 사랑하고 계신다는 것을 알고 있기 때문에 모든 것을 믿을 수 있습니다. 하나님께 기도로 맡기고 잘될 것을 믿습니다. 궁극적으로 주님께서 승리를 가져다주실 것을 믿는 것입니다. 이와 같이 사랑에는 믿음이 있어야 합니다.

사랑은 현재 환경이 어려울지라도 끝까지 소망을 잃지 않습니다. 어

떤 환경 속에서도 하나님을 앙망하기 때문에 항상 새 힘을 얻을 수 있고 끊임없이 희망을 품고 살아갈 수 있습니다. 비록 눈에는 아무 증거 안 보이고 귀에는 아무 소리 안 들리고 손에는 잡히는 것 없고 앞길이 칠흑같이 어두울지라도 낙심하지 않습니다. 하나님을 믿는 자에게는 소망이 있기 때문입니다. 소망할 수 있는 자는 사랑이 있는 사람입니다. 전쟁이 일어나 폐허가 된 곳에도 봄이 오면 다시 풀이 나고 꽃이 피듯이, 전쟁터와 황무지 같은 우리의 삶에도 소망의 사랑이 있으면 다시 움이 돋고 꽃이 피어날 것입니다.

사랑은 모든 것을 견딥니다. 사랑은 어떠한 곤란과 비난이 있을지라도 넉넉히 견디어 냅니다. 손해를 보고 분노를 일으킬 일도 묵묵히 견디어 냅니다. 주님의 복음으로 인한 박해도 견디고, 죽음도 견딥니다. 사랑하는 주님이 계시고 영원히 거할 천국이 우리에게 있는데 무엇을 견디지 못하겠습니까?

그래서 나는 결혼 주례를 할 때마다 이런 말을 합니다. "결혼은 일평생 동안 참고 견디는 것입니다. 부부란 서로 성장 배경, 교육 수준, 성격이 다른 사람이 만나 함께 사는 것이기 때문에 서로 조화를 이루기 위해 노력해야 합니다. 참기 싫고 노력하기 싫으면 혼자 살아야 합니다. 또한 결혼 생활 중 아무리 힘들고 어려운 일을 만나도 '희망' 을 버리지 마십시오. 캄캄한 동굴과 같은 일을 만난다 해도 예수님이 우리의 '길' 이요, '문' 이시므로 막힌 동굴과 같은 문제는 뚫린 터널과 같이 바뀔 것입니다."

여러분, 4절부터 7절까지 사랑이란 단어 대신에 각자 자기 이름을 넣어서 한번 읽어 보십시오. "○○○는 오래 참고, ○○○는 온유하며 시기하지 아니하며, ……○○○는 모든 것을 견디느니라."

이렇게 읽어 보면 사랑에 대한 자신의 영적 성숙도가 드러날 것입니다. 여러분은 자신의 상태에 대하여 만족하십니까? 비록 우리가 이 세상에서 사랑의 완성을 이룰 수는 없을지라도 하늘나라에 가는 날까지 온전한 사랑의 열매를 맺도록 끊임없이 노력해야겠습니다.

3. 사랑의 영원성(13:8-13)

8. 사랑은 언제까지나 떨어지지 아니하되 예언도 폐하고 방언도 그
치고 지식도 폐하리라 9. 우리는 부분적으로 알고 부분적으로 예언
하니 10. 온전한 것이 올 때에는 부분적으로 하던 것이 폐하리라
11. 내가 어렸을 때에는 말하는 것이 어린아이와 같고 깨닫는 것이
어린아이와 같고 생각하는 것이 어린아이와 같다가 장성한 사람이
되어서는 어린아이의 일을 버렸노라 12. 우리가 지금은 거울로 보는
것같이 희미하나 그때에는 얼굴과 얼굴을 대하여 볼 것이요 지금은
내가 부분적으로 아나 그때에는 주께서 나를 아신 것같이 내가 온전
히 알리라 13. 그런즉 믿음, 소망, 사랑, 이 세 가지는 항상 있을 것
인데 그중의 제일은 사랑이라

8절 사랑은 언제까지나 떨어지지 아니하되 예언도 폐하고 방언도

그치고 지식도 폐하리라

사랑은 영원히 존속합니다. 하나님은 사랑이시기에 삼위 하나님이 계시는 한, 사랑은 존속합니다. 그러나 예언과 방언과 지식은 언젠가 폐하고 그치게 됩니다. 주께서 호령과 천사장의 소리와 하나님의 나팔 소리로 친히 하늘로부터 강림하셔서 우리가 들림 받을 때 성경에 예언한 것이 다 이루어지기 때문에 예언이 폐하여집니다(살전 4:16). 이때에는 우리가 주님과 얼굴과 얼굴을 마주 대하여 볼 것이기 때문에 방언으로 비밀을 말할 필요가 없어져서 방언도 그치게 되며, 그때 이후로는 모든 것을 속속들이 다 알게 되기 때문에 지식도 폐하여지고 마는 것입니다.

9절 우리는 부분적으로 알고 부분적으로 예언하니

하늘나라에 대해 제 아무리 많이 안다고 해도 그것은 일부분에 지나지 않습니다. 어떻게 인간의 부분적인 지식을 하나님의 전지전능하심에 비할 수가 있겠습니까? 그러므로 인간이 안다는 것은 극히 일부이고 예언한다는 것도 극히 일부에 불과합니다.

10절 온전한 것이 올 때에는 부분적으로 하던 것이 폐하리라

'온전한 것이 올 때'는 예수 그리스도의 재림의 때를 가리킵니다. 그때에는 부분적으로 하던 것들이 다 폐해집니다. 왜냐하면 예수님께서 재림하시면 모든 것이 밝히 드러나고 온전해지기 때문입니다.

11절 내가 어렸을 때에는 말하는 것이 어린아이와 같고 깨닫는 것이 어린아이와 같고 생각하는 것이 어린아이와 같다가 장성한 사

람이 되어서는 어린아이의 일을 버렸노라

이 세상에서 사는 동안 우리 성도들은 마치 어린아이와 같습니다. 그러므로 어린아이처럼 생각하고 말하고 행동합니다. 그러나 예수 그리스도의 재림의 때에는 성숙한 어른이 됩니다.

12절 우리가 지금은 거울로 보는 것같이 희미하나 그때에는 얼굴과 얼굴을 대하여 볼 것이요 지금은 내가 부분적으로 아나 그때에는 주께서 나를 아신 것같이 내가 온전히 알리라

이 당시 거울은 구리로 만들었기 때문에 지금 우리가 사용하는 거울처럼 분명하게 보이지 않았습니다. 그렇기 때문에 사도 바울은 거울로 보는 것이 희미하다고 말한 것입니다. 우리가 이 세상에 살면서 신앙생활을 하고 있지만 아직은 희미한 가운데 살아가고 있으며 주님을 희미하게 알고 있습니다. 그러나 주님께서 재림하시는 날에는 희미한 구리 거울로 보는 것이 아니라 얼굴과 얼굴을 마주 대하여 보듯이 명확하게 주님을 알게 될 것입니다. 그때에는 우리의 부분적 지식도 온전히 아는 지식으로 변하게 되며, 우리는 주님과 대면하여 명백히 말하고 은밀한 말로 아니할 것입니다(민 12:8). 그리고 주님께서 우리에 대하여 모든 것을 아시는 것처럼 그날에는 우리도 주님과 천국에 대하여 환히 알게 될 것입니다.

한편 본문의 '주께서 나를 아신 것같이' 라는 말은 우리에게 큰 힘을 줍니다. 성경은 "이제는 너희가 하나님을 알 뿐 아니라 더욱이 하나님이 아신 바 되었거늘" 이라고 말씀하고 있습니다(갈 4:9). 주님은 나의 앉고 일어서는 것, 생각하고 행동하는 것 등 나의 모든 것을 알고 계십니다(시

139:1-4). 내 가정의 형편과 처지를 아시며 내 심령의 근심과 고통도 다 알고 계십니다. 하나님께서 내 존재를 알고 계신다는 사실을 내가 아는 것이 참된 지식입니다.

13절 그런즉 믿음, 소망, 사랑, 이 세 가지는 항상 있을 것인데 그중의 제일은 사랑이라

사도 바울은 앞 장 끝에서 말한 '가장 좋은 길'(12:31)에 대한 결론을 여기서도 내리고 있습니다. 그것은 믿음과 소망과 사랑인데, 이 세 가지 중에서도 제일은 사랑이라는 것입니다. 이 세 가지는 늘 함께 있어야 합니다. 그 이유는 소망이 없는 믿음은 천국을 바라볼 수 없고, 사랑이 없는 믿음은 죽은 믿음이기 때문입니다. 우리가 천국에 올라간 후에도 믿음은 계속됩니다. 우리는 항상 하나님을 신뢰하고 하나님께서도 우리를 신뢰하십니다. 그리고 늘 소망이 있습니다. 우리 인간이 살아가는 데 소망이 없으면 자포자기하여 인생을 무의미하게 살아가게 됩니다. 그러나 소망이 있으면 인생을 뜻있게 보냅니다. 우리 성도들에게는 성령님이 계시기 때문에 언제나 새로운 소망 가운데 살아갑니다.

성경에서는 우리가 갈 곳을 '새 하늘과 새 땅'이라고 했습니다(계 21:1). 우리가 사는 이 세상은 지나가 버리는 세상이고 없어질 세상이지만, 장차 올 세상은 새로운 세상입니다. 매일매일 하늘을 봐도 새롭고 땅을 봐도 새로우며 매일같이 소망이 넘치기 때문에 그 이름을 새 하늘과 새 땅이라고 말씀하신 것입니다. 또한 이곳에는 사랑이 있습니다. 하나님의 사랑이 파도처럼 우리에게 넘치고 하나님을 향한 우리의 사랑이 샘물처럼 솟아오릅니다. 거기에는 사랑으로 인한 기쁨이 있을 뿐입니다.

우리 기독교 신앙의 가장 위대한 덕목은 사랑입니다. 예수님의 가장 위대한 점은 우리를 사랑해 주셨다는 것입니다. 가장 훌륭한 남편은 자기 아내와 자식을 사랑하는 사람입니다. 가장 위대한 부인은 자기 남편과 자식을 뜨겁게 사랑해 주는 사람입니다. 가장 위대한 지도자 역시 진실로 백성을 사랑하는 사람입니다. 이와 같이 이 세상에서 가장 위대한 것은 사랑입니다. 그런데 성경은 성령으로 말미암아 우리 마음속에 하나님의 사랑이 부어진다고 말씀하고 있습니다(롬 5:5). 하나님의 성령이 우리 마음속에 부어 주시는 하나님의 사랑은 하나님께로부터 나와서 하나님을 나타냅니다. 하나님은 사랑이시기 때문입니다(요일 4:8). 이와 같은 사랑은 이 세상의 모든 것들의 기초이며 언제나 있을 것이며 제일 좋은 것입니다. 사랑은 모든 것의 완성입니다.

제 14 장

방언과 예언에 관한 권면

예언과 방언의 사용 규정	14:1-19
예배 시의 방언과 예언의 효과	14:20-25
예배 시 은사의 사용 순서	14:26-33
교회 내에서의 여자의 위치	14:34-36
마지막 권면	14:37-40

A COMMENTARY ON
THE FIRST EPISTLE TO
THE CORINTHIANS

사도 바울은 본 장에서 당시 고린도 교회에서 문제가 되었던 방언의 문제를 다루고 있습니다. 바울은 여기에서 자신의 덕을 세우는 방언과 교회의 덕을 세우는 방언을 권면하고 있습니다. 그런데 방언을 말하려면 반드시 통역이 있어야 교회에 덕이 된다고 말하였습니다. 그리고 이 모든 것은 아직 은사를 체험하지 못한 사람들이나 불신자들이 시험에 들지 않도록 질서 있고 지혜롭게 행해야 한다고 강조하였습니다.

이어서 바울은 예배 시 은사의 사용 문제에 관하여 언급한 후, 여자들이 교회에서 잠잠할 것을 가르칩니다. 그리고 방언과 예언 문제에 대한 전체적인 결론으로 바울은 그것들을 얼마든지 자유롭게 사용하되 적당하게 하고 질서대로 하라고 교훈하고 있습니다.

1. 예언과 방언의 사용 규정(14:1-19)

1. 사랑을 추구하며 신령한 것들을 사모하되 특별히 예언을 하려고
하라 2. 방언을 말하는 자는 사람에게 하지 아니하고 하나님께 하나
니 이는 알아듣는 자가 없고 영으로 비밀을 말함이라 3. 그러나 예
언하는 자는 사람에게 말하여 덕을 세우며 권면하며 위로하는 것이
요 4. 방언을 말하는 자는 자기의 덕을 세우고 예언하는 자는 교회
의 덕을 세우나니 5. 나는 너희가 다 방언 말하기를 원하나 특별히
예언하기를 원하노라 만일 방언을 말하는 자가 통역하여 교회의 덕
을 세우지 아니하면 예언하는 자만 못하니라 6. 그런즉 형제들아 내
가 너희에게 나아가서 방언으로 말하고 계시나 지식이나 예언이나
가르치는 것으로 말하지 아니하면 너희에게 무엇이 유익하리요 7.
혹 피리나 거문고와 같이 생명 없는 것이 소리를 낼 때에 그 음의 분
별을 나타내지 아니하면 피리 부는 것인지 거문고 타는 것인지 어찌
알게 되리요 8. 만일 나팔이 분명하지 못한 소리를 내면 누가 전투
를 준비하리요 9. 이와 같이 너희도 혀로써 알아듣기 쉬운 말을 하
지 아니하면 그 말하는 것을 어찌 알리요 이는 허공에다 말하는 것이

라 10. 이같이 세상에 소리의 종류가 많으나 뜻 없는 소리는 없나니
11. 그러므로 내가 그 소리의 뜻을 알지 못하면 내가 말하는 자에게
외국인이 되고 말하는 자도 내게 외국인이 되리니 12. 그러므로 너
희도 영적인 것을 사모하는 자인즉 교회의 덕을 세우기 위하여 그것
이 풍성하기를 구하라 13. 그러므로 방언을 말하는 자는 통역하기를
기도할지니 14. 내가 만일 방언으로 기도하면 나의 영이 기도하거니
와 나의 마음은 열매를 맺지 못하리라 15. 그러면 어떻게 할까 내가
영으로 기도하고 또 마음으로 기도하며 내가 영으로 찬송하고 또 마
음으로 찬송하리라 16. 그렇지 아니하면 네가 영으로 축복할 때에
알지 못하는 처지에 있는 자가 네가 무슨 말을 하는지 알지 못하고 네
감사에 어찌 아멘 하리요 17. 너는 감사를 잘하였으나 그러나 다른
사람은 덕 세움을 받지 못하리라 18. 내가 너희 모든 사람보다 방언
을 더 말하므로 하나님께 감사하노라 19. 그러나 교회에서 네가 남
을 가르치기 위하여 깨달은 마음으로 다섯 마디 말을 하는 것이 일만
마디 방언으로 말하는 것보다 나으니라

1절 사랑을 추구하며 신령한 것들을 사모하되 특별히 예언을 하려고 하라

성령의 모든 은사는 하나님을 사랑하고 교회와 이웃을 사랑하기 위해서 사용할 때에만 가치가 있습니다. 은사를 개인적으로나 이기적으로 사용하면 아무 유익이 없습니다. 그래서 사도 바울은 사랑을 추구하라고 하였습니다.

12장에서도 언급했지만, 간혹 "나는 성령의 은사보다 사랑의 은사가 더 좋다." 고 말하는 사람들이 있습니다. 그러나 사랑은 성령의 은사가 아니라, 성령의 열매입니다. 사랑은 은사를 행할 수 있는 가장 좋은 길이고,

은사는 사랑하기 위한 수단인 것입니다. 사랑은 그냥 하늘에서 뚝 떨어지는 것이 아닙니다. 우리가 평생 애쓰고 힘쓰고 노력해서 맺어야 하는 성령의 열매입니다. 그런데 사랑은 말로만 되는 것이 아닙니다. 부모의 사랑, 십자가에서 보이신 주님의 사랑처럼 사랑에는 수고와 희생이 따르는 법입니다.

또한 바울은 신령한 것을 사모하되 특별히 예언하기를 사모하라고 권면하였습니다. 그런데 예언의 가장 고차원적인 형태가 설교입니다. 예언의 은사를 받아서 설교를 하게 되면 듣는 사람의 심령과 골수를 쪼개게 됩니다. 그리고 듣는 사람들의 마음속의 비밀을 다 드러내고 결정 내리지 못하는 문제에 대한 해답도 제시합니다. 따라서 예언의 은사를 잘 활용하면 덕을 세우며 안위하고 권면하여 사람을 살리는 역사가 일어납니다. 이것은 점쟁이가 점치는 것과는 다릅니다. 예수 그리스도를 잘 섬기고 하나님을 잘 믿도록 하기 위한 것이 기독교 신앙의 예언입니다. 그렇기 때문에 하나님의 성령께서 우리의 입을 통하여 예언할 때에는 장엄하고 거룩하게 하십니다. 그러나 점치는 귀신이 예언하는 것은 요망스럽고 간사하며 일거수일투족을 다 간섭합니다. 그러므로 하나님의 거룩한 예언과 귀신의 예언이 구별되는 것입니다. 예언의 은사를 받은 사람이 잘못하면 점치는 귀신에게 잡혀서 예언을 할 때가 있습니다. 여기에 예언의 은사의 위험성이 있지만 이 은사는 교회 성장에 꼭 필요합니다. 그러므로 목회자는 하나님께 간절히 기도하여 예언의 은사를 받아 목회하여야 합니다. 그리할 때 가장 차원 높은 형태의 예언인 설교를 통하여 성도들의 고민, 염려, 근심, 어려운 문제를 해결해 줄 수 있습니다.

얼마 전에 한 실업가가 찾아와 “저는 목사님 은혜를 잊을 수가 없습니다. 저는 IMF시절에 완전히 망해서 노숙자가 될 뻔했는데, 목사님의 설교 가운데 '위기는 기회가 된다. 어려운 위기를 만났을 때 우리 인생의 담보인 예수님을 의지하면 위기가 변하여 기회가 된다.' 는 말을 듣고 정신이 번쩍 들었습니다. 그래서 그길로 말씀을 부여잡고 금식하고 기도하여 다시 건실한 사업을 일으켰습니다." 라고 간증하는 것이었습니다. 인터넷을 통해서도 내 설교를 듣고 인생이 달라졌다는 간증을 남기는 분들이 많습니다. 이것은 내가 하는 것이 아니라 예언의 영이신 성령께서 나의 입술을 통하여 하나님의 백성들에게 용기와 소망을 주시는 것입니다. 그러므로 복음을 전하는 사람들은 누구나 예언의 은사를 가지고 말씀을 전하게 해 달라고 간절히 구해야겠습니다.

2절 방언을 말하는 자는 사람에게 하지 아니하고 하나님께 하나니 이는 알아듣는 자가 없고 영으로 비밀을 말함이라

하나님께서는 성령 충만의 외적 표현으로 방언을 주십니다. 그런데 이 표적으로서의 방언을 계속 사용하면 성령의 은사로서의 방언을 사용할 수 있게 됩니다. 그런데 하나님께서 방언으로 메시지를 주시고 통역하도록 하시지 않는 이상, 일반적인 방언은 모두 기도 방언이거나 찬양 방언입니다. 이 방언은 사람에게 하는 것이 아니라 하나님께 하는 것으로, 영으로 비밀을 말하는 것입니다. 그러므로 알아듣는 자가 없습니다. 다른 사람뿐만 아니라 내 자신도 알아듣지 못하고 천사도, 마귀도 알아듣지 못합니다.

하나님과 대화하는 내용을 다른 피조물들이 알아들으면 그것은 비밀이 되지 못합니다. 하나님께서는 방언을 통하여 우리가 영으로 비밀을

말하게 하십니다. 이것이 방언 기도입니다. 방언으로 기도한다는 것이 우리에게 얼마나 유익하고 중요한 것인지 모릅니다. 우리는 때로 마땅히 빌 바를 모를 때가 있습니다. 또 한 치 앞도 내다보지 못하고 살아갑니다. 그런데도 어떤 때는 무엇을 위해서 기도해야 할지는 모르지만 강렬히 기도하고 싶을 때가 있습니다. 그때는 하나님의 성령께서 우리를 위해서 하나님께 직접 기도해 주기를 원하실 때입니다. 이때 방언 기도를 할 줄 아는 사람은 그 자리에서 방언으로 기도하면 됩니다. 하나님의 성령께서 우리의 영으로 하여금 직접 방언으로 기도할 수 있게 해 주시기 때문입니다.

이와 같이 방언은 하나님과 우리 사이의 비밀 기도입니다. 이 비밀기도를 많이 하면 할수록 우리는 하나님과 더욱 친밀해집니다. 그리고 방언 기도를 열심히 하면 할수록 하나님이 내 안에, 내가 하나님 안에 있는 것이 더 뚜렷하게 체험됩니다. 이렇기 때문에 마귀는 결사적으로 방언 기도를 못하게 하려고 방해합니다. 심지어 하나님을 믿는 사람들의 입까지 빌어서 "방언은 제일 낮은 은사다. 방언하는 사람은 미친 사람이다. 방언은 마귀의 역사다."라고 부정적인 말을 하기도 합니다. 이것은 잘못된 것입니다. 하나님이 우리에게 주시는 은사가 나쁠 리가 있겠습니까? 다 귀하고 좋은 것입니다. 그러므로 주님이 주시는 것이면 무엇이든지 감사한 마음으로 받고 하나님의 영광을 위하여 잘 활용해야 합니다. 방언의 은사는 다른 은사들과 같이 귀합니다. 왜냐하면 방언으로 하나님과 직접 비밀을 말할 수 있으며 방언의 은사는 모든 은사의 가장 기초가 되는 은사이기 때문입니다.

3절 그러나 예언하는 자는 사람에게 말하여 덕을 세우며 권면하며 위로하는 것이요

예언은 하나님의 지식을 받아서 사람들에게 말하는 것입니다. 하나님께서 주신 예언을 들으면 신앙이 자라고, 절망의 자리에서 다시 일어서게 되며, 마음에 평안과 안위를 받게 됩니다.

본래 하나님의 의도는 "오직 의인은 믿음으로 말미암아 살리라"(롬 1:17)는 말씀과 같이 우리의 미래가 하나님의 손에 있음을 믿고 사는 것입니다. 그런데 하나님이 가르쳐 주시는 것 이상의 미래를 자꾸 인위적으로 알려고 하면 사탄의 시험을 받아 거짓 예언을 받을 수도 있습니다. 마귀가 가져 오는 거짓 예언은 공갈 협박으로 신앙을 파괴하고 불안을 가중시킵니다.

그러므로 우리는 하나님의 주권에 따라 미래를 가르쳐 주시면 감사함으로 받고, 그렇지 않을 때는 믿음으로 우리의 미래를 하나님께 맡기고 살아야 합니다. 또한 우리가 예언을 들을 때에는 열매를 보고 분별해야 합니다. 성령님께서 주시는 예언의 은사의 열매는 덕을 세우고 권면하며 안위하는 것이지만 마귀가 주는 것은 협박과 불안과 공포입니다.

4절 방언을 말하는 자는 자기의 덕을 세우고 예언하는 자는 교회의 덕을 세우나니

3절과 4절에 나오는 '덕을 세우며' 에 해당하는 헬라어는 '오이코도메오' (οἰκοδομέω)로 '오이코스' (집)와 '데모' (벽돌을 쌓아 올린다)의 합성어입니다. 그러므로 방언을 말하는 자는 자신의 신앙의 집을 쌓아 올리는 것이고 예언을 하는 자는 교회의 신앙의 집을 쌓아 올리는 것입니다. 방언

이 개인적인 신앙에 유익이 된다면, 예언은 듣는 사람들을 권면하여 힘을 북돋워 주는 것이므로 교회와 성도들의 신앙에 유익을 줍니다. 그러므로 교회에 덕을 끼치는 예언과 개인의 덕을 세우는 방언, 둘 다 필요한 것입니다.

5절 **나는 너희가 다 방언 말하기를 원하나 특별히 예언하기를 원하노라 만일 방언을 말하는 자가 통역하여 교회의 덕을 세우지 아니하면 예언하는 자만 못하니라**

사도 바울은 성도들이 다 방언 말하기를 원하나 교회에 덕을 끼치는 예언하기를 특별히 원한다고 말합니다. 예언은 하나님이 주시는 권면과 위로의 말씀을 통해 교회 공동체를 세우는 은사이기 때문입니다.

방언의 은사는 하나님의 신비를 가장 초보적으로 느낄 수 있는 놀라운 체험입니다. 방언의 은사가 임하면 하나님의 살아 계심과 하나님의 임재하심이 마음속에 뚜렷이 실감됩니다. 누가 무엇이라고 해도 하나님이 살아 계심을 부인할 수 없게 됩니다. 이와 같이 방언의 은사는 개인의 덕을 세워 줍니다. 그러나 방언만으로는 교회의 덕을 세우지 못합니다. 그래서 방언으로 교회의 덕을 세우려면 방언 통역의 은사를 받아서 통역을 해야 됩니다. 방언을 통역하면 예언과 같은 효력을 발생하게 됩니다. 통역이 없는 방언은 교회의 덕을 세우는 데 있어서 예언하는 것만 못하기 때문에 만약에 통역의 은사가 없으면 공중 앞에서 방언 기도를 삼가야 합니다. 다만 통성 기도를 할 때나 개인적으로 기도할 때에는 해도 좋습니다.

6절 그런즉 형제들아 내가 너희에게 나아가서 방언으로 말하고 계시나 지식이나 예언이나 가르치는 것으로 말하지 아니하면 너희에게 무엇이 유익하리요

고린도 교회에 방언의 은사가 임하자 교인들은 하나님의 계시나 성경 말씀의 지식이나 예언이나 가르치는 것으로 말하지 않고 방언만 했습니다. 이들이 방언만 하고 있으므로 교회에 덕이 서지 않고 처음 오는 사람들에게도 덕이 되지 않았기 때문에 사도 바울은 은사를 유익하게 사용하라고 권면하였습니다. 알아들을 수 있는 예언이나 지식으로 말을 해야지 알아듣지 못하는 방언으로 말하면 무슨 유익이 있겠느냐는 것입니다.

7절 혹 피리나 거문고와 같이 생명 없는 것이 소리를 낼 때에 그 음의 분별을 나타내지 아니하면 피리 부는 것인지 거문고 타는 것인지 어찌 알게 되리요

악기들이 제 음을 분명히 내지 않으면 듣는 사람들이 악기의 소리를 구별하지 못합니다. 피리는 피리대로, 거문고는 거문고대로 제 음을 분명히 내어야 이해와 전달이 가능하게 됩니다. 만약 구분이 되지 않으면 하나의 소음에 불과하여 아무도 알아듣지 못하고 맙니다.

8절 만일 나팔이 분명하지 못한 소리를 내면 누가 전투를 준비하리요

전쟁 때에는 나팔 소리로써 군인들에게 지시합니다. 진격하라는 나팔 소리와 후퇴하라는 나팔 소리가 다릅니다. 그런데 진격을 지시할 때 후퇴의 소리를 내거나 후퇴할 때 진격의 소리를 낸다면 전쟁을 승리로 이끌 수 없을 것입니다. 나팔로 여러 가지 소리를 낼 수 있지만 그 상황에 맞는

분명한 소리를 내야 전투를 준비할 수 있는 것입니다.

9절 이와 같이 너희도 혀로써 알아듣기 쉬운 말을 하지 아니하면 그 말하는 것을 어찌 알리요 이는 허공에다 말하는 것이라

사도 바울은 악기와 나팔의 비유를 방언에 적용하고 있습니다. 하나님께 비밀을 말하는 방언은 알아듣는 자가 없기 때문에 대중 앞에서 방언으로 말하면 마치 허공에다 말하는 것과 같이 아무런 효과도 얻지 못합니다. 그러므로 통역 없이 대중 앞에서 방언하지 말라는 것입니다.

10-11절 이같이 세상에 소리의 종류가 많으나 뜻 없는 소리는 없나니 그러므로 내가 그 소리의 뜻을 알지 못하면 내가 말하는 자에게 외국인이 되고 말하는 자도 내게 외국인이 되리니

사도 바울은 세상의 모든 소리에는 나름대로의 의미가 있다고 말합니다. 아마도 시인이나 음악가 같은 예술가들이 자연의 소리에서 감추어진 의미를 찾아내는 것도 그와 같은 맥락에서일 것입니다. 또한 세상의 소리 중 특별히 사람의 언어는 애초부터 의미를 전달할 목적으로 만들어진 것이니만큼 당연히 의미를 갖고 있습니다. 그런데 말이 통하지 않으면 서로 상대방에게 대하여 외국인이 되고 맙니다. 사람이 아무리 좋은 말을 한다 해도 그 말을 알아듣지 못하는 사람에게는 그저 외국어로 들리므로 소용이 없는 것입니다. 결국 본문은 아무리 좋은 방언이라 할지라도 그 의미를 모르는 상대방에게는 알아들을 수 없는 외국어로 들릴 뿐이니 통역이 없는 방언은 공중 앞에서 삼가라는 말입니다.

내가 1964년에 처음으로 미국 교회의 초청을 받아 영어로 설교를 했

을 때의 일입니다. 나는 최선을 다해 열정적으로 설교를 했습니다. 그런데 예배 후 한 할머니가 내게 찾아와 "한국어와 영어가 비슷한가 봐요? 목사님이 하신 한국말 중에 제가 알아들은 것도 좀 있어요."라고 말하는 것이었습니다. 그 말에 나는 충격을 받았습니다. 그래도 한국에서는 선교사님들의 영어 통역을 많이 했고 영어를 꽤 잘한다고 자부했는데, 영어의 본고장인 미국의 교인들은 내 영어 발음을 못 알아들은 것이었습니다. 그래서 그때부터 나는 나의 영어 발음을 고치기 위해 절치부심(切齒腐心)하며 영어 공부를 다시 시작했습니다. 이와 같이 자신이 아무리 하나님의 충만한 은혜를 가지고 있다 해도 못 알아듣는 말로 전하면 소용없는 것입니다. 상대방이 알아듣는 말로 해야 됩니다.

12절 그러므로 너희도 영적인 것을 사모하는 자인즉 교회의 덕을 세우기 위하여 그것이 풍성하기를 구하라

사도 바울은 교회의 덕을 세우는 데 필요한 영적 은사를 사모하라고 권면하고 있습니다. 우리는 교회의 덕을 세우기 위해 영적인 것을 사모해야 합니다. 나는 오랫동안 성령 운동을 해 오면서 간혹 자기 욕심으로 하나님의 은사를 구하여 오히려 귀신 들린 사람을 본 적도 있습니다. 은사는 교회의 덕을 세우기 위한 사랑으로 구해야지 개인의 탐욕에서 구하면 안 됩니다. 하나님은 사랑이시기 때문에 사랑으로 은사를 구하면 마귀가 틈타지 못하지만, 마귀의 속성인 탐욕으로 은사를 구하면 마귀가 틈타는 것입니다.

그리고 하나님의 교회는 말씀과 성령으로 충만해야 합니다. 교회는 그리스도의 것이고 그리스도는 은혜와 진리가 충만한 분이시기 때문입

니다(요 1:14). 그러므로 우리의 신앙생활에는 은혜만 있어서도 안 되고 진리만 있어서도 안 됩니다. 은혜와 진리가 모두 있어야 합니다. 하나님의 교회는 진리의 말씀을 기초로 하고 그 위에 신령한 은혜가 풍성해야 합니다. 그래야 예수 그리스도의 영광이 나타나는 것입니다. 은혜를 무시하고 말씀만을 강조하면 율법주의적인 신앙이 되기가 쉽습니다. 또 말씀을 외면하고 은혜만을 강조하면 신비주의적인 신앙으로 빠질 위험이 있습니다. 이 두 가지의 균형을 잘 이루어야 합니다. 그러기 위해서 진리의 말씀의 씨앗을 깊이 심고 그 위에 은혜의 단비를 받아야 합니다. 그럴 때 신앙의 열매를 풍성히 맺을 수 있습니다.

13절 그러므로 방언을 말하는 자는 통역하기를 기도할지니

앞에서 말한 내용의 결론으로, 사도 바울은 "방언을 말하는 자는 교회의 덕을 세우기 위하여 방언을 통역할 수 있도록 하나님께 기도하라."고 했습니다. 방언을 말하는 사람은 통역의 은사를 달라고 기도해야 합니다. 그러나 조심스럽게 기도해야 합니다. 통역의 은사를 주십사고 기도하다가 분별을 잘못하면 점치는 귀신이 붙을 수 있기 때문입니다. 이러한 귀신은 붙을 때에는 쉽게 붙어도 뗄 때에는 애를 먹고 시간이 걸립니다. 그러므로 신앙의 초보자가 통역의 은사를 구하는 것은 위험합니다. 하나님의 말씀을 깊이 알고 기도생활도 많이 하여 분별력이 있고 성숙한 신앙인이 된 후에 주님의 영광을 위하여 주님께 통역의 은사를 구하면 방언 통역의 은사를 받을 수 있습니다.

14절 내가 만일 방언으로 기도하면 나의 영이 기도하거니와 나의 마

음은 열매를 맺지 못하리라

우리가 방언으로 기도하면 우리의 영이 기도하는 것이 됩니다. 그런데 그 기도는 하나님께 비밀로 말하는 것이므로 그 내용을 우리의 마음으로는 깨달을 수가 없습니다. 방언 기도는 영에 만족을 줄 뿐 내가 무슨 말을 하는지 의미를 모르기 때문에 마음은 아무런 열매를 맺지 못합니다.

사람은 영과 마음(혼)과 육신으로 되어 있습니다. 그렇기 때문에 우리는 영의 양식도 먹어야 하고 마음의 양식도 먹어야 하며 육신의 양식도 먹어야 합니다. 영은 말씀과 기도와 찬양을 먹고삽니다. 마음은 이성적인 능력을 갖고 있기 때문에 지식과 예술 등의 정서로 충족됩니다. 그리고 육신은 음식으로 만족합니다. 이렇기 때문에 이 세 가지 양식을 고루고루 공급해야 영적, 인격적, 육신적으로 조화를 이루고 건강한 사람이 되는 것입니다.

15절 그러면 어떻게 할까 내가 영으로 기도하고 또 마음으로 기도하며 내가 영으로 찬송하고 또 마음으로 찬송하리라

바울은 기도와 찬송하는 방법을 제시하고 있습니다. 그것은 때로는 영으로 하고 또 때로는 마음으로 하라는 것입니다. 즉, 방언으로 기도와 찬송을 하고 알아들을 수 있는 말로도 기도와 찬송을 하라는 것입니다. 그러므로 방언 기도를 할 줄 아는 사람은 방언으로 기도를 많이 하십시오. 그리고 알아들을 수 있는 말로도 기도를 많이 하십시오. 이러한 영의 기도나 찬송은 굉장한 힘을 발휘합니다. 이것들은 마귀의 계략을 파괴하며 하나님의 능력이 폭발적으로 임하게 하는 놀라운 힘이 있습니다.

또한 영의 기도와 찬송은 하나님의 계시의 통로가 되기도 합니다. 한

번은 내가 방언으로 찬송을 부르는데 굉장히 장엄하고 슬픈 가락이 입에서 나오는 것이었습니다. 그러더니 그 뒤 환상이 보이는데, 예수님이 십자가를 어깨에 메고 갈보리 산으로 올라가셔서 십자가에 달려 피 흘리시는 모습이었습니다. 이때 부른 가락과 환상의 내용을 정리하여 지은 곡이 바로 '얼마나 아프셨나' (복음성가 151장)입니다.

16절 그렇지 아니하면 네가 영으로 축복할 때에 알지 못하는 처지에 있는 자가 네가 무슨 말을 하는지 알지 못하고 네 감사에 어찌 아멘 하리요

본문은 만일 영의 기도, 즉 방언으로 하나님께 감사의 기도를 드리면 방언을 알아듣지 못하는 성도들이 어떻게 '아멘' 할 수 있겠느냐는 말입니다. 기도하는 사람은 성령 충만하여 방언으로 하나님께 기도하지만, 다른 사람이 그 방언 기도를 알아듣지 못하면 진심으로 감사 기도를 드릴 수 없습니다. 예배의 목적은 주 안에서 모이는 성도들이 뜻과 마음과 정성을 하나로 모아 소리를 합하여 하나님을 찬양하고 예배드리는 데 있습니다. 그렇기 때문에 예배 시에는 모든 사람이 다 같이 참여할 수 있고 알아들을 수 있는 말을 해야 합니다.

17절 너는 감사를 잘하였으나 그러나 다른 사람은 덕 세움을 받지 못하리라

비록 방언으로 기도하는 사람은 하나님께 감사를 잘할 수 있지만 다른 사람은 방언을 알아듣지 못하기 때문에 덕이 되지 못합니다. 교회에서 방언으로 기도하면 기도한 자신에게는 유익하겠지만 다른 사람들에게

는 유익이 되지 않습니다. 그러므로 예배 시에는 참석한 사람들이 모두 다 은혜를 받을 수 있도록 서로서로 절제하고 덕을 세울 줄 알아야 합니다.

18절 내가 너희 모든 사람보다 방언을 더 말하므로 하나님께 감사하노라

본 절은 사도 바울도 분명히 방언을 말했다는 것을 증명하고 있습니다. 여기서 '너희 모든 사람보다 방언을 더 말한다' 라는 말은 고린도 교회 교인들보다 더 많이 방언을 말한다는 뜻입니다. 그는 실로 방언의 은사를 충분히 사용했습니다. 그리고 그렇게 많은 방언 말함에 대하여 하나님께 감사했습니다.

19절 그러나 교회에서 네가 남을 가르치기 위하여 깨달은 마음으로 다섯 마디 말을 하는 것이 일만 마디 방언으로 말하는 것보다 나으니라

교회에서 성도들에게 깨달을 수 있는 다섯 마디 말을 하는 것이 알아듣지 못하는 일만 마디 방언으로 말하는 것보다 훨씬 낫다는 것입니다. 사도 바울은 혼자 있을 때에는 방언으로 기도를 많이 했습니다. 그러나 많은 사람을 상대로 복음을 전할 때에는 방언으로 하지 않고 알아들을 수 있는 말로 했습니다.

이제까지 살펴보았듯이 사도 바울은 방언이나 예언이 필요 없다고 말하지 않았습니다. 바울은 우리가 이 은사들을 유효 적절하게 잘 사용하여 우리 개인의 신앙과 교회에 덕을 끼칠 수 있도록 가르쳤습니다.

2. 예배 시의 방언과 예언의 효과(14:20-25)

20. 형제들아 지혜에는 아이가 되지 말고 악에는 어린아이가 되라 지혜에는 장성한 사람이 되라 21. 율법에 기록된바 주께서 이르시되 내가 다른 방언을 말하는 자와 다른 입술로 이 백성에게 말할지라도 그들이 여전히 듣지 아니하리라 하였으니 22. 그러므로 방언은 믿는 자들을 위하지 아니하고 믿지 아니하는 자들을 위하는 표적이나 예언은 믿지 아니하는 자들을 위하지 않고 믿는 자들을 위함이니라 23. 그러므로 온 교회가 함께 모여 다 방언으로 말하면 알지 못하는 자들이나 믿지 아니하는 자들이 들어와서 너희를 미쳤다 하지 아니하겠느냐 24. 그러나 다 예언을 하면 믿지 아니하는 자들이나 알지 못하는 자들이 들어와서 모든 사람에게 책망을 들으며 모든 사람에게 판단을 받고 25. 그 마음의 숨은 일들이 드러나게 되므로 엎드리어 하나님께 경배하며 하나님이 참으로 너희 가운데 계신다 전파하리라

20절 형제들아 지혜에는 아이가 되지 말고 악에는 어린아이가 되라 지혜에는 장성한 사람이 되라

이 말은 방언하는 자들이 절제하지 못하는 어리석은 자가 되지 말고 교회에 유익을 가져옴으로써 지혜에 장성한 사람이 되라는 사도 바울의 권면입니다. 고린도 교회 교인들 중에 어떤 사람은 방언의 은사를 받았다고 해서 예배 도중 통역도 없이 방언을 했습니다. 뿐만 아니라 방언의

은사를 가지고 서로 다투고 시기하기까지 했습니다. 이러한 것은 악에 해당하는 일이었습니다. 이에 사도 바울은 지혜에는 어린아이가 되지 말고 악에는 어린아이같이 되라고 권면하였습니다. 어린아이는 순진하고 악에 대해서 잘 알지 못하기 때문입니다. 그러나 지혜에 있어서는 어린아이가 되지 말고 장성한 사람이 되어야 합니다. 교회의 덕을 세우고 하늘나라를 확장하는 일에는 어른과 같이 지혜롭게 행해야 하는 것입니다.

21절 **율법에 기록된바 주께서 이르시되 내가 다른 방언을 말하는 자와 다른 입술로 이 백성에게 말할지라도 그들이 여전히 듣지 아니하리라 하였으니**

여기서 율법은 구약 성경 전체를 의미하며, 본 절은 구약의 "그러므로 더듬는 입술과 다른 방언으로 그가 이 백성에게 말씀하시리라 전에 그들에게 이르시기를 이것이 너희 안식이요 이것이 너희 상쾌함이니 너희는 곤비한 자에게 안식을 주라 하셨으나 그들이 듣지 아니하였으므로"(사 28:11-12)라는 말씀을 인용한 것입니다. 이사야 선지자는 예수님이 오시기 약 700년 전에 예언하기를 하나님께서 마지막 때에 타국 백성의 입술과 다른 방언으로 이 백성에게 말할지라도 그들이 듣지 아니할 것이라고 했습니다. 이사야 선지자의 말과 같이, 방언 기도는 곤비한 인생에게 마음의 휴식과 안식을 주는, 차원 높은 기도입니다. 아는 말로 기도하는 사람은 방언 기도가 주는 위로와 힘을 체험하지 못할 것입니다. 그런데 성경은 사람들이 방언을 반대하고 받아들이지 않을 것을 예언하고 있습니다. 그러므로 오늘날 예수님을 믿으면서도 방언을 반대하는 사람이 있는 것을 이상하게 생각하지 마십시오. 성경은 분명히 이러한 사람이 있을 것이라고 가르치고 있기 때문입니다.

22절 그러므로 방언은 믿는 자들을 위하지 아니하고 믿지 아니하는 자들을 위하는 표적이나 예언은 믿지 아니하는 자들을 위하지 않고 믿는 자들을 위함이니라

방언은 성도보다는 불신자들에게 주는 표적이 됩니다. 불신자들은 성도가 방언 말하는 것을 보면 하나님이 살아 계신 것을 깨닫게 됩니다. 그리하여 죄를 회개하고 예수 그리스도를 구주로 영접하여 하나님의 자녀가 되기도 합니다. 그러나 예언은 믿는 사람들을 위한 것입니다. 믿지 않는 사람도 예언을 듣고 변화를 받을 수 있지만 주로 믿는 사람들이 예언을 통하여 권면과 위로와 안위를 받습니다. 이와 같이 방언과 예언은 그 직능이 다릅니다.

하나님이 필요하실 때에는 외국어를 전혀 모르는 사람에게 방언을 허락하셔서 말씀을 증언하게 하시기도 합니다.

한 미국인 목사님이 러시아(구소련)에 가서 어느 역 앞에 잠시 서 있는데 러시아 사람들이 오가고 있었습니다. 그래서 그분은 통역관에게 잠시 연설을 할 테니 통역을 해 달라고 부탁했습니다. 그런데 이분이 고함을 치면서 설교를 하니까 통역관이 공산당인지라 "야, 이 미제국주의자야, 그런 미신은 안 믿는다."라고 하면서 그 목사님의 뺨을 때리고 통역을 해 주지 않았습니다. 이를 보고 사람들은 웅성웅성 모이기 시작했고, 이 목사님은 그들에게 복음을 전하고 싶었지만 말이 통하지 않아 울고 있었습니다. 그런데 그때 성령이 강하게 임하여 갑자기 방언이 쏟아져 나왔습

니다. 그 방언은 바로 러시아말이었습니다. 그래서 그 목사님은 사람들에게 유창한 러시아말로 설교를 하였습니다. 물론 이 목사님은 방언인 줄만 알았지 그것이 러시아말인지도 몰랐고 그 내용도 전혀 몰랐습니다. 그런데 한참 설교를 하고 나니까 사람들이 앞으로 나와서 무릎을 꿇고 앉아 눈물을 흘렸습니다. 나중에 알고 보니 설교 도중 러시아말로 "회개할 사람은 나와서 꿇어앉으라."고 외쳤던 것입니다. 이에 목사님이 그들을 위해 기도해 주고 구원의 길로 인도해 주었습니다. 결국 그 일로 인하여 목사님은 러시아에서 쫓겨나고 말았습니다. 이것은 유명한 실화입니다. 하나님께서는 오늘날도 믿지 않는 사람들에게 방언을 통하여 이와 같이 놀라운 역사를 행하십니다.

23절 그러므로 온 교회가 함께 모여 다 방언으로 말하면 알지 못하는 자들이나 믿지 아니하는 자들이 들어와서 너희를 미쳤다 하지 아니하겠느냐

온 교인들이 모여서 예배드릴 때에 교인들이 다 방언으로 말하면, 방언을 모르는 사람이나 불신자들이 예배에 참석하였다가 미쳤다고 할 것이 아니냐는 것입니다. 그들은 영적 세계를 잘 모르기 때문에 방언이 성령의 은사라고 도저히 생각할 수가 없을 것입니다. 그 결과 교회에 대하여 나쁜 인식을 갖게 될 수도 있을 것이고, 이렇게 되면 교회의 사명 중 하나인 복음 선교의 사명을 잘 감당할 수가 없게 됩니다. 이와 같이 대중 앞에서 통역 없이 방언을 하는 것은 덕이 되지 못합니다.

24-25절 그러나 다 예언을 하면 믿지 아니하는 자들이나 알지 못하

는 자들이 들어와서 모든 사람에게 책망을 들으며 모든 사람에게 판단을 받고 그 마음의 숨은 일들이 드러나게 되므로 엎드리어 하나님께 경배하며 하나님이 참으로 너희 가운데 계신다 전파하리라

모든 교인이 예언의 은사를 사용하여 예언하면 불신자들이나 무식한 자들이 그것을 듣고 자신의 마음속에 숨긴 일들이 드러나므로 회개하게 됩니다. 하나님께서 주신 예언을 통하여 그 마음속에 숨겨 있는 죄가 드러나게 되므로 두려워 떨면서 하나님께 엎드리어 하나님을 경배하게 되는 것입니다. 그리고 하나님이 교회 가운데 또는 성도들 가운데 계시다고 인정하게 되며 예수 그리스도를 구주로 모시고 하나님의 자녀가 되는 것입니다.

이와 같이 예언은 교회의 덕을 세우며 불신자들을 회개시키고 초신자들의 믿음을 튼튼히 세워 주는 역할을 합니다.

3. 예배 시 은사의 사용 순서(14:26-33)

26. 그런즉 형제들아 어찌할까 너희가 모일 때에 각각 찬송시도 있으며 가르치는 말씀도 있으며 계시도 있으며 방언도 있으며 통역함도 있나니 모든 것을 덕을 세우기 위하여 하라 27. 만일 누가 방언으

로 말하거든 두 사람이나 많아야 세 사람이 차례를 따라 하고 한 사람
이 통역할 것이요 28. 만일 통역하는 자가 없으면 교회에서는 잠잠
하고 자기와 하나님께 말할 것이요 29. 예언하는 자는 둘이나 셋이
나 말하고 다른 이들은 분별할 것이요 30. 만일 곁에 앉아 있는 다른
이에게 계시가 있으면 먼저 하던 자는 잠잠할지니라 31. 너희는 다
모든 사람으로 배우게 하고 모든 사람으로 권면을 받게 하기 위하여
하나씩 하나씩 예언할 수 있느니라 32. 예언하는 자들의 영은 예언
하는 자들에게 제재를 받나니 33. 하나님은 무질서의 하나님이 아니
시요 오직 화평의 하나님이시니라 모든 성도가 교회에서 함과 같이

26절 그런즉 형제들아 어찌할까 너희가 모일 때에 각각 찬송시도 있으며 가르치는 말씀도 있으며 계시도 있으며 방언도 있으며 통역함도 있나니 모든 것을 덕을 세우기 위하여 하라

이제부터 바울은 고린도 교회의 예배에 대한 구체적인 지시와 예배 시의 질서에 대하여 자세하게 가르치고 있습니다. 먼저 바울은 하나님께로부터 받은 여러 가지 은사를 어떻게 사용할 것인가에 대하여 묻고 있습니다. 그 당시 고린도 교회에는 하나님의 은혜와 은사가 넘치고 있었습니다. 그러나 사용하는 방법을 몰라 무질서한 가운데 남용하기도 하였습니다. 그들에게는 찬송시도 있었고, 가르치는 말씀도 있었으며, 하나님의 계시와 방언 통역의 은사도 있었습니다. 바울은 그러한 모든 것을 사용하는 목적을 덕을 세우는 데 두라고 권면합니다.

본 절에서 우리는 다음과 같은 교훈을 생각해 볼 수 있습니다. 첫째로, 예수 그리스도의 지체가 된 성도들은 모이기에 힘써야 합니다. 이는 곧 시간과 장소를 정하고 하나님을 예배하기 위해 모여야 한다는 것입니다.

둘째로, 모인 사람들이 하나님께로부터 받은 사명과 은사를 잘 활용하여야 합니다. 하나님은 모든 성도들에게 믿음의 분량에 따라 직분과 은사를 주셨습니다. 직분을 받은 자는 각자 맡은바 일에 충성해야 합니다. 셋째로, 교회는 어느 하나에만 치중해서는 안 됩니다. 찬송만 한다든지, 말씀만 가르친다든지, 계시나 방언만 한다든지 해서는 안 됩니다. 주 안에서 이 모든 것이 조화를 이루어야 합니다. 그러기 위해서는 교회에 다양한 직분과 은사가 있어야 합니다. 넷째로, 각 성도의 직분과 은사는 덕을 세우기 위한 목적으로 활용되어야 합니다. 개인의 신앙에 장애를 주거나 교회를 어지럽혀서는 안 됩니다. 찬송을 불러도 덕을 세워야 하고, 말씀과 계시와 방언과 통역함도 개인 신앙의 덕과 교회의 덕을 세운다는 목적하에 행하여야 합니다.

27-28절 **만일 누가 방언으로 말하거든 두 사람이나 많아야 세 사람이 차례를 따라 하고 한 사람이 통역할 것이요 만일 통역하는 자가 없으면 교회에서는 잠잠하고 자기와 하나님께 말할 것이요**

교회의 덕을 세우는 것을 궁극적인 목적으로 하라고 권면한 사도 바울은 이제 구체적으로 방언에 대한 교훈을 하고 있습니다. 여기에서 방언으로 말한다는 것은 개인적으로 하나님께만 말하는 것이 아니라 대중 앞에서 말하는 것을 의미합니다. 성령님께서 예배 도중에 또는 기도하는 가운데 갑자기 방언을 하라고 강력하게 명령하실 때가 있습니다. 그러면 일어나서 성령님께서 주시는 방언을 말하면 됩니다. 이어서 통역의 은사를 받은 사람이 일어나서 통역하면 그 뜻을 알게 되어 전 교인이 하나님께서 주시는 말씀을 받게 됩니다. 물론 이것은 지혜롭고 질서 있게 해야 합니다. 그래서 사도 바울은 여기서 방언에 대한 하나의 원칙을 세워 교훈하고 있습니다. 첫째로, 방언을 말하되 두 사람이나 많아야 세 사람 정도만 해야 합니다. 둘째로, 두세 사람이 질서 없이 한꺼번에 말하지 말고 순서대로 한 사람씩 해야 합니다. 동시에 할 경우에 초신자나 불신자들에게 미쳤다는 말을 들을 수가 있고, 하나님께서 주시는 메시지의 내용을 파악할 수 없기 때문입니다. 셋째로, 통역은 한 사람이 하여야 합니다. 넷째로, 만일 통역하는 사람이 없으면 교회에서는 잠잠해야 합니다. 다섯째로, 통역이 없을 경우에는 자기와 하나님께만 말해야 합니다. 방언을 통역할 사람이 없으면 교회 내에서는 잠잠하고 조그만 소리로 자기와 하나님께만 기도하라는 것입니다. 그런 경우에는 방언하는 사람 자신의 신앙에 덕이 됩니다.

방언 통역의 은사를 잘 사용하면 대단히 은혜롭고 영광스럽습니다. 그러나 잘못 사용할 경우에는 차라리 이 은사가 없는 것보다도 못하게 되는 일이 있습니다. 또한 이 은사를 받은 사람은 스스로 넘어지지 않도록 조심하여야 합니다. 방언도 하고 통역도 할 경우에 교만한 마음이 생기기 쉽습니다. 자신이 다른 성도들보다 더 우월한 것 같고 더 신령한 사람이 되었다는 생각도 하게 됩니다. 그러한 교만이 싹틀 때 마귀는 기회를 놓치지 않고 올무를 놓습니다. 그 결과 걷잡을 수 없이 잘못되는 결과를 초래할 수도 있습니다. 그러나 사도 바울은 이 은사를 금하지 않았습니다. 그러므로 이 은사를 받은 사람은 사용하되 겸손하게 사용해야 합니다.

29절 예언하는 자는 둘이나 셋이나 말하고 다른 이들은 분별할 것이요

지금까지 방언에 대하여 교훈한 사도 바울은 이제 예언에 대하여 가르

치고 있습니다. 한 모임에서 하나님께로부터 예언이 임하거든 둘이나 세 사람만 말하라는 것입니다. 그리고 다른 사람들은 그 내용이 신령한 하나님의 말씀인지 거짓 영으로부터 나온 것인지를 분별하라고 교훈하고 있습니다.

오늘날의 예언은 구약 시대의 예언과 다릅니다. 구약 시대의 예언은 하나님의 성령께서 전적으로 선지자를 점령하여 하나님께서 직접 말씀하시는 형태였습니다. 그러나 오늘날에는 그와는 차원이 다른 방법으로 예언의 은사를 주십니다. 우리가 예언의 은사를 받았다 할지라도 예언을 할 때 잘못하면 자신의 말이 많이 섞여 나옵니다. 그렇기 때문에 성경 말씀을 가지고 분별을 해야 합니다. 오늘날 성도들 가운데 많은 사람이 예언 기도를 받고 싶어 합니다. 물론 성령께서 하신 말씀 그대로 정확하고 올바르게 권면하고 위로하고 격려하는 내용의 예언을 받는 것은 좋습니다. 그러나 예언하는 사람이 주님께서 주시는 말씀에 자신의 말을 섞어서 예언할 수 있기 때문에 위험이 뒤따릅니다. 이와 같이 거짓되게 예언하는 사람의 말을 하나님의 말씀으로 믿고 행하다가 나중에 마음에 큰 상처를 받아 시련을 겪는 사람도 많습니다. 그러므로 예언을 할 때나 받을 때에는 분별을 잘 해야 합니다. 예언이라고 해서 무조건 받아들여서는 안 됩니다.

성도들 가운데 주의 종이 되라는 예언 기도를 받았다고 하면서 고심하는 사람들이 있습니다. 자신은 주의 종이 되고 싶지도 않고 마음에 조금도 소원이 일어나지 않는데 예언 기도하는 사람이 머리에 안수하고 주의 종으로 부름을 받았다고 말한다는 것입니다. 그것은 안수하는 사람이 자기 마음대로 생각한 것입니다. 왜냐하면 하나님의 부르심은 반드시 그 당사자에게 먼저 오는 것이기 때문입니다. 당사자에게 먼저 소원이 강하게 오고 예언 기도하는 사람도 그렇게 예언하면 그것은 금상첨화입니다. 그러나 당사자에게는 하나님의 부르심이 없는데 예언 기도를 통하여 주의 종이 되라는 예언을 한다고 해서 그것을 그대로 받아들여서는 안 됩니다. 그렇기 때문에 말씀과 기도로 분별해 보아야 합니다. 그리고 주의할 것은 하나님은 반드시 예언이나 기적적인 방법으로만 우리들을 인도하시는 것이 아니라는 사실입니다. 하나님께 은혜를 받았다고 하는 사람들 중에 자꾸 특수한 방향으로만 하나님의 인도하심을 구하는 사람들이 있는데 이것은 시정해야 합니다. 배우자 문제, 사업 문제 등에 대하여 하나님의 인도하심을 구하되 어디까지나 최종적인 결정은 자신이 말씀에 비추어 보고 내려야 합니다. 자신의 인생은 자신만이 책임질 수 있기 때문입니다.

한번은 나의 제자 중 한 사람이 본부인과 이혼하고 교회 내 한 유부녀 집사님과 결혼을 하겠다고 찾아온 적이 있습니다. 이유는 어떤 예언의 은사를 가진 능력 있는 목사가 그렇게 예언을 했다는 것입니다. 나는 성경 말씀에 비추어 그것은 거짓 예언이라고 말하며 이혼을 말렸습니다. 그러나 안타깝게도 그 촉망받던 목사는 재혼을 강행했고, 그 결과 교회는 풍비박산이 나고 본인 역시 패가망신하고 말았습니다.

또 내가 대조동에서 목회를 할 때였습니다. 한 권사님이 찾아와 같이 기도하자고 제안했습니다. 그래서 같이 기도하는 중 그 권사님이 예언을 하기 시작했는데, 그 내용인즉 자신의 딸과 내가 결혼하는 것이 하나님의 뜻이라는 것입니다. 그 권사님의 딸은 명문대를 나오고 인물도 미스코리아처럼 예쁜 아가씨였습니다. 그러나 내 마음속에서는 계속 "아니다, 아니다."라는 성령의 음성이 들렸습니다. 그래서 나는 자신의 딸과 내가 결혼해야 한다고 자꾸 주장하시는 그 권사님의 제의를 거절했습니다. 얼마 후 그 아가씨는 폐병에 걸려 피를 토하고 죽었습니다.

이와 같이 예언을 받았다는 사람들 중에는 거짓 예언에 속아 잘못된 결정을 하는 사람들이 있습니다. 그러므로 우리는 말씀과 자신의 기도로 예언을 잘 분별해야 합니다. 또한 신앙의 연조가 깊은 분의 분별을 받는 것도 필요합니다.

30절 만일 곁에 앉아 있는 다른 이에게 계시가 있으면 먼저 하던 자는 잠잠할지니라

한 사람이 예언하고 있는데 옆에 있는 다른 사람에게 하나님의 계시가 올 때가 있습니다. 그러면 먼저 예언하던 사람은 잠잠해야 합니다. 만약 한 사람의 예언이 혹여라도 잘못된 것일 경우, 믿음이 연약한 사람들이 그 예언을 그냥 받아들이고 "아멘!" 했다가는 문제가 생기기 때문입니다. 그래서 그 예언을 중지시키라는 하나님의 예언이 옆 사람에게 임할 수 있는데, 그때는 앞 사람의 예언을 중지시켜야 하는 것입니다.

사실 우리가 예언 받기를 좋아하고 예언 기도 하는 사람의 말만 따르다 보면 건전한 신앙의 노선에서 이탈하기가 쉽습니다. 이렇게 되면 하나님 중심의 신앙이 사람 중심으로 변질되어 나중에는 성경도 읽지 않고 기도도 게을리 하게 됩니다. 오직 예언하는 사람만을 찾고 그 말만 추종하게 되어 온전한 믿음이 파괴되어 버립니다.

하나님은 아주 중대한 것 외에는 예언으로 알려 주시지 않습니다. 그것은 성도 개개인이 하나님을 믿는 믿음으로 살도록 하기 위해서입니

다. 물론 중대한 문제를 결정해야 할 경우에는 주님께서 알려 주실 수 있지만 일반적인 문제는 마음의 소원을 따라 믿음으로 행하면 됩니다. 이 땅 위에서 사는 동안 우리가 믿음의 훈련을 잘 받으면 우리 신앙의 인격이 자라게 되고, 하늘나라에 가서도 큰 영광을 얻을 수 있습니다. 그러므로 주님께서는 우리의 믿음을 훈련하시기 위해서 미리 보여 주시거나 가르쳐 주시지 않습니다. 꼭 필요한 경우나 교회에 관한 중대한 문제가 있을 때에만 예언을 주시는 것입니다.

31절 **너희는 다 모든 사람으로 배우게 하고 모든 사람으로 권면을 받게 하기 위하여 하나씩 하나씩 예언할 수 있느니라**

바울은 계속해서 다른 사람에게 계시가 있을 경우 먼저 하던 사람이 잠잠해야 하는 이유를 밝히고 있습니다. 그것은 모든 사람으로 배우게 하고 모든 사람으로 하여금 예언을 통하여 권면을 받게 하기 위해서입니다. 만약 예언하는 사람들이 한꺼번에 예언을 하면 모두 다 방언을 말할 때와 같은 혼란을 초래하게 됩니다(23절). 그러므로 교회의 덕을 위해서 한 사람씩 순서대로 예언해야 하는 것입니다.

32절 **예언하는 자들의 영은 예언하는 자들에게 제재를 받나니**

성령께서 주시는 예언의 은사는 예언하는 사람이 스스로 자제할 수 있습니다. 그러므로 예언을 하는 사람은 다른 사람에게 예언이 임하면 자신은 그치고 예언이 임한 다른 사람이 예언하도록 해야 합니다. 하나님께서는 어느 특정인에게만 예언을 주시지 않으며, 또 성령의 은사를 적재적소에 사용할 수 있도록 우리에게 권리를 주셨습니다. 그러므로 방언이나 예언은 그것을 하는 사람이 자제할 수 있는 것입니다. 방언하고 싶으면 하고, 하기 싫으면 중지할 수 있습니다. 예언의 은사를 받은 사람도 마찬가지입니다. 무의식적으로 어지럽게 하는 것이 아닙니다. 앞에서 언급한 순서와 절차와 규율을 지킬 수 있는 이성이, 예언하는 사람 누구에게나 있습니다.

33절 하나님은 무질서의 하나님이 아니시요 오직 화평의 하나님이시니라 모든 성도가 교회에서 함과 같이

하나님은 질서와 화평의 하나님이십니다. 결코 혼란과 어지러움의 하나님이 아니십니다. 그러므로 신령한 은사를 받았다고 해서 함부로 남용하거나 혼란스럽게 사용하여 다른 사람으로 하여금 하나님께 대한 잘못된 인식을 갖게 하지 않도록 주의해야 합니다. 하나님은 이 세상의 모든 것뿐만 아니라 하나님의 교회도 권위와 질서로 다스리십니다. 그렇기 때문에 하나님께서는 교회 내에서 무질서하거나 혼란스러운 상태가 되는 것을 기뻐하지 않으십니다. 그러므로 우리는 때와 장소를 잘 가려서 자신뿐만 아니라 교회에 덕이 되도록 성령의 은사를 사용해야겠습니다.

'모든 성도가 교회에서 함과 같이' 라는 말의 의미는 다른 교회들의 좋은 풍속을 고린도 교회에서도 따라야 한다는 것입니다.

4. 교회 내에서의 여자의 위치(14:34-36)

34. 여자는 교회에서 잠잠하라 그들에게는 말하는 것을 허락함이 없나니 율법에 이른 것같이 오직 복종할 것이요 35. 만일 무엇을 배우려거든 집에서 자기 남편에게 물을지니 여자가 교회에서 말하는 것은 부끄러운 것이라 36. 하나님의 말씀이 너희로부터 난 것이냐 또는 너희에게만 임한 것이냐

34절 여자는 교회에서 잠잠하라 그들에게는 말하는 것을 허락함이 없나니 율법에 이른 것같이 오직 복종할 것이요

이 구절을 해석하기 위해서는 사도 시대 당시의 사회적인 정황을 알아야 합니다. 그 당시에는 여성들이 거의 교육을 받지 못했기 때문에 전반적으로 무식한 편이었고 사회적 지위도 굉장히 낮았습니다. 그래서 교회 내 여성들의 언행이 다소 덕스럽지 못했던 것 같습니다. 그러했기 때문에 사도 바울은 여성들에게 교회 내에서 잠잠하라고 말한 것으로 생각됩니다. 결국 여성들에게 교회에서 잠잠하라고 하는 명령은 당시 사회적 상황에 따른 한시적 명령이라고 할 수 있는 것입니다.

이러한 한시적 명령의 예로는 할례, 토요일 안식일, 여성들이 교회에서 머리에 무엇을 쓰는 것 등을 들 수 있습니다. 예수님께서 십자가에서 죽으시고 부활하신 이후, 할례자나 무할례자나 똑같이 믿음으로 구원받

기에 할례는 무의미해졌습니다. 또한 토요일 안식일도 예수님이 부활하신 날을 기념하는 '주일' 로 바뀌었습니다. 여성들의 머리에 무엇을 쓰는 문제도 마찬가지입니다. 남존여비 사상이 강한 시대에는 공적 집회에 참여하는 여성은 머리에 무엇을 써야 했습니다. 그러나 오늘날은 일반 사회에서나 교회에서나 그렇지 않습니다.

요즘은 여성들의 사회적 지위가 높아져서 남자와 동등하게 또는 그 이상으로 교육을 받아 많은 여성들이 전문직뿐만 아니라 사회 각계각층에 진출해 있습니다. 여성 수상, 여성 대통령이 등장하는 시대입니다. 고린도 교회가 속한 시대와는 전혀 다른 사회적 상황입니다. 그러므로 이러한 사회적 상황의 변화를 무시하고 이 구절을 교회 내 여성들의 역할을 축소시키는 방향으로 해석해서는 안 될 것입니다.

교회에는 옛날이나 지금이나 성도의 대다수가 여성입니다. 그러므로 그만큼 여자 성도들을 통해 많은 일들을 할 수 있습니다. 사도 시대에는 여성의 활동이 많은 제약을 받았음에도 불구하고 사도 바울은 많은 여제자들과 동역하였습니다. 로마서 16장 1절부터 2절을 보면 사도 바울이 "내가 겐그레아 교회의 일꾼으로 있는 우리 자매 뵈뵈를 너희에게 추천하노니 너희는 주 안에서 성도들의 합당한 예절로 그를 영접하고 무엇이든지 그에게 소용되는 바를 도와줄지니 이는 그가 여러 사람과 나의 보호자가 되었음이라"고 말하였습니다. '뵈뵈' 라는 여자는 겐그레아 교회에서 일하는 사람이었는데, 사도 바울이 로마 교회에 추천을 했습니다. 그리고 사도 바울은 그녀에게 로마서를 로마 교회에 전달하는 중요한 역할을 맡기고 로마 교인들에게 그녀가 가면 무엇이든지 소용되는 바를 도와주고 존경하라고 부탁했습니다.

또 사도 바울은 로마서 16장 3절에서 "너희는 그리스도 예수 안에서 나의 동역자들인 브리스가와 아굴라에게 문안하라" 고 말하였습니다. 브리스가는 부인의 이름이고 아굴라는 남편의 이름입니다. 사도 바울은 남자뿐만 아니라 여자에게도 자신의 동역자라고 칭한 것입니다.

또한 로마서 16장 6절에서는 "너희를 위하여 많이 수고한 마리아에게 문안하라" 고 했으며, 12절에서는 "주 안에서 수고한 드루배나와 드루보사에게 문안하라 주 안에서 많이 수고하고 사랑하는 버시에게 문안하라" 고 했습니다. '주 안에서 수고했다' 는 것은 교회를 돌보고 심방도 하며 가르친 일을 말합니다. 이와 같이 사도 바울은 많은 여성들과 함께 하나님의 일을 했습니다.

또한 우리는 하나님께서 여성을 사용하기 원하신다는 사실을 알 수 있습니다. "그때에 내가 내 영을 내 남종과 여종들에게 부어 주리니 그들이 예언할 것이요" (행 2:18). 즉, 남자뿐만 아니라 여자에게도 예언할 수 있는 능력을 주신다는 것입니다. 예수님께서 공생애 기간 동안 이 세상에서 말씀을 전하실 때에 끝까지 따라다니면서 뒤에서 예수님을 도와주었던 사람들도 여성들이었습니다. 그들은 예수님께서 십자가에서 돌아가실 때에도 뒤를 따랐으며, 부활하셨을 때에도 제일 먼저 부활하신 예수님을 만났습니다.

그러므로 교회가 여성을 무시하고는 부흥할 수가 없습니다. 오늘날 본절의 말씀을 잘못 이해하여 교회에서 여성들에게는 일절 아무것도 못하게 하는 교회가 간혹 있는데, 이는 위의 본문을 잘못 이해해서 그런 것 같습니다.

35절 만일 무엇을 배우려거든 집에서 자기 남편에게 물을지니 여자가 교회에서 말하는 것은 부끄러운 것이라

여기서 '묻는다' 는 것은 예배 시에 질문하는 것을 말합니다. 고린도 교회 여성들은 예배 시에 설교 말씀의 의미를 잘 모르면 남편에게 묻기도 했었던 것 같습니다. 배우고자 하는 열망과 호기심 때문에 다소 큰 소리로 이야기하다 보면 자연히 예배의 질서가 문란해지게 됩니다. 그렇기 때문에 사도 바울은 물을 것이 있으면 집에 가서 남편에게 물으라고 한 것입니다. 결국 사도 바울이 34절과 35절에 걸쳐 말하고자 한 의도는, 교회 내 여성의 지위와 역할을 폄하하고자 하는 것이라기보다는 교회의 질서와 덕을 세우기 위한 것입니다. 교회 공동체 전체의 유익을 위해 여성들로 하여금 교회 내에서 지혜로운 처신을 할 것을 조언한 것입니다.

한편 여기서 우리는 교회에서의 공적인 문제와 집에서의 사적인 문제를 분명히 구분할 줄 알아야 합니다. 모든 남자가 모든 여성의 머리인 것은 아니지만, 한 가정에서는 가정의 질서상 남편이 아내의 머리입니다. 그러므로 아무리 부인이 뛰어난 사람이라고 해도 자신의 남편에게 순종해야 합니다(엡 5:22-23). 부인이 남편보다 지혜와 지식이 뛰어나고 지도력이 우월하다고 해서 남편을 제쳐 놓고 앞장서면 하나님이 세우신 위계질서에 어긋나므로 가정에는 불행이 다가오게 됩니다. 영국의 유명한 '철의 여인' 마거릿 대처 수상은 가정 밖에서는 온 국민이 존경하는 수상이었지만 가정에서는 남편을 위해 손수 저녁 식사를 차리는 좋은 아내였다고 합니다. 그러므로 한 가정에서의 운전대는 남편이 잡고 아내는 남편이 올바른 방향으로 나아가도록 돕는 배필의 역할을 잘 해야 합니다.

36절 하나님의 말씀이 너희로부터 난 것이냐 또는 너희에게만 임한 것이냐

본 절은 34절부터 35절까지의 말씀의 결론으로서 부인들의 지나친 발언이 하나님의 법칙에 어긋나는 것이며 다른 교회에서는 없는 일이라고 견책하는 말입니다. 더구나 고린도 교회는 은사도 많이 받고 하나님의 은혜도 많이 받자 마치 고린도 교회가 다른 교회들의 모교회(母敎會)인 것같이, 또 그들만 하나님 말씀을 받은 것같이 행동했습니다. 이에 대하여 바울은 어찌 너희가 모교회이며 너희만 하나님의 말씀을 받았느냐고 꾸짖고 있습니다. 이 말씀은 다른 교회와 같이 고린도 교회도 하나님이 세워 놓으신 질서와 법도를 무시하지 말고 한 교회로서 주 안에 종속되어야 함을 깨우치는 말씀입니다. 오늘날도 자기들만 하나님의 말씀을 받았다고 하는 이단사설이 많습니다. 이는 하나님의 말씀을 교만한 마음으로 받아들인 결과입니다.

5. 마지막 권면(14:37-40)

37. 만일 누구든지 자기를 선지자나 혹은 신령한 자로 생각하거든 내가 너희에게 편지하는 이 글이 주의 명령인 줄 알라 38. 만일 누구든지 알지 못하면 그는 알지 못한 자니라 39. 그런즉 내 형제들아 예언

하기를 사모하며 방언 말하기를 금하지 말라 40. 모든 것을 품위 있게 하고 질서 있게 하라

37-38절 만일 누구든지 자기를 선지자나 혹은 신령한 자로 생각하거든 내가 너희에게 편지하는 이 글이 주의 명령인 줄 알라 만일 누구든지 알지 못하면 그는 알지 못한 자니라

고린도 교회 교인들 중에는 자신을 선지자나 신령한 자로 생각하는 사람들이 많았습니다. 이들에게 사도 바울은 자신의 편지를 주님께로부터 온 주의 명령으로 알아야 된다고 강하게 말하고 있습니다. 만약에 그의 편지가 하나님의 명령으로 깨달아지지 않는다면 그 사람은 참선지자도 아니고 신령한 사람도 아니라는 것입니다.

이와 같이 사도 바울은 고린도 교회 교인들이 받았다는 은사가 하나님께로부터 온 것인지의 여부를 그의 편지를 기준으로 하여 판단을 받아야 한다고 가르치고 있습니다. 그리고 그의 편지를 하나님의 명령으로 알지 못하는 사람은 하나님께서 알지 못하는 사람이라고 했습니다. 이처럼 사도 바울은 자신이 기록한 편지가 하나님께로부터 받은 말씀이라는 것을 당당하게 주장한 것입니다.

39-40절 그런즉 내 형제들아 예언하기를 사모하며 방언 말하기를 금하지 말라 모든 것을 품위 있게 하고 질서 있게 하라

사도 바울은 이제 본 장의 결론을 맺고 있습니다. 그 결론인즉, 예언하기를 적극적으로 사모하고 방언 말하는 것을 금하지 말라는 것입니다.

사도 바울은 절대로 예언을 금하거나 방언 말하는 것을 금하지 않았습니다. 다만 그것을 잘못 사용하는 것을 우려해서 사용 방법에 대하여 경계하였습니다.

사도 바울은 예언과 방언을 할 때 품위 있게 하고 질서 있게 하라고 했습니다. 즉, 하나님의 은사는 예의 있게, 고상하게, 단정하게 사용하며 반드시 순서와 질서를 따라야 한다는 것입니다. 33절의 말씀처럼, 하나님은 무질서의 하나님이 아니시며 오직 화평의 하나님이십니다. 그러므로 우리는 교회 공동체의 덕을 세우기 위해 모든 것을 품위 있고 질서 있게 해야겠습니다.

제 15 장

부활의 영광

그리스도의 부활에 대한 확실성	15:1-11
신앙의 기초가 되는 부활	15:12-19
부활의 순서	15:20-28
부활의 신앙이 삶에 미치는 영향	15:29-34
부활의 성격과 모습	15:35-49
부활의 승리와 개가	15:50-58

A COMMENTARY ON
THE FIRST EPISTLE TO
THE CORINTHIANS

사도 바울은 본 장에서 죽은 자의 부활이 없다고 주장하는 자들에게 부활이 있음을 구체적으로 답변해 주고 있습니다.

바울은 자신이 이제까지 전하여 온 복음이 예수 그리스도의 죽으심과 부활하심이었다면서 먼저 그리스도의 부활이 확실함을 언급하였습니다. 그리고 이 부활은 성도의 신앙의 기초가 되기 때문에 부활 신앙을 가진 성도는 모든 위험과 죄의 유혹을 물리치고 의를 행할 수 있다고 하였습니다.

또한 바울은 부활의 성격과 모습에 대하여 구체적으로 언급하면서 성도가 어떻게 다시 살게 되는지에 관하여 대답하였습니다. 나아가 바울은 우리의 현재 몸이 그리스도의 능력으로 일시에 영광스러운 부활의 몸으로 변화될 비밀을 말함으로 부활의 확실함을 강조하고 있으며, 성도들에게 흔들리지 말고 항상 주의 일에 더욱 힘쓰는 자들이 되라고 권면해 주고 있습니다.

1. 그리스도의 부활에 대한 확실성(15:1-11)

1. 형제들아 내가 너희에게 전한 복음을 너희에게 알게 하노니 이는
너희가 받은 것이요 또 그 가운데 선 것이라 2. 너희가 만일 내가 전
한 그 말을 굳게 지키고 헛되이 믿지 아니하였으면 그로 말미암아 구
원을 받으리라 3. 내가 받은 것을 먼저 너희에게 전하였노니 이는
성경대로 그리스도께서 우리 죄를 위하여 죽으시고 4. 장사 지낸바
되셨다가 성경대로 사흘 만에 다시 살아나사 5. 게바에게 보이시고
후에 열두 제자에게와 6. 그 후에 오백여 형제에게 일시에 보이셨나
니 그중에 지금까지 대다수는 살아 있고 어떤 사람은 잠들었으며 7.
그 후에 야고보에게 보이셨으며 그 후에 모든 사도에게와 8. 맨 나
중에 만삭되지 못하여 난 자 같은 내게도 보이셨느니라 9. 나는 사
도 중에 가장 작은 자라 나는 하나님의 교회를 박해하였으므로 사도
라 칭함 받기를 감당하지 못할 자니라 10. 그러나 내가 나 된 것은 하
나님의 은혜로 된 것이니 내게 주신 그의 은혜가 헛되지 아니하여 내
가 모든 사도보다 더 많이 수고하였으나 내가 한 것이 아니요 오직
나와 함께하신 하나님의 은혜로라 11. 그러므로 나나 그들이나 이같

이 전파하매 너희도 이같이 믿었느니라

1절 형제들아 내가 너희에게 전한 복음을 너희에게 알게 하노니 이는 너희가 받은 것이요 또 그 가운데 선 것이라

사도 바울과 고린도 교회는 '복음'으로 맺어졌습니다. 사도 바울은 고린도 지방에서 최초로 복음을 전했고, 고린도 교회 교인들은 이를 받아들였습니다. 그런데 교인들 중의 일부가 복음을 오해하고 있었습니다. 이에 사도 바울은 다시 한번 복음의 올바른 의미를 깨우쳐 주기 위해 "형제들아 내가 너희에게 전한 복음을 너희에게 알게 하노니"라고 말한 것입니다.

그러면 복음(gospel)이란 무엇일까요? 복음은 헬라어 '유앙겔리온'(εὐαγγέλιον)으로 '기쁜 소식'이라는 뜻입니다. 신문이나 TV를 보아도 별로 기쁜 소식이 없는 우리 삶에 진정한 기쁨을 주는 소식이 바로 이 복음입니다. 그렇다면 이 기쁜 소식은 무엇에 관한 소식입니까? 그것은 바로 '예수 그리스도'에 관한 소식입니다. 예수 그리스도를 빼면 복음의 내용은 아무것도 없습니다. 우리는 다 첫 아담 안에서 하나님을 반역하고 죽었다가 마지막 아담이신 예수 그리스도가 우리의 죄를 짊어지고 십자가에서 죽으시고 부활하심으로 인해 그 예수 그리스도 안에서 믿음으로 살게 되었습니다. 그래서 하나님께 용서함과 의롭다 함을 얻고 성령의 인침을 받아 하나님의 자녀로서 영생을 얻게 된 것입니다. 이것이 예수 그리스도로 말미암은 복음의 내용입니다.

그래서 우리는 슬플 때도 예수 그리스도의 십자가를 끌어안아 위로를

얻고, 매일매일 다가오는 수고와 무거운 짐들도 이 십자가 앞에 내려놓음으로 평안과 힘과 소망을 얻는 것입니다. 또한 어디서 와서 왜 살며 어디로 가는지 알지 못하는 공허한 인생에서 분명한 인생의 좌표와 의미를 찾은 사람이 되었습니다. 이제 예수 그리스도를 믿지 않고는 우리는 살 수 없습니다. 나는 예수 안 믿고 사는 사람들을 보면 참 용감한 것 같습니다. 나는 이제 예수님 없이는 살 수 없습니다. 살든지 죽든지 예수님과 함께 지내야 합니다. 예수님 없는 삶은 아무런 의미가 없습니다. 천국이라도 예수님이 안 계시면 그곳이 바로 지옥이요, 지옥이라도 예수님이 계시면 그곳이 바로 천국인 것입니다. 그러므로 예수 그리스도는 우리에게 '기쁜 소식' 그 자체입니다. 사도 바울은 이와 같은 예수 그리스도를 전했고 고린도 교회 교인들은 이러한 예수 그리스도를 영접했던 것입니다.

2절 너희가 만일 내가 전한 그 말을 굳게 지키고 헛되이 믿지 아니하였으면 그로 말미암아 구원을 받으리라

사도 바울은 자신이 전한 복음을 굳게 지키고 헛되이 믿지 않으면 구원을 얻게 된다고 말합니다. 여기서 '굳게 지키고' 라는 말은 '굳게 지켜 나가는 것' 을 뜻하며, '헛되이' 라는 말은 '확실한 근거 없이 되는 대로' 라는 의미가 있습니다. 오늘날 적지 않은 사람들이 복음을 굳게 지켜 나가지 못하고 있습니다. 또 확실한 근거 없이 헛되이 믿는 사람도 있고, 복음에 다른 사상을 첨가하여 믿는 사람들도 있습니다.

복음에 있어서 가장 핵심이 되는 것은 예수 그리스도의 사상입니다. 이 예수 그리스도의 사상을 놓치면 구원을 받지 못합니다. '성령론' 에 관하여는 미흡한 신학관을 가지고 있어도 신앙에 손해만 볼 뿐이지 멸망

은 받지 않습니다. 다니엘서나 요한계시록을 잘못 이해하여 미래에 대한 부정확한 지식을 가지고 있다 해도 멸망 받지는 않습니다. 그러나 예수 그리스도에 대한 잘못된 지식으로 인해 멸망을 받을 수 있습니다. 그 이유는 예수님께서 우리의 길이요, 진리요, 생명이 되시기 때문입니다(요 14:6). 예수님 이외의 길로 들어서면 아무리 그 신학이 철저하고 올바르게 보인다 해도 하나님 아버지께로 나아갈 수가 없습니다. 구원의 길은 오직 예수님 한 분밖에 안 계십니다(행 4:12). 그래서 우리가 출근하기 전에 수첩, 지갑, 핸드폰 같은 필수 휴대품을 확인하듯, 또는 기차에서 내리기 전에 기차표를 반드시 확인해 보듯, 내가 알고 있는 복음이 그리스도가 전해 준 복음, 사도 바울이 전해 준 올바른 복음이 맞는지 다시 한번 점검하고 확인해야 합니다. 그 어떤 세상의 보화라도 복음보다 더 귀한 보화는 없기 때문입니다.

3-4절 내가 받은 것을 먼저 너희에게 전하였노니 이는 성경대로 그리스도께서 우리 죄를 위하여 죽으시고 장사 지낸바 되셨다가 성경대로 사흘 만에 다시 살아나사

사도 바울은 직접 주님께로부터 계시를 받아서 고린도 교회 교인들에게 먼저 전해 주었습니다. 바울은 다메섹 도상에서 예수님을 만났고, 아라비아 사막에서 많은 계시를 받았습니다.

바울이 말하는 복음의 핵심은 그리스도의 대속의 죽음과 부활입니다. 첫째로, 예수 그리스도께서 성경대로 우리 죄로 인하여 죽으셨습니다. 예수님의 모든 것은 성경에 예언되었고 그 예언들은 모두 이루어졌습니다. 예수님께서는 처녀의 몸을 통해(사 7:14) 베들레헴에서 태어나셨습니

다(미 5:2). 그리고 이사야서 53장 말씀과 같이 고난의 종으로서 우리 모든 사람을 위하여 십자가에서 죽으셨습니다.

예수님은 자신의 죄 때문에 죽으신 것이 아닙니다. 우리를 위하여 죽으셨습니다(롬 5:8). 예수님께서 죽으심으로 우리의 과거, 현재, 미래의 모든 죄가 청산되었습니다. 이제 우리는 예수님을 믿음으로 용서받은 의인이 되었기 때문에 천국에 들어갈 수 있는 것입니다(롬 3:24; 계 21:27).

둘째로 예수님은 장사 지낸바 되셨다가 사흘 만에 부활하셨습니다. 성경의 예언대로 장사 지낸바 되셨다가 죽은 자 가운데서 다시 살아나셨습니다(시 16:10; 사 26:19; 호 6:2). 예수님의 부활은 우리를 의롭다 하시기 위함이었습니다(롬 4:25). 즉, 예수 그리스도께서 우리에게 하나님의 용서의 완전함을 확증하시기 위해서 다시 살아나신 것입니다. 살아나신 예수님은 어제나 오늘이나 영원토록 동일하십니다(히 13:8).

반면 세상의 위대한 철학자들이나 종교인들은 훌륭한 도덕과 철학과 종교를 가르쳐 주었으나 죽고 난 후에 다시 살아나지 못했습니다. 이것이 그들과 예수님의 차이입니다.

5절 게바에게 보이시고 후에 열두 제자에게와

예수 그리스도의 죽음은 장사 지낸 사실로 확증할 수 있습니다. 마찬가지로 그리스도의 부활 역시 본 절 이하에서 언급한 사람들에게 나타나심으로 확증이 됩니다. 예수님은 여자들을 제외하고는 게바에게 먼저 나타나셨습니다(눅 24:34). 그리고 가룟 유다를 제외한 열한 제자들에게 나타나셨습니다(눅 24:36; 요 20:19). 본 절에서 가룟 유다가 빠졌는데도 열두 제자라고 말한 것은 사도단의 공적 명칭으로써 열둘이 사용되었기 때문입니다(행 6:2; 계 21:14).

6절 그 후에 오백여 형제에게 일시에 보이셨나니 그중에 지금까지 대다수는 살아 있고 어떤 사람은 잠들었으며

예수님은 제자들을 예루살렘 가까이에 있는 감람원에 모이게 하시고 500여 명이나 되는 사람들에게 나타나시어 지상 명령을 주셨습니다(행 1:4-11). 그리고 하늘로 올라가셨습니다. 여기서 '오백' 이란 숫자는 복음서에 기록되어 있지 않지만 '많은 사람', 즉 '대중' 을 나타내는 말입니다. 부활하신 주님께서 몇 사람에게만 나타나시지 않고 수많은 사람에게 나타나심으로 부활이 사실임을 증명하신 것입니다. 또한 사도 바울이 이 편지를 쓸 당시에 감람원에서 예수님을 만나 본 사람들 대다수가 살아 있었고, 죽은 자는 소수에 불과했다고 말함으로 바울은 그리스도의 부활을 더 힘 있게 증언하고 있습니다.

7절 그 후에 야고보에게 보이셨으며 그 후에 모든 사도에게와

여기서 말하는 야고보는 사도 야고보가 아니라 주의 형제인 야고보입니다. 그는 예수님이 부활하시기 전까지 그의 다른 형제들처럼 예수님을 믿지 않았습니다(요 7:5). 부활하신 예수님을 직접 만난 후에야 예수님을 구주로 믿게 되었던 것입니다. 사도 바울이 여기에서 주님의 아우인 야고보를 언급한 이유는 사도 바울 자신과 같이 그도 주님의 부활을 목격한 후에 믿게 되었다는 것을 강조하기 위해서입니다. 그리고 '모든 사도' 는 열두 명의 사도뿐만 아니라 다른 사도들도 포함하는 말입니다.

8절　맨 나중에 만삭되지 못하여 난 자 같은 내게도 보이셨느니라

사도 바울은 다른 사람들이 그리스도의 부활을 목격한 사실을 열거한 다음에 자신의 체험도 말하고 있습니다. 그는 다메섹 도상에서 주님과 만났고 그 후에 주님의 종이 되었습니다(행 9:5). 그런데 그는 자신을 '만삭되지 못하여 난 자' 라고 비하해서 칭했습니다. 이렇게 말한 데에는 이유가 있습니다. 사도 바울은 예수님이 살아 계셨을 때에 예수님과 직접적인 접촉이 없었습니다. 주님을 알지도 못하고 따르지도 않았습니다. 바울은 주님이 부활 승천하신 후에도 교회들을 박해하고 그리스도인들을 감옥에 잡아넣고 심지어는 스데반이 순교당할 때에 찬동하기까지 했습니다(행 7:58; 9:1-2).

이러한 그를 예수님께서 택하여 사도로 세우셨습니다. 그는 일반적으로 사도가 되기 위해 밟아야 하는 교육과정을 거치지 않은 갑자기 태어난 사도였고, 회심하기 전에 교회를 박해한 사실을 생각하면서 자신을 만삭되지 못하여 난 자와 같다고 칭했던 것입니다.

9절　나는 사도 중에 가장 작은 자라 나는 하나님의 교회를 박해하였으므로 사도라 칭함 받기를 감당하지 못할 자니라

바울은 고린도후서 11장 5절에서 "나는 지극히 크다는 사도들보다 부족한 것이 조금도 없는 줄로 생각하노라" 고 말했습니다. 그가 하나님을 위하여 행한 봉사와 수고는 어떤 사도들도 따르지 못했습니다. 그러나 바울은 항상 겸손했습니다. 그가 회심하기 전에 성도들을 박해했던 쓰라린 과거가 있었기 때문이었습니다. 그럼에도 불구하고 하나님께서 사랑과 은총으로 자신을 사도로 세우심에 대하여 감사했으며, 겸손한 마음으로 부지런히 일했습니다. 과거에 허물 많던 자신에게 주님께서 엄청난 사명을 맡기신 데 감격하여 끝없는 충성심을 발휘했던 것입니다. "나를 능하게 하신 그리스도 예수 우리 주께 내가 감사함은 나를 충성되이 여겨 내게 직분을 맡기심이니 내가 전에는 비방자요 박해자요 폭행자였으나 도리어 긍휼을 입은 것은 내가 믿지 아니할 때에 알지 못하고 행하였음이라 우리 주의 은혜가 그리스도 예수 안에 있는 믿음과 사랑과 함께 넘치도록 풍성하였도다 미쁘다 모든 사람이 받을 만한 이 말이여 그리스도 예수께서 죄인을 구원하시려고 세상에 임하셨다 하였도다 죄인 중에 내가 괴수니라"(딤전 1:12-15).

10절 그러나 내가 나 된 것은 하나님의 은혜로 된 것이니 내게 주신 그의 은혜가 헛되지 아니하여 내가 모든 사도보다 더 많이 수고하였으나 내가 한 것이 아니요 오직 나와 함께하신 하나님의 은혜로라

바울은 자신이 사도가 된 것은 하나님의 은혜로 말미암은 것이라고 설명하고 있습니다. 그는 모든 사람보다 더 많이 수고했지만 그렇게 한 것은 자신이 잘나서가 아니라 전적으로 하나님께서 은혜를 베푸셨기 때문이라는 것입니다.

바울은 자신을 하나님께 빚진 자라고 생각했습니다(롬 1:14; 8:12). 마찬가지로 그리스도인들은 모두 다 하나님께 빚진 자입니다. 그러므로 하나님의 은혜를 헛되이 해서는 안 되며 열심을 내어 주님을 위해 수고해야 합니다. 참으로 오늘의 우리가 있게 된 것은 전적으로 하나님의 은혜로 말미암은 것입니다. 스스로 믿어서 오늘과 같은 모습을 갖추게 된 사람

은 아무도 없습니다. 하나님께서 창세전에 예비하시고 준비하셔서 믿게 한 것입니다. 하나님은 어떤 사람에게는 사업의 실패를 통하여, 어떤 사람에게는 질병을 통하여 하나님을 믿게 하셨습니다. 어떤 과정을 겪었든 결과적으로 하나님을 믿고 보니 얼마나 좋습니까? 그래서 이 은혜를 크게 받은 사람은 하나님께 크게 빚진 사람이고, 은혜를 적게 받은 사람은 적게 빚진 사람입니다. 대개 하나님께 크게 빚진 사람은 주의 종이 되는 경우가 많습니다.

나는 지난 목회 생활을 돌아볼 때, 아무것도 모르는 철부지를 부르셔서 신학 공부시키시고 개척 현장에 내보내신 후 지금까지 인도하신 우리 하나님께 감사하지 않을 수 없습니다. 나는 수없이 넘어지고 시행착오를 거듭했지만 하나님께서 은혜로 이 부족한 자를 거두어 주셨습니다. 결국 지금까지의 목회는 하나님의 은혜로 된 것이지 내가 한 것이 아닙니다. 나는 그저 하나님의 은혜 뒤를 졸졸 따라다닌 것뿐입니다. 그러므로 우리 인생은 그 은혜에 의하여 믿음으로 사는 것입니다.

11절 그러므로 나나 그들이나 이같이 전파하매 너희도 이같이 믿었느니라

그리스도께서 우리를 위해서 죽으셨다가 부활하셨다는 복음을 사도 바울이나 다른 사도들이 전했을 때 고린도 교회 교인들도 이 복음을 믿고 예수 그리스도를 영접하여 구원을 받게 되었다는 것입니다. 이와 같이 모든 사도들이 일치하여 예수 그리스도의 죽음과 부활을 핵심으로 한 복음을 전했습니다. 우리도 이런 복음을 전해야 합니다.

그런데 어느 한 영혼이 구원을 얻는다는 것은 하나님의 섭리가 아니고

는 불가능합니다. 우리 자신이 전도해서 구원받게 하였다고 생각할지 모르지만 하나님께서 환경과 조건을 만드시고 알맞은 때에 우리의 입을 통하여 복음을 듣게 하여 구원받도록 하시는 것입니다. 성경은 "너는 말씀을 전파하라 때를 얻든지 못 얻든지 항상 힘쓰라"(딤후 4:2)고 말합니다. 그러므로 우리는 누가 구원받을지 모르기 때문에 열심히 전도해야 합니다. 구원은 하나님께서 주시는 것이며 우리는 다만 전도할 뿐입니다. 하나님께서 성령을 통하여 불러 주시고 성령의 생기가 영혼에 들어가야 예수 그리스도를 구주로 영접하게 됩니다. 하나님께서 흙으로 사람을 만들어 놓으신 후에 생기를 불어 넣지 않으셨다면 살아 움직이는 사람이 될 수 없었습니다(창 2:7). 같은 원리로 영이 죽어 있는 사람들에게 하나님께서 성령의 생기를 불어 넣어야만 중생을 하게 되며 하나님의 자녀가 됩니다.

이렇기 때문에 하나님의 교회는 성령님을 인정하고 환영하고 모셔 들이며 의지해야 합니다. 만약에 성령의 역사를 인정하지 않는 교회가 있다면 그것은 진정한 교회가 아닙니다. 오늘날 교회에는 왔다 갔다 하지만 중생하지 못한 사람들이 많이 있습니다.

교회에는 성령이 충만한 교회와 성령을 제한하는 교회가 있습니다. 그런데 성령을 제한하는 교회가 일어나서 성령이 충만한 교회를 박해합니다. 우리는 이것을 분명히 알아야 합니다. 주님께서는 우리가 하늘나라에 가기 위해서는 물과 성령으로 거듭나야 한다고 말씀하셨습니다(요 3:5). 여기서 물은 회개와 말씀을 의미합니다. 즉, 하나님의 말씀과 회개와 성령의 역사가 없이는 하늘나라를 볼 수 없다는 것입니다. 그러므로 말씀의 역사와 회개의 역사와 성령의 역사가 있는 주님의 교회를 찾아가 섬겨야 할 것입니다. 왜냐하면 우리의 영혼은 우리 자신이 잘 간수하고 보호해야 하기 때문입니다.

2. 신앙의 기초가 되는 부활(15:12-19)

12. 그리스도께서 죽은 자 가운데서 다시 살아나셨다 전파되었거늘
너희 중에서 어떤 사람들은 어찌하여 죽은 자 가운데서 부활이 없다
하느냐 13. 만일 죽은 자의 부활이 없으면 그리스도도 다시 살아나
지 못하셨으리라 14. 그리스도께서 만일 다시 살아나지 못하셨으면
우리가 전파하는 것도 헛것이요 또 너희 믿음도 헛것이며 15. 또 우
리가 하나님의 거짓 증인으로 발견되리니 우리가 하나님이 그리스
도를 다시 살리셨다고 증언하였음이라 만일 죽은 자가 다시 살아나
는 일이 없으면 하나님이 그리스도를 다시 살리지 아니하셨으리라
16. 만일 죽은 자가 다시 살아나는 일이 없으면 그리스도도 다시 살
아나신 일이 없었을 터이요 17. 그리스도께서 다시 살아나신 일이
없으면 너희의 믿음도 헛되고 너희가 여전히 죄 가운데 있을 것이요
18. 또한 그리스도 안에서 잠자는 자도 망하였으리니 19. 만일 그리
스도 안에서 우리가 바라는 것이 다만 이 세상의 삶뿐이면 모든 사람
가운데 우리가 더욱 불쌍한 자이리라

12절 그리스도께서 죽은 자 가운데서 다시 살아나셨다 전파되었거늘 너희 중에서 어떤 사람들은 어찌하여 죽은 자 가운데서 부활

이 없다 하느냐

사도 바울은 모든 사도와 함께, 그리스도께서 죽은 자 가운데서 부활하셨다고 전했습니다. 그런데 고린도 교회 교인들 중에서 어떤 자들은 부활이 없다고 주장하기도 했습니다. 유대교의 한 분파인 사두개인들은 죽은 자의 부활, 천사, 영의 존재를 믿지 않았습니다. 또한 당시 헬라 사상은 영혼 불멸 사상을 가지고는 있었으나 육체의 부활은 믿지 않았습니다. 이러한 영향을 받은 고린도 교인들 중 일부는 육체의 부활을 믿지 않았던 것 같습니다. 이에 사도 바울은 부활이 없다는 근거가 무엇이냐고 묻고 있습니다.

이와 같은 주장은 오늘날 현대 신학자들 중 일부에서나, 많은 이단들 가운데서도 볼 수 있습니다. 예수님은 분명히 죽은 자 가운데서 부활하셨습니다. 이 사실은 구약에 예언되었고, 많은 증인들이 실제로 목격했으며, 부활의 증인으로서 성령을 우리에게 보내 주셨습니다. 예수님께서는 하나님 아버지께 가면 아버지께로부터 나오시는 진리의 성령을 우리에게 보내 주시겠다고 약속하셨습니다(요 15:26). 만일 예수님이 부활하셔서 하늘나라로 가지 않으면 성령이 우리에게 오시지 않는다고 했습니다(요 16:7). 그러므로 성령이 이 땅에 오시고 또 우리들에게 오신 것은 예수님께서 부활하여 승천하셨다는 증거가 됩니다. 우리의 가족이나 친구가 외국에 가 있을 경우에 그가 틀림없이 그곳에 있는지 어떻게 알 수 있습니까? 그것은 외국으로부터 오는 전보나 편지나 선물로 알 수 있습니다. 이와 같이 성령이 역사하는 교회나 성령 충만한 사람들은 예수님의 부활 승천에 대한 확실한 증거가 되는 예수 그리스도의 편지들인 것입니다.

13절 만일 죽은 자의 부활이 없으면 그리스도도 다시 살아나지 못하셨으리라

예수님의 죽음과 부활은 전 인류의 죽음과 부활에 관계됩니다. 예수님은 우리의 죄 때문에 죽으셨고 우리의 부활을 위하여 부활하셨습니다. 아담이 죄를 지음으로 인하여 사망이 모든 인류에게 임하였으나 예수님으로 말미암아 모든 인류가 생명을 얻게 되었습니다(롬 5:17). 아담의 범죄로 많은 사람이 정죄함에 이르렀으나, 예수님의 의로운 행동으로 말미암아 많은 사람이 의롭다 하심을 받아 생명에 이르게 되었습니다(롬 5:18). 아담이 하나님께 순종하지 아니함으로 많은 사람이 죄인이 되었으나 예수님의 순종하심으로 많은 사람이 의인이 되었습니다(롬 5:19). 이와 같이 예수님의 부활과 우리 인류의 부활은 불가분의 관계에 있습니다. 예수님이 부활하셨다면 우리도 부활하는 것이고, 예수님께서 부활하시지 못했다면 우리에게도 부활이 없는 것입니다. 예수님과 우리는 운명 공동체이자 생명 공동체이기 때문입니다. 그러므로 사도 바울은 그리스도의 부활을 인정한다면 죽은 자의 부활을 부정할 수 없다고 주장하고 있습니다.

14절 그리스도께서 만일 다시 살아나지 못하셨으면 우리가 전파하는 것도 헛것이요 또 너희 믿음도 헛것이며

만일 예수 그리스도께서 부활하시지 않았다면 사도 바울을 포함한 모든 그리스도인들이 전파하는 것은 헛것이 되고 맙니다. 그리고 믿는 것도 헛것이 되고 맙니다. 왜냐하면 기독교 복음의 핵심은 예수님의 부활에 있기 때문입니다. 만약 예수님께서 부활하시지 않았다면 예수님은

우리의 구주가 되지 못합니다.

옛날 조선 시대 때 국가의 공금(公金) 천 냥을 빚지면 빚진 자를 감옥에 가두어 놓고 일정한 기간을 정하여 갚을 기회를 주었습니다. 정한 기간 동안에 가족들이 돈을 마련하여 빚을 갚으면 다시 풀려 나왔습니다. 그러나 기한까지 빚을 갚지 못하면 사형에 처했습니다. 그래서 감옥에 갇힌 사람이 일정한 기간 안에 나오지 않으면 빚값으로 죽었다고 사람들은 생각했습니다. 그러나 감옥에서 풀려나와 생활하는 것을 보면 '빚을 다 갚았구나' 라고 생각했습니다.

이와 같이 예수님은 우리 인류의 죗값인 사망의 빚(롬 6:23)을 갚기 위해서 죽음의 감옥에 들어가셨습니다. 만약 예수님께서 죽음의 감옥 속에서 나오지 않으셨다면 우리의 사망의 빚을 갚지 않은 것이 됩니다. 그러나 예수님께서 사흘 만에 죽음의 감옥 문을 열고 당당하게 부활하여 나오심으로 우리의 모든 빚을 갚은 것이 되었습니다(마 28:6; 막 16:6; 눅 24:6). 그러므로 예수님은 우리의 구주가 되시고, 우리의 전파하는 것도 참이 되며, 우리의 믿음도 헛것이 되지 않습니다.

예수님이 우리의 구주가 되시려면 절대적으로 두 가지 조건을 갖추어야 했습니다. 첫째는 예수님께서 성령으로 말미암아 동정녀에게서 태어나셔야 한다는 것입니다. 인간 아버지의 핏줄에서 태어났으면 아담의 피를 이어받게 됩니다. 아담의 피를 이어받으면 원죄가 있기 때문에 예수님도 우리와 같이 죄인이 됩니다. 그렇게 되면 다른 사람을 죄에서 구원할 수가 없습니다. 그러나 예수님은 동정녀에게서 태어나셨습니다(마 1:18-25; 눅 1:26-35). 예수님은 아담의 후손이 아니고 여자의 후손이시기 때문에(창 3:15) 원죄가 없습니다. 그렇기 때문에 우리 인류의 모든 죄를 짊어지실 수 있는 자격이 있는 것입니다. 예수님이 아담의 원죄로부터 해방된 상태로 태어나기 위한 필수조건인 동정녀 탄생은 모든 그리스도인들의 절대 신앙입니다. 오늘날 신(新)신학자들은 예수님이 사생아로 태어났든지, 인간 아버지의 핏줄에서 태어났든지, 동정녀에게서 태어났든지 상관할 것 없이 예수님의 사상만 배우면 될 것이라고 말합니다. 그런 말은 대단히 잘못된 말입니다. 예수님이 동정녀에게서 태어나시지 않았다면 우리의 구주가 되실 수 없고 믿을 필요도 없습니다.

둘째는 예수님께서 우리 죄를 위하여 죽었다가 부활하셔야만 된다는 것입니다. 예수님이 부활하시지 않았다면 우리의 죄는 그대로 있고 우리는 영원히 멸망을 받을 수밖에 없습니다.

예수님께서 이 두 가지 조건을 갖추시지 못했다면 우리는 구원을 받을 수 없습니다. 마귀는 모든 수단을 다 동원해서 이 두 가지 사건이 거짓이라고 전하려고 합니다. 그러므로 우리는 올바른 신앙 지식 위에 굳게 서서 흔들리지 말아야겠습니다.

15절 또 우리가 하나님의 거짓 증인으로 발견되리니 우리가 하나님이 그리스도를 다시 살리셨다고 증언하였음이라 만일 죽은 자가 다시 살아나는 일이 없으면 하나님이 그리스도를 다시 살리지 아니하셨으리라

사도들은 하나님께서 그리스도를 부활시키셨다고 전했습니다. 그런데 만약에 그리스도의 부활이 거짓이라면 사도들이 전한 것이 헛것일 뿐만 아니라(14절) 그들이 하나님의 거짓 증인이 되고 마는 것입니다. 사도들은 어떤 철학이나 윤리나 도덕을 전하지 않고 그리스도의 죽음과 부활

을 전했기 때문입니다.

그리고 만약 죽은 자의 부활이 없다면 하나님께서 그리스도를 다시 살리시지 않았을 것입니다. 사도들은 하나님께서 그리스도를 다시 살리셨다고 증언하였는데, 그것이 거짓이라면 사도들은 이 세상에서 가장 극악한 거짓말쟁이들이 됩니다. 그러므로 사도 바울은 본 절에서 예수 그리스도의 부활의 실재성을 심각한 태도로 언급한 것입니다.

16절 만일 죽은 자가 다시 살아나는 일이 없으면 그리스도도 다시 살아나신 일이 없었을 터이요

사도 바울은 13절에서 언급한 말씀을 여기서 다시 한번 강조하고 있습니다. 이와 같이 반복하여 말한 이유는 그리스도의 부활과 성도들의 부활 사이에는 불가분의 관계가 있다는 것을 강조하기 위해서입니다.

17-18절 그리스도께서 다시 살아나신 일이 없으면 너희의 믿음도 헛되고 너희가 여전히 죄 가운데 있을 것이요 또한 그리스도 안에서 잠자는 자도 망하였으리니

본문은 14절의 반복입니다. 그리스도께서 부활하지 않으셨다면 첫째로, 우리의 믿음이 헛것입니다. 우리가 아무리 잘 믿어도 그 결과가 헛되다는 말입니다. 즉, 신앙의 열매를 맺지 못한다는 것입니다.

둘째로, 우리는 여전히 죄 가운데 있게 됩니다. 우리의 원죄뿐만 아니라 자범죄로부터 해방을 받을 수가 없습니다. 결국 죗값으로 사망을 받게 되고 지옥에 가게 됩니다.

셋째로, 그리스도를 믿고 죽은 사람들도 그대로 망하고 만다는 것입니

다. 부활이 없다면 다시 살아날 수도 없고, 신앙을 위하여 죽었던 자 역시 아무것도 아닌 것이 되기 때문입니다.

19절 만일 그리스도 안에서 우리가 바라는 것이 다만 이 세상의 삶뿐이면 모든 사람 가운데 우리가 더욱 불쌍한 자이리라

본 절에서 사도 바울은 12절부터 18절까지 말한 것에 대한 결론을 말하고 있습니다. 만약 우리가 그리스도를 믿고 소망하는 것이 이 세상에 국한된 것이라면 이 세상의 모든 사람 가운데 우리 예수 믿는 자들이 가장 불쌍한 사람이 될 것입니다.

우리는 부활이 있음을 믿기 때문에 절제도 하고 의롭게 살려고 노력도 합니다. 남들과 달리 술, 담배도 절제하고 음란, 방탕한 생활을 멀리하려고 무던히 애를 씁니다. 예수 그리스도를 믿음으로 우리는 천국과 지옥이 있고 하늘나라의 상급도 있다는 것을 알게 되었습니다. 그래서 천국에 가게 될 것을 확신하면서도 부끄러운 구원을 받지 않으려고 노력합니다. 이와 같이 우리의 바라는 것이 이 세상뿐만이 아니고 영원한 천국이기 때문에 믿음과 사랑 가운데서 하나님을 위해 열심히 사는 것입니다.

사도 바울은 12절부터 19절까지 '만일' 이라는 단어를 다섯 번이나 사용하면서 그리스도의 부활이 얼마나 중요한 것인가를 설명했습니다. 만일 죽은 자의 부활이 없다면 그리스도의 부활이 있을 수가 없고(13,16절). 그렇게 되면 복음을 전파하는 것도 헛것이며(14절), 성도의 믿음도 헛것이 됩니다(14,17절). 또 복음 전하는 자는 거짓 증인으로 발견되며(15절), 모든 성도들이 여전히 죄 가운데 있게 됩니다(17절). 그리고 그리스도 안에서 잠자는 자도 망하게 되고(18절), 예수님 믿는 사람이 모든 사람 가운

데 더욱 불쌍한 자가 됩니다. 결국 부활을 부정하면 기독교 복음의 전체가 부정되고 맙니다. 이와 같이 기독교에서 부활은 참으로 중요한 것입니다.

3. 부활의 순서(15:20-28)

20. 그러나 이제 그리스도께서 죽은 자 가운데서 다시 살아나사 잠자
는 자들의 첫 열매가 되셨도다 21. 사망이 한 사람으로 말미암았으
니 죽은 자의 부활도 한 사람으로 말미암는도다 22. 아담 안에서 모
든 사람이 죽은 것같이 그리스도 안에서 모든 사람이 삶을 얻으리라
23. 그러나 각각 자기 차례대로 되리니 먼저는 첫 열매인 그리스도요
다음에는 그가 강림하실 때에 그리스도에게 속한 자요 24. 그 후에
는 마지막이니 그가 모든 통치와 모든 권세와 능력을 멸하시고 나라
를 아버지 하나님께 바칠 때라 25. 그가 모든 원수를 그 발 아래에 둘
때까지 반드시 왕 노릇 하시리니 26. 맨 나중에 멸망받을 원수는 사
망이니라 27. 만물을 그의 발 아래에 두셨다 하셨으니 만물을 아래
에 둔다 말씀하실 때에 만물을 그의 아래에 두신 이가 그중에 들지 아
니한 것이 분명하도다 28. 만물을 그에게 복종하게 하실 때에는 아
들 자신도 그때에 만물을 자기에게 복종하게 하신 이에게 복종하게
되리니 이는 하나님이 만유의 주로서 만유 안에 계시려 하심이라

20절 그러나 이제 그리스도께서 죽은 자 가운데서 다시 살아나사 잠

자는 자들의 첫 열매가 되셨도다

앞에서(13-19절) '만일' 이라는 말을 사용하여 부활의 중요성을 강조한 사도 바울은 '이제' 라는 말을 사용하여 부활의 사실을 증언하고 있습니다. 실로 예수 그리스도는 죽은 자 가운데서 살아나셔서 잠자는 자, 즉 죽은 자들의 첫 열매가 되셨습니다. 이스라엘 제사를 보면 첫 열매를 하나님께 드리는 것은 그 전체를 드리는 것과 같습니다(출 23:19; 레 23:10-14; 민 15:20-21). 그러므로 예수 그리스도의 부활은 모든 그리스도인들의 부활을 의미합니다. 즉, 그리스도께서 부활하신 것처럼 언젠가는 모든 성도들도 부활하게 된다는 것입니다(롬 6:5). 교회의 머리 되신 예수님께서 부활하셨기 때문에 몸 된 교회도 당연히 부활합니다(골 1:18).

그런데 성경에는 죽은 자들이 다시 살리심을 받은 사건이 여러 곳에 기록되어 있습니다. 회당장의 딸이 다시 살아났으며(눅 8:49-56), 나인 성 과부의 아들도 살아났고(눅 7:11-17), 나사로도 다시 살아났습니다(요 11:38-44). 그러나 그것은 부활이 아니고 '소생' 입니다. 소생은 죽을 몸이 죽었다가 다시 죽을 몸으로 살아나는 것을 말합니다. 반면에 부활은 죽을 몸이 살 몸으로, 육의 몸이 신령한 몸으로, 추한 몸이 영화로운 몸으로 변화되어 영원히 사는 것을 말합니다. 그런데 예수님은 부활의 첫 열매가 되셨고 첫 씨앗이 되셨습니다. 이 예수님의 부활의 씨앗을 믿음으로 심어 놓은 사람 안에서는 부활의 열매가 점점 자라나고 있습니다. 이런 사람들은 어린 아기가 모태에서 기한이 차면 이 세상에 태어나듯이 기한이 차면 예수님처럼 부활하게 될 것입니다.

21절 사망이 한 사람으로 말미암았으니 죽은 자의 부활도 한 사람으

로 말미암는도다

사도 바울은 그리스도의 부활과 성도들의 부활의 관계를 아담과 그리스도와의 관계로 설명하고 있습니다(21-24절). 먼저 사망이 사람으로 말미암아 생겼듯이 부활도 사람으로 말미암는다는 것입니다.

22절 아담 안에서 모든 사람이 죽은 것같이 그리스도 안에서 모든 사람이 삶을 얻으리라

바울은 사망을 가져온 사람과 부활을 가져온 사람을 밝히면서 부활의 원리를 설명하고 있습니다. 즉, 사망의 씨앗은 아담으로 말미암아 심어졌고, 부활의 씨앗은 그리스도로 말미암아 심어졌다는 것입니다.

이와 같이 아담과 그리스도는 전 인류의 대표로서 두 사람 모두 우리 인류에게 변화를 가져다주었습니다(롬 5:12-21). 아담 안에서는 모든 인류가 죽었지만 그리스도 안에서는 모든 인류가 새로운 삶을 얻게 되었습니다. 이 새로운 삶은 그리스도를 믿음으로 부활의 씨앗을 받은 사람만이 누릴 수 있습니다.

23절 그러나 각각 자기 차례대로 되리니 먼저는 첫 열매인 그리스도요 다음에는 그가 강림하실 때에 그리스도에게 속한 자요

사도 바울은 부활의 순서에 대하여 각각 자기 차례대로 된다고 말하고 있습니다. 첫째는 그리스도요, 둘째는 그리스도께서 재림하실 때에 예수님께 속한 자들이라고 했습니다. 여기서 '그리스도에게 속한 자' 란 말은 그리스도를 믿고 죽은 자뿐만 아니라 살아 있는 그리스도인들을 포함한 하나님의 백성 모두를 가리킵니다. 그런데 예수 그리스도를 믿고 살다가

죽은 사람의 육신은 땅에 묻혀 있지만 그 영은 낙원에 올라가서 예수님과 함께 있습니다. 그러므로 예수님께서 강림하실 때에 그리스도와 함께 있던 영들을 부활시켜 주십니다. 또한 지상에 살아 있는 그리스도인들도 부활시켜 주십니다.

성도들 중에 어떤 사람들은 부활의 문제에 대하여 걱정하는 사람들이 있습니다. 시신을 화장시켜 버렸는데 부활의 날에 어떻게 되겠느냐는 것입니다. 이런 문제로 걱정할 필요는 없습니다. 주님께서 죽은 사람을 부활시키실 때에는 인간의 육신을 부활시켜 주시는 것이 아닙니다. 하나님의 성령의 능력으로 새로운 부활의 몸을 주십니다. 만약 우리가 육신의 몸을 가지고 부활한다면 큰 문제가 생깁니다.

예를 들어 보십시다. 어떤 예수 믿는 사람이 배를 타고 항해하다가 배가 파손되어 물에 빠져 죽었습니다. 영혼은 천국에 갔지만 그 육신은 고기가 다 먹어 버렸습니다. 그런데 어부들이 그 고기를 잡아서 요리하여 먹었습니다. 그 고기는 먹은 사람의 살이 되었습니다. 세월이 흘러 그 어부들이 죽어 공동묘지에 묻혔습니다. 그 후 공동묘지가 변해서 과수원이 되었고 사과나무가 그 시체의 영양분으로 사과를 맺었습니다. 그래서 다른 사람이 그 사과를 따 먹고 자기 몸의 일부가 되었습니다. 만일 우리의 육신대로 부활한다면 부활의 날에는 굉장한 싸움이 일어날 것입니다. 서로 자기 살이라고 주장할 것이기 때문입니다. 그러므로 우리의 육신이 부활하는 것이 아니라 주님께서 새로운 창조로 우리를 부활시켜 주십니다. 그렇기 때문에 육신이 흙에 묻혀도 좋고 화장을 해도 상관이 없습니다. 문제는 우리 영혼이 부활의 씨앗을 가지고 예수님께 속해 있느냐, 속해 있지 않느냐는 것입니다.

24절 그 후에는 마지막이니 그가 모든 통치와 모든 권세와 능력을 멸하시고 나라를 아버지 하나님께 바칠 때라

본 절의 '마지막' 이란 말은 '세상의 종말' 을 의미합니다. 결국 성도들의 부활 다음에 이 세상의 종말이 온다는 것입니다. 예수님께서 재림하셔서 영계와 인간 세계의 모든 권세와 권력을 멸하시고 천년왕국을 이룩하십니다(계 20:4-6). 그리고 천년왕국이 지나면 흰 보좌 심판을 통하여 모든 죽은 자들을 심판하신 후에 영원한 나라를 하나님 아버지께 돌려드리게 됩니다(계 20:7-15).

25-26절 그가 모든 원수를 그 발 아래에 둘 때까지 반드시 왕 노릇 하시리니 맨 나중에 멸망받을 원수는 사망이니라

사도 바울은 시편 110편 1절 말씀을 인용하면서 예수 그리스도께서 모든 원수를 완전히 멸하실 때까지 권세를 가지고 통치하신다고 말하고 있습니다. 예수님은 만왕의 왕이요, 만주의 주이십니다. 예수님께서는 7년 환난이 지나고 천년왕국이 끝난 후에 믿지 않고 죽은 자들을 다 부활시켜 흰 보좌 심판을 받게 하신 후, 마귀와 함께 불과 유황으로 타는 못에 영원히 던져 버림으로써 영원토록 괴로움을 받게 하십니다.

또한 예수님은 사망까지도 멸망받게 하십니다. 사도 바울은 사망을 의인화하여 우리의 원수라고 했습니다. 사망은 그 어떤 것보다도 더 무서운 우리의 적입니다. 이 원수 앞에 우리 모든 인간들이 떨었고 그 앞에서 얼마나 울었는지 모릅니다. 그러나 모든 인간이 부활할 때에 사망은 완전히 철폐되고 완전히 멸망을 받게 됩니다.

27절 만물을 그의 발 아래에 두셨다 하셨으니 만물을 아래에 둔다 말씀하실 때에 만물을 그의 아래에 두신 이가 그중에 들지 아니한 것이 분명하도다

사도 바울은 시편 8편 6절 말씀을 인용하여 그리스도께서 하나님 외의 모든 만물을 지배하신다는 것을 말하고 있습니다. '만물을 그의 발 아래 두셨다' 는 말씀은 하나님 아버지께로부터 받은 권세를 가리킵니다. 하나님 아버지는 만물 중에 들지 않으십니다. 왜냐하면 바로 하나님께서 만물을 예수 그리스도 아래에 두신 분이기 때문입니다.

28절 만물을 그에게 복종하게 하실 때에는 아들 자신도 그때에 만물을 자기에게 복종하게 하신 이에게 복종하게 되리니 이는 하나님이 만유의 주로서 만유 안에 계시려 하심이라

하나님의 아들 예수 그리스도께서 하나님 아버지께 복종하게 될 때가 옵니다. 그때는 그리스도께서 모든 원수를 멸하시고 왕국과 왕권을 하나님 아버지께 바칠 때입니다. 예수 그리스도는 하나님 아버지께 모든 것을 돌리시고 하나님 아버지는 만유 가운데 계셔서 만유를 주장하십니다. 성경은 말하기를 "오직 그리스도는 만유시요 만유 안에 계시니라"(골 3:11)고 했습니다. 중보자 되시는 예수 그리스도께서 사역을 다 마치신 후에 모든 통치권을 하나님 아버지께 돌리실 때에는 예수님 자신도 삼위일체 하나님으로서 영원히 만유를 주관하시게 됩니다.

4. 부활의 신앙이 삶에 미치는 영향(15:29-34)

29. 만일 죽은 자들이 도무지 다시 살아나지 못하면 죽은 자들을 위
하여 침례를 받는 자들이 무엇을 하겠느냐 어찌하여 그들을 위하여
침례를 받느냐 30. 또 어찌하여 우리가 언제나 위험을 무릅쓰리요
31. 형제들아 내가 그리스도 예수 우리 주 안에서 가진바 너희에 대
한 나의 자랑을 두고 단언하노니 나는 날마다 죽노라 32. 내가 사람
의 방법으로 에베소에서 맹수와 더불어 싸웠다면 내게 무슨 유익이
있으리요 죽은 자가 다시 살아나지 못한다면 내일 죽을 터이니 먹고
마시자 하리라 33. 속지 말라 악한 동무들은 선한 행실을 더럽히나
니 34. 깨어 의를 행하고 죄를 짓지 말라 하나님을 알지 못하는 자가
있기로 내가 너희를 부끄럽게 하기 위하여 말하노라

29절 만일 죽은 자들이 도무지 다시 살아나지 못하면 죽은 자들을 위하여 침례를 받는 자들이 무엇을 하겠느냐 어찌하여 그들을 위하여 침례를 받느냐

사도 바울은 죽은 자들을 위하여 침례를 받는 자들의 경우를 들어서 부활을 증언하고 있습니다. 그는 죽은 자들의 부활이 없다면 죽은 자들을 위하여 침례 받는 것이 무슨 소용이 있느냐고 묻습니다. 사실 죽은 자들을 위하여 대리 침례를 받는 것은 성경의 교리에 위배되는 것입니다. 사도 바울이 이러한 관습을 언급한 것은 당시의 관습을 예로 들어 부활을

증언하려 한 것뿐입니다.

당시 고린도 교회 성도들 중에서는 예수님을 믿지 않고 죽은 가족들이나 친척들을 위해 대신 물 침례를 받는 관습이 있었습니다. 이는 그들이 그만큼 부활에 대해 강한 확신과 열망을 가졌기에 자신뿐만 아니라 불신 가족들과 친척까지도 함께 부활하기를 원했다는 것을 보여 주는 예입니다. 그렇기 때문에 사도 바울은 "만약 부활에 대한 분명한 확신과 소망이 없다면 이미 죽은 자들의 부활을 위하여 대리 침례를 받으려고 하는 관습이 있겠느냐?" 고 질문한 것입니다. 즉, 죽은 자들을 위해 대리 침례를 받는 것은 이미 부활을 전제한 것인데, 이러한 관습을 시행하면서도 부활을 부인한다면 논리상 모순이 된다는 것입니다.

30절 또 어찌하여 우리가 언제나 위험을 무릅쓰리요

만일 부활이 없다면 그리스도인이 복음을 위하여 위험을 무릅쓰는 것은 미련한 일이요, 무의미한 일이 될 것입니다. 사도 바울을 포함한 모든 그리스도인들은 크고 작은 위험을 겪었습니다. 그러나 부활을 믿었기 때문에 이러한 위험을 무릅썼습니다. 그러므로 본 절은 죽는 것으로 모두 끝이 난다면 무엇 때문에 복음을 위하여 생명의 위험을 무릅쓰겠느냐는 말입니다. 고린도후서 11장 26절에서 바울은 "강의 위험과 강도의 위험과 동족의 위험과 이방인의 위험과 시내의 위험과 광야의 위험과 바다의 위험과 거짓 형제 중의 위험을 당하고" 라고 말합니다. 사도 바울은 부활하여 영원한 천국에서 주님과 함께 살 수 있다는 소망이 분명했기 때문에 이러한 숱한 위험과 고난을 감수했다는 것입니다.

31절 형제들아 내가 그리스도 예수 우리 주 안에서 가진바 너희에 대한 나의 자랑을 두고 단언하노니 나는 날마다 죽노라

사도 바울은 복음을 전할 때 내일에 대한 기약이 없었습니다. 매일같이 목숨을 내어 놓고 복음을 전했습니다. 날마다 죽을 위험을 수없이 겪었습니다(고후 1:8-9; 4:10-11; 6:9; 11:23). 그는 이런 생활을 자랑으로 삼았습니다. 그가 이런 수난의 생활을 자랑으로 여기고 참은 것은 그에게 부활의 신앙이 있었기 때문입니다. 실로 사도 바울은 복음을 위하여 짧은 인생을 보람 있게 살았습니다. 이처럼 생사를 건 복음 증거가 있었기 때문에 오늘을 사는 우리에게까지 복음의 빛이 비추인 것입니다.

우리 인생은 참으로 안개와 구름 같습니다. 오늘 있다가 내일 갑자기 떠나갈지 모르는 것이 인생입니다. 성경은 "너는 내일 일을 자랑하지 말라 하루 동안에 무슨 일이 일어날는지 네가 알 수 없음이니라"(잠 27:1)고 했으며, "내일 일을 너희가 알지 못하는도다 너희 생명이 무엇이냐 너희는 잠깐 보이다가 없어지는 안개니라"(약 4:14)고 했습니다. 이런 인생을 살면서 서로 다툴 필요가 없습니다. 영원히 살 것 같으면 주먹을 쥐고 싸워서라도 인생의 부귀영화를 누려야겠지만 우리는 모두 다 죽습니다. 먼저 가고 나중 가는 차이밖에 없지 우리 모두가 결국에는 가야 하는 것입니다. 일단 헤어지면 섭섭하고 슬픕니다. 살아 있는 동안에는 원수같이 싸우지만 죽고 난 다음에는 잘해 주지 못한 것을 후회하는 것이 인간의 마음입니다. 그러므로 이 세상에 있는 동안 분을 내면서 싸우지 말고 서로서로 사랑하고 화목하게 살아야 합니다.

그런데 그리스도인은 짧은 인생이나마 참된 인생, 즉 '진생(眞生)'을 살고 있다는 것이 감사한 일입니다. 예수님을 믿는 사람은 죄를 짓는 것

을 제외하고는 인생 전체가 의미가 있고 헛되지 않습니다. 영생을 가졌기 때문에 이 세상에서 죽는 것도 '가사(假死)' 입니다. 사람들 보기에는 죽은 것 같지만 실제로는 육신의 장막 집을 벗어나서 영원한 천국의 진생(眞生) 속으로 들어가는 것입니다. 이에 반하여 이 세상 사람들은 가생(假生)을 살고 있습니다. 그들이 아무리 애를 쓰면서 일을 한다 할지라도 헛되고 헛된 것이 되고 맙니다. 이 세상을 가생(假生)으로 살다가 죽으면 진사(眞死)가 됩니다. 이렇게 되면 영원히 하나님과 분리되는 죽음을 맛보게 되는 것입니다(계 20:13-15).

32절 내가 사람의 방법으로 에베소에서 맹수와 더불어 싸웠다면 내게 무슨 유익이 있으리요 죽은 자가 다시 살아나지 못한다면 내일 죽을 터이니 먹고 마시자 하리라

여기서의 '사람' 은 부활의 소망이 없는 사람을 가리킵니다. 사도 바울은 만약 자신이 부활의 소망이 없는 사람처럼 그저 인간적인 동기에 의해 에베소에서 맹수와 더불어 싸웠다면 그것이 무슨 유익이 있겠느냐고 묻고 있습니다. 그 당시 로마 사회에서는 중죄인을 벌하는 방법 중의 하나로 원형 경기장에서 맹수와 싸워 만일 승리하면 석방하는 풍속이 있었습니다. 이러한 풍속을 예로 들면서 사도 바울은 만약 부활이 없으면 자신이 맹수처럼 악하고 사나운 사람들로부터 무서운 박해를 받는 것이 무슨 소용이 있겠느냐는 것입니다. 사도 바울은 로마의 시민권을 가졌기 때문에(행 16:37) 원형 경기장에서 맹수와 싸우지는 않았지만, 에베소에서 맹수와 같이 사납게 박해하는 자들과 복음으로 싸웠습니다(행 19:23-41).

사도 바울은 "너희가 기뻐하며 즐거워하여 소를 죽이고 양을 잡아 고기를 먹고 포도주를 마시면서 내일 죽으리니 먹고 마시자 하는도다"라는 이사야 22장 13절의 말씀을 인용하여, 죽은 자의 부활이 없다면 죽음을 무시하고 인생을 가볍게 여겨 쾌락주의에 빠지게 된다는 것을 말하고 있습니다. 이 세상에서의 생이 전부라면 이 세상을 살아가면서 고생하고 절제하며 힘들게 살 필요 없이 차라리 먹고 마시는 순간적인 향락을 누리다가 죽는 것이 나을지도 모릅니다. 내세에 대한 보장이 없는 죽음은 어떤 이념과 사상을 위하여 죽는다 할지라도 그 죽음으로 모든 것이 끝나기 때문에 허무할 수밖에 없습니다. 그러나 우리는 분명히 천국에 대한 확신이 있는 사람들이기 때문에 쾌락주의자는 될 수 없습니다. 예수 그리스도의 강림을 바라보고 기다리는 자로서 그리스도의 형상을 닮아 우리 스스로 매일매일 깨끗하고 거룩하게 살고자 힘써 깨어 있어야 합니다. 그래야만 주님 앞에 설 때 흠도 없고 점도 없는 영광스러운 그리스도의 신부가 될 수 있습니다.

33절 속지 말라 악한 동무들은 선한 행실을 더럽히나니

바울은 사망의 권세를 무시하고 부활이 없다고 말하면서 생활하는 사람들에게 속지 말라고 경고하고 있습니다. 사도 바울은 부활 신앙이 없이 쾌락적인 생활을 하는 사람들을 악한 동무라고 했습니다. 왜냐하면 그들은 그리스도인들의 선한 행실을 방해하고 더럽게 만들기 때문입니다. 우리는 나쁜 친구와의 교제가 결국 자신도 나쁜 사람으로 만들어 버린다는 사실을 잊어서는 안 됩니다.

부모들이 자녀를 키울 때 가장 조심해야 될 것 중의 하나가 자녀들의 친구 사귀는 문제입니다. 아무리 가정에서 교육을 잘 시킨다 할지라도 잘

못된 친구와 어울리면 그만 물들고 맙니다. 어른들도 마찬가지입니다. 술친구와 친해지면 발걸음이 술집으로 향하게 되고, 음란하고 방탕한 친구와 교제하면 음란하고 방탕한 처소로 가게 됩니다. 부인들도 계(契) 하는 친구와 사귀면 한데 어울려 계를 하게 되고, 춤추는 친구와 교제하면 얼마 있지 않아 댄스홀을 찾게 됩니다. 그러므로 부인은 남편의 친구에 대하여, 남편은 부인의 친구에 대하여 관심을 가져야 합니다. 서로 나쁜 친구와 사귀지 않도록 경계해 주어야 합니다. 우리 인간은 사회적인 동물이기 때문에 서로 영향력을 끼치고 영향력을 받으며 살아갑니다.

그러므로 그리스도인들은 예수님을 잘 믿고 성령 충만한 사람들과 교제함으로 날마다 전진하는 신앙인이 되어야겠습니다(잠 13:20). 내가 항상 교회 내 구역 모임을 독려하는 이유가 여기에 있습니다.

34절 깨어 의를 행하고 죄를 짓지 말라 하나님을 알지 못하는 자가 있기로 내가 너희를 부끄럽게 하기 위하여 말하노라

고린도 교회 교인들은 지식을 사랑하였지만, 하나님께 대한 지식은 오히려 부족했습니다. 그들 중에 어떤 사람은 죽은 자 가운데서 부활이 없다고까지 주장합니다. 이들은 교회에 출석하면서도 불의를 행하고 죄를 짓는 생활을 했던 것입니다. 사도 바울은 이들을 부끄럽게 하기 위하여 경고한다고 말하고 있습니다.

그러면 경고의 내용은 무엇일까요?

첫째로, 술 취한 상태에서 깨어나라는 것입니다. 죽은 자의 부활이 없다고 주장하는 자들의 쾌락적인 생활의 영향을 받아 정신적으로 술 취한 상태에서 깨어나라는 것입니다.

나는 지금도 생생히 기억나는 장면이 있습니다. 내가 청소년 시절 부산진역 근처에서 야간 경비 아르바이트를 할 때입니다. 한 외국인 병사가 술에 취하여 비틀비틀 걷다가 몸을 가누려고 뾰족뾰족한 못이 박혀 있는 철조망을 붙잡는 것이었습니다. 그러자 그의 손이 못에 찔려 피가 튀는데도 그는 계속 손으로 그 철조망을 붙잡으며 걸어갔습니다. 술에 만취했기에 손에 피가 튀고 살점이 뜯겨 나가도 무감각한 것이었습니다. 그가 술에서 깨어났을 때 얼마나 고통스러웠겠습니까? 아마 오랫동안 손에 붕대를 감고 살아야 했을 것입니다. 나는 그 모습을 보면서 사람이 술에 취하면 얼마나 분별력이 없어지는지 뼈저리게 깨달았습니다. 이와 같이 우리가 세상 쾌락에 취하여 깨어 있지 못하면 분별력을 잃어 버려 우리의 속사람이 피를 흘리며 망가져 가는 것도 모를 것입니다.

둘째로, 의를 행하고 죄를 짓지 말라는 것입니다. 부활을 믿는 그리스도인으로서 그리스도인답게 의로운 생활을 하고 죄를 짓지 말라는 것입니다. 이렇게 죄를 짓지 않기 위해서는 물과 성령으로 거듭나야 하며 늘 성령 안에서 말씀과 기도로 깨어 분별력을 가져야 합니다.

5. 부활의 성격과 모습(15:35-49)

35. 누가 묻기를 죽은 자들이 어떻게 다시 살아나며 어떠한 몸으로

오느냐 하리니 36. 어리석은 자여 네가 뿌리는 씨가 죽지 않으면 살
아나지 못하겠고 37. 또 네가 뿌리는 것은 장래의 형체를 뿌리는 것
이 아니요 다만 밀이나 다른 것의 알맹이뿐이로되 38. 하나님이 그
뜻대로 그에게 형체를 주시되 각 종자에게 그 형체를 주시느니라
39. 육체는 다 같은 육체가 아니니 하나는 사람의 육체요 하나는 짐
승의 육체요 하나는 새의 육체요 하나는 물고기의 육체라 40. 하늘
에 속한 형체도 있고 땅에 속한 형체도 있으나 하늘에 속한 것의 영
광이 따로 있고 땅에 속한 것의 영광이 따로 있으니 41. 해의 영광이
다르고 달의 영광이 다르며 별의 영광도 다른데 별과 별의 영광이 다
르도다 42. 죽은 자의 부활도 그와 같으니 썩을 것으로 심고 썩지 아
니할 것으로 다시 살아나며 43. 욕된 것으로 심고 영광스러운 것으
로 다시 살아나며 약한 것으로 심고 강한 것으로 다시 살아나며 44.
육의 몸으로 심고 신령한 몸으로 다시 살아나나니 육의 몸이 있은즉
또 영의 몸도 있느니라 45. 기록된바 첫 사람 아담은 생령이 되었다
함과 같이 마지막 아담은 살려 주는 영이 되었나니 46. 그러나 먼저
는 신령한 사람이 아니요 육의 사람이요 그다음에 신령한 사람이니
라 47. 첫 사람은 땅에서 났으니 흙에 속한 자이거니와 둘째 사람은
하늘에서 나셨느니라 48. 무릇 흙에 속한 자들은 저 흙에 속한 자와
같고 무릇 하늘에 속한 자들은 저 하늘에 속한 이와 같으니 49. 우리
가 흙에 속한 자의 형상을 입은 것같이 또한 하늘에 속한 이의 형상
을 입으리라

35절 누가 묻기를 죽은 자들이 어떻게 다시 살아나며 어떠한 몸으로 오느냐 하리니

사도 바울은 앞에서(1-34절) 부활의 확실성을 말했습니다. 이제부터 바울은 죽은 자들이 어떻게 다시 사는가에 대한 질문에 대답을 하고(35-41절), 다시 산다면 어떠한 몸으로 오느냐 하는 부활체의 성질에 대한 질

문에 대답을 하고 있습니다(42-49절). 그에 앞서 바울은 고린도 교회 교인들의 질문을 다시 반복함으로 질문 내용을 명확히 하고 있습니다.

36절 어리석은 자여 네가 뿌리는 씨가 죽지 않으면 살아나지 못하겠고

바울은 부활을 의심하는 자들을 가리켜 어리석은 자라고 책망했습니다. 그리고 질문한 사람이 친히 경험하고 볼 수 있는 씨 뿌리는 비유를 통하여 교훈하고 있습니다. 즉, 땅에 떨어진 씨앗이 죽고 없어져야만 새싹이 나오고 자라게 된다는 원리입니다(요 12:24). 이것은 자연계에 존재하는 생명의 법칙입니다.

37절 또 네가 뿌리는 것은 장래의 형체를 뿌리는 것이 아니요 다만 밀이나 다른 것의 알맹이뿐이로되

처음 뿌린 씨와 후에 거기서 자란 것은 서로 다른 형체입니다. 씨앗이 썩으면 그 속에서 새로운 형체가 나옵니다. 밀의 씨를 뿌리면 밀이 솟아나오고, 콩의 씨를 뿌리면 콩이 나옵니다. 씨앗 속에 장래의 형체가 숨어 있다가 씨가 썩음으로 말미암아 장래의 형체가 나타나는 것입니다.

하나님은 씨앗 속에 미래의 형체를 심어 놓으셨습니다. 오늘날 과학에서 말하는 '게놈(genome) 지도'를 보면 부모에게 유전받은 우리의 DNA 속에 우리의 미래 형체가 다 들어 있다는 것을 알게 됩니다. 우리 몸의 세포는 그 유전 정보의 설계도를 따라 그대로 자라는 것입니다. 바로 하나님께서 우리의 세포가 조성될 때 우리의 유전자 속에 미래의 청사진을 그려 넣으신 것입니다.

이와 같이 우리가 예수님을 믿을 때 '예수님'이라는 씨를 갖게 됩니

다. 예수님이 우리의 유전자 정보가 된다는 것입니다. 그래서 우리는 예수님의 형상을 따라가게 되며, 우리 속에 심겨진 예수님이 부활하신 것처럼 우리도 부활하게 될 것입니다. 이렇게 사도 바울은 자연계의 단순한 비유를 통하여 부활의 비밀을 설명하고 있습니다.

38절 하나님이 그 뜻대로 그에게 형체를 주시되 각 종자에게 그 형체를 주시느니라

본 절의 말씀은 "죽은 자들이 어떻게 다시 사느냐"(35절)는 질문에 대한 답이 됩니다.

하나님께서는 각 종자에게 형체를 주셨습니다. 그래서 그 종자가 땅속에서 썩으면 다른 형체의 줄기와 잎이 새로 나옵니다. 이것은 하나님께서 원하시고 기뻐하시는 뜻에 따라 이루어지는 것입니다. 이와 같이 우리의 부활의 몸도 하나님의 뜻대로 이루어집니다. 그리스도의 재림 때에 나타나는 그리스도인들의 몸은 무덤에 들어가던 때의 몸과는 다른 몸일 것입니다.

39절 육체는 다 같은 육체가 아니니 하나는 사람의 육체요 하나는 짐승의 육체요 하나는 새의 육체요 하나는 물고기의 육체라

앞에서(36-38절) 식물의 비유로 부활을 설명했던 사도 바울은 이제 사람, 짐승, 새, 물고기 등을 예로 들어 그들 사이에 차이가 있음을 지적하고 있습니다. 하나님께서는 만물을 창조하실 때 그들의 구조를 각각 다르게 하셨습니다. 이와 같이 하나님께서는 부활하는 인간의 몸을 부활 전의 인간의 몸과 다르게 하실 것입니다.

그런데 오랫동안 생화학자들이 본 절의 성경 구절을 거부했습니다. 과거에 그들은 인간의 육체나 짐승의 육체나 새의 육체나 물고기의 육체가 모두 한 단백질의 구조와 같다고 주장했습니다. 그러나 요사이에 와서는 서로 조금씩 다르다는 것을 발견하게 되었습니다. 결국 성경의 말씀이 진리라는 것이 과학적으로 증명된 것입니다.

결코 성경이 과학에 위배되지 않습니다. 오히려 과학이 성경에서 말씀한 내용을 뒤따르지 못하기 때문에 성경의 어느 부분이 과학과 배치된다고 주장합니다. 그러나 과학이 충분히 발달되면 성경의 말씀이 옳다는 것이 판명됩니다. 원자 과학의 제1원리는 모든 물질은 보이지 않는 에너지로 구성되어 있다는 것입니다. 즉, 모든 보이는 것은 보이지 아니하는 것으로 만들어졌다는 내용입니다. 이것은 이미 히브리서 11장 3절에 기록된 내용입니다. 원자 과학은 백 년의 역사를 가지고 말했지만 이미 2천 년 전에 성경에 기록된 것이었습니다. 그러므로 성경을 비과학적이라고 무시해서는 안 됩니다. 성경의 진리를 우리가 지닌 현 과학의 수준으로 다 이해할 수 없기 때문에 신앙으로 받아들여야 합니다. 실로 성경의 진리 가운데는 과학이 발달하면 후에 사실로 밝혀질 내용들이 많이 있습니다.

40-41절 하늘에 속한 형체도 있고 땅에 속한 형체도 있으나 하늘에 속한 것의 영광이 따로 있고 땅에 속한 것의 영광이 따로 있으니 해의 영광이 다르고 달의 영광이 다르며 별의 영광도 다른데 별과 별의 영광이 다르도다

'하늘에 속한 형체' 는 일월성신(日月星辰)을 말하고, '땅에 속한 형체' 는 땅에 있는 것들을 가리킵니다. 그런데 하늘에 속한 것들의 영광이 따

로 있고, 땅에 속한 것들의 영광이 따로 있습니다.

먼저 하늘에 속한 것의 영광이 다르다는 말은 해, 달, 별의 영광이 다르고 각 별들 간에도 나타나는 영광이 다르다는 것입니다. 이와 같이 부활한 몸의 영광도 각각 다르다고 사도 바울은 말하고 있습니다. 성경은 말하기를 "지혜 있는 자는 궁창의 빛과 같이 빛날 것이요 많은 사람을 옳은 데로 돌아오게 한 자는 별과 같이 영원토록 빛나리라"(단 12:3)고 했습니다. 이 세상을 사는 동안 주님께로부터 직분을 받아서 충성한 자는 하늘나라에 가면 영원히 빛날 것입니다. 그러나 맡은 직분을 게으르게 감당한 사람은 하늘나라에 들어가더라도 부끄러운 구원과 꾸중 듣는 구원을 받게 됩니다(3:14-15).

그러므로 우리는 큰 영광에 참예하도록 힘써야 합니다. 하늘나라에 가서 우리가 받을 영광은 이 땅에서 얼마나 주님을 섬기고 얼마나 많은 영혼을 주님께 인도했는가에 따라 달라집니다. 그러기 위해서는 이 땅 위에 사는 동안 주님을 위해 사는 것을 본업(本業)으로 삼아야 합니다. 예수님께서 썩을 양식을 위하여 일하지 말고 영생하도록 있는 양식을 위하여 일하라고 말씀하신 이유도 여기에 있는 것입니다(요 6:27). 우리가 이 땅에서 주님을 위해 하는 모든 것은 하늘나라의 창고에 쌓입니다. 거기는 도둑도 없고 좀이나 동록(銅綠)도 없는 안전한 곳입니다(마 6:19-20). 주님을 위한 우리의 사랑과 헌신, 수고, 봉사는 헛되지 않고 마치 예금이 온라인 계좌에 입금되듯 모두 하늘나라의 계좌에 다 입력되어 있는 것입니다. 그러므로 우리는 영원한 곳이 우리를 위해 예비되어 있음을 믿고 주님께서 직분 주시고 사명 주실 때 열심히 일해야겠습니다.

42절 죽은 자의 부활도 그와 같으니 썩을 것으로 심고 썩지 아니할 것으로 다시 살아나며

36절부터 41절까지 예증을 통하여 부활 전의 형체와 부활 후의 형체가 다른 것임을 논증한 사도 바울은, 본 절부터는 35절에서 질문한 "어떠한 몸으로 오느냐"에 대한 답을 하고 있습니다. 씨앗이 썩은 후에 식물이 자라듯이 우리의 육신의 몸이 부활의 씨앗을 품고 땅에서 썩어지면 후에 반드시 부활하며 그 부활의 몸은 썩지 아니하고 영원히 사는 몸이 된다는 것입니다.

43절 욕된 것으로 심고 영광스러운 것으로 다시 살아나며 약한 것으로 심고 강한 것으로 다시 살아나며

현재 우리의 몸은 병들고 죄짓고 죽는 욕된 몸입니다. 또 연약하여 늘 유혹과 병과 마귀에게 고통당합니다. 그러나 부활의 날에는 하나님 보좌 앞에 떳떳이 설 영광의 몸으로, 신령한 새 힘을 가진 강한 몸으로 변화됩니다.

나는 나비를 볼 때마다 우리의 부활을 생각해 봅니다. 꿈틀거리며 기어 다니는 징그러운 애벌레가 그렇게 아름답고 오색찬란한 나비가 될 것이라고 상상이나 하겠습니까? 우리 역시 비록 지금은 욕되고 누추한 인생의 몸이지만 나중에는 나비보다 더 찬란하고 영광스러운 그리스도의 형상으로 부활할 것입니다. 세상의 지배를 받던 약한 몸이 세상을 통치하는 강한 몸으로 다시 살아날 것입니다.

44절 육의 몸으로 심고 신령한 몸으로 다시 살아나나니 육의 몸이 있

은즉 또 영의 몸도 있느니라

앞에서(42-43절) 대조하여 설명한 '썩을 것과 썩지 아니할 것', '욕된 것과 영광스러운 것', '약한 것과 강한 것'을 요약하여 본 절에서 '육의 몸과 신령한 몸'으로 결론을 맺고 있습니다. 이 말씀은 "어떠한 몸으로 오느냐"(35절)에 대한 답입니다. 사도 바울은 부활을 더 이상 부정하지 못하도록 하기 위해서 육의 몸이 존재하는 것과 같이 신령한 몸도 존재한다고 단호하게 말하고 있습니다. 없는 것을 있는 것으로 창조하시는 하나님께 썩어질 육의 몸을 신령한 몸으로 변화시킬 능력이 없을 수가 없습니다. 하나님께는 불가능이 없으며 모든 것이 가능하십니다(눅 1:37).

45절 기록된바 첫 사람 아담은 생령이 되었다 함과 같이 마지막 아담은 살려 주는 영이 되었나니

바울은 창세기 2장 7절 말씀을 인용하여 첫째 아담으로부터 육의 몸을 받은 것과 같이 마지막 아담이신 예수 그리스도로부터 신령한 몸을 기대할 수 있다고 설명하고 있습니다. 아담은 흙으로 지음 받고 하나님의 생기를 받아 산 영이 되었습니다. 몸이라는 집에 영혼이 거하게 되었으나 범죄함으로 영이 죽어 버리고 말았습니다. 그 후 그는 자기와 같은 육의 몸과 육의 성질을 모든 인류에게 물려주었습니다.

그러나 마지막 아담 되시는 예수 그리스도는 부활이요, 생명이시기 때문에 '살리시는 영'이십니다(요 11:25). 예수 그리스도께서 십자가에 못 박혀 죽으셨다가 부활 승천하신 후부터 살려 주는 영이 되셨습니다(15:20). 그리하여 예수님은 원하는 자에게 생명을 주시고 부활의 씨를 심어 주십니다.

아담은 육적 인류의 조상이지만 예수님은 영적 인류의 조상입니다. 그러므로 예수님을 구주로 모신 사람은 신령한 사람, 즉 새로운 인류, '신인류(新人類)' 가 되는 것입니다. 이 신인류는 끊어진 하나님과의 교통이 다시 연결되어 영이 살아난 사람입니다. 또한 신인류는 하나님을 아버지로 모시고 예수님을 구주로 모시며 성령님을 보혜사로 모시게 되어 천사들의 보호를 받습니다. 또한 신인류는 '떡' 으로만 살지 않고 '하나님의 입으로부터 나오는 말씀' 으로 삽니다. 신인류는 세상과 대화할 뿐 아니라 하나님과 기도로 대화하는 사람들입니다.

46절 그러나 먼저는 신령한 사람이 아니요 육의 사람이요 그다음에 신령한 사람이니라

육의 사람, 즉 아담이 먼저 존재했습니다. 그다음에 신령한 사람, 예수 그리스도가 후에 이 땅에 오셔서 우리와 같이 존재하게 되었습니다. 신령한 사람이 이 땅에 오신 이유는 육의 사람을 신령한 사람으로 거듭나게 하시기 위해서입니다. 아담은 육의 사람으로서 영혼을 가졌으나 죄를 지음으로 그 영혼이 죽어 버렸습니다. 그래서 예수님께서 신령한 사람으로 이 땅에 오셔서 믿는 자마다 영혼이 소생된 신령한 사람으로 거듭나게 하시는 것입니다.

47절 첫 사람은 땅에서 났으니 흙에 속한 자이거니와 둘째 사람은 하늘에서 나셨느니라

바울은 첫 사람 아담과 둘째 사람 예수 그리스도의 근원에 관하여 설명하고 있습니다. 첫 사람 아담은 땅의 흙으로 지음을 받았기 때문에 흙

에 속한 자입니다. 그러나 예수 그리스도는 성령으로 말미암아 태어나셨으므로 하늘에 속한 분입니다. 예수님은 생명의 떡으로서 하늘에서 오셨습니다(요 6:33). 첫 사람 아담이 우리에게 육의 몸을 전하여 준 것같이 둘째 사람 예수 그리스도께서는 우리에게 영생하는 신령한 몸을 주십니다(요 3:36; 5:39-40).

48절 무릇 흙에 속한 자들은 저 흙에 속한 자와 같고 무릇 하늘에 속한 자들은 저 하늘에 속한 이와 같으니

아담의 후손은 흙에 속한 자인 아담과 같은 속성을 갖게 됩니다. 마찬가지로 예수 그리스도를 믿는 자는 하늘에 속한 자인 예수 그리스도와 같은 속성을 지니게 됩니다. 예수님께서 재림하실 때에는 온 성도가 저 하늘에 속한 자들과 같이 부활의 영광의 몸을 덧입게 될 것입니다. 그러므로 늙는다고 걱정할 필요가 없습니다. 흙에 속한 자는 늙으면 겉사람은 썩어 버리고 속사람은 영원한 멸망에 처하겠지만, 하늘에 속한 자는 겉사람은 낡아져도 속은 날로 새로워지게 됩니다(고후 4:16).

49절 우리가 흙에 속한 자의 형상을 입은 것같이 또한 하늘에 속한 이의 형상을 입으리라

주님을 믿는 사람은 지상에 사는 동안에는 부정모혈을 통해 흙에 속한 자, 즉 아담의 형상을 입고 살지만, 부활의 날에는 하늘에 속한 자, 즉 예수 그리스도의 형상을 입게 됩니다. 그러므로 우리는 주님의 형상을 입게 될 소망을 품고 살아갈 수 있습니다.

6. 부활의 승리와 개가(15:50-58)

50. 형제들아 내가 이것을 말하노니 혈과 육은 하나님 나라를 이어받
을 수 없고 또한 썩는 것은 썩지 아니하는 것을 유업으로 받지 못하느
니라 51. 보라 내가 너희에게 비밀을 말하노니 우리가 다 잠잘 것이
아니요 마지막 나팔에 순식간에 홀연히 다 변화되리니 52. 나팔 소
리가 나매 죽은 자들이 썩지 아니할 것으로 다시 살아나고 우리도 변
화되리라 53. 이 썩을 것이 반드시 썩지 아니할 것을 입겠고 이 죽을
것이 죽지 아니함을 입으리로다 54. 이 썩을 것이 썩지 아니함을 입
고 이 죽을 것이 죽지 아니함을 입을 때에는 사망을 삼키고 이기리라
고 기록된 말씀이 이루어지리라 55. 사망아 너의 승리가 어디 있느
냐 사망아 네가 쏘는 것이 어디 있느냐 56. 사망이 쏘는 것은 죄요 죄
의 권능은 율법이라 57. 우리 주 예수 그리스도로 말미암아 우리에
게 승리를 주시는 하나님께 감사하노니 58. 그러므로 내 사랑하는
형제들아 견실하며 흔들리지 말고 항상 주의 일에 더욱 힘쓰는 자들
이 되라 이는 너희 수고가 주 안에서 헛되지 않은 줄 앎이라

50절 형제들아 내가 이것을 말하노니 혈과 육은 하나님 나라를 이어 받을 수 없고 또한 썩는 것은 썩지 아니하는 것을 유업으로 받지 못하느니라

혈과 육의 상태로는 천국에 들어갈 수가 없고 썩어질 것은 썩지 아니할 것, 즉 천국을 유업으로 받을 수 없다는 것입니다. 우리의 혈과 육은 흙

으로 지음 받았고(창 2:7), 흙에서 난 열매를 먹고 성장하였기 때문에 결국 흙으로 돌아가고 맙니다(전 3:20). 우리의 몸은 점점 썩어져 가고 우리의 심장 박동은 죽음을 향해 행진하는 북소리입니다. 우리가 누리는 지위, 명예, 권세, 부귀영화도 썩어 가는 시체에 아름다운 옷을 입힌 것에 불과합니다. 이렇게 흙에 속하여 썩어 가는 몸 그대로는 하늘나라에 들어갈 수 없습니다. 하늘나라를 유업으로 받기 위해서는 하늘나라에 합당한 조건과 변화가 필요합니다. 하늘나라는 썩지 않고 더럽지 않고 쇠하지 않는다고 했기 때문입니다(벧전 1:4).

51절 보라 내가 너희에게 비밀을 말하노니 우리가 다 잠잘 것이 아니요 마지막 나팔에 순식간에 홀연히 다 변화되리니

이제 사도 바울은 하나님께로부터 계시받은 성도들의 부활에 대한 비밀을 우리에게 밝혀 주고 있습니다. 주님의 재림 때 죽지 않고 살아 있는 그리스도인들은 죽음을 보지 않은 상태에서 변화를 받게 된다는 것입니다. 물론 이것도 하나님의 역사이기 때문에 눈 깜짝할 정도의 순간에 이루어집니다. 재림 때에 나팔을 분다는 것은 주님의 재림을 알리는 동시에 성도들을 사방에서 모으는 것을 가리킵니다(마 24:31).

52절 나팔 소리가 나매 죽은 자들이 썩지 아니할 것으로 다시 살아나고 우리도 변화되리라

바울은 그리스도의 재림 때 일어날 일을 순서대로 설명하고 있습니다. 먼저 주 안에서 죽은 자들이 변화되어 썩지 아니할 영광의 몸을 입게 되고, 그다음에 살아 있는 성도들은 변화를 받아 주님을 영접하게 된다

는 말입니다(살전 4:16-17).

한 선교사님 부부의 이야기를 들은 적이 있습니다. 이분들이 몽골에서 선교하던 중, 애지중지하던 딸아이가 병이 들었는데 선교지의 열악한 의료 형편으로 인해 제대로 치료도 못 받고 그만 죽고 말았습니다. 그 슬픔이 너무 커서 절망 가운데 있었는데, 어느 날 밤 선교사님이 꿈을 꾸었습니다. 꿈에 갑자기 하늘이 황금빛으로 물들더니 나팔 소리가 들렸습니다. 곧 공동묘지의 무덤들이 다 열리더니 두 번째 나팔이 울리자, 그 시체들이 일어났습니다. 이윽고 세 번째 나팔이 울리자 그 시체들이 부활의 영광스러운 몸으로 변하여 하늘나라로 승천하는데, 그 무리 중에 이 선교사님의 딸도 있었습니다. 자신의 딸이 영화로운 모습으로 부활하여 승천하는 모습을 본 선교사님은 너무나 기뻐 "할렐루야!" 라고 외치다 잠을 깼습니다. 이로 인해 이 선교사님 내외는 형언할 수 없는 위로를 받았고 그 슬픔도 씻은 듯이 사라졌다고 합니다. 이와 같이 우리 모두는 부활의 날에 영화로운 몸으로 변화될 것입니다.

53절 이 썩을 것이 반드시 썩지 아니할 것을 입겠고 이 죽을 것이 죽지 아니함을 입으리로다

하늘나라의 유업을 받기 위해서는 변화가 필요합니다. 혈과 육의 몸은 썩을 것이고 죽을 것이기 때문에 썩지 않고 죽지 아니하는 천국을 유업으로 받을 수 없습니다. 그렇기 때문에 주님과 영원히 살기 위해서는 썩을 것이 썩지 아니할 것으로, 죽을 것이 죽지 아니할 것으로 입어야 합니다(42-43절).

우리는 말세지말(末世之末)에 살고 있습니다. 언제 영적 나팔 소리가 울

려 휴거될지 모릅니다. 휴거된 성도는 변화되어 공중에서 7년 동안 주님과 함께 기쁨의 혼인 잔치를 하겠지만, 휴거되지 않은 사람들은 지상에서 7년 동안 환난을 겪을 것입니다. 그래서 우리는 마태복음 25장에 나오는 슬기 있는 다섯 처녀처럼 '등(燈)' 뿐만 아니라 '기름' 도 준비해야 합니다. 미련한 다섯 처녀는 등은 있으나 기름이 부족하여 등불이 꺼져 가므로 혼인 잔치에 참석하지 못했습니다. 여기에서 등은 신앙의 형식을 말하고, 기름은 성령, 즉 성령 충만을 말합니다. 그러므로 우리는 항상 성령님을 환영하고 인정하고 모셔 들이고 의지함으로 성령의 기름이 늘 충만해야 합니다. 반드시 자신의 신앙이 등만 있는 형식적 신앙은 아닌지, 성령의 기름은 충만한지 점검해 보아야 합니다. 그리하여 한 분도 빠짐없이 기름 준비를 한 슬기 있는 다섯 처녀처럼 주님을 맞이해야겠습니다.

54절 이 썩을 것이 썩지 아니함을 입고 이 죽을 것이 죽지 아니함을 입을 때에는 사망을 삼키고 이기리라고 기록된 말씀이 이루어지리라

본 절은 주님의 재림으로 산 자와 죽은 자가 변화를 받을 때에 어떠한 일이 일어나는가를 설명하고 있습니다. 앞 절에서 언급한 말씀을 다시 반복하면서 바울은 이사야 25장 8절의 말씀을 인용하고 있습니다. 즉, 주님의 재림으로 썩을 것이 썩지 아니하며 죽을 것이 죽지 아니할 것으로 변화될 때에는 사망이 부활의 승리에 의하여 삼킨바 된다는 것입니다. 이는 마치 봄이 왔을 때 봄기운이 겨울 기운을 삼켜 버리는 것과 같습니다. 즉, 부활의 생명의 기운이 사망을 삼키는 것입니다.

55절 사망아 너의 승리가 어디 있느냐 사망아 네가 쏘는 것이 어디 있느냐

이제 사도 바울은 재림의 그날에 사망이 삼킨바 되는 것에 대하여 호세아 13장 14절의 말씀을 인용하여 승리의 노래를 부르고 있습니다. 그는 사망을 의인화하여 "너의 승리가 어디 있느냐" 고 묻고 있으며, 사망을 유독한 동물과 같이 취급하여 "네가 쏘는 것이 어디 있느냐" 고 담대하게 공격하고 있습니다. 우리 인생은 아담의 범죄 이후로 사망으로 인하여 얼마나 많은 고통과 슬픔을 당했는지 모릅니다. 그러나 예수 그리스도의 재림으로 사망이 삼킨바 되고 더 이상 힘을 쓰지 못하게 되었습니다.

그러므로 예수 그리스도의 부활과 재림을 믿는 우리도 담대하게 사망을 향하여 사도 바울과 같이 외칠 수 있어야 합니다.

"사망아 너의 승리가 어디 있느냐! 사망아 네가 쏘는 것이 어디 있느냐!"

56절 사망이 쏘는 것은 죄요 죄의 권능은 율법이라

죄로 말미암아 사망이 시작되었습니다(롬 5:12). 그런데 죄를 깨닫게 하는 것은 율법이고, 율법 없이는 죄를 죄로 여기지 않습니다(롬 5:13). 하나님의 율법으로 죄가 드러나고 죄의 값으로 사망을 당하게 되었습니다. 그래서 사도 바울은 사망이 쏘는 것은 죄 때문이며 죄는 율법에 근거하여 권능을 나타낸다고 말하고 있는 것입니다.

57절 우리 주 예수 그리스도로 말미암아 우리에게 승리를 주시는 하나님께 감사하노니

사도 바울은 죄의 권능에서 해방되고 사망을 이길 수 있게 된 것에 대하여 하나님께 감사하고 있습니다. 하나님은 예수 그리스도로 말미암아 우리에게 사망을 이길 수 있는 힘을 주셨습니다. 죄의 권능은 율법인데 이 율법을 예수님께서 완전하게 하셨고(마 5:17-18), 십자가 위에서 "다 이루었다"(요 19:30)라고 말씀하셨습니다. 또한 로마서 8장 3절부터 4절을 보면 "율법이 육신으로 말미암아 연약하여 할 수 없는 그것을 하나님은 하시나니 곧 죄로 말미암아 자기 아들을 죄 있는 육신의 모양으로 보내어 육신에 죄를 정하사 육신을 따르지 않고 그 영을 따라 행하는 우리에게 율법의 요구가 이루어지게 하려 하심이니라" 고 말씀합니다. 그러므로 예수 그리스도 안에서는 율법도 우리를 정죄할 힘이 없고 죄도 우리를 사망으로 심판할 힘이 없습니다. 이렇기 때문에 예수님께서 밧모섬에 있는 사도 요한에게 나타나셨을 때 "두려워하지 말라 나는 처음이요 마지막이니 곧 살아 있는 자라 내가 전에 죽었었노라 볼지어다 이제 세세토록 살아 있어 사망과 음부의 열쇠를 가졌노니"(계 1:17-18)라고 말씀하신 것입니다. 이와 같이 예수님 안에 있는 그리스도인은 율법도, 죄도, 사망도 겁나지 않습니다. 오직 예수님과 함께할 영원한 생명밖에 없습니다. 우리는 이런 구속의 역사를 이루신 하나님께 감사와 찬양을 드려야 합니다.

58절 그러므로 내 사랑하는 형제들아 견실하며 흔들리지 말고 항상 주의 일에 더욱 힘쓰는 자들이 되라 이는 너희 수고가 주 안에서 헛되지 않은 줄 앎이라

사도 바울은 본 장의 결론으로 세 가지를 권면하고 있습니다.

첫째로, 견실하라고 권면합니다. 이것은 예수 그리스도의 복음 위에 굳게 서라는 뜻입니다(골 1:23). 그리스도인은 사도 바울이 전한 부활의 복음(15:3-4)을 확고히 믿어야 합니다.

둘째로, 흔들리지 말라고 권면합니다. 어떤 유혹이나 박해로 인하여 부활의 소망에서 흔들리지 말라는 것입니다. 부활의 소망을 가진 그리스도인은 이단사설과 세상의 초등 학문, 사람의 유전 등에 의하여 흔들려서는 안 됩니다(갈 1:7-9; 엡 4:14; 골 2:8).

셋째로, 항상 주의 일에 더욱 힘쓰는 자들이 되라고 권면합니다. 주님 없는 세상 일은 수고하면 할수록 헛되고 헛되지만, 주님을 위한 일은 헛되지 않습니다. 왜냐하면 부활이 있기 때문입니다. 그러므로 우리는 인생의 모든 목표를 주님을 위해 일하는 데 두어야겠습니다. 물질도, 권력도, 지식도, 결혼도, 출세도 주님의 영광과 주님의 나라를 위하여 사용해야 됩니다(마 6:33; 롬 14:8; 골 3:17). 주님을 위해서 수고한 모든 것은 결코 헛되지 않습니다. 아름답고 귀한 상급이 내세뿐만 아니라 금세에도 따르게 됩니다.

그동안 목회를 하면서 나와 우리 교회 역시 참으로 어마어마한 저항을 받으며 여기까지 왔습니다. 본래 하나님의 신령한 일을 하려고 하면 마귀의 참소와 공격과 시험을 만나는 법입니다. 이런 때에는 그 시험에 들지 말고 시험을 짓밟고 넘어가야 합니다. 그래서 나는 매일같이 주기도문을 수십번 외웁니다. 특히 "시험에 들게 하지 마시옵고 다만 악에서 구하시옵소서"라는 문구를 강조해서 외웁니다. 주의 일을 할 때에는 마음의 각오를 단단히 하여 시험이 다가오더라도 견실하고 흔들리지 말아야 합니다. "곡식을 밟아 떠는 소에게 망을 씌우지 말라 기록하였으니 하나님께서 어찌 소들을 위하여 염려하심이냐 오로지 우리를 위하여 말씀하심이 아니냐 과연 우리를 위하여 기록된 것이니 밭 가는 자는 소망을 가지고 갈며 곡식 떠는 자는 함께 얻을 소망을 가지고 떠는 것이라"(9:9-10)는 말씀처럼, 하나님께서는 우리의 수고가 헛되지 않도록 그만한 상급을 예비해 놓으십니다.

예수를 그리스도로 믿음으로 부활의 신앙을 가진 사람은 복 받은 사람입니다. 이 복을 어떠한 감언이설에도 빼앗기지 마십시오. 어떠한 시험과 환난에도 빼앗기지 마십시오. 이제 우리 앞에는 천 년이 하루 같은 즐거움 속에서 영원히 주님과 함께 살 날이 더욱 가까이 다가오고 있습니다.

제 16 장

마지막 권면과 축도

A COMMENTARY ON
THE FIRST EPISTLE TO
THE CORINTHIANS

본 장에서 바울은 고린도 교회에 남아 있는 몇 가지 문제를 더 권면함으로써 본 서의 결론을 맺고 있습니다.

먼저 바울은 예루살렘에 있는 가난한 성도들을 위하여 연보할 것을 권하고 있습니다. 그리고 장차 고린도에 가려는 자신의 전도 여행 계획을 밝힌 후, 모든 주의 일꾼들을 사랑으로 대하고 그들이 일한 것을 알아주라고 권면하고 있습니다.

마지막으로 바울은 고린도 교회에 대한 문안과 아울러 축복의 기도로 본 서신을 끝맺고 있습니다.

1. 성도를 위한 연보(16:1-4)

1. 성도를 위하는 연보에 관하여는 내가 갈라디아 교회들에게 명한 것같이 너희도 그렇게 하라 2. 매주 첫날에 너희 각 사람이 수입에 따라 모아 두어서 내가 갈 때에 연보를 하지 않게 하라 3. 내가 이를 때에 너희가 인정한 사람에게 편지를 주어 너희의 은혜를 예루살렘으로 가지고 가게 하리니 4. 만일 나도 가는 것이 합당하면 그들이 나와 함께 가리라

1절 성도를 위하는 연보에 관하여는 내가 갈라디아 교회들에게 명한 것같이 너희도 그렇게 하라

3절을 보면 여기서의 '성도'는 예루살렘 교회의 성도임을 알 수 있습니다. 그 당시 예루살렘 교회는 주위로부터의 박해, 기근 등의 이유로 경제적 어려움에 처해 있었습니다(행 11:27-30). 그래서 이방인 교회들은 힘

을 모아 헌금하여 예루살렘 교회를 도왔습니다(행 24:17; 롬 15:25-28; 고후 8:1-9:15). 이러한 이방인 교회들 가운데는 갈라디아에 있는 교회들도 포함되어 있었습니다. 사도 바울은 고린도 교회를 향하여 연보하는 일에 이방인 교회들과 같이 참여하라고 명령하고 있습니다.

사람들은 대개 금전에 대하여 이야기를 하면 신령하지 못하다는 선입견을 갖습니다. 그런데 사도 바울은 15장에서 신령한 부활에 대하여 자세하게 언급한 다음 계속하여 본 장에서는 연보에 관하여 말하고 있습니다. 그러므로 하나님의 나라와 의를 구하는 데 쓰이는 금전이 신령하지 않다고 말할 수 없습니다. 하나님을 중심으로 섬기면서 사는 사람에게는 죄짓는 것을 제외한 모든 것이 다 신령한 일이라고 생각할 수 있습니다. 먹고, 자고, 깨고, 일하고, 사업하고, 돈 버는 것, 어느 하나 신령하지 않은 것이 없습니다. 하나님은 심고 거두는 법칙에 의하여 우리에게 신령한 은혜를 심게 하시고 열매를 거두게 하십니다. 그 열매 중의 하나가 물질의 열매입니다. 우리가 인색함이 없이 기쁘고 즐거운 마음으로 하나님께 물질을 심으면 반드시 열매를 거두게 됩니다. 성경은 "네 보물 있는 그곳에는 네 마음도 있느니라"(마 6:21)고 말씀하고 있습니다. 우리의 물질이 있는 곳에 우리의 마음이 있습니다. 그러므로 우리가 물질을 하나님께 드리면 우리의 마음이 하나님께 있게 됩니다.

오늘날 주의 종들은 성도들의 신앙이 더욱 자라도록 하기 위해 반드시 물질로도 하나님을 섬기는 신앙 자세를 가르쳐야 됩니다. 그것을 가르치지 않는 주의 종은 어떤 면에서는 위선자입니다. 자신은 신령한 체 하면서 성도들에게는 하나님께 물질 드리는 신앙의 기본을 가르치지 않는다면 성도들의 신앙이 주님 중심의 신앙이 아니라 인간 중심의 신앙으로 잘못될 수도 있습니다.

모든 성도들이 신령한 은혜를 받고 하나님께 감사의 제물로 제사를 드리는 곳이 교회입니다. 그러므로 한 두 사람이 부자라고 해서 그들의 물질로 교회를 운영한다는 것은 있을 수 없는 일입니다. 그런 교회는 성장하지 않습니다. 모든 성도들에게 하나님의 거룩한 사업을 위하여 물질로 헌신할 수 있는 기회를 주어야만 합니다. 액수의 많고 적은 것은 문제가 되지 않습니다. 단지 정성이 문제가 됩니다. 그러므로 주의 종은 성도들에게 물질을 다스리는 훈련을 시켜야 합니다. 사람이 하나님과 물질을 겸하여 섬기지 못하기 때문에 사도 바울은 연보를 해도 좋고 안 해도 좋다고 말하지 않고 연보를 하라고 명령하고 있습니다.

예루살렘 교회는 복음의 발원지이기에 이 예루살렘에 있는 성도들을 통해 영적인 은혜를 받은 이방인 성도들이 그 은혜를 보답하기 위해 예루살렘 교회를 돕는 것은 마땅한 일입니다. 이처럼 우리가 받은 은혜에 감사할 때 말이나 글로 표현하는 것도 좋지만, 구체적인 물질로 은혜에 대한 감사를 표현하는 것도 필요합니다.

또한 복음을 전할 때도 말로만 복음을 전하지 말고 구체적인 물질과 봉사가 담긴 사랑을 함께 주는 것이 필요합니다. 우리 교회가 매년 어려움을 당한 사람들에세 NGO를 통해 헌금을 전달하고 봉사 활동을 벌지는 것 역시 이러한 맥락에서입니다. 이렇게 구제 활동을 하는 것은 중요합니다. 왜냐하면 사람의 마음은 사랑으로 녹아지는 것이지, 율법으로 녹아지는 것이 아닙니다. 이솝 우화에 나오는 '나그네의 옷을 벗기기 위한 바람과 햇볕의 내기' 처럼, 율법을 강요하면 겉으로는 순종하는 척하나 그 마음은 더 완고해지지만, 사랑으로 대하면 마음이 녹아져 자발적으로 무장해제를 하는 것입니다.

그렇기 때문에 우리 하나님께서는 시내 산 율법을 통해 우리를 구원하시지 않고 십자가의 사랑으로 우리를 구원하신 것입니다. 천지만물을 지으신 그 강하시고 전능한 하나님의 아들이 너무나 무력하고 약한 모습으로 십자가에서 못 박혀 죽으신 것은 우리의 연약함을 짊어지고 구원하시기 위한 사랑 때문이었습니다. 그래서 성경은 "그가 찔림은 우리의 허물 때문이요 그가 상함은 우리의 죄악 때문이라 그가 징계를 받으므로 우리는 평화를 누리고 그가 채찍에 맞으므로 우리는 나음을 받았도다"(사 53:5)라고 말하는 것입니다. 이와 같이 우리 복음의 핵심이 '사랑' 이기에 우리는 복음을 전할 때 그리스도의 사랑도 함께 베풀어야 합니다. 특히 개인 전도는 따뜻한 사랑으로 상대방의 마음 문을 먼저 열어야 복음이 그 마음에 들어가기가 쉬운 것입니다. 만약 우리에게 물질이 없을 경우에는 따뜻하게 손을 잡아주는 스킨십이나 위로하고 격려하는 말을 통하여 우리의 진실한 마음과 사랑을 전달해도 되는 것입니다.

2절 매주 첫날에 너희 각 사람이 수입에 따라 모아 두어서 내가 갈 때에 연보를 하지 않게 하라

사도 바울은 연보가 어떻게 행해져야 하는가를 설명하고 있습니다. 여기서 '매주 첫날' 은 현재의 '주일' 을 말하고, '수입에 따라 모아 두어서' 라는 말은 하나님의 은혜로 얻은 이익 중에서 얼마를 자진하여 연보하라는 것입니다. 그러면서 사도 바울은 자신이 고린도 교회에 갔을 때 연보하는 일이 없도록 미리 주일날 연보하여 준비해 두라고 권면하고 있습니다.

그 당시 유대인들은 매주일의 마지막 날인 토요일을 안식일로 지켰습니다. 오늘날 어떤 사람들은 '제칠 일' 인 토요일에 안식일을 지켜야만 구원을 얻는다고 하면서 안식일을 지키지 않는 사람은 모두 다 666이라는 짐승의 표(계 13:18)를 받은 사람들이라고 가르칩니다. 그러나 우리는 그리스도를 믿음으로 구원을 받지, 날짜를 지킴으로 구원을 얻는 것이 아닙니다. 그런데 우리는 유대인의 관습에 따라서 토요일을 지키는 것이 아니라 주일을 지킵니다. 주님께서 안식 후 첫날에 부활하셨고(요 20:1), 제자들에게도 안식 후 첫날에 나타나셨습니다(요 20:19,26). 또한 성령이 강림하신 오순절날도 안식 후 첫날이었습니다. 이날 성령이 강림하심으로 교회가 세워졌습니다. 결국 교회는 주일날 탄생한 것입니다. 그렇기 때문에 초대 교회 성도들은 주일날 교회에 모여 예배를 드리기 시작했으며, 법적으로는 주후 4세기에 주일날 예배를 드리도록 교회들이 모여서 결정을 내렸습니다. 이것이 오늘날 기독교의 성일(聖日)이 되었습니다. 예수님은 안식일의 주인이시고 율법의 완성이시며 우리는 이 주님을 섬기는 날로서 '주일' 을 지키는 것입니다. 그래서 고린도 교회 성도들은 주일날에 모였던 것입니다.

골로새서 2장 16절부터 17절에는 다음과 같이 말씀하고 있습니다. "그러므로 먹고 마시는 것과 절기나 초하루나 안식일을 이유로 누구든지 너희를 비판하지 못하게 하라 이것들은 장래 일의 그림자이나 몸은 그리스도의 것이니라". 즉,음식을 먹고 마시는 것이나 절기나 초하루나 안식일을 지키는 것은 예수님이 오시기 전의 '그림자' 입니다. 그러나 예수님은 '몸' 이시기 때문에 예수님을 구주로 모시면 구원을 얻게 됩니다. 이제 우리는 그림자와 살지 않고 몸과 같이 삽니다.

예를 들어 말하면 구약 시대의 규례를 지키는 삶은 약혼자의 사진과 같이 사는 것에 비유할 수 있습니다. 장차 진짜 약혼자가 올 것을 기대하고 살았기 때문에 진짜 결혼 생활이 아니라 가짜 결혼 생활입니다. 그러나 진짜 약혼자가 와서 결혼을 하면 더 이상 사진과 같이 살 필요가 없습니다. 진짜 사람하고 살아야 합니다. 만약 결혼한 후에도 계속 사진과 같이 먹고 자고 놀고 일한다면 무엇인가 잘못된 사람입니다. 이와 같이 구약의 율법은 사진과 같고, 예수님은 신랑과 같습니다. 신랑이 왔으니 더 이상 사진에 구속될 필요가 없습니다.

그러면 우리의 신앙생활을 율법과 어떻게 조화시킬까요? 성경은 말하기를 "어떤 사람은 이 날을 저 날보다 낫게 여기고 어떤 사람은 모든 날을 같게 여기나니 각각 자기 마음으로 확정할지니라 날을 중히 여기는 자도 주를 위하여 중히 여기고 먹는 자도 주를 위하여 먹으니 이는 하나님께 감사함이요 먹지 않는 자도 주를 위하여 먹지 아니하며 하나님께 감사하느니라"(롬 14:5-6)고 했습니다. 우리의 신앙생활이라는 것은 전적으로 예수님 중심에 서서 날을 지켜도 주님의 영광을 위하여 지키며 음식을 먹어도 주님의 영광을 위해서 먹는 삶입니다. 우리가 예수 그리스도 중심으로 서면 월요일을 성일로 지켜도 구원을 받고, 화요일을 성일로 지켜도 구원을 받으며, 수, 목, 금, 토, 주일 어느 날을 성일로 지키든 거룩히 지키면 됩니다. 그런데 그 일주일 중에 예수님이 부활하셔서 찾아오신 주일이 제일 좋다고 생각되어 교회가 그 날을 기념해서 성일로 정하고 예배드리는 것입니다. 물론 유대인들이 안식일을 지킨 것과 같이 특별히 필요한 일 외에는 주일에 하지 말아야 합니다. 그러나 필수불가결한 일은 해도 괜찮습니다. 예컨대 병원 운영, 교통기관, 전기 공급, 병역 의무 등

필수적인 일은 성일에도 해야 합니다. 그렇지만 그 이외에는 단호하게 하지 말아야 합니다. 주님을 섬기는 거룩한 하루를 가져야만 하는 것입니다.

본 절에서 사도 바울은 연보에 대하여 강조를 했는데 우리 성도들이 주님 앞에서 신령한 축복이나 물질적인 축복을 받으려면 반드시 심고 거두는 법칙을 삶 속에 적용해야 합니다. 하나님은 우리의 영혼을 구원하시기 위해서 예수 그리스도를 구원의 씨앗으로 심으셨습니다(요 12:24). 마찬가지로 물질을 심고 거두는 데 있어서 십일조는 종자 씨앗과 같습니다. 이 십일조를 하나님께 드리는 것은 그리스도인의 의무입니다(말 3:10).

어떤 사람은 "십일조는 율법 시대의 산물이기에 지금은 낼 필요가 없다."라고 주장합니다. 그러나 성경을 보면 이 십일조는 율법을 받기 430년 전부터 있었습니다. 아브라함은 율법이 있기 430년 전에 제사장 멜기세덱에게 자신이 얻은 소득의 십분의 일을 바쳤습니다(창 14:17-20). 또한 야곱도 형을 피해 하란으로 도망가던 중 꿈에 하나님을 만나자 하나님께서 자신과 함께 하셔서 평안히 아버지 집으로 돌아가게 해 주시면 십분의 일을 하나님께 드리겠다고 서원하였습니다(창 28:10-22). 이와 같이 십일조는 율법 이전부터 있었던 것입니다.

그러나 그 외의 연보는 하나님의 명령은 아닙니다. 십일조를 제외한 연보의 종류와 액수는 자원하는 마음으로 정하여 하나님께 드리면 됩니다. 단, "빈손으로 내 앞에 나오지 말지니라"는 출애굽기 23장 15절 말씀처럼 하나님께 나올 때는 적은 것이라도 꼭 예물을 준비해서 나와야 합니다. 우리가 이웃집에 갈 때도 빈손으로 가지 않지 않습니까? 대개 서양 사람들은 이웃집에 갈 때 꽃을 들고 가고, 일본 사람들은 조그만 과자류를 들고 갑니다. 나 역시 해외 집회를 나갈 때 그 나라 대통령이나 장관들을 만나게 되기 때문에, 우리 한국의 특산품인 도자기나 신라 시대의 왕관, 또는 우리 교회의 로고가 새겨진 시계를 선물로 준비합니다. 사람을 만날 때도 이렇게 선물로써 마음의 정성을 표시하는데, 하물며 우리가 정말 사랑하고 경외하는 하나님을 만나러 갈 때 빈손으로 갈 수는 없는 것입니다.

3절 내가 이를 때에 너희가 인정한 사람에게 편지를 주어 너희의 은혜를 예루살렘으로 가지고 가게 하리니

사도 바울이 고린도 교회에 도착할 때에 그들이 준비한 연보를 예루살렘에 전달하되, 고린도 교회가 신임하는 사람들에게 연보와 편지를 주어서 보내겠다는 것입니다. 그는 연보의 모금뿐만 아니라 전달 문제에 대하여 지시를 하면서도 그 자신은 연보를 직접 취급하지 않았습니다.

하나님께 드린 연보는 하나님의 것입니다. 일단 하나님께 연보를 하면 주의 종도, 장로도, 집사도, 어느 누구도 마음대로 쓸 수 없습니다. 당회의 소속하에 재정 위원회를 두어서 재정 위원회에서 정책적으로 결정한 후 하나님의 사업에 써야 합니다. 주의 종이 마음대로 쓰거나 회계 장로님이나 집사님이 마음대로 쓰면 안 됩니다. 정직하고 유능한 재정 위원들을 구성해서 서로 의논하고 난 후 사용해야 합니다. 물질 문제에 깨끗해야 마귀가 시험하지 못합니다. 만약 하나님의 물질을 개인의 이익을 위해서 마음대로 사용할 경우에는 하나님의 심판이 임합니다. 그렇기 때문에 하나님의 물질을 취급할 때에는 떨림으로 다루어야 됩니다.

4절 만일 나도 가는 것이 합당하면 그들이 나와 함께 가리라

사도 바울이 고린도 교회에 도착한 후에 자신이 직접 예루살렘 교회의 신임하는 사람들과 함께 연보를 가지고 가겠다는 것입니다. 그는 복음 증거로 인해 바쁠지라도 물질을 잘못 취급하면 큰 시험에 든다는 점을 알았기 때문에 함께 가서 헌금을 전달하는 과정에 보증을 설 필요가 있다면 보증해 주겠다는 뜻을 전했습니다.

2. 바울의 전도 여행(16:5-9)

5. 내가 마게도냐를 지날 터이니 마게도냐를 지난 후에 너희에게 가
서 6. 혹 너희와 함께 머물며 겨울을 지낼 듯도 하니 이는 너희가 나
를 내가 갈 곳으로 보내어 주게 하려 함이라 7. 이제는 지나는 길에
너희 보기를 원하지 아니하노니 이는 만일 주께서 허락하시면 얼마
동안 너희와 함께 머물기를 바람이라 8. 내가 오순절까지 에베소에
머물려 함은 9. 내게 광대하고 유효한 문이 열렸으나 대적하는 자가
많음이라

5절 내가 마게도냐를 지날 터이니 마게도냐를 지난 후에 너희에게 가서

사도 바울은 본 서를 에베소에서 쓰고 있었습니다(8절). 그는 본래 에

베소에서 직접 고린도로 가고, 거기서 마게도냐로 갔다가 다시 고린도로 되돌아온 후에 예루살렘으로 가려고 했습니다(고후 1:15-16). 그러나 그는 기도하는 가운데 성령의 인도를 받아서 이 계획을 변경하여 먼저 마게도냐로 간 뒤에 고린도에 갔습니다(행 19:1; 20:1-3).

이와 같이 우리 삶에는 우리 계획대로 되지 않는 경우가 종종 있습니다. 그래서 성경은 "사람이 마음으로 자기의 길을 계획할지라도 그의 걸음을 인도하시는 이는 야훼시니라"(잠 16:9)고 말씀하는 것입니다. 계획이 사람에게 있어도 그 성사는 하나님께 있습니다. 인생을 살아가는 동안에 될 듯 될 듯 하면서도 안 되는 일이 얼마나 많습니까? 그리고 전혀 안 된다고 생각한 일이 되는 일이 얼마나 많습니까? 그러나 우리가 하나님의 뜻을 알고 그 뜻을 받들어 나가면 안 될 것도 되고, 하나님을 제쳐 놓고 인간 마음대로 생각하면 될 것 같은 일도 안 됩니다.

그러면 하나님의 뜻을 어떻게 알 수 있을까요?

첫째, 하나님은 우리 마음에 소원을 일으켜서 하나님의 뜻을 보여 주십니다(빌 2:13). 그러기에 내 마음에 어떤 간절한 소원이 지속적으로 불일 듯 일어나는가를 살펴보아야 합니다.

둘째, 이러한 소원을 놓고 기도할 때, 마음에 평화가 와야 합니다(빌 4:6-7). 하나님이 함께하시는 곳에는 평안이 있습니다.

셋째, 환경에서 증거가 나타나야 합니다(엡 3:20). 하나님이 역사하시는 곳에는 환경에서 '오라' 는 손짓이 보입니다. 작은 증거라도 환경에서 손짓이 보입니다.

넷째, 이 소원이 하나님의 말씀에 합당한지 살펴보아야 합니다(시 17:4; 119:105; 빌 2:16).

대개 이러한 네 가지의 조건들이 다 충족된 소원이라면 하나님의 뜻이라고 믿고 결정할 수 있습니다. 그리고 그렇게 결정한 후에 그 길을 향해서 믿음으로 기도하고 나가면 하나님께서 도와주시는 것입니다.

6절 혹 너희와 함께 머물며 겨울을 지낼 듯도 하니 이는 너희가 나를 내가 갈 곳으로 보내어 주게 하려 함이라

바울은 고린도 교회에 갈 경우에 겨울을 보내면서 하나님의 은혜를 끼치기를 원하고 있습니다. 그리고 그가 고린도 교회를 떠나서 하나님께서 지시하시는 곳으로 갈 때에는 환송과 더불어 도움 받기를 원한다고 말하고 있습니다.

사도 바울이 고린도 교회 교인들과 사랑의 관계에 있지 않았다면 이런 말을 하지 못했을 것입니다. 고린도 교회를 세운 사도 바울이 고린도에 가서 겨울을 보낼 것이라고 말했을 때 고린도 교회 교인들이 얼마나 기뻐했겠습니까? 이 은혜로운 종이 와서 그 교회 성도들과 함께 한겨울을 지내며 하나님의 말씀을 전하겠다니 얼마나 큰 축복이겠습니까?

주의 종은 하나님이 성도들에게 주신 선물입니다. 하나님은 사람을 사용하시며 사람의 입술을 통하여 말씀하십니다. 그렇기 때문에 사람들은 이왕이면 하나님의 손에 붙들려 있는 하나님의 사람에게 말씀을 들으려고 찾아갑니다. 교회에 갈 바에야 성령 충만한 주의 종의 입에서 나오는 하나님의 말씀을 들으러 가는 것은 당연한 일입니다. 조금이라도 하나님의 은혜를 맛보고 깨달은 사람은 꿀과 같이 단 하나님의 말씀이 흘러나오고 성령의 은혜가 넘치는 분위기를 찾기 마련입니다. 아론의 머리 위에 부은 보배로운 기름이 수염을 타고 흘러서 그 옷깃에 내림같이

(시 133:2), 하나님의 축복과 은혜는 하나님의 말씀을 전하는 주의 종을 통해 흘러가기 때문에 말씀을 전하는 사람은 하나님께 많이 기도해야 합니다. 성령 충만해야 하며, 말씀 충만해야 하며, 은혜 충만해야 합니다. 또한 하나님의 말씀을 전하는 주의 종으로서 하나님의 백성들에게 판단을 받지 않도록 해야 합니다. 양들은 좋은 꼴과 좋은 물을 찾아 헤맵니다. 목자가 양들에게 살찐 꼴과 물을 공급해 주지 못하면 양들은 목자의 품을 떠나갑니다. 이런 양들을 나무랄 수가 없습니다. 책임은 목자에게 있기 때문입니다. 그러므로 주의 종들은 좋은 목자가 되기 위해 늘 힘쓰고 애써야 하며 성도들 역시 자기 교회의 주의 종들을 위해 기도를 많이 해야 할 것입니다.

7절 이제는 지나는 길에 너희 보기를 원하지 아니하노니 이는 만일 주께서 허락하시면 얼마 동안 너희와 함께 머물기를 바람이라

고린도 교회에는 많은 문제들이 있었습니다. 사도 바울은 그러한 문제들을 해결해 주기를 원했고 또 고린도 교회 교인들과 사랑의 친교를 원했습니다. 그래서 그는 고린도 교회를 지나는 길에 잠깐 보는 것으로만 그치지 않고 얼마 동안 그들과 함께 있기를 바란다고 말한 것입니다.

자신이 개척한 교회를 사랑하는 것은 인지상정입니다. 나 역시 젊디젊은 20대에 개척하여 이 시점까지 나의 시간과 노력과 애정을 다 쏟아 부은 우리 교회에 대한 애착이 큽니다. 그러나 사람이란 항상 젊은 청춘일 수 없고, 나 역시 언젠가는 이 강단을 떠나야 할 것입니다. 그래서 나는 이 강단을 맡고 있을 동안에는 내게 맡기신 양 무리 중 한 명도 잃어버리지 않고 다 천국에 들어갈 수 있도록 하기 위해 죽을 애를 써 왔고 지금도 최

선의 노력을 하고 있습니다. 내가 선포한 말씀을 듣는 성도들 중에는 한 사람의 낙오자도 없이 다 천국에 올라가서 다 함께 만나야 할 것입니다.

한편 사도 바울은 본 절에서 '주께서 허락하시면' 이라는 단서를 붙였습니다. 우리 그리스도인들은 항상 하나님의 뜻을 먼저 구하고 하나님의 뜻에 복종해야 합니다. 그러므로 사도 바울 개인의 생각으로는 고린도 교회에 머무르고 싶었지만 그 자신이 마음대로 머물겠다고 말하지 않은 것입니다. 고린도 교회에 머무르는 것이 하나님의 뜻이 아니면 머무를 수가 없기 때문입니다.

8절 내가 오순절까지 에베소에 머물려 함은

사도 바울이 고린도전서를 쓴 시기와 장소를 알 수 있는 구절입니다. 그는 고린도전서를 유월절 즈음에 썼습니다. 그리고 오순절까지 약 두 달 동안 에베소에 계속 머물러 있었습니다.

9절 내게 광대하고 유효한 문이 열렸으나 대적하는 자가 많음이라

그가 에베소에 두 달을 더 머무르는 이유를 밝히고 있습니다. '광대하고 유효한 문이 열렸으나' 란 말은 복음을 전할 수 있는 기회가 많고 성과가 크다는 것을 가리키고, '대적하는 자가 많음이라' 는 말은 복음 전파에 따른 박해와 시련이 컸음을 가리킵니다. 그가 에베소에 있는 동안 복음 전파의 문이 크게 열렸으며(행 19:19-20), 반면 시련과 박해도 뒤따랐습니다(행 19:23-29).

그런데 복음을 선포할 때 원수가 많고 박해가 있다고 해서 하나님의 성령이 역사하시지 않는 것이 아닙니다. 성령의 역사가 많이 일어나면 악령의 역사도 일어나서 방해합니다. 큰 축복이 오기 전에 마귀가 먼저 와서 날뛰며 시험에 들게 합니다. 어떤 때는 은혜 받는 도중에 낙심시킬 때도 있습니다. 그럴 때 절대로 낙심하지 말아야 합니다. 주님을 더욱 힘차게 의지하고 방해와 낙심을 물리치면 주님께서 오히려 30배, 60배, 100배의 은총과 축복을 베풀어 주십니다. 주님은 원수의 목전에서 우리에게 상을 차려 주시는 좋으신 하나님이십니다(시 23:5).

본래 일하지 않는 사람에게는 시험이 없습니다. 그러나 일하는 사람에게는 반드시 시련이 닥칩니다. 구역장이 아무 일도 안 하고 '나 홀로 구역' 으로 있으면 마귀도 '그래, 우리 신사협정하자. 계속 잠자고 있어라. 네가 일 안 하면 나도 손 안 댈께.' 라고 잠자코 있습니다. 그러나 구역장이 열심을 내어 기도하고 사람들을 전도하여 주께로 인도하면 마귀가 저항하기 시작하는 것입니다. 그렇기 때문에 주의 일을 하는 사람들은 마귀의 저항이 있음을 미리 알고 그것을 헤쳐 나가야 합니다.

지금까지의 목회를 돌아보면, 우리 교회 역시 성장할 때마다 어마어마한 저항을 받았습니다. 불신자로부터, 소속 교단으로부터, 타 교단으로부터, 교회 내부로부터 등등 엄청난 시련들을 겪었습니다. 그러나 하나님이 기뻐하시는 일을 하는 자에게는 하나님의 축복이 반드시 따릅니다. 주의 일을 하는 자는 환난과 복을 동시에 받지만, 그가 받을 축복은 잠깐 받는 환난과는 비교도 안 되는 것입니다. 그래서 성경은 "현재의 고난은 장차 우리에게 나타날 영광과 비교할 수 없도다"(롬 8:18)고 말씀하시는 것입니다. 그러므로 주의 일을 하는 우리는 이 잠깐의 시험을 이기고 나가야 하는 것입니다.

3. 모든 일을 사랑으로 행하라(16:10-14)

10. 디모데가 이르거든 너희는 조심하여 그로 두려움이 없이 너희 가운데 있게 하라 이는 그도 나와 같이 주의 일을 힘쓰는 자임이라 11. 그러므로 누구든지 그를 멸시하지 말고 평안히 보내어 내게로 오게 하라 나는 그가 형제들과 함께 오기를 기다리노라 12. 형제 아볼로에 대하여는 그에게 형제들과 함께 너희에게 가라고 내가 많이 권하였으되 지금은 갈 뜻이 전혀 없으나 기회가 있으면 가리라 13. 깨어 믿음에 굳게 서서 남자답게 강건하라 14. 너희 모든 일을 사랑으로 행하라

10절 디모데가 이르거든 너희는 조심하여 그로 두려움이 없이 너희 가운데 있게 하라 이는 그도 나와 같이 주의 일을 힘쓰는 자임이라

디모데는 사도 바울의 믿음의 아들인 동시에 동역자였습니다(딤후 1:2; 빌 1:1). 사도 바울은 그를 마게도냐를 경유하여(행 19:22) 고린도 교회로 보내었습니다(4:17). 그러면서 부탁하기를 디모데는 자신과 같이 주의 일에 힘쓰는 자이므로 고린도 교회 교인들이 조심하여 그가 두려움 없이 하나님의 종으로서 일할 수 있게 해 주라고 했습니다.

주의 종들이 성도들을 두려워하기 시작하면 목회가 안 된다는 것을 알아야 합니다. 성도들을 두려워해서 성도들의 입에 단 말씀만을 전한다

든가 성도들의 눈에 잘 보이기 위해서 아부해서는 안 됩니다. 일단 주의 종이 강단에 올라서면 하나님의 말씀을 전해야 합니다. 강단은 개인의 자리가 아닙니다. 하나님의 말씀이 흘러나오는 곳입니다. 그곳에서 나오는 말씀은 성도들을 위할 뿐만 아니라 주의 종 자신을 위한 것이기도 합니다. 그렇기 때문에 성령님이 주시는 말씀을 전해야 합니다. 주의 종이 기도하고 말씀을 가지고 강단에 서면 하나님의 성령이 역사하십니다. 그 때만큼은 주의 종도 평범한 인간이 아니고 하나님의 대변자입니다. 그러나 강단에서 내려오면 보통 사람이 됩니다. 그러므로 주의 종이 성도를 의식하고 두려워하여 하나님의 말씀을 정확하게 전하지 못하면 그것은 주의 종으로서의 구실을 다하지 못하는 것이 됩니다.

온 성도가 하나님의 말씀을 올바로 듣지 못한다면 그 모임은 하나의 친목 단체밖에 되지 않습니다. 그렇기 때문에 성도들은 주의 종이 하나님의 말씀을 담대하게 전할 수 있도록 뒷받침해 주어야 합니다. 그렇게 해야만 하나님의 뜻이 올바로 전달되고 하나님의 축복을 받게 됩니다.

한편 주의 종들이 이러한 두려움 없이 담대해지고 강해지려면 하나님을 바라보고 성령으로 충만해야 합니다. 가야바의 뜰에서 젊은 여종을 두려워하여 예수님을 세 번이나 부인했던 베드로가 수많은 사람 앞에서 담대히 복음을 전하고 3천 명이나 회개시킬 수 있었던 것은 오순절 성령 강림을 통하여 성령께서 그를 충만히 채우셨기 때문입니다. 그러므로 주의 종들은 어찌하든지 성령으로 충만하도록 기도해야 하는 것입니다.

11절 그러므로 누구든지 그를 멸시하지 말고 평안히 보내어 내게로 오게 하라 나는 그가 형제들과 함께 오기를 기다리노라 디모데는 나이가 젊었습니다(딤전 4:12). 그러나 사도 바울은 연소하다는 이유로 디모데를 멸시하지 말고 맡은 바 일을 잘하도록 한 다음 다시 사도 바울 자신에게 보내 줄 것을 부탁하고 있습니다. 사도 바울은 디모데가 고린도 교회 형제들과 함께 기쁜 소식을 가지고 돌아오기를 기대하고 있었습니다.

교회는 주의 종들과 성도들이 서로 사랑하고 연합할 때 하나님의 큰 복을 받을 수 있습니다. 우리나라는 예로부터 '엄친자모(嚴親慈母)'라 하여 아버지는 남자로서 교육을 받아 지식이 많으나 엄하고 무서운 존재인 반면 어머니는 여자로서 교육을 받지 못해 다소 무식하지만 늘 자애롭고 사랑이 많았습니다. 그런데 나이가 들수록 오래 기억나는 것은 어머니의 사랑입니다. 군인들이 죽을 때도 "엄마!" 라고 외치며 죽는다 하지 않습니까? 마찬가지로 우리가 이 세상을 살아갈 때 가장 기억에 남는 사람은 우리에게 지식을 전달해 준 사람이 아니라 우리에게 사랑을 베풀어 준 사람입니다. 나는 특별히 할머니의 사랑을 많이 받고 자랐습니다. 내가 어릴 때 할머니의 축 늘어진 마른 젖을 빨고 품에 안기면 할머니는 내 엉덩이를 두드리면서 "아이고, 내 새끼!" 하셨고, 나는 그 소리를 들으며 잠이 들었습니다. 지금도 그 소리가 내 귀에 쟁쟁하고 그 채취가 내 마음 속에서 떠나지 않습니다.

교회 역시 가정과 같이 '지식 공동체'가 아니고 '사랑 공동체'입니다. 예수 그리스도께서 십자가에 못 박혀 몸 찢고 피 흘려 죽으신 것은 우리에게 무슨 특별한 지식을 전달하기 위해서가 아니라, 우리를 사랑하셨기 때문입니다. 우리가 그리스도를 위해 청춘과 물질과 노력을 바쳐도 하나도 아깝지 않은 것은 이러한 그리스도의 사랑에 감동받았기 때문입니다.

사랑은 상대를 '황홀하게' 합니다. 우리가 하나님의 사랑에 황홀하여 예배를 통해 우리의 사랑을 표현하면 하나님이 황홀해지십니다. 또한 서로 간에 칭찬하고 격려하면 서로가 황홀해지는 것입니다. 그러므로 사랑보다 더 큰 힘은 없습니다. 교회는 바로 이러한 사랑의 힘으로 움직여지는 것이기에 지식으로 단점을 판단하기보다는 사랑으로 장점을 칭찬하고 격려해야 하는 것입니다.

12절 형제 아볼로에 대하여는 그에게 형제들과 함께 너희에게 가라고 내가 많이 권하였으되 지금은 갈 뜻이 전혀 없으나 기회가 있으면 가리라

고린도 교회에는 분쟁이 있었습니다. 그중에는 바울파도 있고 아볼로파도 있었습니다(1:12; 3:4). 사도 바울은 고린도 교회를 개척했고 그 후에 아볼로가 가서 목회했습니다(3:5-6). 사도 바울은 고린도 교회의 분쟁을 해결하기 위해서 아볼로가 고린도 교회로 가기를 심히 원했습니다. 그래서 여러 번 갈 것을 권유했습니다. 그러나 아볼로는 전혀 갈 뜻이 없다고 가기를 거절했던 것입니다.

여기서 우리는 사도 바울과 아볼로의 겸손한 마음을 볼 수 있습니다. 사도 바울이 가면 바울파에게 유리하고 아볼로가 가면 아볼로파에게 유리할지 모릅니다. 그러나 사도 바울은 아볼로에게 교회의 문제를 해결하고 분쟁을 없앨 목적으로 가라고 권했고 아볼로는 아볼로대로 자신은 갈 수 없으니 사도 바울이 가서 해결하라고 했습니다. 결국 사도 바울도, 아볼로도 가지 않고 디모데를 보냈던 것입니다. 사도 바울이나 아볼로 둘 다 하나님의 훌륭한 종입니다. 서로 양보할 줄 알고 상대방을 의심하거

나 시기하지 않았습니다. 이처럼 그리스도의 사랑과 형제애는 남을 높여 주며 상대방을 헐뜯지 않습니다. 결국 고린도 교회에 분쟁이 생긴 것은 주의 종들 때문이 아니라 고린도 교회 교인들의 분쟁하는 마음에서 발생되었던 것입니다.

우리는 사도 바울과 아볼로의 인격을 본받아야 합니다. 한국 교회 내에서 교파가 조금 다르고 교리가 조금 다르다는 이유로 서로 등지고 의견 교환도 하지 않는 것은 참으로 슬픈 일입니다. 주님을 믿고 성령으로 인치심을 받은 하나님의 백성은 한 형제들입니다. 천국에 가면 무슨 교파가 있겠습니까? 우리는 서로 파당을 나누어 분열할 것이 아니라 예수 그리스도 안에서 온전히 보혈로 씻음 받고 한 성령을 받아서 한 하나님의 자녀가 되었으니 서로 사랑하고 서로 뭉쳐서 주의 일에 힘써야 될 것입니다.

또한 우리 목회 현장에서는 바울과 아볼로와 같은 목회자의 윤리가 필요합니다. 흔히 한 교회의 목사가 바뀌면, 후임자가 자신을 부각시키기 위해 전임자를 비난하는 경우가 있습니다. 이것은 큰 잘못입니다. 전임자를 짓밟는다고 해서 자신이 높아지지 않습니다. 전임자의 업적을 인정하고 진심으로 감사할 때 전임자를 따르던 자들조차도 후임자를 존경하고 따르게 되는 것입니다.

13-14절 깨어 믿음에 굳게 서서 남자답게 강건하라 너희 모든 일을 사랑으로 행하라

본문에서 사도 바울은 고린도 교회에 주는 결론적인 충고를 하고 있습니다.

첫째로, '깨라' 고 권면합니다. 고린도 교회는 당파 싸움과 무질서와 부활의 신앙을 방해하는 자들로 인해 큰 위험에 처해 있었습니다. 그렇기 때문에 바울은 고린도 교회 교인들에게 깨어 있으라고 권면한 것입니다.

우리 역시 마귀가 항상 우리를 노리고 있다는 사실을 알고 항상 깨어 있어야 합니다(벧전 5:8). 우리가 늘 깨어 있으려면 우리의 생활환경과 분위기를 늘 영적인 것으로 채워야 합니다. 그래서 나는 할 수 있으면 집에서 성가나 찬송가를 틀어 놓고 '국민일보' 와 '신앙계' 같은 잡지를 집 안에 비치하여 오며 가며 볼 수 있게 합니다.

둘째로, '믿음에 굳게 서라' 고 권면합니다. 하나님의 복음 위에 굳게 서서 죽도록 충성하라는 것입니다(계 2:10). 그리스도인은 믿음에 서야 합니다(고후 1:24). 믿음으로 말미암아 유혹과 박해를 이기고 세상을 이기게 됩니다(요일 5:4). 결국 믿음은 감정이 아니라 선택의 문제입니다. 믿음은 자꾸 사용할 때 강해지는 것입니다. 하나님이 이미 주신 믿음으로 기도하고 말하고 생각하고 생활하면 점점 믿음이 강해지고 굳세어지는 것입니다.

셋째로, '남자답게 강건하라' 고 권면합니다. 당파를 짓고 분열하여 다투지 말고 서로 용납하고 용서하는 마음을 품으라는 것입니다(골 3:13). 그리스도인은 남자답게 굳세게 행할 줄도 알고 확고한 판단도 할 줄 알아야 됩니다. 또한 주 안에서 능력으로 강건하여져서 마귀와 죄와 세상을 이길 수 있어야 합니다(엡 1:19; 6:10; 골 1:11). 그러기 위해서는 성령의 충만함을 받아야 되는 것입니다(엡 5:18).

넷째로, '모든 일을 사랑으로 행하라' 고 권면합니다. 사도 바울은 13장에서 말한 사랑을 다시 한번 강조하고 있습니다. 고린도 교회에 여러 가지 문제가 생기고 분쟁이 생긴 것은 결국 사랑이 없었기 때문입니다.

이 '사랑으로 행하라' 는 충고는 바울이 고린도 교회에 준 가장 중요한 충고라 하겠습니다.

사랑은 '영적 비타민' 과 같습니다. 내가 1954년에 미국 하나님의 성회 50주년 행사에 참석하여 식당에서 사람들과 얘기할 때였습니다. 내가 "나는 항상 피곤하고 잠이 옵니다."라고 말하자. 그 말을 들은 한 비타민 회사 사장이 "그것은 비타민 부족 때문입니다."라고 말하는 것이었습니다. 사실 나는 그 당시 서대문 교회를 개척하여 한참 어려울 때라 사례비도 받지 못하고 비타민은커녕 하루 세 끼 밥도 먹지 못하는 영양실조 상태였습니다. 그런데 나중에 그 사람이 한국으로 보내준 비타민을 먹은 이후로 정말 거짓말같이 피곤하지 않았습니다. 사랑도 이와 같은 것입니다. 우리의 삶에 기쁨과 활기가 없어질 때 그리스도 안에서 이 사랑의 비타민을 먹을 뿐만 아니라, 이웃에게 이 비타민을 먹여 주고 나아가 세상에도 이 비타민을 먹여 주고 나누는 우리가 되어야겠습니다.

4. 주의 일꾼들을 알아주라(16:15-20)

15. 형제들아 스데바나의 집은 곧 아가야의 첫 열매요 또 성도 섬기기로 작정한 줄을 너희가 아는지라 내가 너희를 권하노니 16. 이 같은 사람들과 또 함께 일하며 수고하는 모든 사람에게 순종하라 17. 내가 스데바나와 브드나도와 아가이고가 온 것을 기뻐하노니 그들

이 너희의 부족한 것을 채웠음이라 18. 그들이 나와 너희 마음을 시
원하게 하였으니 그러므로 너희는 이런 사람들을 알아주라 19. 아시
아의 교회들이 너희에게 문안하고 아굴라와 브리스가와 그 집에 있
는 교회가 주 안에서 너희에게 간절히 문안하고 20. 모든 형제도 너
희에게 문안하니 너희는 거룩하게 입맞춤으로 서로 문안하라

15절 형제들아 스데바나의 집은 곧 아가야의 첫 열매요 또 성도 섬기기로 작정한 줄을 너희가 아는지라 내가 너희를 권하노니

스데바나는 사도 바울이 아가야에서 전도하여 열매 맺은 첫 성도입니다(1:16). 사도 바울이 스데바나를 추천하는 것은 그가 아가야의 첫 열매이며 성도들에게 헌신적으로 봉사하는 사람이었기 때문입니다. 아가야는 지금의 그리스 일대를 말하는데, 사도 바울이 이 지역에 처음 교회를 세운 곳이 바로 스데바나의 집이었습니다. 이처럼 성경의 위대한 교회들이 다 가정에서 시작되었습니다(행 12:12; 16:40; 골 4:15; 몬 1:2). 사도 바울은 소위 '노방 전도'를 통해 예수 믿는 자가 생기면 그 사람의 집에 교회를 세웠습니다.

미국에 세워진 우리 여의도순복음교회의 자매 교회들도 거의 대부분이 그곳에 이민을 간 우리 교회 지구역장들이 세운 것입니다. 이들이 자신의 집에서 구역 모임을 시작한 것이 오늘날의 큰 교회가 된 것입니다. 동경순복음교회 역시 피혁 회사의 동경 지사장으로 계신 성도님 가정의 구역 모임으로 시작한 것이었습니다. 이렇게 하나님 나라의 일은 주의 종의 힘만으로 되지 않습니다. 뜨거운 마음으로 헌신 봉사하는 평신도들의 협조를 통해 이루어지는 것입니다.

나 역시 대조동에서 교회를 시작했을 때, 구경꾼들은 있어도 몸을 내놓고 함께 일하는 사람은 없었습니다. 그런데 당시 20대 청년이었던 지금의 의정부순복음교회의 박종선 목사님은 정말로 아침부터 저녁까지 교회의 가마니를 털고 말리는 등, 교회의 온갖 궂은일을 다 맡아 열심히 수고해 주셨습니다. 뿐만 아니라 미국 이민 목회 시절에도 나의 미국 순회 집회에 동행하여 나의 손발이 되어 주었습니다. 특히 내가 잊지 못하는 사건은 콜롬비아 집회 때입니다. 당시는 콜롬비아 게릴라들이 나를 잡아 오면 상금 12억을 준다는 전단지를 곳곳에 붙여 놓았고 나와 동행한 미국 목사님은 게릴라가 호텔을 습격해 나를 잡는 꿈을 꾸는 등 정말 일촉즉발의 살벌한 분위기였습니다. 그때 다른 동행인들은 모두 다른 층으로 방을 옮기고 미리 대피했지만 박 목사님만은 "그 옛날 대조동 시절부터 여기까지 같이 왔는데, 죽어도 같이 죽고 살아도 같이 살아야지요. 어떻게 야박하게 나 혼자 살겠다고 방을 옮깁니까?" 라며 내 곁에 있어 주었습니다. 그래서 나는 개인적으로 박 목사님의 사랑과 헌신을 결코 잊지 못합니다. 이러한 동역자들이 있기에 주의 종들은 용기를 잃지 않고 주의 길을 담대히 걸어갈 수 있는 것입니다.

우리가 예수님을 믿으면 하나님께서 성령으로 우리에게 은사를 주시는데, 모두에게 사도나 선지자나 복음 전하는 자나 목사나 교사의 직분을 주시는 것은 아닙니다. 어떤 사람에게는 물질 드리는 은사를 주시고 어떤 사람에게는 구제하는 은사를 주십니다. 또한 전도 잘하는 은사도 주시고 권면 잘하는 은사도 주시는 것입니다(롬 12:6-8). 그러므로 우리는 하나님께서 나에게 주신 은사가 무엇인지를 발견하고 그 은사로 하나님을 섬기고 사람들에게 덕을 끼쳐 스데바나처럼 오는 세대에게 이름을 남기는 성도가 되어야겠습니다.

16절 이 같은 사람들과 또 함께 일하며 수고하는 모든 사람에게 순종하라

바울은 스데바나와 같이 그리스도의 몸 된 교회를 위하여 함께 일하는 모든 사람들에게도 협조하고 봉사하라고 권하고 있습니다. 주의 종들에게만 복종할 것이 아니라 교회의 지도적 위치에서 성도들을 돌보는 사람들에게도 복종하라는 것입니다. 성경에는 제자의 이름으로 작은 자 중 하나에게 냉수 한 그릇이라도 주는 자는 상을 받는다고 했는데(마 10:42), 하물며 양 무리를 돌보는 지·구역장들을 존경하고 순종하면 그 상급이 어떠하겠습니까? 우리가 서로 물고 찢고 싸우고 분열하면 사탄을 기쁘게 하고 성령을 근심하게 하는 것입니다. 그러므로 우리는 교회 안에서 서로의 허물을 덮어 주고 용서와 사랑으로 하나 되게 하는 데 온 힘을 쏟아야 하겠습니다.

17절 내가 스데바나와 브드나도와 아가이고가 온 것을 기뻐하노니 그들이 너희의 부족한 것을 채웠음이라

고린도 교회는 스데바나와 브드나도와 아가이고를 사도 바울에게 파견했습니다. 고린도 교회에 대하여 염려하고 있던 사도 바울에게 그들은 기쁨을 주었습니다. 왜냐하면 사도 바울이 고린도 교회에 대하여 부족한 것이나 고린도 교회가 사도 바울에 대하여 부족한 것을 그들이 채워 주었기 때문입니다. 여기서 '부족한 것' 이란 서로 떨어져서 보지 못함으로 생긴 그리움과 염려를 말합니다.

18절 그들이 나와 너희 마음을 시원하게 하였으니 그러므로 너희는 이런 사람들을 알아주라

위의 세 사람이 사도 바울에게 와서 고린도 교회의 형편을 알려 주었습니다. 또한 그들은 사도 바울의 사정도 들었습니다. 그래서 사도 바울과 고린도 교회 교인들 사이의 염려와 오해는 사라졌고 서로의 마음이 평안하게 되었습니다. 이에 사도 바울은 고린도 교회에서 그들의 노고를 알아주고 칭찬해 주라고 권면합니다. 참으로 성도의 교제는 오해와 갈등을 해결해 주고 서로의 신앙을 격려해 줍니다(히 10:24). 또 주님을 위하여 일하는 사람의 수고와 인내는 하나도 허사가 되지 않습니다(계 2:1-3; 22:12).

대개 사람들은 남이 잘한 것을 칭찬하는 일에 참 인색합니다. 남의 잘못은 잘 지적하지만 남이 잘한 것은 알아주려고 하지 않습니다. 그러나 '사람은 자신을 알아주는 사람을 위해 목숨을 버린다', '칭찬은 고래도 춤추게 한다' 라는 말처럼, 비난과 공격보다는 노고와 수고를 칭찬해 주고 알아주는 것이 진정 사람을 변화시키는 능력이 되는 것입니다.

19절 아시아의 교회들이 너희에게 문안하고 아굴라와 브리스가와 그 집에 있는 교회가 주 안에서 너희에게 간절히 문안하고

사도 바울은 아시아 교회들과 아굴라 부부와 그 집에 모이는 성도들이 고린도 교회에 문안한다고 전하고 있습니다. 여기서 '아시아의 교회들' 이란 에베소를 중심으로 하는 소아시아 지방의 교회들을 가리킵니다. 곧 골로새, 라오디게아, 히에라볼리 교회 등을 말합니다(골 4:12-13).

'아굴라와 브리스가' 는 사도 바울이 고린도 교회를 개척할 때 협조한 부부 성도입니다(행 18:1-4). 그들은 사도 바울이 수리아를 떠나 에베소에 갈 때에도 동행했습니다(행 18:8-28). 그런데 특이한 점은 로마서 16장 3절을 비롯하여 신약 성경에서 이들 부부의 이름이 6번 나오는데, 그중 4번이나 부인인 브리스가의 이름이 남편인 아굴라의 이름보다 앞에 기록되어 있다는 것입니다. 이것은 브리스가의 신앙의 열심이 남편보다 앞섰기 때문이라 추측됩니다.

우리 교회가 처음에 여성도들을 구역 모임의 리더로 세웠을 때 어떤 사람들은 이것을 놓고 '이단' 운운하기도 했습니다. 그러나 오늘날 우리가 알다시피 우리 교회를 포함하여 한국 교회를 이렇게 자라게 한 것은 교회의 60% 이상을 차지하는 여자 성도들의 열심 때문이었습니다. 사도 시대에는 여성들이 사회적 지위도 낮았고 교육도 받지 못했기에 여성도들에게 교회에서 잠잠하라고 말하기도 했지만 지금 시대는 달라졌습니다. 남녀 간에 동등한 교육을 받고 유능해져서 여성의 사회적 지위가 많이 올라갔습니다. 그래서 나는 우리 시대에 많은 여성 지도자들이 배출될 뿐만 아니라 교계에서도 브리스가와 같은 능력 있는 여종들이 많이 생겨나기를 바랍니다.

20절 모든 형제도 너희에게 문안하니 너희는 거룩하게 입맞춤으로 서로 문안하라

'모든 형제' 는 에베소 교회에 속하여 있는 전 성도들을 말합니다. 바울은 에베소 교회 성도들이 고린도 교회 성도들에게 문안한다면서 거룩하게 서로 입맞춤으로 문안하라고 권면하고 있습니다. 이 입맞춤은 중동

지방의 인사의 한 방법인데, 상대방에 대한 존경과 사랑과 우정의 표시입니다(롬 16:16; 고후 13:11). 그 의식이 교회에까지 들어와 남자들은 남자들끼리 여자들은 여자들끼리 입맞춤으로 서로 문안했던 것입니다. 오늘날에는 뺨에 입을 맞춥니다.

물론 본 절에서 강조하는 것은 '서로 문안하라' 는 것입니다. 입을 맞추는 등의 인사 방법은 시대와 문화에 따라 달리해도 됩니다.

5. 사도 바울의 문안과 축도(16:21-24)

21. 나 바울은 친필로 너희에게 문안하노니 22. 만일 누구든지 주를 사랑하지 아니하면 저주를 받을지어다 우리 주여 오시옵소서 23. 주 예수 그리스도의 은혜가 너희와 함께하고 24. 나의 사랑이 그리스도 예수 안에서 너희 무리와 함께할지어다

21절 나 바울은 친필로 너희에게 문안하노니

사도 바울은 여러 서신을 쓸 때에 대필자에게 구술하여 편지를 쓰게 하고 끝에는 반드시 친필로 서명하면서 문안하였습니다(골 4:18; 살후 3:17). 사도 바울이 왜 구술하였는지에 대해서는 그가 안력이 약했기 때문이라는 등의 여러 가지 추측이 있지만, 내 생각에는 말하는 것이 글로

쓰는 것보다 성령의 영감을 더 많이 받기 때문인 것 같습니다. 나의 경우에 설교 원고를 다 적어 와서 읽으면 영감이 별로 없지만, 설교의 대지와 소지만 적어 놓고 설교를 하면 성령께서 내가 생각지도 않고 계획하지도 않은 말씀을 떠오르게 하시는 등 성령의 음성을 듣기가 더 쉽습니다. 그런 의미에서 사도 바울도 구술을 선택한 것이 아닌지 나름대로 추측해 봅니다. 한편 그의 친필 서명은 그가 보내는 편지가 사도의 권위에 의하여 쓰여졌음을 나타내기 위함이었습니다.

22절 만일 누구든지 주를 사랑하지 아니하면 저주를 받을지어다 우리 주여 오시옵소서

바울은 주를 사랑하는 자에게는 축복이 임하고 주를 사랑하지 않는 자는 저주를 받게 된다고 말하고 있습니다. 훗날 주님께서 재림하셔서 이 두 부류를 구별하실 것입니다. 사도 바울이 이렇게 말한 이유는 실제로 주를 사랑하지 않고 형식적으로만 믿는 사람에게 경고하기 위해서입니다. 하나님은 우리의 전부를 원하십니다. 세상과 타협하는 미지근한 사랑을 원하시지 않습니다(계 3:16). 그러므로 우리는 마음을 다하고 뜻을 다하고 정성을 다해서 하나님을 사랑해야겠습니다.

'우리 주여 오시옵소서' 란 말은 아람어인 '마라나 타' 를 헬라어 '마라나 다' (*μαράνα θά*)로 음역한 것입니다. 초대 교회는 엄청난 박해 속에 있었기 때문에 그리스도의 재림을 간절히 사모했고 또한 재림이 임박했다고 믿었습니다. 그래서 그들은 이 말을 많이 사용한 것입니다.

23절 주 예수 그리스도의 은혜가 너희와 함께하고

고린도 교회는 문제들도 많았고 사도 바울의 심령을 상하게도 했습니다. 그러나 바울은 주의 종으로서 모든 것을 용서하고 이 서신의 끝에 고린도 교회를 위하여 축복해 주고 있습니다. 고린도 교회에 예수 그리스도의 은혜가 항상 흘러넘치기를 사도 바울은 간절히 바랐던 것입니다.

은혜란 '값없이 거저 주는 것' 입니다. 예수 그리스도께서 십자가에서 못 박히고 몸을 찢고 피를 흘리심으로 우리에게 용서와 의, 거룩함과 성령 충만, 치료와 건강, 아브라함의 축복과 형통, 부활과 영생 천국, 이 모든 것을 다 거저 주셨습니다. 그래서 성경은 "너희는 그 은혜에 의하여 믿음으로 말미암아 구원을 받았으니 이것은 너희에게서 난 것이 아니요 하나님의 선물이라"(엡 2:8)고 말하는 것입니다. 그렇기 때문에 우리는 자랑할 것이 없고 그저 감사할 뿐입니다. 사도 바울은 고린도 교회 성도들이 구원이 행위에서가 아닌 오직 은혜에 의한 것임을 항상 인식하기를 원했기에 편지의 말미에 은혜를 언급하고 있는 것입니다.

24절 나의 사랑이 그리스도 예수 안에서 너희 무리와 함께할지어다

고린도 교회 위에 주의 은혜가 함께하기를 기도한 후에 바울은 자신의 사랑도 함께하기를 원한다고 축복하고 있습니다. 하나님의 은혜는 우리의 마음속에 평안과 사랑을 가져옵니다. 거저 받은 사람은 그 은혜로 인해 평안할 수밖에 없고 또한 남에게 거저 베풀 수밖에 없는 것입니다. 은혜를 받았다고 하면서 마음에 평안도 없고 사랑도 없으면 은혜를 받은 것이 아닙니다. 그렇기 때문에 사도 바울은 그리스도의 은혜를 빌어 준 후에, 자신의 속에서 넘쳐난 사랑이 고린도 교회에 같이 있을 것이라고 말한 것입니다.

이와 같이 기독교의 근본정신은 은혜와 사랑입니다. 우리는 은혜와 사랑이 충만하여 하나님을 사랑하고 성도들을 사랑하며 이 사회와 불신자도 사랑해야 합니다. 그리스도와의 연합에서 우러나오는 은혜와 사랑이 밖으로 나타날 때, 교회는 하나가 될 수 있으며 사회 정의는 이루어질 것입니다.

지금까지 우리는 고린도전서를 공부하였습니다. 사도 바울이 개척하여 설립한 고린도 교회는 해결해야 될 여러 가지 문제들, 즉 교회 내의 당파 문제, 혼인 문제, 우상의 제물 문제, 성찬 문제, 성령의 은사 문제, 부활 문제 등이 있었습니다. 고린도전서는 바울이 이런 문제들에 대해 해답을 제시해 놓은 서신입니다.

바울은 여러 문제들에 대하여 해답을 제시하면서 그리스도의 일꾼을 판단하지 말 것과 우상 숭배를 피하고, 모든 일을 하나님의 영광을 위하여 하라고 권면하였습니다. 그리고 은사 문제에 관하여는 덕을 세우기 위하여 하되, 품위 있게 하고 질서 있게 하라고 교훈하였습니다. 나아가 부활의 확실성을 강조하였습니다.

우리는 고린도전서를 통해 신앙생활에서 실제적으로 직면하게 되는 여러 문제들을 해결할 수 있는 지혜를 많이 얻었습니다. 참으로 우리 그리스도인들은 무슨 일을 하든지 자신과 한 지체 된 성도들과 교회에 덕이 되며 하나님께 영광이 되는 삶을 살아야겠습니다.

"그런즉 너희가 먹든지 마시든지 무엇을 하든지 다 하나님의 영광을 위하여 하라"(10:31).